Frank Ganseuer / Heinrich Walle

Die Parlamentsmarine. Geschichte(n) und Porträts zur ersten deutschen Flotte von 1848

AF272934

Die Parlamentsmarine
Geschichte(n) und Porträts zur ersten deutschen Flotte von 1848

Frank Ganseuer / Heinrich Walle

Herausgegeben in Kooperation mit dem
Deutschen Marinebund e. V. (DMB)
und der Deutschen Gesellschaft für Schiffahrts- und
Marinegeschichte e. V. (DGSM)
von

Heinrich Walle

Band 21 der ‚Beiträge zur Schifffahrts- und Marinegeschichte‘
der DGSM

2023

Carola Hartmann Miles-Verlag Berlin

Bibliografische Information der Deutschen Nationalbibliothek
Die Deutsche Nationalbibliothek verzeichnet diese Publikation in der
Deutschen Nationalbibliografie; detaillierte bibliografische Daten sind
im Internet über www.dnb.de abrufbar.

© 2023 Carola Hartmann Miles-Verlag, Berlin
www.miles-verlag.jimdo.com
email: miles-verlag@t-online.de

Herstellung: Books on Demand, Norderstedt

Alle Rechte, insbesondere das Recht der Vervielfältigung und Verbreitung sowie der Übersetzung, vorbehalten. Kein Teil des Werkes darf
in irgendeiner Form (durch Fotokopie, Mikrofilm oder ein anderes
Verfahren) ohne schriftliche Genehmigung des Verlages reproduziert
oder unter Verwendung elektronischer Systeme gespeichert, verarbei-
tet, vervielfältigt oder verbreitet werden.

Printed in Germany

ISBN 978-3-96776-060-6

Inhalt

Grußwort des Präsidenten des Deutschen Marinebundes   7
e. V., Staatssekretär a. D. Heinz Maurus

Geleitwort des Vorsitzenden der Deutschen Gesellschaft   9
für Schiffahrts- und Marinegeschichte e. V., Lutz Adam

1848 – Das „tolle" Jahr: Revolution, Parlament, Flotte   11

Prolog I: Die Entdeckung des Meeres   27
    Der „Philosoph auf dem Schiffe": Johann Gottfried   28
    Herder
    Der Badegast: Heinrich Heine und die Nordsee   35

Prolog II: Flottenträume im Vormärz   47
    Georg Herwegh: ‚Die deutsche Flotte' (1841)   48
    Ferdinand Freiligrath: ‚Flotten-Träume' (1844)   73
    Heinrich Heine: ‚Unsere Marine' (1845)   85

Hauptstück I: Parlamente   92
    Das Ersatzparlament: Jacob Grimm, die   93
    Germanistentagungen 1846/ 47 und die Flotte
    Die Nationalversammlung: Der Flottenbeschluss   124
    vom 14. Juni 1848 – Ein Parlamentsbericht aus der
    Paulskirche

Bildteil I: Parlamentarier der Flottendebatten in der   155
    Nationalversammlung

Hauptstück II: Protagonisten   161
    Der Planer: Prinz Adalbert von Preußen   162
    Exkurs: Marinestadt Wilhelmshaven   176

Der Minister: Arnold Duckwitz 184

Exkurs: Flaggschiff BARBAROSSA 201

Der Oberbefehlshaber: Carl Rudolph Brommy 218

Exkurs: Brommys Revier. 232
Die Schifffahrts-Landschaft Unterweser

Bei Brommy zu Hause: Das Schiffahrtsmuseum der 239
oldenburgischen Unterweser

Bildteil II: Die Schiffe der „deutschen Marine" 1848/ 49 248

Fazit: Von der „deutschen Marine" zur „Deutschen 254
Marine" – Geschichte und Tradition

Heinrich Walle: 255
Die ‚Reichsflotte' und ihr Ort in der Geschichte

Michael Salewski: 264
160 Jahre Marine. Zwischen Volk und Staat

Heinrich Walle: 279
Die Grundlagen von Tradition in den Streitkräften als Weg
der Weitergabe von Kontinuität

Abbildungen 314

Literatur 315

Die Autoren 331

Personenregister 333

Schlussbild 339

Grußwort des Präsidenten des Deutschen Marinebundes e. V.

Am 14. Juni 2023 jährt sich zum 175. Mal der Beschluss der Frankfurter Nationalversammlung zur Gründung einer deutschen Marine. Damit ist die heute geläufige Bezeichnung „Bundesflotte" für diese Marine eigentlich irreführend. Sie sollte eben nicht die Flotte des Deutschen Bundes, eines losen Zusammenschlusses deutscher Staaten, sondern die Seestreitkraft eines zukünftigen deutschen Nationalstaates sein. Doch der Versuch der Schaffung eines deutschen Reichs durch das Volk scheiterte an der Weigerung des preußischen Königs, die ihm angebotene Kaiserkrone anzunehmen – und damit war auch das Schicksal der ersten deutschen Marine besiegelt. Sie wurde aufgelöst. Nicht die Bundesflotte, sondern die parallel aufgebaute Preußische Marine wurde zum Vorläufer der späteren Kaiserlichen Marine. Diese Ereignisse sind Gegenstand des vorliegenden Buches.

Doch das Erbe der Revolution von 1848 und der ersten deutschen Marine lebt weiter. Als von Beginn an für ein Bündnis mit anderen Staaten konzipierte und die Farben Schwarz-Rot-Gold führende Parlamentsmarine steht die Flotte von 1848 für die gleichen demokratischen Werte, denen auch unsere heutige Deutsche Marine verpflichtet ist. Zudem war sie die erste national-gesamtstaatliche Streitmacht der deutschen Geschichte – ein einheitliches deutsches Heer wurde erst nach dem Ersten Weltkrieg mit der Reichswehr geschaffen.

Aus diesen Gründen gilt die Marine von 1848 als einzige frühere deutsche Streitmacht innerhalb der Bundeswehr als traditionswürdig. Jedes Jahr begeht die Deutsche Marine am 14. Juni den „Marinegeburtstag". Dies ist zugleich der Tag, an dem der Deutsche Marinebund im Marine-Ehrenmal in Laboe den Preis „Bester Bootsmann" an einen herausragenden Absolventen der Portepee-Unteroffizierausbildung an der Marineunteroffizierschule in Plön verleiht. Dies ist auch ein Symbol für die enge Verbundenheit zwischen der Deutschen Marine und dem Deutschen Marinebund.

Als „Das Bündnis für Mensch. Schifffahrt. Meer." bietet der Deutsche Marinebund allen mit dem Meer und der Seefahrt verbundenen Menschen ein Forum. Er hat sich die Förderung des maritimen Bewusstseins in Deutschland sowie die Bewahrung der deutschen Marinetradition und Marinegeschichte zur Aufgabe gemacht. Das Marine-Ehrenmal ist nicht nur die offizielle Gedenkstätte unserer Marine und Erinnerungsort für die auf See Gebliebenen aller Nationen, sondern auch ein Lernort, der sich mit der deutschen (Marine-)Geschichte bewusst und kritisch auseinandersetzt. 1985 bemerkte Bundespräsident Richard von Weizsäcker in seiner vielbeachteten Rede zum 40. Jahrestag des Kriegsendes: „Wer vor der Vergangenheit die Augen schließt, wird blind für die Gegenwart." Dem ist nichts hinzuzufügen. Ich wünsche diesem Buch, dass es viele Leser finden möge.

Staatssekretär a. D. Heinz Maurus
Präsident des Deutschen Marinebundes e. V.

Geleitwort des Vorsitzenden der Deutschen Gesellschaft für Schiffahrts- und Marinegeschichte e. V.

Mit dem Titelwort von der „Parlamentsmarine" wird die Tonart des vorliegenden Bandes bestimmt. Dieses Wort knüpft an den Begriff der Parlamentsarmee an, den wir ganz selbstverständlich auf der Grundlage des Grundgesetzes der Bundesrepublik Deutschland unserer Bundeswehr beigeben. Ohne den parlamentarischen Vorbehalt, dass Einsätze des Militärs außerhalb des NATO-Territoriums vom Parlament zu genehmigen sind, können wir uns den Einsatz der Bundeswehr und damit auch der Deutschen Marine nicht vorstellen. Doch so selbstverständlich uns dies heute erscheint, so leicht gerät in den Hintergrund, wie verhältnismäßig neu diese Vorstellung ist.

Die Durchsetzung der heutigen Vorstellungen der Parlamentsbindung militärischer Einsätze verlief keineswegs gradlinig und ist wohl auch noch nicht abgeschlossen. Der Marine kam und kommt in diesem Prozess eine besondere Rolle zu.

Nicht zu allen Zeiten stand der Marine in Deutschland ein Parlament zur Seite, dessen Befugnisse und Gewohnheiten unserem heutigen Verständnis von demokratischer Teilhabe des Staatsvolkes genügten. Der Souverän, dessen Matrosen die Angehörigen der Marine waren und sind, hatte dafür nach 1848 noch einen jahrzehntelangen Weg zu absolvieren.

Für die Menschen, die die heutige Marine gestalten und begleiten, lohnt der Blick auf und in die geschichtliche Entwicklung der Jubilarin. Unsere Marine hat inzwischen eine beachtliche Kontinuität als Instrument des Parlaments entfaltet. Nicht jeder Aspekt dieses Vorgangs wird durch die historische Betrachtung erklärt oder auch nur aufgehellt. Verblüffend ist aber, wieviel von dem, was vor 175 Jahren in der Paulskirche behandelt und verabschiedet wurde, noch heute frisch und lebendig wirkt.

Parlamentsmarine zu sein ist ein über das Rechtliche hinausgehender Anspruch, an dem Parlament und Marine weiterarbeiten dürfen.

Lutz Adam

Vorsitzender des Vorstandes

Deutsche Gesellschaft für Schiffahrts- und Marinegeschichte e. V. – DGSM

1848 – Das „tolle" Jahr: Revolution, Parlament, Flotte

Revolution in Berlin 1848. Kreidelithografie

„Die Geschichte der deutschen Marine wird auf ihren ersten Blättern den Namen der Männer einen Platz nicht versagen, die mit großartiger Thatkraft, mit begeisternder Rede und selbstaufopferndem Beispiele die Initiative zur Gründung einer deutschen Marine genommen haben."

(Der Abgeordnete Johann Gustav Heckscher, Jurist
aus Hamburg, in der 7. Sitzung der Nationalversammlung in Frankfurt am Main am 26. Mai 1848)

Revolutionen in Deutschland wurden zuweilen gern als unerbetene und unnötige Störungen der öffentlichen Ordnung erachtet, denen die Obrigkeit entschieden entgegen zu treten habe.

Dies begann bereits mit der ersten großen Revolution auf deutschem Boden, der ‚des gemeinen Mannes', dem Bauernkrieg von 1524/25. Da hatte Martin Luther in seiner Schrift ‚Wider die Mordischen und Reubischen Rotten der Bawren' aus dem Mai 1525 den Ton gesetzt:

„Drum soll hie zuschmeißen, wurgen und stechen, heimlich oder offentlich, wer da kann, und gedenken, daß nichts Giftigers, Schädlichers, Teuflischers sein kann denn ein aufruhrischer Mensch, gleich als wann man einen tollen Hund totschlahen muß." Und so geschah es dann auch: „Hunderttausend tote Bauern – die Zahl lief um im Reich und war allgemein die grobe Aufsummierung dessen, was man gerüchtweise von den Schlachten gehört hatte." So hat es der Bauernkriegsforscher Peter Blickle beziffert, hunderttausend Tote dieser, in seinen Worten, „Revolution des gemeinen Mannes", die am Ende dieses ‚gerechten Krieges' gegen die ‚aufruhrischen Menschen' vor allem im Südwesten des Reiches und in Thüringen auf den Schlachtfeldern und vor den anschließenden Strafgerichten der Obrigkeiten blieben.

Der Revolution von 1848, nachdem diese in Form der Frankfurter Nationalversammlung das erste deutsche Parlament und dies wiederum eine freiheitliche ‚Verfassung des deutschen Reiches' hervorgebracht hatte, ging es ähnlich, wenn auch nicht in diesem Ausmaß. Aber auch ihr wurde schließlich durch preußische Truppen in Baden blutig der Garaus gemacht. Und auch hier hatten sich die fürstlichen Obrigkeiten, nach einer ersten Schockstarre, zügig wieder zurück in den Sattel der Macht geschwungen und die bürgerlich-demokratischen Forderungen von Parlament und Verfassung erst einmal wieder zu den Akten gelegt.

So lässt sich trotz aller Symbolpolitik, die in der Paulskirche auch mit der Gründung einer ersten deutschen Flotte einherging, kaum bestreiten, dass mit der schließlich am 28. März 1849 in Kraft gesetzten Reichsverfassung mitsamt ihren revolutionär-bürgerlichen Grundrechten Maßstäbe für die weitere politische Entwicklung Deutschlands gesetzt wurden und als ‚Textbausteine' später in die Weimarer Verfassung und von dort auch in die Grundrechte des Grundgesetzes der Bundesrepublik Deutschland Eingang fanden. Und überdauert hat schließlich auch die erste und einzige Institution, die das erste deutsche Parlament ins Leben rief – mit seinem Beschluss vom 14. Juni 1848 zur Anschubfinanzierung von „sechs Millionen Thalern zum Zweck der Begründung eines Anfangs für die deutsche Marine." Was war geschehen?

Die Märzrevolution in den Staaten des Deutschen Bundes von 1848 war kein isoliertes Geschehen, sondern Teil einer gesamteuropäischen Aufstandsbewegung, die im Wesentlichen ausgelöst wurde durch die Februarrevolution in Paris am 24. Februar 1848 mit dem Sturz des ‚Bürgerkönigs‘ Louis Philippe und der Ausrufung der Republik – eine Welle, die sodann in deutsche Lande gleichsam überschwappte und Auftakt war zu einem „tollen“ Jahr, wie es in der Geschichtswissenschaft des 19. Jahrhunderts zuweilen und erleichtert, dass diese chaotisch-ruhestörende politische Episode glücklicherweise recht schnell vorbeigegangen war, hieß. Zunächst erfasste die revolutionäre Flut, nicht nur geografisch naheliegend, den Südwesten Deutschlands, diese politische Wetterecke, in der schon 1524/1525 die Initialzündung zum Bauernkrieg erfolgt war. Im März 1848 wurden, flankiert erneut von Bauernunruhen, allenthalben in den Staaten des Deutschen Bundes, jener Vereinigung von insgesamt 39 deutschen Territorien, darunter 35 Fürsten- und Königtümer sowie vier Freie Städte, in die das vormalige, 1806 untergegangene Heilige Römische Reich Deutscher Nation im Zuge des Wiener Kongresses aufgespalten worden war, ‚Märzforderungen‘ erhoben, nach einer Verfassung, nach Pressefreiheit, unabhängigen Gerichten und der Einrichtung eines deutschen Parlamentes. „Die Demokratie ist 1848 die junge Heldin der Geschichte“ – so hat dies Jörg Bong auf den Begriff gebracht.

Kein Wunder also, dass sich in Baden, unmittelbar entlang der Grenze zu Frankreich, die ersten Versammlungen und Aufstände, eben auch unter der Bauernschaft, regten und von hier aus weiter in die deutschen Territorien liefen, inklusive des ebenfalls dem Deutschen Bund angehörenden kaiserlichen Österreich mit seinem Staatskanzler Clemens Fürst von Metternich, dem Spiritus Rector der ‚Karlsbader Beschlüsse‘ von 1819 gegen ‚demagogische‘ Umtriebe und demokratische Gelüste.

Die ‚Märzforderungen‘ hatten rasch Verbreitung gefunden und sich zu einem Flächenbrand ausgeweitet, der den überrumpelten fürstlichen Obrigkeiten ‚Märzministerien‘ unter Beteiligung liberaler Oppositionspolitiker abtrotzte. Am 5. März 1848 beschloss eine in Heidelberg im dortigen Gasthaus ‚Badischer Hof‘ zusammengetretene Versammlung von 51 führenden Liberalen und Demokraten die Einberufung eines ‚Vorparlamentes‘, das Wahlen zu einem deutschen Parlament vorbereiten solle und zu dem ein an Ort und Stelle gleich bestimmter ‚Siebenerausschuss' Mitglieder der deutschen Ständeversammlungen und weitere ‚Honoratioren' einladen solle. Tagen solle diese „Versammlung zur Beratung eines deutschen konstituierenden Parlamentes" in Frankfurt am Main, der „Quasi-Hauptstadt Deutschlands" (Häfner/Bauer), der in der Mitte Deutschlands gelegenen traditionsreichen Stadt der Kaiserwahlen und -krönungen, der Freien Stadt und seit 1816 Sitz des Beschlussgremiums des Deutschen Bundes, seiner Bundesversammlung (Bundestag).

Diese Bundesversammlung zeigte sich angesichts der Vehemenz der aufflackernden Opposition nun durchaus entgegenkommend: Am 3. März wird die Pressezensur abgeschafft, seit dem 9. März weht auf dem Palais Thurn und Taxis, dem Sitz der Bundesversammlung, die schwarz-rot-goldene Fahne. Tags darauf beschließt die Versammlung die Einsetzung eines Gremiums von „siebzehn Männern des öffentlichen Vertrauens", unter ihnen der Historiker Friedrich Christoph Dahlmann und der Dichter Ludwig Uhland, das nunmehr eine Revision der bisherigen Bundesverfassung vornehmen solle.

In Berlin hatte derweil der preußische König Friedrich Wilhelm IV. den Schlossplatz von einer dort zusammengekommenen, die ‚Märzforderungen' bekräftigenden, unbewaffneten Menschenmenge räumen lassen. Dabei fielen plötzlich zwei Schüsse, Barrikadenkämpfe brachen aus und dauerten die ganze Nacht über im gesamten Stadtzentrum Berlins an. Am nächsten Tag wurden die Toten der Barrikadenkämpfer, die ‚Märzgefallenen', von ihren Kameraden aufgebahrt in einem Trauerzug zum Stadtschloss getragen, wo der König den Toten – notgedrungen nach dem ‚Befehl' eines Revolutionärs: „Hut ab!" – seine Referenz durch Lüften des Hutes erwies, um dann am 21. März mit schwarz-rot-goldener Binde im Kreise seiner Ministerialen, ebenfalls mit den Insignien der Revolution versehen, durch die Stadt zu reiten und sich seinem Volk ostentativ als ‚gewendeter' und entsprechend gewandeter ‚Volkskönig' zu zeigen: „Der König spürt: Er liegt schwarz-rot-goldrichtig. Das ist sein Comeback." (Jörg Bong). Tags darauf werden 183 von den nahezu 300 Toten der Kämpfe in den Straßen von Berlin auf den Stufen des Deutschen Domes am Gendarmenmarkt aufgebahrt und von dort in einem feierlichen Leichenzug zum Begräbnis in Friedrichshain gebracht.

In Frankfurt aber versammeln sich am 31. März, einen Tag, nachdem die Bundesversammlung erste Beschlüsse zum Wahlrecht für eine verfassungsgebende Nationalversammlung gefasst hatte, die vom ,Siebenerausschuss' bestimmten ehemaligen oder amtierenden Mitglieder von Ständeversammlungen sowie weitere allgemein bekannte und anerkannte Männer zum ,Vorparlament'. 574 sind es insgesamt, die nun aus allen Staaten des Deutschen Bundes in Frankfurt zusammenkommen. Eine Frau ist ebensowenig unter den Vorparlamentariern wie später unter den Abgeordneten des ersten deutschen Parlamentes, ja, sie durften nicht einmal an dessen Konstituierung per Wahl teilnehmen.

Das Vorparlament versammelt sich zunächst um 0830 Uhr im Kaisersaal des Frankfurter Rathauses, im Römer, dort, wo anderthalb Jahre zuvor die Germanisten um Jacob Grimm ihre erste Tagung, ihr „Ersatzparlament" (Jörg Jochen Berns) abgehalten hatten. Eine Stunde später und unter dem Jubel der Frankfurter Bevölkerung ziehen die Abgeordneten dann feierlich in die nahegelegene und schnell dafür hergerichtete Kirche der evangelischen Paulsgemeinde ein, einen klassizistischen Rundbau des Architekten Johann Friedrich Christian Hess, die Paulskirche. „Die Frankfurter Bürgergarde steht Spalier, der Dom steuert Glockengeläut bei und das Militär Kanonenschüsse", so Jörg Bong, „Blumen, Fahnen, Kränze, Girlanden überall", ein Meer von Schwarz-Rot-Gold.

Bis zum 3. April wurden hier die ersten freien Wahlen, genauer und einschränkender: bei Wahlberechtigung aller „erwachsenen, selbständigen Männer", für eine „deutsche constituirende Nationalversammlung" geplant und vorbereitet, die alsdann in den Territorien, nach Übernahme der Beschlüsse des Vorparlamentes durch die Bundesversammlung am 7. April, über die Bühne gingen. Auf je 50.000 Einwohner war ein Abgeordneter zu wählen und am 18. Mai schließlich zogen 384 Delegierte, die restlichen der insgesamt 585 Abgeordneten waren noch auf dem Weg und kamen später in Frankfurt an, unter Glockengeläut, Böllerschüssen und den Hochrufen der Frankfurter Bürger in die Paulskirche zur ersten Sitzung dieses ersten deutschen Parlamentes ein, einer Sitzung, der auf den Emporen und den hinteren, freien Bänken mehr als 2000 Zuschauer, und dies auch durchaus lautstark, beiwohnten.

Die Aufgabe der Nationalversammlung, weniger ein ‚Professoren‘-, diese stellten nur 6% der Abgeordneten, denn ein ‚Akademikerparlament‘ (75%), war es, den Deutschen eine Verfassung für ihr neues ‚Deutsches Reich‘ zu geben, fußend auf einem Katalog von Grundrechten, der erstmalig in der deutschen Geschichte und im Lichte der bereits in Frankreich und den Vereinigten Staaten von Amerika realisierten verfassungsrechtlichen Vorarbeiten, nun auch für die Deutschen geschrieben werden sollte. Doch dazu kam es erst einmal nicht. Denn der Feind stand vor der Tür – genauer: vor den Küsten. Es waren die Dänen, die im Zuge des Schleswig-Holstein-Konfliktes die deutschen Seehäfen mit ihren Schiffen blockierten und den deutschen Seehandel nahezu zum Erliegen brachten. Ein schmerzliches ‚Aha-Erlebnis‘ für die flotten- und damit wehrlosen Deutschen, und so schossen mit einem Mal in deutschen Landen allenthalben ‚Flottenvereine‘ wie Pilze aus dem Boden, die Dichter reimten, was das Zeug hielt und die Wissenschaft, die ökonomische wie die historische, entdeckte mitten im kontinentalen Klima des Deutschen Bundes die See und eine Flotte, die diese zu beherrschen habe. Ein mächtiges ‚Flottenfieber‘ hatte die Deutschen mit einem Male erfasst.

Dies Fieber hatte schon eine Zeitlang gegärt und war vor allem auch in den ‚Zeitgedichten‘ des Vormärz lyrisch geformt worden. „Ja, obgleich wir Deutschen noch keine Flotte besaßen, so hatten wir doch schon viele begeisterte Matrosen“, so Heinrich Heine in der ‚Vorrede‘ zu seinem Versepos ‚Atta Troll‘ von 1847. „Damals“, so Heine an gleicher Stelle, „blühte die sogenannte politische Dichtkunst. (…) Die Musen bekamen die strenge Weisung, sich hinfüro nicht mehr müßig und leichtfertig umherzutreiben, sondern in vaterländischen Dienst zu treten, etwa als Marketenderinnen der Freiheit oder als Wäscherinnen der christlich-germanischen Nationalität. Es erhub sich im deutschen Bardenhain ganz besonders jener vage, unfruchtbare Pathos, jener nutzlose Enthusiasmusdunst, der sich mit Todesverachtung in einen Ozean von Allgemeinheiten stürzte und mich immer an den amerikanischen Matrosen erinnerte, welcher für den General Jackson so überschwänglich begeistert war, daß er einst von der Spitze eines Mastbaums ins Meer hinabsprang, indem er ausrief: „Ich sterbe für den General Jackson!“

Diese ‚begeisterten Matrosen' bevölkerten auch schon Heines Gedicht ‚Unsere Marine' aus dem Jahre 1845: „Wir kletterten keck am Bugspriet und Rah'n,/ Wir trugen uns wie Matrosen,/ Die Jacke kurz, der Hut beteert/ Und weite Schifferhosen./ Gar mancher, der früher nur Tee genoß/ Als wohlerzogner Eh'mann,/ Der soff jetzt Rum und käute Tabak/ Und fluchte, wie ein Seemann." Zudem hatte eine Flut von Büchern und Aufsätzen zur „deutschen Kriegsflotte" angehoben, den deutschen literarischen Markt zu überschwemmen und enthusiastisch zu verkünden, wie blendend die ökonomischen Aussichten einer überseeischen deutschen Handelstätigkeit seien und dass man nun endlich auch einmal nationale deutsche Machtentfaltung an fremden Küsten demonstrieren könne – und dies alles verbunden mit wohliger Erinnerung an die vermeintlich so glorreichen Zeiten deutscher Seemacht und Seegeltung, wie sie doch die mittelalterliche Hanse verkörpert habe. Kompensation eines Minderwertigkeitskomplexes, bei der seegestützten Aufteilung der ‚Neuen Welt' zu kurz gekommen zu sein und dies nunmehr, auch im Bewusstsein ‚deutscher Sendung', nachholen und die zuvor zersplitterten deutschen Territorien in einer kraftvollen Nation einen zu müssen.

Es war der ‚Wirtschaftsweise' Friedrich List, der nun die See als „Hochstraße des Erdballs" erkannte, und sofort erinnerte man sich wieder in deutschen Landen der längst versunkenen Hanse- und Reichsherrlichkeit und vormaliger deutscher maritimer Größe. List, der ‚Erfinder' des Deutschen Zollvereins, hatte bereits 1843 im ‚Zollvereinsblatt' den Zusammenhang von Handel und Flotte hergestellt und damit auch den Weg zu einer deutschen Marine gebahnt: „Die See, dieses fruchtbare Feld der Nationen, will so gut kultiviert sein wie der Acker, wenn es reichlichen Ertrag geben soll und es ist eine kleinliche Ansicht, eine Ansicht, die bei einer großen Nation ins Lächerliche geht, wenn man die Kosten einer Marine als Grund anführt, ihren Seeverkehr schutzlos zu lassen."

Aber es waren schließlich die Dänen, die das deutsche Flottenfieber auf Höchsttemperatur brachten. Mit ihrer Seeblockade machten sie den Deutschen bis tief ins Binnenland klar, dass sie zwar an Land einiges galten, zur See hingegen ‚Habenichtse' seien und selbst von so einer kleinen Nation wie Dänemark allein mit maritimen Mitteln in den ökonomischen Würgegriff genommen werden konnten: „Denn

was ist Deutschland ohne Flotte? Ein armer, alter, schwacher Mann"
– so klagte die ‚Hallesche Zeitung' im Frühjahr 1848.

Die Auseinandersetzung um Schleswig-Holstein, die der dänische
König Christian VIII. gegen den Vertrag von Ripen aus dem Jahre
1460, dass nämlich beide in Personalunion mit der dänischen Krone
verbundenen Herzogtümer Schleswig und Holstein „ewig tosamende
ungedelt" bleiben sollten, mit seinem Ansinnen, Schleswig, dänisches
Lehen, von Holstein, das zum Deutschen Bund gehörte, zu trennen
und es gänzlich dem dänischen Staat einzuverleiben, vom Zaune gebrochen hatte, führte zunächst dazu, dass sich in Kiel am 24. März
1848 eine gleichsam ‚separatistische' provisorische Landesregierung
bildete, die der Deutsche Bund seinerseits anerkannte. Dies eskalierte
schließlich in Kriegshandlungen und Preußen marschierte im Auftrag
der Bundesversammlung des Deutschen Bundes, am 9. Juni auch von
der gerade in der Paulskirche ins Leben getretenen Nationalversammlung bekräftigt, mit 12.000 Mann in Jütland ein. Die Dänen antworte-
ten mit der Beschlagnahme deutscher Handelsschiffe im Sund Mitte
April und einer Seeblockade der deutschen Häfen, die innerhalb von
Tagen nahezu den gesamten deutschen Nord- und Ostseehandel
lahmlegte und der die Deutschen mangels Flotte nichts entgegenzusetzen hatten.

Nun aber erfanden sich die Deutschen ihre erste Flotte, in der Frankfurter Nationalversammlung in der Paulskirche, die dazu Vorarbeiten
und -überlegungen aufgriff, die schon vom Deutschen Bund vorange-
trieben worden waren. Als dann jedoch am 26. August Preußen, ohne
die Nationalversammlung zu beteiligen, unter internationalem Druck
einen Waffenstillstand mit Dänemark schloss und die Nationalversammlung diesen schließlich nachträglich und mit Zähneknirschen
mit 258 zu 236 Stimmen am 12. September billigte, war der Gipfelpunkt der Revolution überschritten, trotz der mittlerweile erfolgten
Einsetzung einer Reichsregierung, der ‚provisorischen Centralgewalt'
mit dem österreichischen Erzherzog Johann als ‚Reichsverweser' und
Interimsstaatsoberhaupt, der noch am 11. Juli umjubelt in Frankfurt
eingezogen war. Am 18. September kam es dann in der Stadt, nach
einer Volksversammlung mit annähernd 10.000 Teilnehmern auf der
Pfingstweide am Tag zuvor, zum bewaffneten Aufstand und Barrika-
denkampf gegen die Nationalversammlung und ihre Waffenstill-

standsentscheidung. Nach der ‚Belagerung‘ der Paulskirche und dem Versuch eines Trupps von zunächst etwa 50 Aufständischen, in den Versammlungssaal, in dem das Parlament gerade tagte, einzudringen, sah sich die Stadt Frankfurt auf die verzweifelte Bitte der wehr- und machtlos dem Volkszorn ausgelieferten Nationalversammlung genötigt, mit Hilfe aus der Festung Mainz herbeigerufener preußischer, österreichischer und hessen-darmstädtischer Truppen des Deutschen Bundes den ‚Septemberaufstand‘, wie er später hieß, blutig niederzuschlagen. 40 Tote zählte man auf Seiten der Barrikadenkämpfer, elf gefallene Soldaten und zwei von den Aufständischen in den Straßen aufgegriffene und ermordete Angehörige der Nationalversammlung, Generalmajor Hans von Auerswald und Felix Fürst von Lichnowsky, beide Angehörige der konservativen Casino-Fraktion. Ein „Wendepunkt der Revolution“, so Franziska Kirmeier vom Frankfurter Institut für Stadtgeschichte und der ernüchternde Befund, dass die Nationalversammlung wie die ‚provisorische Centralgewalt‘ nun gleichermaßen Schutz hinter den Kanonen der ‚alten Gewalten‘ suchen mussten und deren militärischer Hilfe gegen das ‚Volk‘.

Und als am 31. Oktober Wien durch die kaiserlichen Truppen unter Feldmarschall August Fürst von Windischgrätz ‚zurückerobert‘ und der Abgeordnete der Nationalversammlung, Robert Blum, dort am 9. November 1848 als Aufständischer standrechtlich erschossen wurde, war der Revolution endgültig das Genick gebrochen. Ungeachtet dessen berieten die Abgeordneten in der Paulskirche unverdrossen weiter über den Grundrechtekatalog, der dann mit seinen elementaren Verfügungen zu individueller Freiheit und staatsbürgerlicher Gleichheit am 20. Dezember 1848 tatsächlich beschlossen wurde, und zwar in der Deutsch-reformierten Kirche am Kornmarkt, da im Winter in der Paulskirche erst einmal eine Heizung und eine Gasbeleuchtung installiert werden musste. Schließlich wurde noch, am 28. März 1849, wieder in der Paulskirche, die Reichsverfassung mit jenen bürgerlichen Grundrechten und einem Kaiser an der Spitze verabschiedet, ein Werk, das jedoch aufgrund der bereits eingetretenen Ermüdung des revolutionären Schwunges und der Restituierung der alten Gewalten nicht mehr in politische Realität umgesetzt wurde.

Nach dem Bauernkrieg von 1524/25 war die Revolution von 1848/49 nichts weniger als die zweite der großen Revolutionen auf deutschem Boden. Sie war, so Sebastian Haffner, der Versuch, „an die Stelle des Deutschen Bundes ein Deutsches Reich zu setzen, und zwar ein großdeutsches Reich. Dieses erste Deutsche Reich hat tatsächlich ein knappes Jahr lang, vom Sommer 1848 bis zum Frühjahr 1849, bestanden, mit einem Staatsoberhaupt, einem Ministerium und einem Parlament in Gestalt der Frankfurter Paulskirchenversammlung; es war sogar von den Vereinigten Staaten anerkannt worden. Freilich fehlte ihm eine wirkliche Machtgrundlage." Und Haffner weiter: „Diese Revolution hatte keinen langen Atem." Denn die alten fürstlichen Gewalten waren schnell wieder im Sattel. Handfestes Symbol dafür die Ablehnung der Kaiserwürde, der „Schweinekrone", der „Wurstbrezel", wie er feinsinnig formulierte, durch den preußischen König Friedrich Wilhelm IV., die ihm die 32-köpfige Delegation der Nationalversammlung, darunter auch der zwischenzeitlich zum Ministerpräsidenten avancierte Heinrich von Gagern, am 3. April 1849 im Berliner Schloss antrug - jenem vermeintlichen ‚Romantiker auf dem Thron' also, der noch im März 1848 vor den toten Berliner Barrikadenkämpfern den Hut gezogen und sich mit den schwarz-rotgoldenen Farben ‚maskiert' hatte. Nun aber war die Lage eine andere geworden: „Er wollte mit der Revolution nichts mehr zu tun haben", so wiederum Sebastian Haffner. Die am 28. März noch von der Nationalversammlung beschlossene ‚Verfassung des deutschen Reiches' blieb auf dem Papier und wurde, namentlich in den großen Territorien des Deutschen Bundes, nie Wirklichkeit. Erst in der Weimarer Verfassung und später im Grundgesetz für die Bundesrepublik Deutschland sind wesentliche Elemente dieser ersten bürgerlichen Verfassung Deutschlands gleichsam wiederauferstanden. Man versuchte es in Nationalversammlung und Reichsregierung noch mit einer ‚Verfassungsbewegung', Heinrich von Gagern als Ministerpräsident dabei vorneweg, zur Durchsetzung der Verfassung in den mittlerweile wieder fest in fürstlicher Hand befindlichen großen Territorien – ein aussichtsloses Unternehmen. Als sich dann auch der Reichsverweser Erzherzog Johann von Österreich, durchaus in Erkenntnis der wieder zurückgekehrten alten Machtverhältnisse, nicht bewegen ließ, sich an die Spitze dieser Bewegung zu stellen, trat das Kabinett von Gagern am 10. Mai zurück. Nur vier Tage später zog Preußen seine Abgeordneten aus der Paulskirche ab, weitere Staaten wie Österreich, Sachsen und Hannover taten es ihm gleich, und am 20. Mai verließen dann 65 Abgeordnete die mit rund 200 Köpfen größte politische Gruppierung der Nationalversammlung, die Casino-Fraktion: das Parlament befand sich, bis auf die Linke, in heller Auflösung.

Am 30. Mai 1848 stimmten schließlich von den 135 Abgeordneten, die der Nationalversammlung noch geblieben waren, in Erwartung möglicher Angriffe der Bundestruppen aus der Festung Mainz auf die Restbestände des Parlamentes 71 Mitglieder für den ‚Umzug' der Nationalversammlung nach Stuttgart, auf vermeintlich sichereres Terrain. Am 6. Juni wird dort die erste Sitzung dieses ‚Rumpfparlamentes' abgehalten, am 18. Juni werden dann diese letzten Überbleibsel der Nationalversammlung von württembergischen Truppen auseinandergejagt.

Das war das Ende des ersten deutschen Parlamentes, mit seinen insgesamt, einschließlich Vertretungen und Ersatzgestellungen, 809 Abgeordneten und nach 236 Situngen, 230 davon in Frankfurt, sechs in Stuttgart, kodifiziert in neun Folianten von insgesamt 6886 Seiten stenographischer Sitzungsberichte, wie Franziska Kirmeier gezählt hat.

Der bewaffnete Aufstand in Baden, an dem auch ein gewisser Friedrich Engels teilnimmt, was ihm später von Karl Marx den ‚Ehrennamen' „General" einträgt, wird schließlich blutig von preußischen Truppen unter Führung des Kronprinzen und späteren ersten deutschen Kaisers Wilhelm niedergeschlagen. Die Festung Rastatt kapituliert am 23. Juli, 51 Todesurteile werden vollstreckt, annähernd 1000 Angeklagte zu Zuchthausstrafen verurteilt. Und die ‚Reichsregierung' in Frankfurt „verlöschte" sang und klanglos, als der Reichsverweser Erzherzog Johann von Österreich am 20. Dezember 1849 seine Minister entließ und seine Befugnisse einer ‚Bundeszentralkommission' überantwortete, einer Übergangsverwaltung bis zur Restituierung des Deutschen Bundes 1851 und des staatlichen ‚Flickenteppichs' von 35 Monarchien und vier Freien Städten - eben jenes Gebildes, angesichts dessen, so Jörg Bong, das ‚Volksthümliche Handbuch der Staatswissenschaften und Politik' schon Anfang 1848 befunden hatte, dass es „gar kein Deutschland" gäbe.

Vielmehr saßen die Territorialfürsten in ihren größeren und kleineren Königreichen und Fürstentümern wieder endgültig und fest auf ihren

Thronen, mit dem Deutschen Bund erneut als deren lose Klammer. Nur die Flotte, die vollzählig und völlig intakt auf der Weser unter Contre-Admiral Carl Rudolph Brommys Kommando lag, wagte noch niemand anzurühren. Erst in den Jahren 1852 und 1853 wird sie endgültig unter dem Auktionshammer des oldenburgischen Geheimen Staatsrates a. D. Laurenz Hannibal Fischer verscheiden. Als letztes Überbleibsel aus dem Materialbestand der Flotte ging sinnigerweise ein (leerer) Sarg in die Versteigerung.

Doch war die Revolution von 1848 nicht folgenlos: Demokratie war nicht nur denkbar, sondern auch erleb- und praktizierbar geworden. Die Öffentlichkeit, die „Kommunikationsrevolution" (Dieter Hein), die man durch Parlament und eine Flut von Zeitungen, Broschüren, Flugblättern und (Zeit)-Gedichten geschaffen hatte, ließ sich nicht mehr zurückdrehen. Und die Revolution von 1848 schuf das erste, im Rahmen des damaligen Wahlrechtes frei gewählte deutsche Parlament und die erste deutsche Marine unter der Flagge Schwarz-Rot-Gold - Farben, die nicht nur die Parlamente von einst und heute miteinander verknüpfen, sondern auch die „deutsche Marine" der Paulskirche mit der heutigen „Deutschen Marine".

Schwarz-rot-gold waren die Farben der demokratischen Bewegung im Deutschland des 19. Jahrhunderts. Abgeleitet aus der Uniform des Lützowschen Freikorps in den Befreiungskriegen, schwarze Uniform mit roten Aufschlägen und goldenen Knöpfen, wurden die Farben als freiheitlich-demokratisches Symbol durch die Jenaer Urburschenschaft übernommen und mit einer durch Jenaer Frauen gestickten schwarz-rot-schwarzen Flagge mit goldenem Eichenzweig in der Mitte gleichsam in Form gebracht. 1817 wehte diese Flagge auf dem Wartburgfest, der ersten großen Kundgebung liberal gesinnter Studenten und Professoren in Deutschland, dann in Form einer schwarz-rot-goldenen Flagge über den 30.000 Teilnehmern des Hambacher Festes von 1832, der größten Versammlung der deutschen Opposition im Vormärz. 1848 wurde die Flagge, mit dem Doppeladler als altem Reichssymbol in der linken oberen Ecke, in Frankfurt auf dem Bundestag des Deutschen Bundes, auf der Paulskirche und, bis zu deren Ende unter dem Auktionshammer Hannibal Fischers, auf den Schiffen der ersten deutschen Flotte gehisst. „Schwarz-Rot-Gold, der Väter Hoffen,/ Sei uns Leitstern alle Zeit,/ In den Farben, treu und offen,/ Wolln wir stehn in Freud und Leid./ Trennt uns Glauben, Streben, Meinen/ In dem Streit, der uns umtollt,/ Soll uns dieses immer einen:/ Unser Banner Schwarz-Rot-Gold!" – so hat der Dichter des ‚Liedes der Deutschen', Heinrich Hoffmann von Fallersleben, die deutschen Farben besungen.

Und diese standen für Freizügigkeit, Gleichheit vor dem Gesetz, Freiheit der Person, Unverletzlichkeit der Wohnung, Briefgeheimnis, Meinungs- und Pressefreiheit, Glaubens- und Gewissensfreiheit, Freiheit der Berufswahl, Petitionsrecht, Versammlungsfreiheit, Unverletzlichkeit des Eigentums, unabhängige Gerichtsbarkeit – für eben jene bürgerlichen Grundrechte, wie sie in der Paulskirche am 20. Dezember 1848 beschlossen und Teil der ‚Verfassung des deutschen Reiches' vom 28. März 1849 wurden. Diese Rechte waren nun mitsamt den von Hoffmann von Fallersleben beschworenen Farben endgültig auf die politische Tagesordnung gerückt und kehrten schließlich als Fundamente der Weimarer Verfassung wie des Grundgesetzes der Bundesrepublik Deutschland zurück: „So fußt unsere Demokratie auf dem Verfassungswerk der Frankfurter Nationalversammlung." (Häfner/Bauer). Parlamentarische Demokratie, bürgerliche Grundrechte und nationale Einheit sind die fortan nicht mehr zu tilgenden Signale, die 1848/ 49 in der Paulskirche zu Frankfurt am Main gesetzt wurden, wie nicht zuletzt auch ihr erster Beschluss, der vom 14. Juni 1848 zur „Begründung eines Anfangs für die deutsche Marine".

„Auch das deutsche Volk hat seine revolutionäre Tradition. Es gab eine Zeit, wo Deutschland Charaktere hervorbrachte, die sich den besten Leuten der Revolutionen anderer Länder an die Seite stellen können. (…) Es ist an der Zeit (…), die ungefügen, aber kräftigen und zähen Gestalten des großen Bauernkriegs dem deutschen Volke wieder vorzuführen." Dies schrieb Friedrich Engels in der Vorbemerkung zum Zweiten Abdruck von 1870 seiner Schrift ‚Der deutsche Bauernkrieg', zuerst 1850, kurz nach Verscheiden von Nationalversammlung und provisorischer Reichsregierung verfasst und erstmals veröffentlicht in der von Karl Marx geleiteten ‚Neuen Rheinischen Zeitung', um aus seiner Sicht den Unterschied zwischen 1525 und 1848 deutlich zu machen und die Revolution von 1848 mit ihren vermeintlich nur zaghaften und mutlosen Revolutionären zu schelten.

Dabei waren die „zähen Gestalten", die Engels in der Revolution von 1525 identifiziert hatte, auch der Revolution von 1848, deren „Verrat" und „Erschlaffung" er beklagte, keineswegs fremd. Und dies waren nicht nur, wie eingangs mit den Worten des Hamburger Abgeordneten Johann Gustav Heckscher, jene Männer, „die mit großartiger Thatkraft, mit begeisternder Rede und selbstaufopferndem Beispiele die Initiative zur Gründung einer deutschen Marine genommen haben" – mithin die Angehörigen des ersten deutschen Parlamentes, die sich im Überschwange dieser ihrer „ersten That", dem Beschluss zur Anschubfinanzierung einer Flotte, wie der Abgeordnete Heckscher, auch gehörig selbst lobten. Es waren vor allem auch diejenigen, die diesen Beschluss dann in die Tat umsetzten, also in Schiffe, Besatzungen und Landeinrichtungen einer „deutschen Marine".

Um diese „Männer" soll es hier vor allem gehen. Männer, denn von Frauen konnte nicht die Rede sein. Und auch das erste deutsche Parlament, mit aus heutiger Sicht durchaus empfindlichen und zeitbedingten Defekten im damaligen Wahlmodus, schloss die Frauen mangels Wahlberechtigung schlankweg aus. Stimmrecht hatten nur „erwachsene", volljährige Männer, und das auch nur „selbständige" – der ‚gemeine Mann', der Arbeiter, Geselle, Knecht, blieb außen vor, und nur vier Handwerker und drei Bauern verirrten sich in das erste deutsche Parlament, kein Arbeiter. Für Frauen waren generös 200 Sitzplätze als Zuschauerinnen auf der Galerie reserviert.

Daher wird hier, beim ‚Geburtstag' der deutschen Marine, notgedrungen fast nur von Männern zu schreiben sein. Allein diese sind es, neben den Rahmenbedingungen, unter denen sie gehandelt haben, die in Porträts, biografischen Miniaturen und größeren wie kleineren Berichten zum Bau einer ersten deutschen Marine, beschlossen durch das erste deutsche Parlament mit seiner „ersten That", vorgestellt werden können – maritime Geschichte(n) aus einer Zeit, in der eine Marine für die Deutschen erst einmal erdacht werden musste, dann in der Wiege lag, zwischenzeitlich und mehrfach knapp überlebte, um schließlich wieder, und dann erst recht, eine ‚Parlamentsmarine' zu werden – die des Deutschen Bundestages, eingebettet nicht nur in das Teilstreitkräfteensemble der Bundeswehr, sondern ebenso in ein großes Seebündnis, das der NATO – also just das zu werden, was man schon 1848 in der Paulskirche und zuvor in des Prinzen Adalberts

‚Denkschrift über die Bildung einer deutschen Kriegsflotte' von einer Marine erwartet und gefordert hatte.

Und wenn nun auch in diesem Buch die Brüder Grimm, und darunter namentlich Jacob Grimm, an ganz prominenter Stelle rangieren, so sind die Geschichten, die hier vorgetragen werden, wenngleich zum Teil tatsächlich märchenhaft, so doch mitnichten auch erfunden. Vielmehr stehen sie auf vielen und breiten Schultern, denen jener Autoren nämlich, die mit ihren Werken im Literaturverzeichnis versammelt, am Ende der einzelnen Kapitel jeweils noch einmal in Auswahl besonders hervorgehoben und denen wir, die Herausgeber dieses maritimen Lektüreensembles, zu großem Dank verpflichtet sind. Unsere Aufgabe war es ja nur noch, aus dieser reichen und sprudelnden Quelle historischer Forschung Geschichte(n) und Porträts zu extrahieren und zusammenzufügen und derart, so hoffen wir, die bemerkenswerte parlamentarische Geburt der ersten deutschen Marine möglichst anschaulich, plausibel und faktenreich vorzuführen, den Protagonisten dieser ersten deutschen Flotte hinreichende Referenz zu erweisen und dies mit der ebenso dankenswerten Unterstützung des Carola Hartmann Miles-Verlages in Berlin zu einem handlichen maritimen Lesebuch zu formen, das vermittels seiner Literaturverweise auch die Möglichkeit weiterer vertiefender Lektüre und Kenntnis über jenen spektakulären, binnen Jahresfrist erfolgten Aufbau einer damals hochmodernen und gut ausgebildeten Flotte nebst landseitiger Marinebehörden erlaubt, ja gar dazu verleitet. Dass es zudem möglich war, einige Kapitel in kürzerer Form bereits im Magazin ‚Leinen los!' des Deutschen Marinebundes (DMB), im Periodikum ‚Schiff und Zeit-Panorama maritim' der Deutschen Gesellschaft für Schiffahrts- und Marinegeschichte (DGSM) sowie den ‚MOV/ MOH/ DMI Nachrichten' der Zeitschrift ‚Marineforum' herauszubringen, hat die Idee zu diesem Buch und die Ausarbeitung dieser Thematik eigentlich erst beflügelt. Dies unterstützt zu haben gilt vor allem auch dem Präsidenten des Deutschen Marinebundes, Herrn Staatssekretär a. D. Heinz Maurus sowie dem Chefredakteur von ‚Leinen los!' und Vizepräsidenten des Deutschen Marinebundes, Herrn Stabskapitänleutnant a. D. Werner Schiebert wie auch dem Vorsitzenden der Deutschen Gesellschaft für Schiffahrts- und Marinegeschichte, Herrn Lutz Adam, ebenso wie dem 2020 verstorbenen

Vizeadmiral Hendrik Born, dem letzten Chef der ehemaligen Volksmarine der DDR und bis zu seinem Tode Stellvertretender Vorsitzender der DGSM, unser besonderer Dank. Er gilt gleichermaßen auch den Mitarbeitern der Landesbibliothek Oldenburg, dem Team des Schiffahrtsmuseums Unterweser in Brake und Elsfleth und dessen Leiterin Dr. Christine Keitsch sowie Fregattenkapitän a. D. Ottmar Becher, Redakteur der ‚MOV/ MOH/ DMI Nachrichten' des ‚Marineforums'.

Die dergestalt hier kapitel- und personenweise erzählte Geschichte der ersten deutschen Marine, zumal im Zusammenhang ihres 175. Geburtstages, aber soll im günstigsten Falle dazu beitragen, den Hintergrund auszuleuchten und den Bogen nachzuzeichnen einer parlamentarischen Marinetradition von der „deutschen Marine" der Nationalversammlung zur „Deutschen Marine" des Deutschen Bundestages, die am 14. Juni 1848 in der Frankfurter Paulskirche mit der Kiellegung einer ‚Parlamentsmarine' begann.

Literaturauswahl:

Bong, J., Die Flamme der Freiheit. Köln 2022.

Eke, N. O., Einführung in die Literatur des Vormärz. Darmstadt 2005.

Häfner, M./ Bauer, T., Auf die Barrikaden! Paulskirchenparlament und Revolution 1848/ 49 in Frankfurt. Frankfurt/ M. 2022.

Haffner, S., Von Bismarck zu Hitler. München 2015 (Erstausgabe 1987).

Hein, D., Die Revolution von 1848/ 49. 4. Aufl. München 2007 (Erstausgabe 1998).

Prolog I: Die Entdeckung des Meeres

Der „Philosoph auf dem Schiffe": Johann Gottfried Herder

Johann Gottfried Herder (1744-1803). Gemälde von Anton Graff, 1785

„Den 3. Jun reisete ich aus Riga ab und den 5. ging ich in See, um ich weiß nicht wohin? zu gehen." Eine Flucht aus der Welt von städtischem Patriziat und nobler Kaufmannschaft, von fruchtlosen Lektürebemühungen in dumpfer Studierstube um die rechte Erkenntnis der Welt und auch vor seinen Predigten unorthodoxer Theologie, die nicht überall in Riga gut ankamen – so geht der 25jährige Johann Gottfried Herder (1744-1803), Theologe, Dichter und, wie wir sehen werden, auch Philosoph, seit 1765 Pastor in Riga und später neben Christoph Martin Wieland, Johann Wolfgang von Goethe und Friedrich von Schiller einer der Protagonisten der Weimarer Klassik, im Jahre 1769 gemeinsam mit seinem Freund Gustav Berens an Bord eines Schiffes Kurs Nantes, um von dort weiter nach Paris zu reisen. Er hat um Entlassung aus dem kirchlichen Dienst gebeten, um sich selbst neu zu (er)finden und dabei die Welt rings um ihn herum zu entdecken: „Meine einzige Absicht ist es, die Welt meines Gottes von mehr Seiten kennen zu lernen" – ein Zweck, den er zuvor vergeblich im Studium der Bücher und dem Verfassen gelehrter Artikel wie dem ‚Über die neuere deutsche Literatur' von 1768 gesucht hatte. Doch er braucht nicht weit zu reisen. Bereits an Bord des Schiffes hat er, wie er es im posthum herausgegebenen ‚Journal meiner Reise im Jahre 1769' dokumentiert, sein ‚Erweckungserlebnis':

„Was gibt ein Schiff, daß zwischen Himmel und Meer schwebt, nicht für weite Sphäre zu denken! Alles gibt hier den Gedanken Flügel und Bewegung und weiten Luftkreis!" Eine derartige Sicht des Meeres hatte es keineswegs immer gegeben; sie war vielmehr rundweg neu. Seit der Antike hatte die See immer als feindliches Element gegolten, mit ihren Stürmen, ihrer Unberechenbarkeit und wüstenhaften Weite als dem Menschen nicht zugetan, ja als des Teufels selbst.

Im Angesicht der gewaltigen Natur der See vermeint Herder jedoch nunmehr mit allen Sinnen statt mit bloßem Verstand den organischen Zusammenhang allen Lebens, aller Natur und menschlichen Kultur empfinden zu können – Entdeckung dessen, wonach er am Schreibpult in Riga gesucht und in den Büchern geforscht hatte, Erfahrung des wahrhaftigen und realen Lebens, einer beseelten, dem ständigen Werden und Wandeln unterliegenden Natur und des Platzes des Menschen darin. Ein Aufbruch zu neuen Ufern im wahrsten Wortsinne; vormals ein auf dem „Studierstul in einer dumpfen Kammer" brütendes „Tintenfaß von gelehrter Schriftstellerei", nunmehr „zart, reich, Sachenvoll, nicht Wortgelehrt, Munter, lebend wie ein Jüngling!" – und das Meer nicht nur ein bloßer und zudem gefahrvoller Transportweg, sondern Medium der Erkenntnis, des Gedankenflugs, Reich der Idee und der Transzendenz, von Körper wie Seele befreiender Kraft: „Welch eine Aussicht!" – „Welch neue Denkart!" Gleichwohl ist, wie Herder im „kleinen Staat" des Schiffes bemerkt, die Organisation an Bord aufgrund der ständigen Gefährdung des Schiffes („sonst geht das ganze Schiff verloren") eine ausgesprochen rigide, keineswegs freie, sondern hoch disziplinierte und hierarchische: „Das Schiff ist das Urbild einer sehr besondern und strengen Regierungsform. Da es ein kleiner Staat ist, der überall Feinde um sich siehet, Himmel, Ungewitter, Wind, See, Strom, Klippe, Nacht, andre Schiffe, Ufer, so gehört ein Gouvernement dazu, das dem Despotismus der ersten feindlichen Zeiten gleichkommt. Hier ist ein Monarch und sein erster Minister, der Steuermann: alles hinter ihm hat seine angewiesenen

Stellen und Ämter deren Vernachläßigung und Empörung insonderheit so scharf bestraft wird."

Gibt es doch, so hat Herder an Bord gelernt, „keine zusammengesetztere Kunst, als die Schiffskunst. Da hängt von einem Versehen, von einer Unwißenheit alles ab." So sind die Seeleute „genöthigt, auf Wind und Wetter, auf kleine Zeichen und Vorboten Acht zu geben, da ihr Schicksal von Phänomenen in der Höhe abhängt", und deshalb sind „die Schiffsleute immer ein Volk, das am Aberglauben und Wunderbaren hängt." – Dies aber wiederum ist Quelle von Poesie, die „ganze Schiffsprache, das Aufwecken, Stundenabsagen (...) so feierlich, als ein Gesang" und spiegelt sich im „Wunderbaren, Dichterischen ihrer Erzählungen": „Mit welcher Andacht lassen sich auf dem Schiff Geschichten hören und erzälen? und ein Seemann wie sehr wird der zum Abentheurlichen derselben disponiert?" Jener Seefahrer, „der gleichsam ein halber Abentheurer andre fremde Welten sucht" und Geschichten erzählt „von grossen Seehelden und Seeräubern, deren Kopf nach dem Tode so weit fortgelaufen." Und als Herders Lesetipp: „Auf dem Meer muß man nicht Gartenidyllen, und Georgika, sondern Romane, abentheuerliche Geschichten, Robinsons, Odyßeen und Aeneiden lesen!" – die See als Ursprung und Hallraum ‚curiöser', empfindungs- und seelenvoller Dichtung, als Tor zum Schönen und Freien.

„So ward ich Philosoph auf dem Schiffe", schreibt Herder euphorisch in sein ‚Reisejournal', „Philosoph aber der es noch schlecht gelernt hatte, ohne Bücher und Instrumente aus der Natur zu philosophieren." Und so will er im Angesicht der See ein „Philosoph der Natur" werden, sich „unter den Mast stellen" und die Wellen, den Wind, die Bewegungen des Schiffes und die Gestirne erleben „und nicht eher aufhören, bis ich mir selbst alles weiß." Nur wird dieser ‚faustische' Aufbruch des ‚Reisejournals' ins ‚wahre' Leben nicht vom Teufel, sondern vom Erlebnis des Schiffes, der Seefahrt und der See hervorgebracht: „Das flatternde Segel, das immer wankende Schiff, der rauschende Wellenstrom, die fliegende Wolke, der weite unendliche Luftkreis!" So steht es von fahriger Hand, naturüberwältigt, ins ‚Reisejournal' notiert.

Derart von Meer und Schiff erweckt und beflügelt, sprudeln die Gedanken, Pläne und Projekte nur so aus ihm heraus, ekstatisch und von der See gleichsam katalysiert, rauschhaft und in Teilen auch unfertig formuliert. Gleichwohl wird dies das Fundament all seines ferneren Lebens und Wirkens bilden – die hier gefundenen Ideen zur Schulreform, einem „Lyzeumsprogramm" für Riga, ferner die Erkenntnis vom Zusammenhang und der Gleichwertigkeit aller Gesellschaften, der Sprache als Quelle aller Kulturen sowie der Entwicklung des Menschengeschlechtes hinauf zum höchsten Ziel, der Humanität. Dazu die Überlegungen zur Erkundung des Meeresbodens („Der Waßergrund ist eine neue Erde! Wer kennet diese? Welcher Kolumb und Galiläi kann sie entdecken?"), welch „neue Seekarten" zu fertigen und „welche neue Welt von Thieren" zu entdecken sei und schließlich „in den Horden ziehender Heeringe (…) die Geschichte wandernder nordischer Völker (zu) finden." Hier wird, auf See, ein säkulares Forschungsprojekt entworfen, dessen Ziel nicht weniger sein soll als die Entdeckung der „Natur der Menschen" und der „Ursprung des Menschengeschlechts". Schließlich reißen Herder die meergeborenen Ideen gleichsam fort: „Welch ein Werk über das Menschliche Geschlecht! Den menschlichen Geist! Die Cultur der Erde! aller Räume! Zeiten! Völker! Kräfte!" – eine „Universalgeschichte der Bildung der Welt!" Und nicht zuletzt öffnet dem seefahrenden Herder das Meer wie die bunt-gemischte Besatzung an Bord auch den Blick auf fremde Länder und Völker, deren Küsten an seinem Schiff vorbeiziehen, die das Meer verbindet und in seiner Imagination zu einem Ganzen formt.

Auf dieser Grundlage, des hier auf See erlebten Kosmos eines universalen Zusammenhanges aller Natur und Kultur, formuliert Herder dann auch seine „politischen Seeträume", seine Assoziationen und, zwanzig Jahre vor der Französischen Revolution, noch geradezu utopisch anmutenden Vorstellungen vom „Weg zur allmählichen Freiheit" der europäischen Staaten. Gelte es doch, „die Barbarei zu zerstören, die Unwißenheit auszurotten, die Cultur und Freiheit auszubreiten". Ein meergeborener, freiheitlicher Ideenstrom, der nach der Schilderung der Abreise und der ersten Eindrücke auf See dann den verbleibenden Großteil des ‚Reisejournals', eher ein Gedanken- denn ein Reisebericht, einnimmt und just jenes Ideengebäude Herders konturiert und festlegt, mit dem die Tür zur Fortentwicklung der deutschen Literatur- und Geistesgeschichte weit aufgestoßen wird. Die

Eindrücke der Seereise werden nicht nur Herders weiteres Werk, namentlich seine Schriften ‚Über den Ursprung der Sprache' und die ‚Ideen zur Philosophie der Geschichte der Menschheit' umfassend beeinflussen und prägen. Das ‚Journal meiner Reise im Jahr 1769', auch mit dessen Kritik der französischen Sprache, die, so Herder, nicht „die Sprache des Sturms der Wahrheit und Empfindung" sei, ist dieser Text ein frühes, wenn nicht gar das erste Dokument des ‚Sturm und Drang'.

Auch später kommt Herder auf sein maritimes ‚Erweckungserlebnis' zurück, vor allem auch mit dem Aufsatz ‚Über Ossian und die Lieder alter Völker' von 1773, vermeintlich das Werk eines alt-gälischen Dichters, hinter dem sich allerdings der schottische Schriftsteller James Macpherson (1736-1796) verbarg: „Sie wissen das Abenteuer meiner Schiffahrt; aber nie können Sie sich die Wirkung einer solchen, etwas langen Schiffahrt so denken, wie man sie fühlt. Auf einmal aus Geschäften, Tumult und Rangespossen der bürgerlichen Welt, aus dem Lehnstuhl des Gelehrten und vom weichen Sofa der Gesellschaften auf einmal weggeworfen, ohne Zerstreuungen, Büchersäle, gelehrten und ungelehrten Zeitungen, über einem Brette, auf offnem allweiten Meere, in einem kleinen Staat von Menschen, die strengere Gesetze haben, als die Republik Lykurgus, mitten im Schauspiel einer ganz andern, lebenden und webenden Natur, zwischen Abgrund und Himmel schwebend, täglich mit denselben endlosen Elementen umgeben". In einem derartigen Ambiente, dem sinnlichen Abenteuer der „Fahrt auf dem Meere", da lassen sich, so Herder, die alten Dichtungen „und Barden anders lesen, als neben dem Katheder der Professors."

Gelte es doch forthin, die pure Bücherweisheit mit der sinnlichen Wahrnehmung der Natur zu vertauschen, sich im Streben nach Erkenntnis der Welt dem Einfachen, Ursprünglichen und dem ‚Erhabenen', wie der ewigen See, empfindsam zu öffnen. Dies „Erweitern der Seelenkräfte" und den Erwerb „lebendiger Kenntnisse" hat Johann Gottfried Herder auf seiner Seereise, sein bisheriges Leben gleichsam umstürzend, mit großer Wucht erfahren. Und er hat dies weitergegeben. Auf dem Schiffe zum „Philosoph der Natur" geworden, ist er einer der großen Anreger des ‚Sturm und Drang' geworden, einer Literaturepoche, die wesentlich von Herders volksnaher Auffassung von Dichtkunst und Philosophie ihren Ausgang nahm und die frühen Gedichte und Dramen Goethes nachhaltig prägte.

Ob Goethe das ‚Reisejournal' überhaupt zugänglich geworden ist, steht dahin, doch kannte er seinen Weimarer Nachbarn Herder just so, wie dieser sich im ‚Reisejournal' selbst beschrieben hatte. Herder war 1770, im Anschluss an seine Seereise, mit Goethe erstmals in Straßburg zusammengetroffen und hatte ihm dort die „lebendige Dichtung" der Homer, Ossian, Shakespeare und die Volksdichtung nahegebracht. Goethe war es dann auch, der Herder nicht nur den Weg nach Weimar auf den Posten des dortigen Generalsuperintendenten und Hauptpastors bahnte; er hat ihm, den er in seinem frühen Gedicht ‚Seefahrt' von 1776 sogar zu zitieren scheint („Alles wimmelt, alles lebet, webet, mit dem ersten Segenshauch zu schiffen"), mit seinem ‚Faust'-Drama ein ganz eigenes Denkmal gesetzt. In der Eingangsszene mit dem über den Büchern grübelnden und verzweifelnden Faust („Habe nun, ach! Philosophie,/ Juristerei und Medizin,/ und leider auch Theologie/ durchaus studiert, mit heißem Bemühn./ Da steh ich nun, ich armer Tor,/ Und bin so klug als wie zuvor!") fühlt man sich fast an den Anfang des Herderschen ‚Reisejournals' versetzt, der Klage über das mit nutzlosem Studium der Bücher versäumte Leben und dem – faustischen – Aufbruch aus der Dumpfheit der Studierstube hinaus auf die See und in die Welt: „Ich will mich unter den Mast stellen (...) bis ich mir selbst alles weiß, da ich bis jetzt mir selbst Nichts weiß" – hin zu wahrer, ursprünglicher Empfindung, zu Freiheit der Gedanken wie zu der des Lebens selbst. Und auch Goethe ist durch diese von Herder geöffnete Tür hindurchgegangen, beflügelt bis in das Spätwerk des ‚Faust, der Tragödie II. Teil' von 1832, als er Mephistopheles sagen lässt, fast wörtlich in Herders Worten aus dem Reisejournal: „Das freie Meer befreit den Geist."

Am 16. Juli schließlich kommt Herder in Nantes an, einen Tag später beginnt er mit der Ausarbeitung seiner während der Fahrt gemachten Notizen zu jenem ‚Journal', das erst 1810 in Teilen in der posthumen Gesamtausgabe seiner Schriften veröffentlicht wird; 1846, im Vormärz, erscheint dann die erste vollständige Publikation.

So trägt die von Herder erfahrene befreiende Kraft des Meeres auch über die Weimarer Klassik hinaus. Ja, sie nimmt, wir werden es sehen, erst im Vormärz richtig Fahrt auf – mit Heinrich Heine, einem der Pioniere deutscher Badekultur an den Stränden von Cuxhaven, Norderney und Helgoland, dem das Meer nun endgültig zur „Wahlverwandten" geworden war: „Ich liebe das Meer wie meine Seele" wird er im ‚Nordsee'-Zyklus seiner ‚Reisebilder' bekennen. Und die ‚Zeitgedichte' des Vormärz wenden die befreiende Kraft des Meeres dann endgültig ins Politische: „Das Meer, das Meer macht frei!", so ruft es Georg Herwegh aus und schickt eine deutsche Flotte hinaus auf die See, „der Freiheit Hohen Schule", um „die Welt (zu) gewinnen". Und Ferdinand Freiligrath geht kurz darauf in Herweghs Kielwasser per Gedicht an Bord eines „trutzig Kriegsgeschwaders", um nunmehr unter deutscher Flagge gegen den „fremden Entrer" zu kämpfen – allesamt Vorspiele zu dem, was am 14. Juni 1848 dann zum Beschluss des ersten deutschen Parlaments, der Nationalversammlung in der Frankfurter Paulskirche zur „Begründung eines Anfangs für die deutsche Marine" führte, dem Bau einer deutschen Flotte, der ‚Parlamentsmarine'.

Begonnen aber hatte all das schon mit Johann Gottfried Herder, einem der größten Impulsgeber der deutschen Geistesgeschichte, der im Jahre 1769 auf seiner Seereise von Riga nach Nantes „zum Philosoph auf dem Schiffe" wurde.

Literaturauswahl:

Freitag, E., Johann Gottfried Herder. Warendorf 2014.

Herder, J. G., Journal meiner Reise im Jahr 1769. Hrsg. v. Mommsen, K. unter Mitarbeit v. Mommsen, M. und Wackerl, G., Stuttgart 1976.

Der Badegast: Heinrich Heine und die Nordsee

ANSICHT von HELGOLAND,
vom Gipfel des Felsens, der zu Hummettens Landspitze führt

Ansicht von Helgoland. Kupferstich, 1826

„Thalatta! Thalatta!/ Sei mir gegrüßt, du ewiges Meer!" So begrüßten, Heine-Herausgeber Bernd Kortländer hat es bei Xenophon gefunden, die von den Persern geschlagenen Griechen auf ihrer Flucht freudig ,Thalatta', das Meer. Dies ist die programmatische Eingangszeile der ,Zweiten Abtheilung' von Heinrich Heines Meeresdichtung, die als ,Die Nordsee' in zwei Gedichtzyklen und einem feuilletonistischen Prosastück im ersten und zweiten ,Theil' seiner vierbändigen ,Reisebilder' in den Jahren 1826 und 1827 erschien – und gemeinsam mit der ,Harzreise' im ersten Band und den ,Bädern von Lucca' im ,3. Theil' (1829) bis zu den abschließenden ,Englischen Fragmenten' (1831) der erste große Publikumserfolg und Durchbruch Heines als Schriftsteller wurde.

Der ,Meergruß' ist Motto seiner Hymnen an das Meer und ein Fanal – und dies in zweierlei Hinsicht: Nie zuvor war in deutscher Literatur die Nordsee Gegenstand derartiger lyrischer Aufmerksamkeit geworden, und ebenso wenig hatte das Meer eine solche Rehabilitation als freundliches, dem Menschen zugeneigtes Element erfahren wie hier:

35

„Freiaufatmend begrüß ich das Meer,/ Das liebe, rettende Meer,-/ Thalatta, Thalatta!"

Ganz im Gegenteil stand dies geheimnisvolle Element, das die Grenze des von Menschen bewohnbaren Raumes bildet, schon seit der Antike bis in die frühe Neuzeit in denkbar schlechtem Ruf – als Reich des Bösen, der Willkür der Naturgewalten, von Schiffbruch, Untergang und Tod, als Hort grässlicher, schiffs- und menschenverschlingender Ungeheuer. Und die Seefahrt über das „schreckliche Meer" (Augustinus) war nichts anderes als törichte Herausforderung des Zornes Gottes.

In Goethes ‚Italienischer Reise' von 1816/17 wird dann, kaum dass der Dichterfürst auf einer Seereise von Messina nach Neapel von der gar „unangenehmen Empfindung der Seekrankheit" befallen wurde, daraufhin, wie er schreibt, „die horizontale Stellung" einnahm und eine Beinahe-Strandung des Schiffes erlebte, das Meer erneut zu jenem ungeheuerlichen und gewaltsamen Element, als das es schon in der Antike als das „bittere Meer" gefürchtet war.

Schon bevor Heinrich Heine, am 13. Dezember 1797 als Sohn des Tuchhändlers Samson Heine und seiner Frau Betty in Düsseldorf geboren, zum ersten Mal die Nordsee sah und diese gar mit dem Schiff befuhr, hatte er in der wilden See des Lebens schon mehrfach Schiffbruch erlitten. 1814 verließ er das Lyceum noch vor der Reifeprüfung, seine Eltern bestimmten ihn zu einer kaufmännischen Ausbildung, er besuchte eine Handelsschule und absolvierte zwei ‚Praktika', bei einem Bankhaus und bei einem Gewürzhändler in Frankfurt am Main: „Ich lernte bei dieser Gelegenheit, wie man einen Wechsel ausstellt und wie Muskatnüsse aussehen" – mehr wird nicht daraus. Dabei sollte er doch so werden wie sein Hamburger Onkel, der Kaufmann und Bankier Salomon Heine, genannt der „Rothschild Hamburgs", bei dem nun eine kaufmännische Lehre angetreten wird. Doch auch diese scheitert 1816 ebenso zügig wie die unerwiderte Liebe zu dessen Tochter Amalie. Das Projekt eines Manufakturwarengeschäftes in Hamburg, Harry Heine & Comp., von Onkel Salomon finanziert, stellt binnen zehn Monaten den Betrieb ein, eine Anstellung als Zeitschriftenredakteur im Cotta-Verlag hält nur kurze Zeit und aus seinen finanziellen Nöten befreit ihn regelmäßig wieder Onkel Salomon. Im Dezember 1819 schreibt sich Heine in Bonn als Student der Jurisprudenz ein, wechselt Jahrs darauf nach Göttingen, dann nach Berlin, und im Dezember 1821 erscheint des Jungdichters, der 1817 sein erstes Gedicht in der Zeitschrift ‚Hamburgs Wächter‘ gedruckt sah, erstes Buch: ‚Gedichte‘. So wächst auch des Poeten Überzeugung, für ein Leben außerhalb der Literatur weder Eignung noch Verlangen zu besitzen, schon gar nicht in den gesellschaftlichen Kreisen, in denen sein Hamburger Onkel zu verkehren pflegt: „Dort geht es sehr geziert und geschwänzelt zu. (…) Diplomatisches Federvieh, Millionäre, hochweise Senatoren etc. etc. sind keine Leut für mich." Gleichwohl wird er zu einem Pionier der gerade entstehenden, den höheren Kreisen der Gesellschaft vorbehaltenen Badekultur an den deutschen Küsten.

1823, noch als Jurastudent, hatte ihm Onkel Salomon einen Urlaub an der See spendiert, und in Cuxhaven und dem benachbarten Ritzebüttel, Seebad schon seit 1797, sah er dann zum ersten Mal das Meer. Sogar eine Seefahrt nach Helgoland hatte er von dort aus unternommen. Die wird allerdings notgedrungen abgebrochen, wie Heine in einem Brief vom 23. August 1823 seinem Freund Moses Moser berichtet:

„Ich bin in diesem Augenblick wie zerschlagen, die ganze Nacht habe ich auf der Nordsee herumgeschwommen, ich wollte nach Helgoland reisen, doch in der Nähe der Insel musste der Kapitän wieder umkehren, weil der Sturm gar zu entsetzlich war." Und weiter: „Es hat ganz seine Richtigkeit mit dem, was man von der Wildheit des Meeres sagt. Es soll einer der wildesten Stürme gewesen sein, die See war eine bewegliche Berggegend, die Wasserberge zerschellten gegeneinander, die Wellen schlagen über das Schiff zusammen und schleudern es herauf und herab. Musik der Kotzenden in der Kajüte, Schreien der Matrosen, dumpfes Heulen der Winde, Brausen, Summen, Pfeifen, Mordsspektakel, der Regen gießt herab, als wenn die himmlischen Heerscharen ihre Nachttöpfe ausgössen – und ich lag auf dem Verdecke und hatte nichts weniger als fromme Gedanken in der Seele. Ich sage Dir, obschon ich im Winde die Posaunen des Jüngsten Gerichts hören konnte und in den Wellen Abrahams Schoß weit geöffnet sah, so befand ich mich doch weit besser als in der Sozietät mauschelnder Hamburger und Hamburgerinnen." Eine Flucht in die Freiheit der Natur vor der (spieß-) bürgerlichen Stadtgesellschaft: nicht aufs Land in die Idylle, sondern auf See, ins Sturmgebraus – und hier, in der wilden Natur, wird der Mensch, zumindest aber seine Gedanken, frei. Herder hatte dies bereits erfahren, und in den Flottengedichten des Vormärz, vor allem bei Georg Herwegh, vereinigt sich diese elementare Naturerfahrung auf dem Meer, „der Freiheit Hohen Schule", ganz explizit mit der politischen Forderung nach bürgerlichen Freiheitsrechten.

Gleichwohl, so der von der See durchgeschüttelte Heine, liebe er das Meer, und zwar „nicht trotz, sondern wegen dessen Wildheit", und „es ist mir wohl, wenn tobt". Dies maritime Initiationserlebnis vor Cuxhaven verschafft ihm schließlich auch jene Anregungen für erste poetische „Seestücke", die sich, noch ganz in konventionellromantischem Ton, in seinem Gedichtband ‚Die Heimkehr' von 1823/24 wiederfinden: „Wir saßen am Fischerhause,/ Und schauten nach der See,/ die Abendnebel kamen,/ Und stiegen in die Höh./ Im Leuchtturm wurden die Lichter/ Allmählich angesteckt,/ Und in der weiten Ferne/ Ward noch ein Schiff entdeckt."

Das Studium in Göttingen wird wieder aufgenommen, es wird gedichtet und gewandert, heraus aus der dumpfen Studierstube, hinein in die freie Natur, auf zur ‚Harzreise', die dann zum ersten Bericht in den späteren ‚Reisebildern' wird. Im Juni 1825, nachdem er im Mai das juristische Examen und im Juli seine Promotion abgelegt hatte, konvertierte Heine von der jüdischen zur evangelischen Religion und ging auf Reisen – ‚Selbstfindung' wäre dazu wohl heute der geeignete Begriff. Der Weg führt ihn, den längst Meeresinfizierten, in den Sommern 1825 und 1826 wieder an jene gewaltige See, die ihm bereits zwei Jahre zuvor in Cuxhaven und Ritzebüttel so geneigt gewesen war. Es geht zur Badekur nach Norderney: „Ich schwimme wieder auf den Wellen der Nordsee, die mir jetzt sehr gewogen ist, weil sie weiß, dass ich sie besinge."

Literarischer Ertrag dieser Flucht in die Natur sind jene ‚Reisebilder', die dem Schriftsteller Heinrich Heine und seinem Verleger Julius Campe in Hamburg den ersten respektablen Verkaufserfolg eintragen, auch aufgrund einer völlig neuartigen Meereslyrik, die er in zwei ‚Abtheilungen' ins Zentrum des Werkes stellt. Ergänzt wird dies durch einen dritten, prosaischen ‚Nordsee'-Text über seine Inselaufenthalte auf Norderney, Kultur- und Sittengemälde eines insulären Mikrokosmos von Adelskritik bis zum Spott über die Insulaner, die er durchaus nicht in dem Maße verehrt, wie das Meer, das die Insel umgibt. Dies stürzt ihn allerdings zuweilen auch in die schlimmen „Mißempfindungen" der Seekrankheit. Die See bleibt ihm jedoch freundlich gesonnen, wie beim „Kreuzen um die Insel", „rücklings auf dem Verdecke liegend" - und „die Wellen murmeln alsdann allerley wunderliches Zeug."

Im November 1825 war Heine nach Hamburg umgezogen. Hoffnungen auf eine dortige Anwaltskarriere erfüllten sich allerdings nicht. 1854 wird er in seinen autobiographischen ‚Geständnissen' schreiben: „Es ist nichts aus mir geworden, nichts als ein Dichter." So erscheint im Mai des folgenden Jahres der erste Band der ‚Reisebilder' mit der ‚Harzreise' und der ‚Nordsee'/ Erste Abtheilung'. Am 28. Juli 1826 schreibt er von Norderney an seinen Verleger Campe: „Das Meer war so wild, dass ich oft zu versaufen glaubte. Aber dies wahlverwandte Element thut mir nichts Schlimmes." Nur einmal wurde er von der Seekrankheit gar derart befallen, dass er 1827 im zweiten Band der ‚Reisebilder' ein ganzes Poem, ‚Seekrankheit', nach ihr benannte: „Seekrank sitz ich noch immer am Mastbaum", so „uralt, aschgrau", dass er sich nur noch an Land zurückwünsche: „So sehnt sich jetzt mein Herz nach dir,/ Mein deutsches Vaterland!/ Mag immerhin dein süßer Boden bedeckt sein/ Mit Wahnsinn, Husaren, schlechten Versen, (…)/ Mögen immerhin deine noblen Affen/ In müßigem Putz sich vornehm spreitzen, (…)/ Immerhin, mag Torheit und Unrecht/ Dich ganz bedecken, o Deutschland!/ Ich sehne mich dennoch nach Dir;/ Denn wenigstens bist Du doch festes Land."

Zu gesellschaftskritisch und zensurempfindlich sind diese Zeilen - mit Konsequenzen: Kaum im Sommer 1827 wieder auf Norderney angekommen, ‚mobbt' ihn der dort kurende „hannövrische Adel" von der Insel und Heine ist gezwungen, fluchtartig nach Wangerooge überzusiedeln. So wird das Gedicht ‚Seekrankheit' sicherheitshalber auch nicht in ein neues Buch aufgenommen, das Heine und sein Verleger in Hamburg noch im gleichen Jahr, im Oktober, und mit Bedacht im Kielwasser des Erfolges der ‚Reisebilder', auf den literarischen Markt werfen – das ‚Buch der Lieder', mit (nur) sieben neuen Gedichten und einer Auswahl bisher schon erschienener, darunter beiden lyrischen ‚Abtheilungen' der ‚Nordsee'. Das ‚Buch der Lieder' wird den Erfolg der ‚Reisebilder' mit allein 13 Auflagen noch zu Lebzeiten Heines bei weitem ‚toppen'. Ein Mega-Seller des selbsternannten „Hofdichters der Nordsee". Fürwahr kein unbegründeter Titel, war es doch dem rheinischen Wahl-Hamburger Heine, dem Bade-Pionier an norddeutschen Küsten- und Inselgestaden, vorbehalten, das den meisten Deutschen so fremde Element der See in die lyrische Literatur einzubringen, als poetischen Gegenstand wie als Abbild des Unbewussten, als Spiegel der eigenen Seele wie als Projektionsfläche für Sehnsüchte und Träume: „Ich liebe das Meer, wie meine Seele. Oft wird mir sogar zu Muthe, als sey das Meer eigentlich meine Seele selbst." So hatte er im Prosateil des ‚Nordsee'-Zyklus geschrieben, und vom „wogende(n), unermeßliche(n) Meer", das zu ihm spricht, „als hört ich verschollne Sagen". Der „ungestaltete Nordwind", „dunkeltrotzig und zaubergewaltig", „erzählt viel tolle Geschichten,/ Riesenmärchen, totschlaglaunig" und lässt ihn über dem Kummer über die vergebliche Liebe zu seiner Kusine Amalie beinahe zu Tode verzweifeln. Erblickt der meeresberauschte Dichter doch „träumenden Auges" auf dem Grunde des Meeres, begleitet von „rauschendem Orgelton", mit einem Mal die Stadt mit dem Haus seiner Liebsten, die dort wartend am Fenster sitzt und zu der er sich nun hinabzustürzen gedenkt – doch greift ihn der Kapitän des Schiffes flugs beim Fuß, zieht ihn zurück „und rief, ärgerlich lachend:/ Doktor, sind Sie des Teufels?"

So spielt Heine ironisch mit den Textbausteinen der Romantik, die er letztendlich verwirft: „Bleib du in deiner Meerestiefe,/ Wahnsinniger Traum." Und dies trotz aller in den Poemen verbliebenen romantischen Versatzstücke früherer Meer-Gedichte aus seiner Feder, wie im Zyklus ‚Die Heimkehr': „Das Meer erglänzte weit hinaus,/ Im letzten Abendscheine;/ Wir saßen am einsamen Fischerhaus,/ Wir saßen stumm und alleine."

Derart berechenbar-biedermeierliche Standardverse, von Franz Schubert vertont, sind dem ‚Nordsee'-Zyklus, bis auf den Reim, noch keineswegs ausgetrieben: „Die glühend rote Sonne steigt/ Hinab ins weitaufschauernde,/ Silbergraue Weltenmeer". Doch herrschen hier schon, und erstmals in Heines Lyrik, die reimlosen, freien Rhythmen vor, die schon allein, so mutmaßt er, „unsere gewöhnlichen Süßwasser-Leser (…) einigermaßen seekrank machen" können, das ungestüme, regellose Element wiederspiegelnd, dessen sie sich annehmen.

Die stürmische Nordsee wird zum wild-romantischen See-Landschaftsgemälde – mare incognito wird entdeckt als freundliches, der menschlichen Natur artverwandtes, seelenvolles Element.

1826 waren auf Helgoland die ersten vier Badekarren aufgestellt worden. Am 4. August 1829 trifft Heine erneut dort ein, im ersten Jahr, in dem ein Dampfschiff von Hamburg aus die Hochseeinsel anfuhr. Zwei Tage später meldet er an Moses Moser: „Ich habe mich, nach einem kleinen Seesturm, glücklich hierher gefunden, wo ich mich wohl und heiter auf dem roten Felsen ergehe. Ich befinde mich in der Tat recht wohl und heiter. Das Meer ist mein wahlverwandtes Element, und schon sein Anblick ist mir heilsam. Ich bin, jetzt fühl ich es erst, unsäglich elend gewesen, als ich mich in Berlin befand."

Die Nordsee Heines ist nicht mehr das ‚bittere‘ Meer der alten Griechen oder das ‚schreckliche‘ des Augustinus. Es ist das ‚gute Meer‘ geworden, dem Menschen zugetan und heilsam dienstbar, und zuweilen durftet es, so zitiert Eckhard Wallmann aus einem Heine-Brief, sogar nach Kuchen: „Mein Hauswirt ist ein prächtiger Seemann, berühmt auf der ganzen Insel wegen seiner Unerschrockenheit in Sturm und Not, dabei gutmütig und sanft wie ein Kind. Er ist eben von einer großen Fahrt zurückgekehrt, und mit lustigem Ernste erzählte er mir von einem Phänomen, welches er gestern, am 28. Juli, auf der hohen See wahrnahm. Es klingt drollig: mein Hauswirt behauptet nämlich, die ganze See roch nach frischgebackenem Kuchen, und zwar sei ihm der warme delikate Kuchenduft so verführerisch in die Nase gestiegen, dass ihm ordentlich weh ums Herz ward."

Dies ‚gute Meer‘ wird nun vom „Hofdichter der Nordsee" gleichsam geadelt, und zwar durch einen Kunstgriff, mittels dessen der Meeresgott Poseidon mitsamt Hofstaat aus seinem vormaligen mediterranen Revier vom Dichter flugs in nordische Gefilde exportiert und die scheinbar so abseitig-unwirtliche Nordsee nun ganz unversehens zum neuen Sitz der altgriechischen Götterwelt wird – nicht ohne dabei angesichts der um ihn herum badenden Damenwelt „an ganz andre, jüngere Göttinnen" zu denken und die alten Mythen in neue, ironische Gewänder zu kleiden. So wird der vormals unberechenbare, der „böse Poseidon", der sein Reich mit Stürmen und Klippen sichert und dem Irrfahrer Odysseus, in dessen homerische Abenteuer sich Heine auf Norderney „auf weißer Düne,/ Am einsamen Strand", vertieft, übel mitspielt, unter des Poeten Feder zum liebenswerten alten Mann, der „Erderschütterer" des Hesiod mit seinem „furchtbaren Zorn" zum umgänglichen, dem Dichter, der sein Reich besingt, ganz zugeneigten Freund: „Fürchte dich nicht Poetlein!/ Ich will nicht im g'ringsten gefährden/ Dein armes Schiffchen (…)/ Denn du, Poetlein, hast mich nie erzürnt."

Nach diesem gnädigen Statement taucht der Gott in seiner „Jacke von gelbem Flanell" und „liljenweißer Schlafmütz" zurück in die Tiefen des Meeres, wo er mit seiner „feurigen Gattin" wohnt, der Sonne, „die den alten Meergott/ Aus Konvenienz geheiratet" und die erst nach langem Tag, „purpurgeputzt", „allgeliebt und allbewundert", „des Abends, trostlos gezwungen, (…)/ In das nasse Haus, in die öden Arme/ Des greisen Gemahls" zurückkehrt.

Dies ein derart merkwürdiges Ehe-Idyll bergende Meer, „Mutter der Schönheit, der Schaumentstiegenen!", ist nicht mehr das feindliche Element vergangener Zeiten, existentiell gefährdend für den Menschen, der es mit untauglichen ‚Schiffchen' nur in äußerster Not und mit allergrößtem Wagemut als Kaufmann oder Fischer befahren solle. Bei Heine wird das Meer zum beseelten und wissenden Element, das gleichwohl nicht all seine Geheimnisse offenbart. So geht die Frage des Jünglings an die Wogen des nächtlichen Meeres, „sagt mir, was bedeutet der Mensch?", auch gänzlich ins Leere: „Es murmeln die Wogen ihr ewges Gemurmel, (…)/ Und ein Narr wartet auf Antwort."

Heines Meer ist schön und erhaben: „Ich erscheine mir dann selbst sehr ameisenklein, und dennoch dehnt sich meine Seele so weltenweit." Ein Ort wilder, ungezähmter Natur und Hallraum menschlicher Freiheit, heilend nicht nur von körperlichen Gebrechen, sondern auch von gesellschaftlichen Zwängen, von Zensur und Despotie, von Restauration und Karlsbader Beschlüssen – und es ist nicht ohne Grund, dass Heinrich Hoffmann von Fallersleben just auf der freien, hohen See, auf Helgoland, im Jahre 1841 dort die ‚deutsche Marseillaise', das ‚Lied der Deutschen', ersann.

Damit befand sich Hoffmann in vielerlei Hinsicht im Kielwasser Heines, denn unser meerliebender Dichter war ja schon Jahre zuvor dort Badegast gewesen, freiwillig unterworfen einem peniblen Kurprogramm mit vormittäglichen Badeanwendungen, nicht viel mehr als ein vorsichtiges Eintauchen ins seichte Wasser. Denn Schwimmen konnte kaum jemand, Heine hingegen schon. Dann ging es nach dem Mittagsmahl zu Spaziergängen oder zur Vogeljagd wieder an die frische Luft und am Abend zum Ball ins ‚Conversationshaus‘, das es auch auf Helgoland seit 1826 gab. „Hier sind die Weiber meine Plage“, so der vielfach beschäftigte Heine, scheinbar genervt, in einem Brief. Tatsächlich wird der elegante Literat von der badenden Damenwelt nicht nur als Poet in hohem Maße verehrt. Und nach Helgoland dringt im Sommer 1830 auch die Kunde von der Julirevolution in Paris. Ein knappes Jahr später wird Heine dorthin umziehen und dann regelmäßig an der französischen Küste, in Boulogne-sur-Mer oder Granville, das Meer, sein „braves Element“, so in einem Brief an Karl August Varnhagen, wieder besuchen: „Wenn ich lange Zeit davon entfernt bin, empfinde ich ein ordentliches Heimweh.“ Ein belebendes, „großstimmendes“ und „die frische Seeluft“ als ein Körper wie Geist „befreiendes Element“, und, wie schon bei Herder, der während seiner Seereise 1769 „zum Philosoph auf dem Schiffe“ wurde, ein den „Gedanken Flügel verleihendes“ maritimes Ambiente freier, ungebändigter Natur.

Und wenn die Gedanken Flügel bekommen, kann dies in Zeiten von ‚Demagenverfolgung‘, Pressezensur und absolutistischem Fürstenregiment schnell auch ins Subversive umschlagen – inklusive der persönlichen Gefährdung, die für einen gedankenfreien Dichter in unfreien Zeiten und Verhältnissen droht. Denn ein neues Meer-Bild ist auch, zumal auf einem blauen Planeten, ein neues Welt-Bild. Und dies zieht nicht zuletzt mit Heines ‚Nordsee‘-Gedichten in die deutsche Literatur ein, als Widerspiegelung auch der Aneignung des Meeres durch eine zunehmend weltweite Schifffahrt, durch Auswanderung und Badetourismus. Eine neue, gleichsam meeresvermittelte, ‚freiere‘ Weltsicht, die keineswegs im poetischen Genre verbleibt, sondern vermittels diesem schließlich auch die Bühne der politischen Literatur und Auseinandersetzung betritt.

Der ‚Nordsee‘-Zyklus war ja keineswegs frei von politischem, besser: oppositionellem Charakter, vielmehr war er, wie geradezu signalhaft im Gedicht ‚Reinigung‘, ein unverhohlenes Lob der Freiheit: „Hoiho! hoiho! Da kommt der Wind!/ Die Segel auf! Sie flattern und schwelln!/ (…)/ Und es jauchzt die befreite Seele.“ Damit war aber keineswegs nur die körperliche und seelische, sondern vor allem auch die politische Freiheit gemeint: In der prosaischen ‚Dritten Abtheilung‘ seines ‚Nordsee‘-Zyklus hatte Heine zunächst die ortansässige Bevölkerung Norderneys recht kritisch, ja abschätzig in den Blick genommen („Die Eingeborenen sind meistens blutarm und leben vom Fischfang") und schien zweifellos eher an der Betrachtung der mondänen Badegäste und darunter vor allem der hier logierenden Damenwelt, den „schönsten Frauen", „gleich Nixen", interessiert: „Denn weder Herren noch Damen baden hier unter einem Schirm, sondern spatzieren in die freye See (…) und wer ein gutes Glas führt, kann überall in der Welt viel sehen." Den ortsansässigen Damen war er hingegen nicht gleichermaßen gewogen, werde doch, so der Dichter wenig poetisch, deren Tugend „durch ihre Häßlichkeit und ganz besonders durch ihren Fischgeruch, der mir wenigstens unerträglich war, vor der Hand geschützt."

Doch schließlich rühmt er „die guten Bürger Ostfrieslands", die hier ansässigen „freyen Friesen" als ein Volk, das zwar flach und nüchtern sei wie der Boden, den es bewohne, das zudem weder singen noch pfeifen könne, aber dennoch ein Talent besitze, das „besser sei als alle Triller und Schnurrpfeifereyen" und was die Einwohner, auch wenn sie „einen Thee trinken, der sich von gekochtem Seewasser nur durch den Namen unterscheidet", mit dem „gewaltigen Meer" um sie her verbindet und vereint: „das Talent der Freyheit". Und genau dies unterscheide sie fundamental und herausragend von der auf ihrer Insel Norderney, der späteren Sommerresidenz des hannoverschen Königs Georg V., badenden Adelsgesellschaft: „Nein, durch diesen hannövrischen Adelswald drang niemals ein Sonnenstrahl brittischer Freyheit."

Just dieser ‚befreiende‘ Charakter des Meeres, seiner Inseln und das unter dem Regime der Karlsbader Beschlüsse kaum entfaltbare „Talent zur Freyheit", das es hier in der ortsansässigen Bevölkerung zu entdecken und zu erleben galt, spiegelt sich in Heines ‚Nordsee‘-Zyklus. Und so bildet dieser Gedichte-Reigen nicht weniger als den Prolog zu jenen politischen ‚Zeitgedichten‘ des Vormärz, die in der Inkubationsperiode der Revolution von 1848 auf den literarischen Markt drängten und die Heine als „gereimte Zeitungsartikel" verächtlich machte, obwohl er selbst mit seiner bissigen und ironischen Lyrik wie Prosa genau dafür die Vorlage geliefert hatte. Die ‚Zeitdichter‘

nahmen sich nun auch der ‚befreienden‘ maritimen Thematik an, und den deutschen Revolutionären der Feder wurde in diesen Gedichten das Meer nun ganz unmittelbar und direkt zur Projektions-und Aktionsfläche politischer Wünsche.

Die romantische Flotte in den Zeitgedichten des Vormärz ist ohne den „Pionier des Badens“ (Bernd Kortländer) Heinrich Heine und dessen Meereshymnen, ja seine Rehabilitation eines vormals feindlichen Elementes als die ‚gute See‘ der physischen und psychischen ‚Befreiung‘, nicht möglich gewesen. Und wo diese Begeisterung bei anderen gar zu arg ins Überschwängliche ausschlug, da hat er sie, die ‚Tendenzpoeten‘ und ‚begeisterten Matrosen‘, wie wir noch sehen werden („Unsere Marine“) ironisch in die Schranken gewiesen.

Doch dem Dichter Heinrich Heine, der mit den drei ‚Abtheilungen‘ der ‚Nordsee‘ in den ‚Reisebildern‘ die deutsche maritime Lyrik gleichsam erfunden hatte, gerät das Meer nun nach und nach aus dem Blick. Er, der im Mai 1831 nach Paris übergesiedelt war, wesentlich beflügelt von der Nachricht über die dortige Juli-Revolution, von der er während seines Helgoland-Aufenthaltes im Sommer 1830 erfahren hatte, getrieben von den restaurativen Verhältnissen in Deutschland und wohl auch, weil er die erhoffte Stelle als Ratssyndikus in Hamburg nicht erhalten hatte, erlebt das Scheitern der deutschen Revolution von 1848/ 49 in seiner Pariser ‚Matratzengruft‘, in die ihn seit Mai 1848 (er meinte) die Syphilis, mutmaßlich aber eher eine Bleivergiftung, geworfen hatte und die er bis zu seinem Tode nicht mehr verlassen wird. Er schreibt, so gut es geht, weiter und legt mit dem elegischen Gedichtband ‚Romanzero‘ 1851 noch einmal einen lyrischen Bestseller vor. In diesem fungiert das Meer, im Gedicht ‚Nächtliche Fahrt‘, als Kulisse eines Mordes und in den ‚Vermischten Schriften. Gedichte 1853 und 1854‘ findet sich die düstere Ballade ‚Das Sklavenschiff‘, die ähnlich der über die ‚Schlesischen Weber‘ die menschenverachtenden Machenschaften ‚moderner‘ Kaufleute anklagt. Im Nachlass dann doch noch eine Reminiszenz an sein geliebtes Helgoland: ‚Bimini, von einer Schiffahrt auf eine Insel‘ - mit „dem Schiff der Phantasie“ zu „hydropathischer Kur“. Und nur dann und wann noch kamen ihm auf seinem Krankenlager Gedanken an jene Zeit zurück, als er die Nordsee mit ihrer Götterwelt nicht nur für die deutsche Literatur entdeckte, sondern gleichermaßen salonfähig machte –

und seien es auch nur, wie bei Eckhard Wallmann zu lesen, die Erinnerungen an die Standuhr auf dem Korridor des Hauses Broders auf Helgoland, die ihn damals mit ihrem lauten Ticken beim Dichten störte und sogar das Rauschen des Meeres übertönte. Heinrich Heine sah das Meer nicht wieder. Er starb in Paris, in seiner ‚Matratzengruft' in der Rue d'Amsterdam 50, am 17. Februar 1856. Sein Grab befindet sich auf dem Friedhof Montmartre.

Literaturauswahl:

Heine, H., Buch der Lieder. Hrsg. v. Kortländer, B., Stuttgart 1990.

Heine, H., Romanzero. Hrsg. v. Kortländer B., Nachwort v. Lefebvre, J.-P., Stuttgart 1997.

Heine, H., Reisebilder. Hrsg. v. Kortländer, B., Stuttgart 2010.

Ganseuer, F., „Ich liebe das Meer wie meine Seele" – Heinrich Heine, ‚Hofdichter der Nordsee'. In: Köhlers Flottenkalender 2021. Hamburg 2020.

Liedtke, C., Heinrich Heine. Reinbek 2006.

Prolog II: Flottenträume im Vormärz

Georg Herwegh: ‚Die deutsche Flotte' (1841)

Georg Herwegh (1817-1875). Kupferstich von Carl Arnold Gonzenbach, Zürich 1843

Im Vormärz, der Inkubationsperiode der Revolution von 1848 in Deutschland, kam auch die alte, längst verblichene Hanse, national aufgeladen und nunmehr beschützt von einer auf den Handelsrouten patrouillierenden Kriegsflotte, wie sie auch Friedrich List und mit ihm der Bremer Senator Alfred Duckwitz, der später Handels- und Marineminister der Frankfurter ‚provisorischen Centralgewalt' werden sollte, als Geleitschutz einer neuen, ‚hansischen' Handelsflotte und zum ungestörten Kolonialverkehr mit den überseeischen „tributären Rohstofflieferanten" (Friedrich List) vorgesehen hatten, wieder zu Ehren. 1841 feierte man das Bündnis zwischen Hamburg und Kiel aus dem Jahre 1241 als Gründungsdatum der Hanse und ein junger Poet, Georg Herwegh, steuerte zu diesem Jubiläum sogar ein Gedicht bei: ‚Die deutsche Flotte'.'

Dieser Georg Herwegh wird am 31. Mai 1817 als Sohn eines Gastwirts in Stuttgart geboren. Nach Gymnasium und Lateinschule besucht er, der nach dem Wunsch der Eltern Pfarrer werden soll, das protestantische theologische Seminar in Maulbronn und ab 1835 als Theologiestudent das Tübinger Stift. Von diesem wird er aus disziplinarischen Gründen verwiesen, nachdem er nachts in „wenig erbaulichem Zustand", so ist es bei Michael Krausnick vermerkt, ins Stift nach ausgiebigem Wirtshausbesuch heimgekehrt, dort heftig randaliert und, ergriffen und zur Rede gestellt, das Institut und dessen Lehrerschaft lautstark und übel beleidigt. So beginnt Herwegh 1836 dann ein Jurastudium, das er nach einem Jahr abbricht, um sich ganz der Schriftstellerei zu widmen, ist er doch schon seit einiger Zeit Mitarbeiter der Zeitschrift ‚Europa'. Zunächst vom Militärdienst befreit, soll er 1839 dann doch eingezogen werden, da er auf einem Ball einen Offizier beleidigt hat. Darauf setzt er sich in die Schweiz ab, widmet sich weiteren dichterischen Arbeiten, vor allem für die Exil-Zeitschrift ‚Deutsche Volkshalle', und hält Literaturvorlesungen an der Universität Zürich. Hierhin war er 1840 übergesiedelt, wo sich der Professor für Mineralogie und Geografie an der dortigen Universität, Julius Fröbel, später Abgeordneter der Nationalversammlung in der Paulskirche, und der freisinnige Schriftsteller und Gutsbesitzer August Follen, den es, in Preußen zu zehn Jahren Festungshaft verurteilter ‚Demagoge', auch per Flucht in die Schweiz verschlagen hatte, als Herweghs Förderer und Mäzene betätigen. Während ihm Follen in seinem „Schlößli" Quartier macht, gründet Fröbel, gemeinsam mit dem Winterthurer Buchhändler und -drucker Ulrich Reinhardt Hegner sowie mit Geld von Follen eigens für Herwegh die Verlagsbuchhandlung ‚Literarisches Comptoir in Zürich und Winterthur', in der im Sommer 1841 dann Herweghs ‚Gedichte eines Lebendigen' erscheinen, die sofort zu einem riesigen Publikumserfolg werden.

Der Titel der Sammlung ist eine ironische Replik auf die 1830/ 31 anonym erschienenen ‚Briefe eines Verstorbenen' des Reiseschriftstellers und Gartenkünstlers Hermann Fürst von Pückler-Muskau an seine von ihm ‚taktisch' geschiedene Frau Lucie in England, wo er, um die eigenen maroden Finanzen aufzubessern, eine reiche Engländerin geheiratet hat. „Aristokratische Schönrederei" und „lügenhafte Nichtigkeit" erkennt Herwegh in dem Bestseller des ‚Verstorbenen', den er gleich in seinem Eröffnungsgedicht, so Hermann Tardel 1909 in der von ihm herausgegebenen Herwegh-Gesamtausgabe, „als heimatlosen, seinem Volk entfremdeten Kosmopoliten" charakterisiert.

Herwegh selbst aber, und das vermerkt der Herausgeber wohlgefällig, bieten die „Kriegsdrohungen der royalistischen Partei in Frankreich und die beabsichtigte Gründung einer deutschen Flotte (…) willkommenen Anlaß zu Liedern echt vaterländischer Gesinnung". Dazu verweist der Herausgeber auf Nikolaus Beckers während der Rheinkrise und dem französischen Begehren nach der Rheingrenze verfertigten „militant antifranzösischen" ‚Rheinlied' („Sie sollen ihn nicht haben,/ Den freien deutschen Rhein"), das Herwegh seinerseits zu seinem ‚Rheinweinlied' mit dessen Kehrreim „Der Rhein soll deutsch verbleiben!" angeregt habe.

Den Ausführungen des ‚Verstorbenen' will Herwegh nunmehr seine wahren, echten und ehrlich empfundenen ‚Gedichte eines Lebendigen' entgegensetzen. Einige der freiheitsgestimmten Gedichte, denen die ‚Augsburger Allgemeine Zeitung' in ihrer Ausgabe vom 10. September 1841 einen „ins Blinde schlagenden Oppositionsgeist" bescheinigt, werden unter anderen von Franz Liszt vertont. Der erste Band der ‚Gedichte eines Lebendigen' wird Anfang Juni 1841 versandt und ihr ‚punch' erschüttert vernehmlich die nur vermeintlich biedermeierliche Beschaulichkeit in den Staaten des Deutschen Bundes:

„Gib uns den Mann, der das Panier/ Der neuen Zeit erfasse,/ Und durch Europa brechen wir/ Der Freiheit eine Gasse!" Das ist der Ton, der den ersten Band der Gedichte bestimmt. „Wir haben lang genug geliebt,/ Wir wollen endlich hassen!" – „Reißt die Kreuze aus der Erden!/ Alle sollen Schwerter werden." – „Es ist kein Fürst so hoch gestellt,/ dass ihr ihm dienen sollt." Das sind die „rebellischen Hits" mit ihren „Marseillaisetönen", Herweghs „schwarz-rot-goldene Agitprop-Dichtung", wie dies Michael Krausnitz formuliert hat, und hier liegt die Ursache der ‚Herweghmania', die seine Gedichte, so Herwegh-Biograf Stephan Reinhardt, „wie ein Blitz in die gewitterschwüle Luft der Zeit" einschlagen ließen. Kein Wunder, dass sie in Preußen sofort verboten wurden, jedoch unter dem Ladentisch weiter und heftig verkauft wurden, in insgesamt sieben Auflagen auf eine Zahl von ca. 20.000 gedruckten Exemplaren binnen zwei Jahren kommen und ihren Autor in Deutschland schlagartig bekannt machen. „Diese Zahlen bekommen erst im Vergleich ihr volles Gewicht. Von Uhlands Gedichten, um nur einen der beliebtesten Dichter der

Spätromantik zu nennen, konnten zwischen 1815 und 1839 nur ca. 12000 Exemplare abgesetzt werden", so hat es Heidemarie Vahl ermittelt und damit die Zahlenbasis des plötzlichen Pop-Star-Avancements Herweghs aufgedeckt.

Nahezu ohnmächtig müssen die Zensoren und die Polizei mitansehen, wie die verbotenen Gedichte innerhalb kürzester Zeit zum erfolgreichsten und am schnellsten verkauften Lyrikband der Zeit werden und sogar, wie Krausnick feststellt, Heinrich Heines ‚Buch der Lieder' überflügeln. Die deutsche Literatur ist nun tatsächlich, wie Heine dies mit dem Befund vom „Ende der Kunstperiode" diagnostiziert hat, in eine andere Epoche eingetreten, Gedichte werden Massenmedium, die ‚Zeitgedichte' Teil jenes literarischen Prozesses, in dem, so Gert Mattenklott und Klaus R.Scherpe, „ die operative Funktion der Literatur bei der Durchsetzung politischer Ziele bejaht wird."

In Herweghs ‚Gedichten eines Lebendigen' hallt die Lyrik der Befreiungskriege noch vernehmlich nach („O wehe, wer dem Franken traut!" – „Frisch in die Schlacht hinein!/ Hinein für unsern Rhein!"). Und was die Freiheit, Herweghs Generalthema, anbelangt, da „muß man um sie werben,/ Wo's immer sei,/ Doch muß man für sie sterben,/ Dann wird man frei!" Doch dazu braucht es neue Heroen, und die alten, wie Ernst Moritz Arndt in Herweghs Gedicht ‚Arndts Wiedereinsetzung' zu seiner Rehabilitation als Professor in Bonn, haben zugunsten jüngerer abzudanken: „Allein verzeiht, ihr hohen Herrn, erleuchten/ Kann er die junge Welt nicht mehr./ Es zieht durch sie ein frischer schaffend Wehen/ In ungehemmtem Lauf,/ Und mit des Frühlings neuen Blumen gehen/ Auch neue große Herzen auf!" – Und weiter: „Die Einheit muß verschlingen/ Die böse Zwei,/ Dann soll es donnernd klingen:/ Deutschland ist frei!" Das ist rabiate, nicht feinsinnige Dichtung, die Reime klappern oft gewaltig – und der appellative Duktus dominiert ganz handgreiflich über die Subtilität des sprachlichen Gefüges.

So auch im Gedicht ‚Gebet', hymnisch wie die alten Prophetien und ganz in der Tradition der alten Kaisersagen und ihrer Erweckungsthematik: „Brause, Gott, mit Sturmesodem durch die fürchterliche Stille,/ Gib ein Trauerspiel der Freiheit für der Sklaverei Idylle;/ Laß das Herz doch wieder schlagen in der Brust der kalten Welt,/ Und erweck' ihr einen Rächer, und erweck' ihr einen Held!" Im Gedicht

‚Ufnau und St. Helena' ist dieser Held gar personifiziert, im frühneu-
zeitlichen ‚Freiheitskämpfer' Ulrich von Hutten „Ufnau! Hier modert
unser Heiland,/ Fürs deutsche Volk ans Kreuz geschlagen;/ (…) Der
Hutten ist's und ihn erkür' ich/ Zu meines Herzens erstem Helden."
Doch nicht nur Deutschland soll befreit werden durch heldische Tat,
vielmehr die ganze Welt, das geknechtete Polen zuerst: „O flieg mein
Polen flieg /Mit jenem Stern im Bunde Voran zum heiligen Krieg!/
(…) So wird er uns beschieden,/ Der große, große Sieg,/ Der ewige
Völker-Frieden,-/ Frisch auf zum heiligen Krieg!" – Und das alles, so
in ‚Der letzte Krieg', wieder mit dem ersehnten ‚teutschen Helden',
der schon die alten deutschen Kaiserprophetien durchzog: „Wer seine
Hände falten kann,/ Bet' um ein gutes Schwert,/ Um einen Helden,
einen Mann,/ Den Gottes Zorn bewehrt!"

Das ist der Klang der ‚Gedichte eines Lebendigen', emphatische
Kriegslyrik allenthalben (‚Reiterlied', ‚Aufruf', ‚Das Lied vom Hasse')
und ein ‚Sound', der Herwegh umgehend zum Literatur-Star macht:
20.000 verkaufte Exemplare also, von Stephan Reinhardt hochge-
rechnet: 100.000 Leser. Herwegh-Clubs gründen sich allenthalben,
auch Theodor Fontane wird ‚Herwegh-Follower' und tritt in den Club
zu Leipzig ein. Kein Wunder, dass des Dichterhelden und Frauen-
schwarms große Deutschland-Tournee zu einem wahren Triumphzug
wird, mit Massenveranstaltungen, Festbanketten, Ovationen und Mu-
sikdarbietungen allerorten, bei denen auch, wie in Berlin, die Marseillaise gespielt wird – bis, wir werden es sehen, der Dichter der Freiheit
unangenehm vom preußischen König eingebremst wird. Dabei hatte
sich Herwegh gerade von diesem so viel versprochen, und es lag ja
auch auf der Hand, dass der ‚Romantiker auf dem Thron' und derjenige, der mit der Segelkorvette AMAZONE das erste preußische
Kriegsschiff hatte bauen lassen, eben jenem Kaiser an Bord der deutschen Flotte auf dem Weg, die „Welt zu gewinnen", doch sehr ähnlich war – eine Hoffnung, die Herwegh zumindest zur Zeit der Entstehung des Gedichtes, im Juni 1841, noch hegen mochte. Ja, er hat
diese selbst an anderer Stelle, am Ende des ersten Bandes der ‚Gedichte eines Lebendige', selbst formuliert – und das weniger poetisch
denn ultimativ, ‚An den König von Preußen': „Die Sehnsucht
Deutschlands steht nach dir,/ Fest, wie nach Norden blickt die Nadel;/ O Fürst, entfalte dein Panier;/ Noch ist es Zeit, noch folgen

wir./ (…) „Du bist der Stern, auf den man schaut,/ Der letzte Fürst, auf den man baut;/ O eil dich! E' der Morgen graut,/ Sind schon die Freunde in der Weite." Denn die Entwicklung hin zur Freiheit, so Herwegh, ist nicht aufzuhalten, auch nicht durch Könige, denn der Erlöserheld steht schon bereit und „kommt mit Schwerterklang" - so prophezeit er es im Abschlussgedicht des ersten Bandes, ‚Zuruf': „Junge Herzen, unverzagt!/ Bald erscheint der neue Täufer,/ Der Messias, der die Käufer/ Und Verkäufer aus dem Tempel jagt."

Während eingangs dieses ersten Bandes noch ein durchaus moderater Appell an die Fürsten formuliert ist („O jagt einmal die Raben/ Aus unsern Landen fort,/ Und sprecht; Ihr sollt es haben,/ Das freie Wort!"), wird es im Verlaufe der Gedichtsammlung apodiktischer und brisant: Die Heilsgeschichte hat ihren Lauf begonnen, sie vollendet sich zur Freiheit hin und wieder wird, wie schon in der rettenden Heldengestalt, ein alter Topos der Weissagungsliteratur aufgerufen, der in den an der Wende vom 15. zum 16. Jahrhundert erschienenen Schriften zur Reform des Reiches an Haupt und Gliedern, den ‚Reichsreformschriften', oft als utopischer Staatsentwurf gestaltet und in sicherheitshalber anonym publizierten Texten wie der ‚Reformatio Sigismundi' oder der des sogenannten ‚Oberrheinischen Revolutionärs' gemeinhin mit der biblischen Metapher „Ein Hirt und ein Schafstall" umschrieben wurde. Und tatsächlich findet sich bei Herwegh just dieser chiliastische Anklang, und zwar wiederum im Gedicht ‚An den König von Preußen': „Das ratlos auseinander irrt,/ Mein Volk soll dir entgegenflammen;/ Steh auf und sprich: ‚Ich bin der Hirt,/ der eine Hirt, der eine Wirt,/ Und Herz und Haupt, sie sind beisammen!'" Hier wird eine Heilsgewissheit verkündet und in eine freiheitliche Zukunftsperspektive gegossen, verbunden mit dem Aufruf, diese, mit Waffengewalt, selbst herbeizuführen, wenn der König sich nicht selbst an die Spitze dieser Volksbewegung setze und dergestalt zum Volkskönig oder Volkskaiser werde.

Und dieser Volkskaiser, den Herwegh vergeblich in dem Gedicht ‚An den König von Preußen' adressiert, erscheint dann prompt an anderer Stelle, in einem Poem, das Herwegh im Kielwasser seines Erfolges der ‚Gedichte eines Lebendigen' im gleichen Sommer 1841 als Flugblatt, und wieder vom ‚Literarischen Comptoir in Zürich und Winterthur' verlegt, ausgehen lässt. So entsteht als ‚Gelegenheitsdichtung' zur

Hansebündnisfeier von 1841 im unmittelbaren Kontext des hier daher auch ausführlicher dargestellten Herweghschen Lyrikarsenals eben jenes Gedicht ‚Die deutsche Flotte' mit seinem seefahrenden Volkskaiser – anonym publiziert, aber mit dem verkaufsfördernden Autorenhinweis „Vom Verfasser der Gedichte eines Lebendigen". Die mitgelieferte Ergänzung des Gedichttitels, „Eine Mahnung an das deutsche Volk", unterstreicht dabei, dass es sich hier mitnichten nur um eine historische Referenz an die alte Hanse handelt. Vielmehr ist dies, wie so oft bei Herwegh, ein Handlungsappell, und diesmal der ‚Bauauftrag' zur Schaffung einer deutschen Flotte. Und damit nichts weniger als eine Antizipation der „deutschen Marine" der späteren Nationalversammlung in der Paulskirche und des Kaisers als Staatsoberhaupt an der Spitze der bürgerlichen ‚Verfassung des deutschen Reiches', der sogenannten Paulskirchenverfassung, die diese Nationalversammlung am 28. März 1849 verabschieden wird. Das Gedicht ‚Die deutsche Flotte' ist ein Auftakt, ein Prolog mithin zu wirklichen politischen und militärischen Vorgängen, und damit auch die Widerlegung von Heines Skeptizismus gegenüber der zwar ambitionierten, aber nur minder flugfähigen „eisernen Lerche" Herwegh.

Dieser hatte nun, wohl eher ‚taktisch' denn in völliger Verkennung der wirklichen Umstände, seinem Verleger zum Flugblatt über die deutsche Flotte, von dem nach den Ermittlungen von Heidemarie Vahl immerhin 1174 Exemplare abgesetzt wurden, ein Anschreiben vorgelegt, dass es sich hierbei nicht nur um eines seiner glanzvollsten Produkte, sondern zugleich, aufgrund der nationalen Gestimmtheit des Gedichtes und trotz der darin artikulierten ‚Freiheit der Gedanken', um ein besonders zensurfestes Produkt handele:

„Erwach', mein Volk, mit neuen Sinnen!/ Blick in des Schicksals goldenes Buch,/ Lies aus den Sternen Dir den Spruch:/ Du sollst die Welt gewinnen!/ Erwach', mein Volk, heiß Deine Töchter spinnen!/ Wir brauchen wieder einmal deutsches Linnen/ Zu deutschem Segeltuch."

Herwegh beschränkt sich angesichts des lyrisch vor ihm liegenden „Schrankenlose(n)" des Meeres schon gar nicht mehr auf Deutschland. Kaum Nation, geht es auch schon in die Welt hinaus. Und diese weltausgreifende Seite des deutschen flottenbeseelten Nationalgefühls durchzieht dann auch das ganze Gedicht: Vom ‚Erwachen' und

‚Weltgewinn' bis zur Aufforderung, mutig in die Welt hinaus zu segeln, „daß sie dein eigen werde!" Könnte man dies noch als eine Art
Selbstverwirklichung des deutschen Volkes verstehen, machen die
folgenden Zeilen recht unmissverständlich klar, dass es hier um den
weltumspannenden Auftrag eines auserwählten Volkes, das „große
Hoffnungsvolk der Erde" und „Hirt der großen Völkerherde", geht,
die ganze Welt zu erlösen – von Tyrannei, Sklaverei, „von bittrer Ar-
mut Not." Ist erst einmal der (britische) Leopard mit „seiner schnö-
den Gier", die „freche Rotte", die „die Frucht der Erde pflückt", be-
siegt, dann gilt es für die Deutschen in den Spuren dieses und der
antiken Welt- und Kulturreiche weiter zu segeln. Dazu aber geht notwendigerweise, ist die Erde doch ein blauer Planet, der Weg nur über
das „heil'ge Meer", der Weihe- und Ruhestätte deutscher Helden aus
ruhmreicher maritimer Vorzeit: „Ha! Schlummern nicht aus deiner
Hansa Zeiten/ Auch deutsche Helden drin?" – „Wie dich (Deutschland, F.G.) die Lande anerkennen,/ Soll auch das Meer dein Lehen
sein./ Das alle Zungen benedein/ Und einen Purpur nennen./ Er soll
nicht mehr um Krämerschultern (Großbritannien, F.G.) brennen –/
Wer will den Purpur von dem Kaiser trennen?/ Ergreif ihn und mit
ihm das Steuer/ Der Weltgeschichte, fass' es keck!/Ihr Schiff ist
morsch, ihr Schiff ist leck,/ Sei du der Welt Erneuer!/ Du bist des
Herrn Erwählter und Getreuer:/ O sprich, wann lodern wieder deutsche Feuer/ Von jenes Schiffes Deck!" Das ist der überschwenglich-
nationale Ton, ja die Vorstellung von den Deutschen als dem auserwählten Volk der Weltgeschichte, die später auch zu Herweghs ,Revi-
val' im deutschen Kaiserreich führen wird - die Vision eines seefahrenden Deutschland mit einem Kaiser an der Spitze, der den britischen Leoparden in seiner ,Weltstellung' ablöst und auf der Grundlage einer poetisch herbeizitierten deutsch-hansischen Seefahrertraditi-
on nunmehr über die See, mit den „Seglern" als „der Freiheit besten
Garden", diese Freiheit in die Welt hinausträgt.

Und das hier per Gedicht wiederbeschworene und erneuerte alte
deutsche Kaisertum aber ist ein universales, ein meer-geborenes und
freiheitsgetränktes: „Das wilde Meer der Freiheit Hohe Schule/ (...)
wird uns vom Herzen spülen/ Den letzten Rost der Tyrannei, (...)/
Um frei wie Sturm und Wetter euch zu fühlen;/ Das Meer das Meer
macht frei."

Ein mächtiges Weltregiment, unter den Vorzeichen von Einheit und Freiheit, wird anheben, befreit von Fürstenherrschaft vermittels der befreienden und einigenden Kraft des Meeres: „Es wird geschehn! sobald die Stunde/ Ersehnter Einheit für uns schlägt,/ Ein Fürst den deutschen Purpur trägt,/ Und einem Herrschermunde/ Ein Volk vom Po gehorchet bis zum Sunde."

So vereinigt sich hier ein deutscher Reichs-, Kaiser- und Freiheitswunsch mit den Möglichkeiten einer weltausgreifenden Seefahrt auf dem mythischen Element des Meeres, wobei es dem maritim-lyrischen Rausch gleichwohl an einigen Stellen des Gedichtes des Binnenländers Herwegh durchaus an nautischem Sachverstand ermangelt: „Zieh mutig in die Welt hinaus/ Drum wirf den Anker aus" wird dort ausgerufen, doch wird man das Auslaufen des Schiffes durch Werfen des Ankers nur wenig befördern können; und auch das „lodernde deutsche Feuer von des Schiffes Deck", die etwas ungelenke Beschreibung von Mündungsfeuer, stimmt den Seemann eher weniger hoffnungsfroh, bedeutet ein Feuer an Oberdeck doch ein internationales Notsignal oder gar den durchaus beunruhigenden Zustand von ‚Feuer im Schiff'.

Hoch geht es also her in diesem Werk, mit dessen „Mahnung an das deutsche Volk", nunmehr „die schönste Flotte, die je ein sterblich Aug' entzückt" zu bauen, um sodann „in den Furchen, die Columb gezogen" einer glanzvollen Zukunft von Freiheit und Einheit entgegen zu fahren.

Dass Schiffe und Meer Freiheit verheißen, diese Vorstellung war ja nicht neu: Schon Johann Gottfried Herder oder Heinrich Heine hatten schon gleichermaßen die gedankenbefreiende Kraft des Meeres gerühmt – ein Topos, dessen sich die politische Lyrik des Vormärz nur allzu gern annahm: ‚Seeluft macht frei' – den einzelnen Menschen und, mittels einer starken Flotte, auch ganze Staaten, die auf diese Weise, über die Ozeane, in die Welt hinausgreifen. Damit aber war auch schon der Weg des mit der Flotte noch zu bauenden Nationalstaates über seine (Küsten-)Grenzen hinaus in die ‚neue' Welt jenseits der Ozeane gewiesen.

Diese Funktion der Flotte gerät den ‚Zeitdichtern' allerdings noch nicht zuvörderst in den Blick. Für sie ist Flotte vor allem erst einmal freiheitliches und nationales Sinnbild, nicht so sehr wirkliches militärisches Werkzeug – zumal sich ein operativer Anlass, über deutsche Flottenrüstung lyrisch oder politisch nachzusinnen, ja auch akut erst 1848 ergab, mit der dänischen Blockade der deutschen Häfen im Rahmen der Schleswig-Holstein-Krise.

Der Herwegh-Herausgeber Hermann Tardel beschließt nun seine Sicht des Herweghschen Flottengedichtes mit dem Befund, der Dichter habe „die sämtlichen Leitmotive seiner Lyrik darin untergebracht", den Freiheitswunsch, die patriotische Note (mit dem „großen Hoffnungsvolk der Erde", das sich die Welt zu eigen machen solle, allerdings schon durchaus selbstbewusst und offensiv gezeichnet) und die mit dieser nationaleuphorischen Ausrichtung einhergehende Wendung gegen das Volk der „Krämer", den „Leopard", die „freche Rotte, die die Frucht der Erde pflückt". Tardel veranlasst dies zu der Bemerkung „Recht kraß sind einige chauvinistische Ausfälle gegen England", und damit eine Sprache vorwegnehmend („Soll in die Welt nur der englische Geist gepflanzt werden?" – „Ein Todespfeil im Herzen Englands ist jedes deutsche Schiff"), die einige Jahrzehnte später im Rahmen der wilhelminischen Flottenrüstung wieder ganz en vogue sei wird. Zumal sich der bzw. ein deutscher Kaiser ja bereits in Herweghs Gedicht befindet, ein mythischer Kaiser der Zukunft, ein ‚teutscher Held', wie er schon seit Jahrhunderten durch die deutschen Kaisersagen und -prophetien wandelt, sogar als Gott Jupiter Zwischenstation in Hans Jakob Christoffel von Grimmelshausens ‚Simplicissimus Teutsch' macht und in Heines ‚Wintermärchen' als Kaiser Rotbart noch einmal einen recht kläglichen und müden Auftritt im Zentrum des Gedichtes erfährt. Die Sehnsucht nach dem „Fürst, der deutschen Purpur trägt", hat Herwegh auch, in höchst bemühtem Reim, in dem Gedicht ‚Deutsches Volk' apostrophiert: „Tritt in Deiner Fürsten Reihn!/ Sprich: die neununddreißig Lappen/ (also der ‚Flickenteppich' der Staaten des Deutschen Bundes. F.G.) Sollen wieder besser klappen/ Und ein Heldenpurpur sein." Auch in Herweghs Gedicht ‚Der Freiheit eine Gasse!' wird ein derartiger deutscher Held wieder beschworen und in ‚Zuruf' schließlich auch das Themenarsenal der deutschen Kaiserprophetie komplettiert mit dem Bilde von der nahenden Ankunft des Endkaisers, der in einem ‚Letzten Krieg' und Weltenkampf den Völkern den ewigen Frieden bringen soll.

So ist es Herwegh, der als einer der ersten Literaten in einer Melange von Freiheitssehnsucht, nationalem Pathos und weltausgreifender Geste den Flottengedanken als Symbol und Movens des freiheitlichen, demokratischen, gleichwohl aber auch starken und robusten Nationalstaates, thematisiert und poetisch ausgeformt hat.

Doch diese Flotte, und dies unzweifelhaft ein gravierendes Defizit allzu ausgreifender Flotten- und damit verbundener Freiheitseuphorie, existierte ja einstweilen nur in poetischen Vorstellungen, sie musste erst noch gebaut werden, bevor der Dichter, wie Herwegh dies in der letzten Strophe seines Flotten-Poems imaginiert, als „deutscher Argonaut", an einen Mast gelehnt, mit seiner Laute um das „Goldene Vlies der Welt" kämpfen kann.

So ruft der Dichter den Deutschen am Ende seines Gedichtes mit Blick auf ihren mythisch aufgeladenen, vielbesungenen und legendendurchzogenen Wald, der ja traditionell allerlei Märchen und Wunder bereithält, zu: „Dir blüht manch lustig Waldrevier – erbaue selbst die Segler Dir." Mit dieser „Mahnung an das deutsche Volk" wird zudem ein kraftvoll-suggestives und romantisches Symbol verknüpft, das des flottengebärenden deutschen Waldes – und es wird auch prompt drei Jahre später vom findigen Ferdinand Freiligrath in seinem Gedichtzyklus ‚Ein Glaubensbekenntnis' mit einem neuen Flottengedicht (‚Flotten-Träume') wieder aufgegriffen.

Doch zunächst tritt Georg Herwegh, der neue deutsche Dichterheros, im September 1842 von Zürich aus eine Reise durch Deutschland an, um sein Zeitschriftenprojekt ‚Der deutsche Bote aus der Schweiz' zu promoten. Die Tour, von Frankfurt über Köln und Berlin bis Königsberg, wird zu einem Triumphzug ohnegleichen für den allenthalben umjubelten und gefeierten Dichter.

Dies gefällt nicht allen, in Sonderheit nicht dessen poetischen Konkurrenten, namentlich Ferdinand Freiligrath, der aufgrund seiner beliebten Löwen- und Wüstenverse mit einer jährlichen Dotation in Höhe von 300 Talern durch den neuen preußischen König Friedrich Wilhelm IV. versehen worden war.

Während seiner Deutschland-Tour wird Herwegh zunehmend von seinen Freunden zu einer Audienz beim preußischen König gedrängt, auf den sich, nachdem dieser gar einige vormals verfemte Wissenschaftler wie Jacob und Wilhelm Grimm oder Friedrich Christoph

Dahlmann an die Universitäten in Berlin und Bonn berufen hatte, anfänglich noch Hoffnungen auf eine Liberalisierung des preußischen Staatswesens richteten. Tatsächlich findet dann diese Audienz am 19. November 1842 statt, jedoch keineswegs mit dem Ergebnis, mit dem Herwegh und seine Anhänger gerechnet hatten. Zumal er selbst in den ‚Gedichten eines Lebendigen‘ ja ‚An den König von Preußen‘ appelliert hatte: „Die Sehnsucht Deutschlands steht nach dir,/ Fest, wie nach Norden blickt die Nadel;/ O Fürst, entfalte dein Panier;/ Noch ist es Zeit, noch folgen wir." Unmittelbar nach der Audienz jedoch, in der Herwegh weitgehend stumm bleibt, der König jovial das Terrain beherrscht und ihn entlässt mit der Sentenz, man wolle fortan „ehrliche Feinde" bleiben, wird Herweghs Zeitungsprojekt in Preußen verboten. Die Veröffentlichung seines Protestbriefes („Verbotene Bücher fliegen recht eigentlich durch die Luft, und was das Volk lesen will, liest es allen Verboten zum Trotz"), der ohne sein Wissen und Zutun der ‚Leipziger Allgemeinen Zeitung‘ zugespielt wird, führt unmittelbar zu seiner Ausweisung aus Preußen. Am 28. Dezember 1842 hat er binnen 24 Stunden „wegen verdächtigen und revolutionären Treibens" das Land zu verlassen. Herwegh kehrt in die Schweiz zurück und heiratet Emma Siegmund, Tochter eines Berliner Modehausbesitzers. Das Kanton Baselland verleiht ihm, anders als zuvor Zürich, das Schweizer Bürgerrecht. Im Sommer 1843 gibt Herwegh ‚21 Bogen aus der Schweiz‘ und im Dezember des Jahres den von seinen Fans lang ersehnten und geforderten ‚Zweiten Teil‘ der ‚Gedichte eines Lebendigen‘ heraus. Das Gedicht ‚Die deutsche Flotte‘, zuvor nur per Flugblatt erschienen, findet nun in diesem zweiten Band Aufnahme.

Die Gedichte des ‚Zweiten Teils‘ haben allerdings nicht mehr den ‚Drive‘ des ersten Bandes, Typus ‚Der Freiheit eine Gasse!‘, nicht mehr das Aufrüttelnde, Hymnische, Bildstarke. Dafür war wohl zu viel in der Zwischenzeit passiert, in Sonderheit der Triumphzug durch Deutschland und die Audienz beim preußischen König. Der Ton ist abgeklärter, politisch weniger radikal und formal strenger durchgearbeitet. Glattgeschliffen statt Rohdiamant. Aber auch mit neuem Sujet, der sozialen Klage und Anklage und dem Thema der existentiellen Not der unteren Volksschichten: ‚Der arme Jakob‘ handelt vom Tod eines alten, verdienten Soldaten, für den das Vaterland gerade noch ein Armenbegräbnis übrig hat, ‚Die kranke Lise' von der Geburt eines Kindes auf der Straße: „Für eurer Prinzen zarte Nerven/ Ist Daun' auf Daune hoch geschwellt:/ Ich muß in einer Grube werfen -/ So kommt das Volk zur Welt." Der italienische Literaturwissenschaftler Giuseppe Farese hat diesen neuen Ton im ‚Zweiten Teil' der ‚Gedichte eines Lebendigen' wie folgt beschrieben: „Unter dem Schock seiner ‚ernüchternden' persönlichen Erfahrung (…) wandte er sich von der rhetorischen und schwärmerischen Dichtung seiner frühen Schaffensweise, dem Epigramm, der gesellschaftsbezogenen und satirischen Dichtung zu" – in einem Gedichtensemble allerdings, in das sich das Gedicht von der deutschen Flotte, schon 1841 und im zeitlichen Zusammenhang des ersten Bandes und in dessen emphatischem Ambiente entstanden, nicht nahtlos einfügen will. Es gehört vielmehr zeitlich wie strukturell, namentlich in seinem hymnischen Klang und seinem Appellcharakter, eine „Mahnung an das deutsche Volk zu sein", zum ersten Band, demjenigen also, der Herwegh zum Pop-Star machte.

Der Band erscheint, wiederum in Zürich und Winterthur, in einer Auflage von 8000 Exemplaren. Auch er wird sofort verboten und der preußische Innenminister Adolf Heinrich von Arnim-Boitzeckerenburg begründet dies so: „Der zweite Band der Gedichte ist so durchgängig destruktiven und die höchsten Personen in gemeinster und frechster Weise verunglimpfenden Inhalts, daß dessen Verbreitung in den königlichen Staaten auf jede gesetzlich zulässige Weise verhindert werden muß." Andere Bundesstaaten folgen mit Verboten auf dem Fuße, gleichwohl werden, so hat es Stephan Reinhardt ermittelt, bis Juni 1844 7428 Exemplare verkauft – keineswegs ein Megaseller wie der erste Band, dessen kämpferischer Ton im zweiten verhaltener geworden ist: „Doch rief nicht ich, bei Gott! Nicht ich zum Streite,/ Zum Streite ruft der neue Geist der Welt!" (‚An die deutsche Jugend'). Herwegh bespiegelt sich selbst in den Worten Heinrich Heines („Die Lerche war's, nicht die Nachtigall,/ Die eben am Himmel geschlagen. (..) Die Nacht soll blutig verenden.-/ Heraus, wer ans ewige Licht noch glaubt!/ Ihr Schläfer, die Rosen der Liebe vom Haupt,/ Und ein flammendes Schwert um die Lenden!") und die ehemalige Kampfeslust ist melancholisch eingefärbt: „Sternenauf und sternenab/ Tausend leuchtende Gefieder,// Rosen trägt das finstre

Grab/ Und die Kreuze sinken nieder." – diejenigen Kreuze, die zuvor, im ersten Band, noch aus der Erde gerissen wurden, um zu Schwertern zu werden. Im ‚Champagnerlied' wird die Kampfeslust des vormaligen ‚Rheinweinliedes' alkoholisch abgedämpft („Wir griffen jüngst den Weltbrand anzufachen,/ Ihr Brüder, nach dem Schwert;/ Doch diese Welt, so laßt uns drüber lachen!/ Ist unsres Ernsts nicht wert. (…) Schenkt ein, schenkt ein." Selbstironie hält Einkehr („Ihr wißt, ich bin ein schlechter Reimer" (‚Bei Hamburgs Brand'), ebenso wie Zynismus: „Wo nur immer ein Aas, sammeln die Adler sich schnell."

Hier wird nun gegen Ende des ‚Zweiten Teils' der ‚Gedichte eines Lebendigen' das Gedicht ‚Die deutsche Flotte' eingewebt, das, zur Zeit des ersten Bandes entstanden, noch dessen damaligen appellativen ‚Punch' widerspiegelt. Dem Flottenpoem vorangesetzt hat Herwegh mit dem Gedicht ‚J....' daher einen gleichwohl milderen Fürstenappell, der zudem Versatzstücke aus ‚Die deutsche Flotte' aufnimmt: „Es wird zu Nichte werden/ Der Sklaverei Phantom,/ Und frei rauscht durch die Erden/ Der Freiheit Alpenstrom;/ Der Strom, der sich sein Bette/ Nur tiefer, tiefer wühlt,/ Bis er die letzte Kette/ Der Menschheit fortgespült./ Vertraut doch eurem Volke,/ Dem Seemann, der nie irrt (…) Es kommt ein Sturm, drum gehen/ Die Seelen auch so hoch,/ Ihr müßt das Steuer drehen:/ So hört, ihr Fürsten, doch!/ Hier hilft kein Kompaßregeln,/ Hier hilft kein Strand kein Turm;/ Wollt ihr noch weiter segeln,/ So segelt mit dem Sturm."
Im weiteren Fortgang des Bandes, in dem Sonett ‚Bei einem Gemälde von Cornelius', dann wieder der schon bekannte Ruf nach einem deutschen Helden „von echtem Korne": „Ein Held, des Worte leuchten in die Runde,/ Der unsres Vaterlands zersprengte Teile/ Zusammenzaubern kann zu neuem Bunde." Gleichwohl mischt sich Resignation und Satire ein in die Lyrik des zweiten Bandes, in dem alte Kampfgefährten sich nun neue Ziele setzen: „Daß unsre Wege so sich teilen,/ Glaub' mir, Georg, es tut mir weh;/ Du gehst zum Bier; und ich derweilen/ Zu einem Oberappellationsgerichtsvizepräsidenten-Tee. (…) Ich muß Geheimer Hofrat werden!"
Zum Ende des zweiten Bandes hingegen überwiegt dann doch tiefe Resignation, ähnlich der späteren Heines angesichts des die Revolution verschlafenden deutschen Michels, und Herwegh singt dem deut-

schen Volk ein ‚Wiegenlied‘: „Deutschland – auf weichem Pfühle/ Mach‘ dir den Kopf nicht schwer!/ Im irdischen Gewühle/ Schlafe, was willst du mehr? Laß jede Freiheit dir rauben,/ Setze dich nicht zur Wehr,/ Du behälst ja den christlichen Glauben: Schlafe, was willst du mehr? Und ob man dir alles verböte,/ Doch gräme dich nicht zu sehr,/ Du hast ja Schiller und Goethe:/ Schlafe, was willst du mehr?“ Und noch ein Seitenhieb gegen den orientalischen Freiligrath mit seiner königlichen Leibrente: „Dein König beschützt die Kamele/ Und macht sie pensionär,/ Dreihundert Taler die Seele:/ Schlafe, was willst du mehr?“ Und im gleichen Tenor ‚Den Deutschen‘: „Und als der Herr die Völker zählte/ – Ei, sieh! Das Deutsche Reich noch fehlte./ ‚Wo bleiben denn meine Deutschen wieder?/ Recken sie noch die faulen Glieder?‘“ Das ist ganz der Heinesche Ton. Herweghs vormalige blut- und freiheitsbrünstige Lyrik mit dem Hammer ist einem distinguierten, feiner formulierten Sarkasmus gewichen und erscheint nun auch in anderen Formen, in Epigrammen wie dem über den Goethe-Verleger ‚Herr von Cotta‘: „Preßfreiheit! So, so? – Was hilft mir ein Fittich im Garten?/ Nur in dem Käfige, wißt, kauft man den Vogel mir ab.“

Eine zynische Resignation also, die aber auch durch klare Statements gebrochen wird („Nur Anmerkungen sind sie, die Herrn zum Text der Geschichte“), um am Ende dann doch in den vormaligen ‚Sound‘ des ersten Bandes zurückzukehren, wiederum im zornigen Appell an den preußischen König, der ihn bei der Audienz abserviert und anschließend des Landes verwiesen hatte: „So sei ein Fürst! So wag‘ es und verletz‘/ Den alten heil’gen hergebrachten Plunder:/ Zertritt das Pfaffen- und das Adelsnetz!/ Wirf in die harrende Welt hinaus den Zunder,// Und spreng‘ den morschen Bau hoch in die Luft!/ Bist du von Gott, wohlan so tue Wunder!“ - so im Gedicht ‚Auch dies gehört dem König‘, das schließlich den zweiten Band mit wohlbekanntem Pathos beschließt: „Du hast verschmäht, dem Strom sein Bett zu graben,/ Und sinnest, ihn zurück zum Quell zu drängen:/ Er aber schäumt und wird sein Bette haben./ Dein war das Amt, der Freiheit Ring, den engen,/ Mit Meisterschlägen friedlich zu erweitern -/ Du hast’s verschmäht! Nun gilt es, ihn zu sprengen.“ Dies an den König und zuvor noch einmal an das schläfrige deutsche Volk, und das mit geradezu prophetischem Gestus: „Du bist und bleibst ein Knecht, der fluchend/ Am heil'gen Zorn sein Süpplein kocht,/ Bis fremde Völker, Einlaß suchend,/ Erst an die Türe dir gepocht!"

Fünf Jahre später, der Deutsche Bund hatte alle Publikationen des Verlags ‚Literarisches Comptoir', bei dem mittlerweile viele bekannte Autoren wie Heinrich Hoffmann von Fallersleben oder Gottfried Keller veröffentlichten, in den deutschen Staaten verboten, ist es dann soweit: Die Februarrevolution in Frankreich, die Herwegh in Paris miterlebt, springt auf Deutschland über, lässt den Michel (und, wie wir noch sehen werden, auch den alten Kaiser) erwachen und entzündet dort im März gleichfalls die Revolution.

In Paris 1842 hatte Herwegh dem verehrten Heine in dessen Wohnung einen Besuch abgestattet. Der äußerte sich zwar lobend über die ‚Gedichte eines Lebendigen', bemängelte jedoch deren allzu euphorischen Aktionismus und damit verbunden Fortschrittsglauben und überreichte ihm dazu ein Gedicht, das er zeitlebens nicht veröffentlichen wird: „Herwegh, du eiserne Lerche,/ mit klirrendem Jubel steigst du empor/ Zum heiligen Sonnenlichte!/ Ward wirklich der Winter zunichte?/ Steht wirklich Deutschland im Frühlingsflor?/ Herwegh, du eiserne Lerche,/ Weil du so himmelhoch dich schwingst,/ Hast du die Erde aus dem Gesichte/ Verloren - Nur in deinem Gedichte/ Lebt jener Lenz, den du besingst."

Doch tatsächlich kommt es anders als von Heine prophezeit, und die „eiserne Lerche" Herwegh hatte die Revolution, die sich 1848 in deutschen Landen allenthalben Bahn bricht, mit herbeigesungen, ja, in seinem Flottengedicht hatte er nicht nur die „deutsche Marine", sondern auch den Kaiser an der Spitze einer freiheitlichen Verfassung antizipiert.

Seit September 1843 leben Herwegh und seine Frau in Paris, er widmet sich, mit dem Geld, das seine Frau in die Ehe eingebracht hatte, Empfängen, Salons und meeresbiologischen Studien. Dann erlebt er im Februar 1848 den Ausbruch der Revolution in Paris und den Sturz des Königs, besucht in einem 'Kurztrip' nach Deutschland das am 31. März in Frankfurt am Main zusammengetretene Vorparlament und wird, wieder zurück in Paris, zum Präsidenten der dortigen ‚Deutschen Demokratischen Gesellschaft' gewählt. Schließlich wird er gar auf den Posten des Kommandeurs ihres ‚militärischen Armes', der ‚Deutschen Demokratischen Legion', gedrängt, deren Ziel es ist, den mit einer Truppe von etwa 800 Freischärlern auf dem Weg von Konstanz in die Residenzstadt Karlsruhe befindlichen Rechtsanwalt Friedrich Hecker, der dort mit militärischen Mitteln die Republik errichten will, die er ‚Frankfurt' nicht mehr zutraut, zu unterstützen. Hecker, Mitglied des Vorparlaments, war zu seiner eklatanten Enttäuschung ebensowenig wie sein badischer Mitstreiter Gustav Struve nicht in den vom Vorparlament berufenen ‚Fünfzigerausschuss' gewählt worden, einem Interimsgremium zwischen Vorparlament und Nationalversammlung, das den mit der Vorbereitung der Wahl befassten Bundestag des Deutschen Bundes, so Dieter Hein, „unterstützen und überwachen" sollte. Hecker landet auf dem undankbaren 51. Platz, Struve gar nur an Nummer 61, Ergebnis der ‚konstitutionellen' Mehrheit im Vorparlament. Hecker, so berichtet es Jörg Bong, habe daraufhin gegenüber Freunden erklärt: „Hier in Frankfurt ist nichts zu machen – es gilt in Baden loszuschlagen." Dies also der Ursprung des ‚Heckerzuges' gegen die Residenzstadt Karlsruhe und Herweghs militärischer Flankenschutz mittels der ‚Deutschen Demokratischen Legion'. Beide Unternehmungen entpuppen sich als ebenso euphorisch wie dilettantisch. Herweghs Legion wird, kaum dass er den Rhein mit seiner kleinen Schar von 650 Mann plus einer Frau in Männerkleidern, Emma Herwegh, bei Kembs überschritten hat, dort schon von württembergischen und hessischen Truppen erwartet. Das Gefecht der Legion gegen die Soldaten am 24. April 1848 bei Niederdossenbach endet für die Legion in einem Fiasko. Die zum Teil nur mit Sensen bewaffneten Freischärler haben keine Chance. Ohne taktische Gliederung, hinter Obstbäumen Deckung suchend, kämpfend „nach Indianerart", wie der württembergische Gefechtsbericht vermerkt, sind am Ende zwölf Tote und viele Verwundete zu beklagen. Emma und Georg fliehen durch Wälder (und der Dichter nicht unter dem Spritzverdeck einer Kutsche, die Emma gefahren habe, wie später kolportiert wird) in ein Dorf, wo sie der Bauer Jacob Bannwarth rettet. Während sie auf seinen Feldern, flugs verkleidet als Landarbeiter, bis zum Sonnenuntergang ackern, führt ein Freund des Bauern aus der Schweiz sie dann am Abend und mit geschulterten Mistgabeln als seine ‚Dienstleute' über eine bewachte Rheinbrücke auf Schweizer Gebiet. Der ‚Heckerzug' ist derweil auch schon beendet und Heckers

Streitmacht bei Kandern im Südschwarzwald von Truppen des Deutschen Bundes geschlagen.

Während Friedrich Hecker, der ebenso fliehen konnte wie Herwegh, im September des Jahres ein Schiff in die USA besteigt, ist der Dichter und vormalige Legionspräsident bald zurück in Paris, von wo er in den Zeitungen das Zusammentreten und die ersten Sitzungen der Nationalversammlung in der Paulskirche verfolgt, die er in seinem Gedicht vom 7. Juni 1848, ‚Das Reden nimmt kein End‘, sarkastisch kommentiert: „Zu Frankfurt an dem Main-/ Die Wäsche wird nicht rein;/ Sie bürsten und sie bürsten,/ Die Fürsten bleiben Fürsten/ Die Mohren blieben Mohren/ Trotz aller Professoren/ Im Parla-Parla-Parlament/ Das Reden nimmt kein End!" – Dabei wettert er nicht so sehr gegen das Parlament an sich, das er begrüßte, sondern gegen die dortige ‚konstitutionelle‘ Mehrheit. Und als dann auch noch der österreichische Erzherzog Johann zum Reichsverweser, zum Interimstaatsoberhaupt, gewählt wird, da ruft er in ‚Kein Österreich!‘ verzweifelt aus: „Kein neues Joch und keine Fürsten mehr!"

Dann ist die Revolution vorbei und die Reichsregierung in Frankfurt nach dem Rücktritt des Reichsverwesers ‚verloschen‘. Und Georg Herwegh singt ihr im Dezember noch ein Abschiedslied: „Mein Deutschland, strecke die Glieder/ Ins alte Bett, so warm und weich;/ Die Augen fallen dir nieder,/ Du schläfriges deutsches Reich.// Hast lange geschrien dich heiser-Nun schenke dir Gott die ewige Ruh'!/ Dich spitzt ein deutscher Kaiser/ Pyramidalisch zu."

Seit 1851 lebt er wieder in der Schweiz, in Zürich, hält sich, da nun auch die Mitgift seiner Frau Emma aufgezehrt ist, mit journalistischen Gelegenheitsarbeiten und Shakespeare-Übersetzungen notdürftig über Wasser und gibt sich zeitweise weniger der Poesie als naturwissenschaftlichen, meeresbiologischen Studien hin. Eine in Aussicht gestellte Berufung als Literaturprofessor an die Universität Neapel scheitert. Herwegh schreibt unverdrossen weiter. Dass er nach 1849 verstummt sei, trifft nicht zu. Er lernt Ferdinand Lassalle kennen und schreibt für dessen Allgemeinen Deutschen Arbeiterverein das Bundeslied: „Mann der Arbeit aufgewacht!/ Und erkenne deine Macht!/ Alle Räder stehen still,/ Wenn Dein starker Arm es will!" Auch dieses Lied wird, wie nahezu alles, was Herwegh in Deutschland publiziert, umgehend verboten. Lassalle stirbt im Duell, Herwegh kehrt 1866 amnestiehalber nach Deutschland zurück, nach Baden-Baden, sichert seinen und der Familie Lebensunterhalt wieder mit verstreuten Artikeln und schließlich auch der Versteigerung seiner Bibliothek. 1869 tritt er in die Sozialdemokratische Arbeiterpartei ein, in der er bis zu seinem Lebensende verbleibt. Bis zum Schluss seinen alten Idealen von Freiheit, Einheit, sozialer Gerechtigkeit und Republik treu, verurteilt er, ganz im Gegensatz zu seinem Dichterkollegen Freiligrath („Hurra Germania!") den Krieg von 1870/71: „Schwarz, weiß und roth! Um ein Panier/ Vereinigt stehen Süd und Norden;/ Du bist im ruhmgekrönten Morden/ Das erste Land der Welt geworden:/ Germania mir graut vor Dir." Zwei Jahre später dann, im Gedicht ‚Achtzehnter März', noch einmal eine trotzige Reminiszenz an die Revolution in Berlin am 18. März 1848: „Noch sind nicht alle Märze vorbei,/ Achtzehnhundertsiebzig und drei."

Georg Herwegh stirbt am 7. April 1875 an den Folgen einer Lungenentzündung in Baden-Baden. Und da er, wie er noch auf dem Sterbebett verfügte, „nicht innerhalb des Deutschen Reiches bestattet" sein wollte, sondern „in freier republikanischer Erde", in seinem „Heimatkanton" Baselland, wird der Sarg von Emma nach Liestal in die Schweiz überführt, wo Herwegh seine letzte Ruhestätte findet. An seinem Begräbnis nehmen viele alte Weggefährten teil, darunter auch Ferdinand Freiligrath. Emma stirbt 1904 in Paris und wird an der Seite ihres Ehemannes beigesetzt. 1877 hatte sie posthum Herweghs Lyrikband ‚Neue Gedichte', herausgegeben. Im Deutschen Reich wird Herwegh letztes Buch, wie gewohnt, sofort verboten.

Dies alles musste so ausführlich berichtet werden. Zum einen, um die eminente Bedeutung und antizipatorische Kraft der politischen Lyrik des Vormärz und ihrer Folgen gleichsam praktisch, gedichtweise, aufzublättern, und zum anderen, um Georg Herweghs merkwürdiges und spätes ‚Revival' im deutschen Kaiserreich in den Blick nehmen zu können. Auslöser dieser ganz überraschenden Wiederkehr eines in Vergessenheit geratenen Schriftstellers war nämlich just jenes Gedicht, das nicht so recht in den zweiten Band der ‚Gedichte eines Lebendigen' passen wollte und das schon viel früher, sozusagen in der ‚heroischen' Phase Herweghs und mitten im deutschen ‚Flottenfieber' geschrieben und per Flugblatt publiziert worden war: ‚Die deutsche Flotte', eines jener emphatischen Gedichte der „eisernen Lerche", dem Herwegh letztendlich seinen Ruf als poetischer Pop-Star des Vormärz und einer der lyrischen Wegbereiter der Revolution von 1848 verdankt.

Und so erfährt ausgerechnet der vormals verfemte Georg Herwegh, der sich nicht, wie sein Kollege Freiligrath, den monarchischen Verhältnissen eines 1871 mit ‚Blut und Eisen‘ aus der Taufe gehobenen Deutschen Reiches anpassen wollte, wenngleich erst nach seinem Tode, so doch noch ungeahnte Ehren: Als habe man im Wilhelminischen Kaiserreich den Herweghschen Ruf nach einer Flotte mit dem Kaiser an der Spitze vernommen und endlich in die Tat umgesetzt, wird 1898 das erste ‚Flottengesetz‘ vom Staatssekretär des Reichsmarineamtes, Alfred von Tirpitz, durch den Reichstag gebracht. Und Wilhelm II. macht sich, mit dem Dreizack in der Faust und wie weiland Herweghs „deutsche Flotte“ auf dem purpurnen Meer dem Ruf des Ozeans, der, so Wilhelm II., „an unseres Volkes Tore klopft“, folgend, daran, wie Herwegh dereinst dichtete, „die Welt (zu) gewinnen“. Nicht nur der Kaiser, auch die deutschen Kinder legten nun Marineuniform an, und wieder waren die Deutschen, wie Heinrich Heine dies schon im Vormärz diagnostiziert hatte, „begeisterte Matrosen“ geworden. Und so ist es ausgerechnet Herwegh, der im neuen Deutschen Reich, zumal unter Wilhelm II. und der diesem zugeneigten Presse, nun eine unverhoffte Wiedergeburt erlebt – vermittels seines alten Gedichtes ‚Die deutsche Flotte‘ von 1841 mit den Deutschen als den auserwählten Ozean- und Weltbezwingern und einem Flottenkaiser an der Spitze.

Denn diese Befreiung, ja Entfesselung der Deutschen durch das Meer in Herweghs Gedicht ist zweifellos, wie dies sein Biograf Stephan Reinhardt formuliert, „glühend nationalistisch“. Es als „Fehltritt“ zu bezeichnen wird allerdings den Rahmenbedingungen des Vormärz, zudem aufgeheizt durch jenes ‚Flottenfieber‘, das auch Georg Herwegh erfasst hatte, kaum gerecht. Tatsächlich aber ist die Janusköpfigkeit der politischen Artikulation dieser Zeit, das Gleichzeitige der Forderungen nach persönlicher wie nationaler Freiheit, nach Demokratie wie Machtentfaltung in Rechnung zu stellen. Beides gehört zum Vormärz wie zur Revolution von 1848. Natürlich ist in Herweghs ‚Die deutsche Flotte‘ eine gehörige Portion Nationalismus mit Händen zu greifen, wenn hier vom auserwählten Volk die Rede ist, das

das Steuerrad der Weltgeschichte ergreifen solle. Das war aber auch in ähnlicher Form in der Paulskirche, und auch bei den Debatten um den Flottenbeschluss, zu hören. Groß und mächtig müsse man auftreten und mindestens umgehend erste Schiffe in Übersee stationieren, vor der Mündung des Rio de la Plata, wie dies der Sprecher des Marineausschusses, General Joseph von Radowitz vortrug oder der Abgeordnete und deutsche Nationaldichter der Befreiungskriege Ernst Moritz Arndt, der gar von einer „Weltherrschaft über die Meere" fabulierte, die er sich von der deutschen Flotte erhoffe.

Sebastian Haffner hat in seinem Werk ‚Von Bismarck zu Hitler' darauf hingewiesen, es gebe „viele Äußerungen prominenter Paulskirchen-Politiker, liberaler Demokraten, die ganz offen sagen: Das Allerwichtigste, was wir für Deutschland erstreben, ist Macht. ‚Die deutsche Nation ist der Prinzipien und Doktrinen, der literarischen Größe und der theoretischen Existenz satt. Was sie verlangt, ist Macht, Macht, Macht! Und wer ihr Macht gibt, dem wird sie Ehre geben, mehr Ehre, als er sich ausdenken kann.' Das sind Worte Julius Fröbels, eines heute vergessenen, aber damals prominenten großdeutschen Paulskirchen-Politikers." Dieser Julius Fröbel aber ist neben August Follen, wie sahen es, just Herweghs Mäzen in der Schweiz, und Julius Fröbel ist es auch, der für Herwegh, den er als großes Talent erkennt und fördern will, den ‚Verlag Literarisches Comptoir' gründet. Und Haffner weiter: „Der Wunsch, aus dem passiven Dasein herauszukommen, das die Deutschen viele hundert Jahre lang in der Mitte Europas geführt hatten, war in der gesamten Paulskirche sehr ausgeprägt. Man wollte eben auch einmal, wie die Randmächte Europas schon lange, Machtpolitik und Expansionspolitik betreiben können" – kompensatorischer Reflex des Minderwertigkeitskomplexes einer, wie dies Helmuth Plessner genannt hat, „verspäteten Nation" – einer Gemütslage, die die deutsche Nationalbewegung des Vormärz und der Revolution in Teilen auch zu einer, so Haffner, „ungeheuren Selbstüberhebung und Selbstanbetung" führt: „Die Deutschen, das ‚Urvolk', das eigentliche Volk, das wirkliche und wahre und beste Volk Europas" – in minder schwerer Form ist dies auch beim ‚Präsident der Herzen' der Nationalversammlung, bei Jacob Grimm, auffindbar, der in ähnlichem Tenor bei der Germanistenversammlung 1847 in Lübeck von den Deutschen als einem „muthigen, zur Herrschaft ausersehenen und gerüsteten Volk" spricht. Ein alter Topos zudem, der schon in den mittelalterlichen Kaiserprophetien und den daraus abgeleiteten frühneuzeitlichen Flugschriften-Weissagungen, den ‚Praktiken‘, nachzuweisen ist, wie in der des Wilhelm Fries aus dem frühen 16. Jahrhundert: Hier ist es der Kaiser der letzten Zeiten, der „vbers Meer ziehen, das gelobte Landt erobern, vnnd da den Christlichen Glauben verkündigen lassen (wird). (…) Denn soll fortan die gantze Welt durch preiß, fride vnd freud sein, ohn allerley vneinigkeit vnd zwitracht." Dieser Kaiser der letzten Zeiten wird, so formuliert es die Schrift des anonymen, sogenannten ‚Oberrheinischen Revolutionärs‘, die zwischen 1498 und 1510 am Oberrhein entstand, ein deutsches Weltkaisertum aufrichten, wozu man schon allein dadurch berufen sei, da, und dies die durchaus originelle Geschichtskonstruktion des ‚Oberrheinischen Revolutionärs‘, Adam, der erste Mensch, Deutscher gewesen sei. Wie anders hätte also die Geschichte sich weiter fortbewwegen können als in Form einer Welt- und Heilsgeschichte der Deutschen. Die deutsche Nationalbewegung, die in den Befreiungskriegen entsteht und in Ernst Moritz Arndt eine ihrer prominentesten literarischen Stimmen fand („Der Gott, der Eisen wachsen ließ"), ist nun auch in das Rund der Paulskirche eingezogen, und Ernst Moritz Arndt als Abgeordneter gleich mit. Kein Wunder, dass auch vom Patriotischen ins Nationalistische changierende Beiträge hier zu vernehmen sind und die Flotte, die am 14. Juni im Parlament aus der Taufe gehoben wird, nicht nur als maritimes Instrument der Dänenabwehr, sondern auch als starkes und wehrhaftes nationales Symbol figuriert.

Und diese nationale Kraft entfaltet auch schon Herweghs „deutsche Flotte" und wird prompt zum Anknüpfungspunkt neuer ‚Flottenträume‘, wie sie im Wilhelminischen Reich in hypertropher Form dann aufblühen. Denn so wie die Flotte 1848 in einem Akt der Selbst-Referenz in Zeiten schwieriger Legitimation die Nationalversammlung illuminierte, ja, diese mittels ihres ersten Beschlusses geradezu konstituierte, bestrahlt sie nun in einem neuen deutschen Kaiserreich als ‚schimmernde Wehr‘ den ‚herrlichen jungen Kaiser‘, ganz wie sich dies wohl auch dessen ‚romantischer‘ Ahnherr Friedrich Wilhelm IV. mit seinen noch zaghaften Flottengründungsplänen erträumt hatte und wie dies in Herweghs Flottengedicht und dem energisch das maritime Steuerrad der Weltgeschichte ergreifenden deutschen Volk mitsamt seinem Kaiser reimweise dargeboten worden war. Spätestens mit Beginn der Tirpitzschen Flottenrüstung ab 1898 und dem ersten ‚Flottengesetz' hatte dies deutsche Volk ‚Wäsche achtern', die Uniform der Heineschen „begeisterten Matrosen", angelegt. Und allen voran der Marinekaiser selbst in der Uniform eines ‚Admiral of the Fleet', die ihm seine englische Großmutter Queen Victoria bei seinem ersten Besuch im ‚perfiden Albion' geschenkt hatte, sodann die ‚Flottenprofessoren', Seemacht vom Katheder lehrend und schließlich auch die nicht minder flottenenthusiasmierte Presse. Und in dieser allgemeinen maritimen Erregung kaperte nun die Berliner ‚Vossische Zeitung' Herweghs Gedicht für die Zwecke der Tirpitzschen Flottenrüstung. Das ging so, und Hans Wilderotter hat es entdeckt:

1899, also im Jahr nach der Billigung des ersten ‚Flottengesetzes' und dem Anlaufen des ‚Tirpitz-Planes' (Volker R. Berghahn), schrieb die vom liberalen Politiker Friedrich Naumann herausgegebene Sonntagszeitung ‚Die Hilfe' in ihrer Ausgabe vom 10. Dezember in der Rubrik ‚Politische Notizen' und unter der Überschrift ‚Ein flottenbegeisterter Revolutionär': „Georg Herweghs Gedichte spielten in der vorrevolutionären Stimmung der vierziger Jahre eine große Rolle. Sogar in dem Kapitel ‚Sozialistische Lyrik' widmet ihm Franz Mehrings Geschichte der Sozialdemokratie einige Worte. Aus den Liedern dieses radikalen Revolutionärs nun hat Prof. Delbrück in einer Rede über die Flotte zwei Verse zitiert, die wieder beweisen, wie sehr die Seegewalt für die Radikalen der vierziger Jahre ein Traum ihres Herzens war. Ihre heutigen Nachfolger sind in diesem Punkte ‚kleinbürgerlicher' geworden, als jene alten echten Demokraten es waren. So lauten die erwähnten Verse: ‚Erwach mein Volk mit neuen Sinnen!/ Blick in des Schicksals goldnes Buch,/ Lies aus den Sternen Dir den Spruch:/ Du sollst die Welt gewinnen!/ Erwach mein Volk, heiß Deine Töchter spinnen!/ Wir brauchen wieder einmal deutsches Linnen/ Zu deutschem Segeltuch. – Hinweg die feige Knechtsgeberde!/ Zerbrich der Heimat Schneckenhaus/ Zieh ruhig in die Welt hinaus,/ Daß sie Dein eigen werde!/ Du bist der Hirt der großen Völkerherde/ Du bist das große Zukunftsvolk der Erde,/ Drum wirf den Anker aus!' Vielleicht beweist uns aber nun Herr Kautsky mit der glänzenden Umdeutungskunst, über die er verfügt, daß Herwegh dabei natürlich nur an die Handelsflotte gedacht hat." Tatsächlich hatte der Berliner Geschichtsprofessor und Herausgeber der Preußischen Jahrbücher, Hans Delbrück, ‚Flottenprofessor' seines Zeichens, in einer Rede über die Flotte jene zwei Strophen aus Herweghs Gedicht zitiert, was dann auch die Berliner ‚Vossische Zeitung', keinerlei Sympathien für Revolutionäre verdächtig, aufgriff und das Gedicht abdruckte. Allerdings hatte die Zeitung, wie dies der sozialdemokratische Historiker Franz Mehring in der ‚Neuen Zeit' Nr. 17 des Jahres 1900 umgehend reklamierte, dieses „in schmählicher Weise verstümmelt", indem sie listig nur diejenigen Strophen druckte, die den deutschen Flottenkaiser besingen und jene unterschlug, die das Meer als „der Freiheit Hohe Schule" preisen, das den „letzten Rost der Tyrannei vom Herzen spülen" werde. Mehring verwies nun seinerseits darauf, dass die Flotte für Herwegh, wie für die „erstarkende Bourgeoisie" überhaupt, vielmehr „ein Symbol der Freiheit" gewesen sei. Dies aber passe „zu den heutigen Flottenplänen, die den zivilisirten Seeraub auf höchster Stufenleiter organisiren sollen, wie die Faust aufs Auge", weshalb auch in der ‚Vossischen' „die entscheidende Strophe (…) ausgelassen" sei und von ihm daher nun nachgetragen werde: „Das Meer wird uns vom Herzen spülen/ Den letzten Rost der Tyrannei,/(…) Das Meer, das Meer macht frei." Er, Mehring, empfehle hingegen Herrn Delbrück und anderen Anhängern des „Wasserpatriotismus" das Gedicht Ferdinand Freiligraths ‚Vor der Fahrt' „für ihre Flottenagitation." Die ‚Vossische Zeitung' aber, mit ihrem „verstümmelten" Gedicht, endete schließlich ihren Artikel dann auch scheinbar konsequent mit der Anregung, am Grab Georg Herweghs nunmehr einen Kranz niederzulegen mit der Inschrift auf dem Schleifenband: „Dem prophetischen Dichter der Deutschen Flotte. Das Kaiserlich Deutsche Marineamt."

Späte Ehren, und, hätte es Herwegh gewusst, sicher auch höchst unerwünschte. Aber ein Fingerzeig, welcher Art diese ‚Zeitgedichte' des Vormärz vor allem auch waren: ein journalistisches Medium, Tages-, besser ‚Zeit'-Presse, zweckorientierte politische Kunst, Analyse- und Aktionsinstrument. Und gerade deshalb ist dies Genre hier, als lyrisch-journalistisches Präludium der Revolution von 1848 in Deutschland, auch ausführlich vorgestellt, die Flottengedichte in Sonderheit und in besonderem Maße Georg Herwegh, die Hauptfigur jener von

Heinrich Heine geschmähten ‚Tendenzpoeten‘, denen er selbst in jenen Jahren vor und während der Revolution zugehöriger war als er je zugegeben hätte. Die ‚Zeitgedichte‘ illustrieren anschaulich den gleichsam ideologischen Überbau, unter dem die Revolution heranreifte, sich literarisch-politisch zuerst artikulierte und dabei auch Gedichte zu einer deutschen Flotte hervorbrachte, die, und da irrte Heine, keineswegs im Reich des Traums verblieben, sondern in Form der Brommyschen ‚Reichsflotte‘, der „deutschen Marine“ des Paulskirchenbeschlusses vom 14. Juni 1848, auch tatsächlich historische Realität wurden und trotz der letztendlichen Liquidierung dieser ersten deutschen Flotte materiell wie ideell fortlebten. Und nicht zuletzt sind es die Flottengedichte namentlich Herweghs, Freiligraths und, ex negativo, auch Heines, die den Charakter der Revolution von 1848 unter den Begriffen Freiheit, Volkssouveränität, Nationalbewusstsein bereits vor der Erschaffung eines ersten deutschen Parlamentes zeichneten und dies dann schließlich in die politischen Diskussionen und den ersten Parlamentsbeschluss in der Paulskirche hineintrugen – an jenem 14. Juni 1848, der auch genauso gut mit einer Strophe aus Herweghs ‚Die deutsche Flotte‘ hätte überschrieben werden können: „Das Meer wird uns vom Herzen spülen/ Den letzten Rost der Tyrannei,/ Sein Hauch die Ketten wehn entzwei/ Und unsre Wunden kühlen./ O laßt den Sturm in euren Locken wühlen,/ Um frei wie Sturm und Wetter euch zu fühlen;/ Das Meer, das Meer macht frei!“

Literaturauswahl:

Herwegh, G., Die deutsche Flotte. Teil der Sammlung ‚Gedichte eines Lebendigen‘. In: Herweghs Werke. Erster Teil. Hrsg. v. Tardel, H., Berlin 1909.

Herwegh, G., Gedichte eines Lebendigen. Nachdruck. Berlin 2019.

Krausnick, M., Die eiserne Lerche. Georg Herwegh – Dichter und Rebell. Stuttgart 1992.

Reinhardt, S., Georg Herwegh. Eine Biographie. Göttingen 2020.

Vahl, H./ Fellrath, I., ‚Freiheit überall, um jeden Preis‘. Georg Herwegh 1817-1875. Stuttgart 1992.

Ferdinand Freiligrath: ‚Flotten-Träume' (1844)

Ferdinand Freiligrath (1810-1876). Gemälde von Johann Peter Hasenclever, 1851

Geboren am 17. Juni 1810 in Detmold, absolvierte Ferdinand Freiligrath nach der Schulzeit in Soest eine kaufmännische Lehre. Ab 1828 werden erste Gedichte von ihm im ‚Soester Wochenblatt' veröffentlicht. Von 1832 bis 1836 ist er als Kaufmann in einem Großhandelshaus in Amsterdam tätig, anschließend in Barmen. Berühmt wird er schließlich mit Gedichten orientalischen Sujets in der Manier Victor Hugos (‚Orientales') wie dem ‚Löwenritt' oder dem ‚Mohrenfürst'. Eine Kostprobe: „Gewonnen ist die Schlacht! Wir waren gute Schlächter!/ Der Feinde König fiel, ein schlanker, wilder Fechter./ Sein langer Hals war nackt, sein Säbel schnell und scharf,/ Im Sande liegt sein Rumpf, der Tigerin zum Mahle."(‚Afrikanische Huldigung'). Mit derart bluttriefenden Versen geht es fort: „Dann schwelgst in Blute du, geführt von der geballten Kalifenfaust" (‚Der Schwertfeger von Damaskus') oder in Episoden aus dem Reich der wilden Tiere,

73

„wo aus eines Schakals Rachen die blutgetränkte Zunge leckt." -
„Wüstenkönig ist der Löwe; will er sein Gebiet durchfliegen,/ wandelt
er nach der Lagune, in dem hohen Schilf zu liegen." (‚Löwenritt').
Soviel zur Berühmtheit. Berüchtigt aber wurde er durch das arg miss-
lungene Bild vom finsteren Mond zwischen hellen Wolken im
‚Mohrenfürst': „Aus dem schimmernden weißen Zelte hervor/ tritt
der schlachtgerüstete fürstliche Mohr;/ So tritt aus schimmernder
Wolken Tor/ Der Mond, der verfinsterte, dunkle, hervor."

Ferdinand Freiligrath zieht 1839 an den Rhein, zunächst nach Unkel,
dann weiter nach St. Goar, sein lyrischer Fan wird der König von
Preußen, Friedrich Wilhelm IV., der ihm auf Anregung von Alexander von Humboldt, als weitgereister Forscher vielleicht auch Freund
der Löwen- und Wüstengedichte, 1842 eine jährliche Dotation von
300 Talern gewährt. Als Freiligrath im Gedicht ‚Aus Spanien' dann
die Hinrichtung des spanischen Generals Diego Leon, der gegen die
liberale spanische Regierung geputscht hatte, beklagt, erntet er heftigen Widerspruch Herweghs, der sich zu einem grundsätzlichen Streit
über die Parteilichkeit des Dichters schlechthin auswächst. Freiligrath
nun seinerseits dekretiert, wiederum per Gedicht: „Der Dichter steht
auf einer höhern Warte/ Als auf den Zinnen der Partei." Dem wiederum schleudert Herwegh im zweiten Band der ‚Gedichte eines Lebendigen' das Poem ‚Die Partei. An Ferdinand Freiligrath' entgegen:
„Partei! Partei! Wer sollte sie nicht nehmen,/ Die noch die Mutter
aller Siege war!/ (...) Nur offen wie ein Mann: Für oder wider?/ Und
die Parole: Sklave oder frei?/ Selbst Götter stiegen vom Olymp her-
nieder/ Und kämpften auf der Zinne der Partei" – gelte es doch ‚par-
teilich' zu sein, also Partei zu nehmen, engagiert und kämpferisch
Literatur als politisches Instrument zu verwenden: „Ein Schwert in
eurer Hand ist das Gedicht", so ruft Herwegh den Dichtern, und in
Sonderheit Freiligrath, zu, bekennt sich zu der dezidiert parteiischen
Funktion der ‚Zeitgedichte' und erklärt sich damit geradewegs zum
Prototyp des von Heine ironisierten ‚Tendenzpoeten': „Ich hab gewählt, ich habe mich entschieden,/ Und meinen Lorbeer flechte die
Partei." Dies aber ist auch, mit Heines Worten, das „Ende der Kunst-
periode" in der Literatur und der Beginn ihrer politischen Positionie-
rung.

Nach diesem Parteilichkeitszerwürfnis haben sich dann Herwegh und Freiligrath, spätestens nach des Letzteren Wende ins oppositionelle Lager, wieder leidlich verstanden. Da war Freiligrath aber schon, ob überzeugt oder eher im 'Mainstream' segelnd, von der exotischen zur tagesaktuellen, realistischen und sozial geprägten Thematik, letztlich auf die Position von Herwegh, eingeschwenkt und hat dies im Vorwort des Gedichtbandes ‚Ein Glaubensbekenntnis' aus dem Jahre 1844 auch wortreich begründet, „daß ich nun doch von jener ‚höheren Warte' auf die ‚Zinnen der Partei' herabgestiegen bin.(…) Fest und unerschütterlich trete ich auf die Seite derer, die mit Stirn und Brust der Reaktion sich entgegenstemmen! Kein Leben mehr für mich ohne Freiheit!"

Mit Erscheinen der Gedichtsammlung kündigte Freiligrath zugleich den königlich-preußischen Ehrensold, der ihm, gleichsam preußischer ‚Hofdichter', als, wie Freiligrath selbst meinte, „kleine Pension" vom König zuerkannt worden war. Nun stand er nicht mehr an des Königs, sondern an des Kollegen Herweghs Seite: „Mein Gesicht – ist der Zukunft zugewandt!" so beschließt Freiligrath in Assmannshausen am Rhein im Mai 1844 das Vorwort zu ‚Ein Glaubensbekenntnis'. Vom vormaligen lyrischen ‚Gang unter Palmen', exotischem Schlachtenlärm und Löwengebrüll nun zu Freiheitshymnen, und dies auch ganz im Tone und mit Worten Georg Herweghs – wenn er nunmehr das „ewig freie Meer" besingt. Und Herweghs „Freies Wort" wird bei Freiligrath nicht nur zur „Freien Presse" als Gedichttitel im Band ‚Ca ira' von 1846, sondern auch zum gleichnamigen Schiff in seinem „trutzig Kriegsgeschwader" aus dem recht eindeutig an Herweghs Gedicht ‚Die deutsche Flotte' angelehnten Poem ‚Flotten-Träume' aus der Gedichtsammlung ‚Ein Glaubensbekenntnis'. Tatsächlich eine maritime Hymne ganz im Herweghschen Tone und mit Versatzstücken Herweghscher lyrischer Ideen. So wird Herweghs Appell in seinem Flottengedicht, „Dir blüht manch lustig Waldrevier – erbaue selbst die Segler Dir" gleich eingangs von Freiligraths ‚Flotten-Träumen' wieder aktiviert, lässt der Verfasser doch hier eine Tanne im deutschen Wald sehnsuchtsvoll davon träumen, einmal Mast auf dem Schiff einer deutschen Flotte zu werden: „Sprach irgendwo in Deutschland eine Tanne:/ ‚O, könnt' ich hoch als deutscher Kriegsmast ragen!/ O, könnt' ich stolz die junge Flagge tragen/ Des ein'gen Deutschlands in der Nordsee Bann!" Mast-Flagge-Nordsee: über das Meer zur nationalen Einheit, die ja, wir sahen es schon bei Herwegh, nicht nur politische Kraft und Stärke verheißt, sondern auch die Abschaffung der Fürstenherrschaft in den 39 Territorien des Deutschen Bundes mit sich bringen soll. Von einem Ober-Fürsten, einem mythischen deutschen Kaiser ist bei Freiligrath allerdings nicht die Rede. Stattdessen flattert durch dessen Gedicht die schwarz-rot-goldene Flagge, wie einst beim Wartburgfest 1817 („Frisch, wie am Tag, da man auf Wartburg zog"), dann durch die Karlsbader Beschlüsse liquidiert („Anno neuenzehn, als diese Farben zerschnitten der Gewalt'gen Hand"): „Schwarz, Rot und Gold!/ Frei weht ihr auf den Stangen"/ Und Masten jetzo, gürtend rings das Land!/ In tausend Wimpeln, einst verpöntes Band,/ Hat dich der Ozean selber umgehangen." Auch hier, wie bei der träumenden Tanne, finden wir eine deutliche Reminiszenz an Herweghs Lied von der deutschen Flotte, nur hatte bei jenem der Ozean dem deutschen Volk und seinem Kaiser sein purpurnes Kleid umgelegt, bei Freiligrath hingegen leuchtet das Meer in anderen, nicht mehr fürstlichen, Farben, sondern in denen der Burschenschaften und der Befreiungskriege. Der Ozean also als Taufbecken von Freiheit und Nation: „Das Meer, das Meer macht frei", so Herwegh – „Der alte Ozean auch noch Demagog!", so Freiligrath.

In dessen Gedicht, geschrieben am Fuße der sagenumwobenen Loreley, in St. Goar im Juni 1843, verspricht also der Dichter, werde die einst verpönte schwarz-rot-goldene Flagge ‚in tausend Wimpeln' auf deutschen Schiffen wehen, ein geeintes Deutschland werde mit Hilfe der Flotte in der Lage sein, seine Küsten dann gegen den „fremden Entrer" zu verteidigen. Wilde Seegefechte werden geschlagen werden („Umsinkt der Mast, das Tauwerk zuckt zerrissen") und die zukünftigen deutschen Schiffe, „ein trutzig Kriegsgeschwader", das vor dem lyrischen Auge des Dichters vorbeizieht, werden mit ihren Namen deutschen Nationalhelden huldigen („der Arndt, mit sechzig Feuerschlünden"), die „Sieben", also die auf königliche Ordre aus dem Staatsdienst des Königreichs Hannover entfernten sieben Göttinger Professoren um die Brüder Grimm (‚Göttinger Sieben'), der „Alte Fritz", „Doktor Luther", „Goethe", „Schiller" und „Alexander Humboldt". Andere Schiffe werden politische Programme in ihrem Namen tragen („Die freie Presse") oder maritime Traditionen der Deutschen in Erinnerung rufen („Die Hanse") – und dies alles getreu dem Motto: „Wir brauchen Namen wahrlich nicht zu kaufen!/ Wir haben Männer, haben Tage, Taten:-/ Mehr Schiffe nur! Wir wollen sie schon taufen!"

Hier ist ein ‚Who is Who' von deutschen Helden, ein Nationalgeschwader, unterwegs, und statt eines Kaisers wie bei Herwegh zumindest, und Referenz an die Hohenzollern, „die Königin Luise", die Napoleon so trutzig widerstand, ein Schiff nunmehr, das gleichwohl „stolz wie ein Schwan" doch – mangels hinreichender militärischer Eignung? – „am Ufer" liegen bleibt. Ein nur schwacher monarchischer Anklang, kein Fürst und kein Kaiser befehligt dieses Geschwader, und dennoch ziehen Freiligraths „mut'ge Orlogsmänner" unter ihrer schwarz-rot-goldenen Flagge ganz kämpferisch in ihre Schlacht, der Dichter selbst mitten darin: „Dann wär' ich Fähnrich, ha! Wo Mann an Manne/ Blutrünst'ge Krieger deutsche Seeschlacht schlagen;/ Wo deutsche Segler, grimm und ohne Zagen,/ Den fremden Entrer hauen in die Pfanne!" Freiligrath ist geradezu hinweggetragen von nationaler und militärischer Euphorie, und es geht auch nicht mehr gegen den inneren, den Fürstenfeind, der offenbar schon seine Flagge vor der schwarz-rot-goldenen des trutzigen Kriegsgeschwaders gestrichen hat. Hier geht es schon gegen andere Mächte, den „fremden Entrer", in dem man wohl, wie schon in Herweghs Versen, den ersten Feind zur See, das britische Königreich, erblicken darf. Doch wer es auch sei, er wird, wenn „also schwimmend Volk an Volk gerungen", von der deutschen Flotte vom Ozean gefegt. Hier bei Freiligrath ist aber die See nicht mehr, wie bei Herwegh, zuvörderst Traumort einer in Weite und Freiheit entsegelnden Flotte, die wohl eher, wie der Schluss der ersten Strophe von „der Nordsee Banne" auszuweisen scheint, auch hier, wie später die Tirpitzsche Schlachtflotte, verbleibt. Das Meer wird vielmehr nun zum Austragungsort eines Duells, Arena eines Ringens um ‚Weltgeltung', wie es später im Wilhelminischen Reich heißen wird, und der Ozean als Schlachtfeld zum Geburtshelfer der deutschen Nation. Keine Rede mehr davon, wie noch bei Herwegh, vom Abstreifen der Ketten und der Tyrannei. Hier wird die deutsche Nation geboren, als eine „Frucht des Meeres", wie dies 1845 eine Flugschrift kündete, die sich mächtig und bedeutend, erkämpft von jenem „trutzig Kriegsgeschwader", aus den Fluten erhebt. Dies Martialisch-Patriotische teilt Freiligraths Poem durchaus mit Herweghs ‚Deutscher Flotte', der allerdings noch fröhlich als Argonaut am Maste lehnend die Laute schlagen wollte, während sich bei Freiligrath in einem apokalyptischen Kriegsgetümmel („Die Trommel wütet, und an die Lafette/ Schlachtatmend tritt das rüst'ge Volk der Lader!"), in jener „ernste(n) Schule, drinnen Männer reifen", ein deutscher Seeheld an die deutsche Tanne, die nun tatsächlich zum Mast eines deutschen Kriegsschiffes geworden ist, lehnt, um, wie die Tanne spricht, „in des Gefechtes Gluten,/ An meinem Stamme schweigend zu verbluten!" Und schließlich endet dieses „salzig Rennen" mit den abgeschlagenen „Schnäbeln" der feindlichen Schiffe und der Suche nach einem Forum, wie im alten Rom, auf dem man diese als Trophäen ausstellen könne.

Mit derartigem ruhmreichen Tun fügen sich die ‚Flotten-Träume' nahtlos ein in das heldische und hymnische Ambiente des ‚Glaubensbekenntnisses': ‚Ein Denkmal', so ein Gedichttitel daraus, für deutsche Helden aller Art wird hier aufgerichtet, mit dem bereits von Herwegh besungenen Ulrich von Hutten über Karl den Großen und Luther bis, unvermeidlicherweise, zu Goethe und Schiller – und kein Wunder, dass diese Namen dann im gleichen Gedichtband auch an den Schiffen der Freiligrathschen Flotte prangen.

„Ein neues Deutschland, frei und stark; ein Deutschland, groß und eins! (…) Ein Bund der Fürsten mit dem Volk – ein rechter deutscher Bund!" – das erträumt sich der Alte Fritz ‚Im Himmel', aus dem uns Freiligrath im weiteren Fortgang seines ‚Glaubensbekenntnisses' Kunde gibt. Dann wird es wieder maritim und im Poem ‚England an Deutschland' sieht er die weltpolitische Wachablösung, die Stab- bzw. Dreizackübergabe: „‚Britannia durch die Meere'/ Schwingt der Freiheit Banner hoch:/ Euer ‚breiter Stein der Ehre'/ Ist ein Sklavenzwinger noch!/ O Schmach! des alten Ruhms gedacht!/ Allemannen, auf erwacht!/ Und die jetzt Euch fesselt: – bleich/ Flüchten wird die Tyrannei,/ Wenn sich aufrafft euer Reich/ Groß und frei – groß und frei." Ein Komplementärgedicht zu den ‚Flotten-Träumen' und eine Antizipation der flottenbasierten Großmachtträume, die auch in der Frankfurter Nationalversammlung artikuliert wurden, hingegen dann bei der Planung und beim Bau der ersten deutschen Flotte dank der klugen Beschränkung derartiger Ambitionen durch den Prinzen Adalbert und seine ‚Technische Marinekommission‘ im – vorläufig – überschaubaren Rahmen einer Seemacht zweiten Grades verblieben.

„Deutschland und Freiheit über alles!" so heißt es weiter im Gedicht ‚Feldmusik‘ als Ergänzung der Hoffmann von Fallerslebenschen Sentenz aus dessen ‚Lied der Deutschen‘, und die ‚Fraternité‘ der Französischen Revolution erscheint schließlich auch im Gedicht ‚Trotz alledem‘, wie die ‚Flotten-Träume‘ verfasst in St. Goar im Dezember 1843: „Trotz alledem und alledem,/ Es kommt dazu trotz alledem,/ Daß rings der Mensch die Bruderhand/ Dem Menschen reicht trotz alledem!"

‚Deutschland‘ und ‚Freiheit‘, das waren auch Georg Herweghs Themen. Doch trotz Freiligraths deutlicher Anlehnung an dessen inhaltliche wie sprachliche Ausrichtung findet sich gleich eingangs der Sammlung auch ein Spottgedicht auf den umjubelten Lyriker, zweifelsohne aus der Feder eines Neiders. So nimmt das Gedicht ‚Ein Brief‘ (an Georg Herwegh) gleich eingangs Bezug auf dessen ‚Deutschland-Tournee‘: „Das war ein lustig Ziehen/ Und Reisen durch die Welt!" (…) Ein neuer Held Sankt Jürgen/ Durch Deutschland zogst du frei,/ Im Fluge zu erwürgen/ Den Molch der Tyrannei!" – ein Unterfangen, das dann jedoch, so der Dichterkonkurrent Freiligrath, vor dem Throne König Friedrich Wilhelms IV. schmählich endete: „Du trotziger Diktator, /wie bald zerbrach dein Stab!/ Dahin der Agitator,/ Und übrig nur – der Schwab!"

Gleichwohl dann noch einmal am Ende des ‚Glaubensbekenntnisses‘ eine Anleihe bei Herweghs Flottengedicht, auch wenn man sich in Freiligraths Poem nicht auf der hohen See, sondern „auf dem Rheinstrom mit Gebrause" befindet: „So recht! Am Steuer steh‘ ich dreist-,/ Und lasse kühl die Welle branden!/ Ob hier und dort ein Strick auch reißt -/ wir werden landen und nicht stranden!/ Helloffen liegt vor uns die Welt."

Vom preußischen König war nach Freiligraths Verzicht auf dessen Ehrensold nicht mehr viel zu erwarten. Um der Gefahr polizeilicher Verfolgung zu entgehen, übersiedelt der Dichter zunächst nach Brüssel, dann über die Schweiz nach London, wo er Korrespondent eines Handelshauses und Dozent an der Londoner Universität wird. Im Jahre 1846 legt er noch einmal nach, mit der Gedichtsammlung ‚Ca

ira!', darin ‚Von unten auf' mit einem Rheindampfer als Bild des Staates, im Maschinenraum der Proletarier, an Oberdeck der Fürst, der
ohne die Arbeit des rußgeschwärzten Heizers nicht von der Stelle
käme. Und dann mit ‚Vor der Fahrt', jenem von Franz Mehring später der ‚Vossischen Zeitung' anstelle der dort abgedruckten verstümmelten Herwegh-Verse empfohlenen Gedicht. Hier ist das vormals
dem Dichter in ‚Flotten-Träumen' erschienene „trutzig Kriegsgeschwader" nun erheblich geschrumpft – auf nur mehr ein einziges
Schiff, und dies zudem und wiederum ein allegorisches: „Ihr fragt
erstaunt, wie mag es heißen?/ Die Antwort ist mit festem Ton:/ Wie
in Österreich, so in Preußen/ Heißt das Schiff: ‚Revolution!'" – das
Gedicht zu singen, wie der Untertitel ausweist, nach der „Melodie der
Marseillaise". Dies Schiff, ein Kriegsschiff zweifellos, macht sich, „das
Deck bemannt", nun auf, das gelobte Land, „ein geahndet Amerika",
anzusteuern. Es führt, kein Wunder bei dem Namen, „Wimpel rot
wie Blut", und schon Lafayette und Franklin seien bereits damit gefahren. Das Schiff, das unser Dichter hier besingt, das ist „das Schiff
des Volkes", und sein poetischer Aufruf ist ganz unverhohlen: „Drum
in See, und kapre den Staat/ Die verfaulte schnöde Galeere." Und
wieder geht es, wie schon in den ‚Flotten-Träumen', mit Freiligrath
gleich mitten in die Schlacht, Brandsätze werden auf die „schein-
heil'ge Jacht" der Kirche geschleudert und „auf des Besitzes Silber-
flotten (...) kühn der Kanonen Schlund gerichtet." Mit Amerika als
demokratischem, freiheitlichen Vorbild wird schließlich der „grüne
Strand der neuen Erde,/ Wo die Freiheit herrscht und das Recht/ Wo
kein Armer stöhnt und kein Knecht" erreicht, dort, „wo nur der Eintracht Fahnen wehen." „Der Brander", so der Dichter in revolutionärer Vorfreude, „liegt schon auf der Reede", bald ist es soweit (eben
‚Vor der Fahrt'), und in der letzten Zeile des Gedichtes wird noch
einmal mit Macht die lyrische Sturmglocke geläutet: „Stoßt ab! Stoßt
ab!/ Kühn durch den Sturm!/ Sucht Land und findet Land." – jenes
erträumte, sagenhafte ‚Amerika', und nicht mehr unterwegs mit trutzig Kriegsgeschwadern, gesteuert von alten Nationalheroen, sondern
nur noch mit einem, dem mythischen Schiff der Revolution. Und so
mutet dies Gedicht auch an als energische Replik auf Heines Nauti-
sches Gedicht ‚Unsere Marine', von dem hier noch die Rede sein
wird, das gleich eingangs auf die Freiligrathschen und Herweghschen

Flottenträume ironisch rekurriert und dessen resignativ-schlafmützigen Schluss mit seinem überhaupt nicht seefahrts- und kampfbereiten deutschen Michel der frisch gebackene Freiheits-Poet Freiligrath mit großer revolutionärer Gebärde konterkariert.

Am 17. März 1848, noch in London und kurz vor der Rückkehr nach Deutschland, besingt Freiligrath dann ‚Schwarz-Rot-Gold' und die Demokratie: „Hurra du Schwarz, du Rot, du Gold!" – „Die Freiheit ist die Republik!" – „Pulver ist schwarz, Blut ist rot, golden flackert die Flamme!" Freiligraths lyrische Radikalisierung ist vor allem auch Widerspiegelung seiner Wendung zum demokratischen Radikalen. Er schreibt, und damit hatte er spätestens 1847 in London begonnen, jetzt schwarz-rot-goldene Revolutionslyrik, immer noch beseelt von der Einheit der Nation, aber in einem fürstenfreien, republikanischen Deutschland („Die Throne gehen in Flammen auf, die Fürsten fliehn zum Meere!"). Als dann in Deutschland die Revolution losbricht, kehrt er am 15. Mai, drei Tage vor dem ersten Zusammentreten der Nationalversammlung in Frankfurt, wieder nach Deutschland, nach Düsseldorf, zurück. Während sein Dichterkollege Herwegh mit einem Trupp politischer Flüchtlinge, Handwerksgesellen und Studenten aus seinem französischen Exil den badischen Aufständischen um Hecker zu Hilfe eilen will und bei Niederdossenbach von württembergischen Truppen am 24. April in die Flucht geschlagen wird, geht Freiligrath als ‚Beobachter' nach Frankfurt, wo ihn bald die endlosen Ausführungen der Paulskirchenredner langweilen. Die parlamentarische Beratung seiner vormaligen poetischen ‚Flotten-Träume' am 14. Juni 1848 in der Nationalversammlung erlebt er dann schon wieder in Düsseldorf, um dort im Juli 1848, „mächtig wie ein Orgelton", so der italienische Literaturwissenschaftler Giuseppe Farese, für die in Berlin auf den Barrikaden gefallenen Revolutionäre das Klage- und Kampflied ‚Die Toten an die Lebenden', das er auch auf Kongressen und bei Arbeitervereinen deklamiert, anzustimmen: „O, steht gerüstet! Seid bereit! O, schaffet, daß die Erde/ Darin wir liegen strack und starr, ganz eine freie werde!" Die Düsseldorfer Behörden belangen ihn daraufhin wegen „Aufreizung zu hochverräterischen Unternehmungen", der entsprechende Prozess endet jedoch mit einem Freispruch und einem Festumzug zu Ehren des Dichters mit annähernd 15.000 Düsseldorfer Bürgern. Im Oktober 1848 tritt Freiligrath in die Redaktion der ‚Neuen Rheinischen Zeitung‘ ein, die Karl Marx, den er noch aus dem Brüsseler Exil kannte, leitet. Und hier läuft er noch einmal zu großer Form auf, streift alles Gesuchte und Epigonale ab und hämmert geradezu klassische Verse der deutschen politischen Literatur in die verbotshalber letzte Ausgabe der ‚Neuen Rheinische Zeitung‘ vom 19. März 1849, die in ihrer Schlussnummer ganz in roten Buchstaben erscheint: „Wenn die letzte Krone wie Glas zerbricht,/ In des Kampfes Wettern und Flammen,/ Wenn das Volk sein letztes ‚Schuldig!‘ spricht,/ Dann stehen wir wieder zusammen.“

Im Mai 1851 verließ Freiligrath sicherheitshalber Deutschland erneut und ging bis 1868 wieder zurück nach England, wo er in London als Kaufmann und ab 1856 als Leiter der Londoner Agentur der ‚General Bank of Switzerland‘ tätig ist. Nebenher entstehen, auch im Rahmen der Mitarbeit an der Zeitschrift ‚Athenaeum‘, einige Gelegenheitsdichtungen und Übersetzungen von Werken Victor Hugos und Robert Burns. 1858 wird er englischer Staatsbürger, doch Ende 1867 schließt die Bank, er wird arbeitslos. In Deutschland, vor allem in seinem vormaligen Wohnort Barmen, beginnt man nun, für die Finanzierung seiner Rückkehr zu sammeln. 1868 ist tatsächlich eine ‚Nationalspende‘ in Höhe von 60.000 Talern zusammengekommen und Freiligrath reist nach Deutschland zurück, wo er begeistert empfangen wird. Emma Herweghs Bettelbriefe an die Deutsche Schillerstiftung, ohne Wissen ihres Mannes abgesandt, erbringen hingegen lediglich eine „einmalige Gabe von 250 Talern“, wie dies bei Herwegh-Biograf Stephan Reinhardt nachzulesen ist.

Freiligrath lässt sich in Cannstadt bei Stuttgart nieder, ein Aufenthalt in Preußen bleibt ihm versagt, da er dort nicht amnestiert ist. Und mit Beginn des Feldzuges 1870 gegen Frankreich wird der vormalige ‚Trompeter der Revolution‘ schließlich, die deutschen Truppen poetisch anfeuernd, zum ‚Nationaldichter‘: „Auf, Deutschland, auf und Gott mit dir!/ Ins Feld! Der Würfel klirrt!/ Wohl schnürt’s die Brust uns, denken wir/ Des Bluts, das fließen wird!/ Dennoch das Auge kühn empor!/ Denn siegen wirst Du ja;/ Groß, herrlich, frei, wie nie zuvor!/ Hurra, Germania!“ Ferdinand Freiligrath stirbt am 18. März 1876, just am Jahrestag der Berliner Barrikadenkämpfe vom 18. März 1848, im Cannstatter Wirtshaus ‚Alter Hase‘ an einem Herzschlag.

Das Herwegh und Freiligrath miteinander Verbindende, auch im Sprachgestus, der unverkennbar an die Rhetorik der Lyrik der Befreiungskriege anknüpft, ist auch die Verwendung des Flottengedankens als Bündelung der Ambitionen einer ‚verspäteten‘ deutschen Nation in einer ebenso ‚verspäteten‘ Marine, mittels derer sich die Forderungen der bald anhebenden bürgerlichen Revolution, Einheit, Freiheit, Nation und Macht, symbolkräftig, anschaulich und in hohem Maße identifikationsstiftend zusammenschmieden lassen. Diese symbolische Vereinigung der politischen Forderungen des Vormärz im Gedanken einer deutschen Flotte findet sich schließlich auch 1848 im Verskunstwerk ‚Deutsche Flotte‘ eines K. Locher mit der Adaption des Bildes vom Schiffe gebärenden deutschen Wald - ein schnödes ‚Remake‘ der Freiligrathschen ‚Flotten-Träume‘, das ebenso wie seine Vorlage mit einem Blick in den deutschen Eichen- und Tannenwald anhebt:

„Ihr deutschen Eichen und ihr deutschen Tannen,/ Wie hadert ihr mit euren Wurzelknoten,/ Daß euer mächtig Leben, gleich dem toten/ Granit, sie knechtisch an die Schollen bannen./ Ihr wiegt und wogt und rauscht und wollt von dannen/ Zu Deutschlands Küsten fühlt ihr Euch entboten,/ Zum fernen Meere strebt ihr, um als Boten/ Des deutschen Ruhms die Segel aufzuspannen./ Ihr, die der Berg erzeugt aus rauher Hüfte,/ Nicht fürder wollt ihr in die Nacht euch senken/ Als Totensärge nur, als Raub der Grüfte;/ Nein, Helden sollen eure Kiele lenken,/ Als Masten wollt ihr trotzen in die Lüfte,/ Die deutsche Flagge hoch in Stürmen schwenken!"

Da sind die deutschen Tannen und Eichen ebenso wieder an Bord wie die deutschen Helden mit ihrer deutschen Flagge – just wie in Freiligraths hier deutlich abgekupferten ‚Flotten-Träumen‘. Und diese rekurrierten, wie schon bei Herwegh, auf vergangene Reichsherrlichkeit, mit der zugleich die alte Hanse wieder ins Bild schwimmt, und ebenso auf die Nationalbewegung der Befreiungskriege. Ein mächtiger, freiheitlicher deutscher Nationalstaat wird hier imaginiert und gewinnt in Freiligraths „trutzig Kriegsgeschwader" Gestalt – Symbol wie Instrument nationalen Wollens und Produkt jenes ‚Flottenfiebers‘, unter dem die Deutschen mit einem Mal zu einem Volk von Seeleuten werden, ohne überhaupt schon eine Flotte zu haben. So hatte es Heinrich Heine bei Betrachtung der allgemeinen Flottenneuphorie im Lande und deren poetischen Produkten diagnostiziert und gleich ein ideales ironisches Jagdrevier gefunden. Auf einem Terrain, das ihm, wie wir wissen, nicht fremd war – im Gegenteil: als Pionier der Badekultur und persönlicher Freund Neptuns war er dem nassen Element, in dem nun in lyrischer Phantasie die gewaltigen deutschen Kriegsflotten kreuzten, durchaus gewogen. Und ihm dies Element, wie ihm Neptun versicherte, ja auch – ihm, der das Meer liebte wie seine Seele und mit dem Nordsee-Zyklus in den ‚Reisebildern' ein ganz neues Kapitel deutscher Naturlyrik aufgeschlagen hatte.

Literaturauswahl:

Freiligrath, F., Flotten-Träume. In: Freiligraths Werke. Erster Teil. Hrsg. v. Schwering, J., Berlin Leipzig Wien Stuttgart 1909.

Freiligrath, F., Vor der Fahrt. In: Freiligraths Werke. Zweiter Teil. Hrsg. von Schwering, J., Berlin Leipzig Wien Stuttgart 1909.

Freiligrath, F., Gedichte. Hrsg. v. Mendheim, M., Leipzig o. J.

Freiligrath, F., Ein Glaubensbekenntnis. Zeitgedichte. Reprint Hamburg o.J.

Ganseuer, F., „Dann wär' ich Fähnrich, ha! – Die poetische Flotte. In: Schiff Classic 3/2016.

Hahn, H.-J., Freiligraths Dichtung von 1848. In: Vogt, M. (Hrsg.), Karriere(n) eines Lyrikers. Ferdinand Freiligrath. Bielefeld 2012.

Vaßen, F., ‚Hurrah, du Schwarz, du Roth, du Gold!' In: Vogt, M: (Hrsg.), Karriere(n) eines Lyrikers. Ferdinand Freiligrath. Bielefeld 2012.

Heinrich Heine: ‚Unsere Marine‘ (1845)

Heinrich Heine (1797-1856). Gemälde von Moritz Daniel Oppenheim, 1831

Die gleichermaßen nationale wie demokratische Aufbruchstimmung, die die politisch aufgeladene Lyrik der „Gesinnungspoeten" (Heinrich Heine) mit ihrer maritimen Gestimmtheit reflektierte, brachte ja auch den Text des ‚Liedes der Deutschen', der späteren deutschen Nationalhymne, hervor – verfasst vom Professor für deutsche Sprache an der Universität Breslau, August Heinrich Hoffmann (1798-1874), der sich nach seinem Geburtsort ‚von Fallersleben' nannte. Wegen seiner (keineswegs) ‚Unpolitischen Lieder' aus dem Jahre 1840 mit ihren Forderungen nach Rede-, Meinungs- und Pressefreiheit war er 1842 aus dem Staatsdienst entlassen und ein Jahr später dann auch ganz aus Preußen ausgewiesen worden. Doch im Jahre 1841 schon, just als auch Herweghs ‚Die deutsche Flotte' erschien, hatte er, umschlungen vom ‚freien Meer' auf der damals noch britischen Hochseeinsel Helgoland, „wenn ich dann so wandelte einsam auf der Klippe, nichts als Meer und Himmel um mich sah", das ‚Lied der Deutschen' geschrie-

85

ben. „Da ward mir so eigen zu Muthe, ich mußte dichten und wenn ich es auch nicht gewollt hätte." Dieser ‚Zwang' aber, und darauf hat Jörg Jochen Berns hingewiesen, resultierte nicht zuletzt daher, dass er auf der schönen Hochseeinsel, die auch über ein beträchtliches Polizeikontingent verfügte, mit seinen Freunden die ‚Marseillaise' nicht singen durfte. So schrieb er sich eben eine deutsche Marseillaise von der Seele, inmitten der frischen und befreienden Seeluft der Hochseeinsel, auf der auch Heinrich Heine ja mehrfach zu Gast war, und mit der See als Geburtshelferin nationaler und freiheitlicher politischer Lyrik.

Es ist just jener ‚wind of change', der auch, befördert durch das steigende deutsche ‚Flottenfieber', die ‚Zeitgedichte' des Vormärz antreibt. Dabei verschränken sich durchaus unterschiedliche politische Motive, vom Freiheitsdenken republikanischen Anstriches über handelsliberales Gedankengut bis hin zu nationalen Seemachtvorstellungen und gibt schlussendlich auch den Flotten-Wünschen, vor allem auch unter Rückgriff auf die seefahrerische Tradition der Hanse, pathetischen Ausdruck. Ferdinand Freiligrath, wir haben es gesehen, hatte sich im August 1843 mit seinem Gedicht ‚Flotten-Träume' noch für die Pläne des Preußenkönigs, der bereits das erste Kriegschiff Preußens, die AMAZONE, hatte bauen lassen, erwärmen können und ein „trutzig Kriegsgeschwader" in Reim-Formation aufgestellt. Und damit hatte er geradezu eine Steilvorlage für Heinrich Heines, des ‚Hofdichters der Nordsee', ironischen Kommentar geliefert, der daraufhin in einem Gegengedicht, ‚Unsere Marine' betitelt, Freiligraths stolze Flottille unter spöttischen Beschuss nimmt.

Darin haben es Heine vor allem die klingenden Schiffsnamen angetan und die ‚Helden', mit deren Namen Freiligrath seine Fregatten zierte. Heine hielt, eher zu Unrecht, nicht viel von Hoffmann von Fallerslebens dichterischem Talent, vielleicht beneidete er ihn aber auch nur um dessen Verkaufserfolge. So schippert dann in Heines Marinegedicht ein Kahn namens „Fallersleben" als alter Seelenverkäufer daher, auf dem es aufgrund dessen miserabler Seeeigenschaften so manchem schlecht geworden sei. Und an seinen Verleger Julius Campe, als diesen das preußische Verlagsverbot trifft, schreibt er am 28. Februar 1842: „Die Gedichte von Hoffmann von Fallersleben, die Ihnen zunächst diese Noth eingebrockt, sind spottschlecht, und vom ästhetischen Standpunkte aus hatte die preußische Regierung ganz recht darüber ungehalten zu seyn: schlechte Späßchen um Philister zu amüsieren bei Bier und Taback"; und, ebenfalls an Campe am 5. Juni 1844, es seien „Sudeleyen (...), die nur durch Stofflichkeit und Zeitbeziehungen reitzen." So kritisiert er just jenen populären Zug, auf den er, mindestens mit ‚Unsere Marine', selbst aufspringt, wenngleich dabei aus marktökonomischen Gründen wohl auch gedrängt von seinem Verleger Campe. Bereits in seiner satirischen Abrechnung mit Franz Dingelstedt im Gedicht ‚Bei des Nachtwächters Ankunft zu Paris' hatte Heine bereits die deutsche Flotte, die allenthalben durch die Gehirne und Gazetten spukte, thematisiert: „Auch eine Flotte will uns Gott bescheren,/ Die patriotische Überkraft/ Wird rüstig rudern auf deutschen Galeeren;/ Die Festungsstrafe wird abgeschafft."

Heine hat, dies ist beim Herausgeber der Heinrich Heine-Gesamtausgabe, Manfred Windfuhr, nachzulesen, das Gedicht ‚Unsere Marine' passenderweise in königsblauer Tinte, die damals gerade erst erfunden war, „im May 1844" niedergeschrieben. Gedruckt wird es erstmalig am 7. Oktober 1845 in den ‚Jahreszeiten. Hamburger Neue Mode-Zeitung'. Der Pariser Korrespondent der ‚Jahreszeiten', Heinrich Börnstein, machte, so hat dies Windfuhr weiter ermittelt, unter dem Pseudonym Walter vom Berge in seiner Einleitung zu dem Gedicht darauf aufmerksam, dass dies neue Gedicht, zunächst von Heine unter dem Titel ‚Die deutsche Flotte' vorgesehen, schon vor dem Druck in handschriftlichen Exemplaren in Paris umgehe. Windfuhr hat auch das wie folgt recherchiert: Am 4. Januar 1845 berichtet die ‚Düsseldorfer Zeitung' aus Paris: „Heines neuestes Gedicht ‚Unsere Marine' circuliert hier handschriftlich und macht bei allen Freunden der deutschen Flotte großes Glück." Und die ‚Kasselsche Allgemeine Zeitung' vier Tage später: „Sein neuestes Gedicht ‚Unsere Marine' zirkulirt hier handschriftlich und macht großes Aufsehen." Am 20. März verkünden die ‚Humoristischen Blätter': „Heinrich Heine's neuestes Gedicht ‚Die Marine' wird in Kurzem erscheinen, und dann sogleich mitgetheilt werden." Und auch Karl Marx, der zu dieser Zeit in Paris lebt, wird das Gedicht bekannt und er schreibt auf der Suche nach Beiträgen für ein Jahrbuch am 24. März, mittlerweile aus Brüssel, an Heine: „Püttmann in Köln läßt Sie durch mich ersuchen, doch ja einige Gedichte (vielleicht auch Ihre deutsche Flotte?) für das censurfrei erscheinende Jahrbuch in Darmstadt einzuschicken." Heinrich Börnstein, der das Gedicht zuerst veröffentlicht, hebt seinerseits hervor, dass dies nicht nur „eben so geistreich als originell" sei, sondern auch „die dichterische Trilogie der deutschen Flotte vervollständigt. Unsere beiden besten Dichter, Herwegh und Freiligrath, haben die deutsche Flotte besungen, nun kommt der ironische Heine und diese drei Gedichte, chronologisch geordnet und neben einander gestellt, geben eine höchst lehrreiche Geschichte der neuesten deutschen Illusionen."

Da war Heine sicher einverstanden. Denn gleich in der ersten Strophe seines ‚Nautischen Gedichtes', so der Untertitel, finden sich schon die ironischen Anknüpfungspunkte zu seinen Dichterkollegen: „Wir träumten von einer Flotte jüngst" – das sind Freiligraths zuvor erschienene ‚Flotten-Träume'. „Und segelten schon vergnüglich,/ Hinaus aufs balkenlose Meer" – das ist der Bezug zu Herwegh und seinem „Blick ins Schrankenlose" des „heiligen Meeres". Doch der eigentliche und direkte Adressat ist Freiligrath, wie der Fortgang des ‚Nautischen Gedichtes' zeigt: Wird doch hier auch dessen namensschweres Defilee der Schiffe seines „trutzig Kriegsgeschwaders" übernommen - und in Heinescher Manier flugs persifliert, indem die Schiffe nun die Namen neuer deutscher Helden, nämlich der bekannter „Gesinnungspoeten", erhalten. Und so kommen sie geschwommen: „Prutz", „Fallersleben", „Freiligrath", letzterer versehen mit einem Seitenhieb auf das legendär havarierte Bild aus seinem ‚Mohrenfürst' vom schwarzen Mond in „schimmernder Wolken Tor". Die schwäbische Dichterschule fährt mit „Schwabengesicht" vorbei, bewaffnet mit „hölzernen Leiern", und die Brigg der Schauspielerin und Schriftstellerin Charlotte „Birch-Pfeiffer" trägt gar das Wappen der deutschen Admiralität „auf schwarz-rot-goldenen Lappen." Freiligraths Wimpel sind mithin bei Heine zu „Lappen" geworden, auch eine Reminiszenz an Herweghs Flottengedicht und jene „Lappen", die dort den Flickenteppich des Deutschen Bundes bildeten.

Die nationale Gestimmtheit, die Heine hier in den lyrischen Flottenplänen seiner „Tendenzpoeten" aufs Korn nimmt, hat er 1851 in dem Gedicht ‚Michel nach dem März' wieder aufgegriffen, abschließend verhandelt und personifiziert: „Doch als die schwarz-rot-goldne Fahn,/ Der altgermanische Plunder,/ Aufs Neu erschien, da schwand mein Wahn/ Und die süßen Märchenwunder.// Ich kannte die Farben in diesem Panier/ Und ihre Vorbedeutung;/ Von deutscher Freiheit brachten sie mir/ Die schlimmste Hiobszeitung."

An anderer Stelle, der Vorrede zur ‚Lutezia' von 1854, heißt es in gleichem Tone: „Ja, die Überreste oder Nachkömmlinge der Teutomanen von 1815, die bloß das altdeutsche Narrencostüm gewechselt und sich die Ohren etwas verkürzen ließen." Und tatsächlich suchen den Dichter auch wieder die einstigen nationalen Befreiungskrieger und späteren Paulskirchenabgeordneten Ernst Moritz Arndt und Friedrich Ludwig Jahn in seinen Träumen heim: „Schon sah ich den Arndt, den Vater Jahn-/ Die Helden aus anderen Zeiten/ Aus ihren Gräbern wieder nahn/ Und für den Kaiser streiten."

Heines Marinegedicht hatte dagegen noch eine geradezu behaglich-gemütliche Note, die die Begeisterung der deutschen Neu-Matrosen trug. Ohne sich wirklich mit der maritimen Materie auszukennen, hatte man sich, da sich nun einmal das nationale Gemüt am romantischen Flottengedanken entzündet hatte, gleichermaßen mit großem Schwung wie eben solcher Naivität der fremd- geheimnisvollen Marine-Kultur hingegeben. So segelt man sehr „vergnüglich" und aufgeräumtester Stimmung „hinaus aufs balkenlose Meer", der Flottentraum seiner Kollegen enttarnt sich bei Heine als romantisches Spiel urplötzlich von Meer und Seefahrt infizierter Seefahrer – eine neu entdeckte Leidenschaft, die nicht nur nationale Ehre und Reisen in exotische Länder versprach, sondern auch ein munteres Seemannsleben: „Wir kletterten keck am Bugspriet und Rahn,/ Wir trugen uns wie Matrosen,/ Die Jacke kurz, der Hut beteert/ Und weite Schifferhosen./ Gar mancher, der früher nur Tee genoß/ Als wohlerzogener Eh'mann/ Der soff jetzt Rum und käute Tabak/ Und fluchte, wie ein Seemann."

Ein fröhlich-karnevalistischer Mummenschanz ist hier im Gange, ganz unter dem Motto ‚Eine Seefahrt, die ist lustig, eine Seefahrt, die ist schön', und sogar die Seekrankheit kann das Volk der „begeisterten Matrosen", es wird uns später in des Kaisers ‚herrlichen Zeiten' als ein Volk, eingekleidet in ‚Kieler Knabenanzüge', wieder und ebenso flottenbegeistert begegnen, nicht mehr schrecken. Auf dem betagten und etwas instabilen „alten Schiffsprügel", dem „Fallersleben", „hat mancher sich/ Gemütlich übergeben" – und auch das gehört zu diesem literarischen Kostümfest an Bord, das Heine hier als ‚Unsere Marine‘ vorstellt.

In seiner Vorrede zu ‚Atta Troll‘, dem „Tendenzbär (…) Sehr schlecht tanzend, doch Gesinnung (…) Kein Talent, doch ein Charakter!“, kommt er im Dezember 1846 noch einmal auf die deutsche Flottenbegeisterung auch der „gewöhnlichen Süßwasser-Leser“ zurück: „Ja, obgleich wir Deutschen noch keine Flotte besaßen, so hatten wir doch schon viele begeisterte Matrosen (…) in Versen und in Prosa.“

Nur in der Praxis sah dies anders aus, da kam den Deutschen die von Heinrich Heine diagnostizierte Schlafmützigkeit gehörig in die Quere. Heine hat an vielerlei Stellen den guten Schlaf der Deutschen gleichsam als Standardmetapher ihrer politischen Enthaltsamkeit verwendet, wie auch im bereits erwähnten Gedicht vom ‚Michel nach dem März‘: „Derweil der Michel geduldig und gut/ Begann zu schlafen und schnarchen,/ Und wieder erwachte unter der Hut/ Von vierunddreißig Monarchen.“ In ‚Unsere Marine‘ ist es des Deutschen unbedarfte Flottentrunkenheit, die ihn am Ende des ‚Nautischen Gedichts‘ in tiefen Schlaf fallen lässt, aus dem er schließlich dann erwacht: „Wir träumten so schön, wir hatten fast/ Schon eine Seeschlacht gewonnen-/ Doch als die Morgensonne kam,/ Ist Traum und Flotte zerronnen.“ Die Deutschen, so Heine, bleiben lieber „im heimischen Bett/ mit ausgestreckten Knochen./ Wir reiben uns aus den Augen den Schlaf/ Und haben gähnend gesprochen:/ Die Welt ist rund. Was nützt es am End/ Zu schaukeln auf müßiger Welle!/ Der Weltumsegler kommt zuletzt/ Zurück auf dieselbe Stelle.“ Der schläfrige deutsche Michel stellt also fest, dass die Seefahrt mitsamt ihrer hehren Ziele von Freiheit, Einheit und Nation doch nichts für die Deutschen sei und es allemal bequemer ist, im Bette zu verbleiben. Denn, so erläutert es Heine in ‚Deutschland. Ein Wintermärchen‘: „Man schläft sehr gut und träumt auch gut/ In unsern Federbetten./ Hier fühlt die deutsche Seele sich frei/ Von allen Erdenketten.“ Und im ‚Tannhäuser‘: „Und als ich auf dem Sankt Gotthardt stand,/ Da hört ich Deutschland schnarchen; Es schlief da unten in sanfter Hut/ Von sechsunddreißig Monarchen.“

Der „vergnügliche“ Flottentraum, Heine hatte in einer frühen handschriftlichen Fassung des Gedichtes auch den Titel ‚Flottentraum‘

verwendet, jedenfalls ist ausgeträumt und zu den Akten bzw. zu Bett gelegt. Denn, so Heine 'Zur Beruhigung' (der deutschen Fürsten): „Wir sind Germanen, gemütlich und brav,/ Wir schlafen gesunden Pflanzenschlaf,/ Und wenn wir erwachen pflegt uns zu dürsten,/ Doch nicht nach dem Blute unserer Fürsten." Damit aber sind die Deutschen, und Italo Michele Battafarano hat dies in einer Studie über den Italienreisenden Heinrich Heine herausgearbeitet, weit entfernt davon, nationale Melancholie, wie dies die Italiener weit besser vermögen, in Wut und Tatendrang zu übersetzen: „Un delirio che in Italia si chiama:furore (…) ma si trasformi presto anche in potere politico conquistato con la rivoluzione." („Ein Delirium, in Italien Furor/ Wut genannt, verwandelt sich schnell auch in politische Macht, erobert mit der Revolution.") So zieht sich Heines deutscher Michel, statt in ‚furore' zu verfallen, lieber wieder die Schlafmütze über den Kopf und hofft im günstigsten Falle, im Traum dort wieder der fröhlichen deutschen Flotte zu begegnen.

Und es sah ganz so aus, als sollte Freiligraths Tanne noch lange darauf warten müssen, endlich als Kriegsmast auf dem Schiff einer deutschen Marine zur See fahren zu können. Doch das ging schneller als gedacht.

Literaturauswahl:

Heine, H., Unsere Marine. In: Heinrich Heine. Historisch-kritische Gesamtausgabe der Werke. Bd. 2, Neue Gedichte. Hrsg. v. Windfuhr, M., Hamburg 1983.

Heine, H., Neue Gedichte. Hrsg. v. Kortländer, B., Nachwort v. Höhn, G., Stuttgart 1996 (Erstausgabe 1844).

Hooton, R. G., Heinrich Heine und der Vormärz. Meisenheim am Glau 1978.

Hauptstück I: Parlamente

Jacob Grimm, die Germanistentagungen 1846/47 und die deutsche Flotte

Jacob Grimm (1785-1863). Fotografie, 1857

„Endlich hat die Königin der Hanse auch ein echtes Hanseschiff", so Lübecks Bürgermeister Jan Lindenau am 26. Juli 2022. Bei routinemäßigen Untersuchungen der Fahrrinne der Trave Ende 2021 fand sich nämlich in elf Metern Wassertiefe eine ‚Unebenheit', die sich bei einem Tauchgang dann als Oberdeck des Wracks eines ca. 400 Jahre alten Frachtschiffes der Hanse, vermutlich einer Galliot oder Fleute, entpuppte. 20 m lang und 8 m breit, beladen mit noch an Bord befindlichen 73 Fässern Brandkalk, dem ‚Beton des Mittelalters', das Schiff auf ebenem Kiel gesunken, vermutlich auf eine Untiefe gelaufen und leck geschlagen, jedoch gut erhalten. Das Wrack soll nun, so der Bürgermeister, „so schnell wie möglich geborgen werden" – märchenhaft! Gehen wir also einmal, auch auf den Spuren der Hanse, zurück in jene alten Zeiten, als, so heißt es ja bei den Brüdern Grimm, das Wünschen noch geholfen hat:

Es war einmal – in den Jahren vor der Märzrevolution in Deutschland 1848, da wünschten sich die Deutschen sehnlichst eine Flotte – so sehr, dass das Satireblatt ‚Der Berliner Charivari‘ sogar den preußischen König reimend um Hilfe anrief: „Gieb uns die Flotte nun, Herr König,/ Der Deutschen erster König, Du!/ Auf daß Dein Ruhm erschall volltönig,/ Sprich Dir der Hansa Erbe zu./ Deutsche Flotte, in allen Meeren jugendlich trunken,/ Peitsche die Wogen zu Schaum, schleud're zum Himmel Funken." Und tatsächlich, die Deutschen bekamen ihre Flotte. Nur nicht vom König. Sondern von ihrem ersten Parlament.

Hatte doch die Nationalversammlung in der Frankfurter Paulskirche an jenem 14. Juni 1848, dem ‚Geburtstag‘ der deutschen Marine, der sich 2023 zum 175. Male jährt, als ihren ersten Beschluss überhaupt den zu einer Anschubfinanzierung von 6.000.000 Talern zum Zweck des „Anfangs einer deutschen Marine" gefasst – als Ergebnis der Revolution von 1848 gleichermaßen wie der dänischen Seeblockade im Zuge des Schleswig-Holstein-Konfliktes. Die hatte die deutschen Küsten abgeschnürt, den Handel über Nord- und Ostsee zum Erliegen gebracht und die Deutschen hatten dem mangels Flotte nicht mal jenes „trutzig Kriegsgeschwader" entgegenzusetzen, das der Dichter Ferdinand Freiligrath 1844 in seinem Gedicht ‚Flotten-Träume‘ gedichtweise zu Wasser gelassen hatte.

Und doch war es nicht erst die Nationalversammlung, die sich als Gremium freiheitsliebender und -bewegter Deutscher dem Thema einer deutschen Streitkraft zur See annahm. Schon ihre Vorbereitungsorganisation, das ‚Vorparlament‘, das am 31. März 1848 in der alten Reichsstadt Frankfurt am Main, Sitz des Bundestages des Deutschen Bundes, zusammentrat, hatte sich dieses Themas, der schieren maritimen Not gehorchend, angenommen. Und selbst davor hatte sich bereits ein ‚Parlament‘, gleichsam Vorläufer dieser späteren Volksvertretungen, mit repräsentativen Veranstaltungen, Druckerzeugnissen und erheblicher Presseresonanz bemerkbar gemacht, das vielstimmig den Ruf nach nationaler Einheit, de facto nichts anderes als Relativierung der fürstlichen Territorialherrschaft, nach freiheitlicher Verfassung und einer starken deutschen Flotte vernehmlich und öffentlich artikulierte: Es handelte sich um die Tagungen der ‚Germanisten‘, also derjenigen „Männer, die sich der Pflege des deutschen Rechts, deutscher Geschichte und Sprache ergeben“, wie dies im Januar 1846 in verschiedenen Zeitungen eine Anzeige formulierte, die, auf eine Initiative des Tübinger Rechtsprofessors August Ludwig Reyscher hin, kundtat, dass diese „Männer“ sich vornehmen und zu weiterer Beteiligung aufrufen, „in einer der ehrwürdigsten Städte des Vaterlandes, zu Frankfurt am Main, vom 24. September 1846 an einige Tage miteinander zu verkehren.“

Unter den gelehrten Einladenden die Dichter Ernst Moritz Arndt und Ludwig Uhland, der Historiker Leopold Ranke und die Brüder Wilhelm und Jacob Grimm. Letzterer wird schließlich zum Chef des ganzen Unternehmens, einem Prolog zur Revolution von 1848 auf akademischer Bühne – einer Revolution, die schließlich auch die erste deutsche Flotte hervorbringen wird. Und diese Flotte wird schon mit Macht auf der zweiten Germanistentagung in Lübeck 1847, ganz in der Tradition der ruhmreichen Hanse, gefordert und schließlich auch über die ‚Germanisten‘, die am 18. Mai 1848 mit ihren führenden Mitgliedern in die Frankfurter Nationalversammlung einziehen, in die Paulskirche transportiert.

Kurzum, es war wie im Märchen. Zumal die ‚Germanisten‘ just von jenem berühmten Mann angeführt wurden, der heute nur noch allzu oft und allein identifiziert wird mit einem seiner und seines Bruders Frühwerke, den ‚Kinder- und Hausmärchen‘: Jacob Grimm, geboren am 4. Januar 1785 in Hanau, war nach seinem Jurastudium in Marburg bei Friedrich Carl von Savigny, der seinen Bruder Wilhelm und ihn neben der Juristerei auch mit der alten deutschen ‚Volkspoesie‘ bekannt gemacht hatte, anschließend Sekretär im kurhessischen Kriegskollegium geworden. Das Interesse der Brüder Grimm lag aber weniger bei derartiger Tätigkeit denn, entfacht von Savigny, in ihren nun einsetzenden Forschungen zur Ergründung der althergebrachten Rechtssätze der ‚Weistümer‘ wie vor allem jener mittels Savigny entdeckten ‚Volkspoesie‘ als wesentlicher Quelle eines nationalen deutschen Sprachschatzes und damit auch nationaler politischer Einheit. Die damit einhergehende intensive Recherche schriftlicher wie mündlicher Überlieferung, auch unter Zuarbeit wissenschaftlicher Freunde, brachte dann im Jahre 1812 eben jenen ersten Band der ‚Kinder- und

Hausmärchen' hervor - als volkspoetischer Sprach- und Erzählschatz zu Zwecken familiärer und ‚vaterländischer' Gemeinschaftsbildung.

Jacob ist derweil immer noch im Militärdienst, zieht als Legationssekretär im Korps des hessischen Kurfürsten gegen die Franzosen und findet sich schließlich 1814 in der hessischen Delegation auf dem Wiener Kongress wieder. Ein Jahr darauf erscheint der zweite Band der ‚Kinder- und Hausmärchen', wieder ein Jahr später Band 1 der ‚Deutschen Sagen'. Jacob ist mittlerweile Bibliothekar in Kassel. 1819 gibt er den ersten Band seiner ‚Deutschen Grammatik' heraus, „jenes fast schon legendäre Gründungsdokument der deutschen Sprachwissenschaft", so Grimm-Biograf Steffen Martus. 1830 wird er, ein Jahr später auch Bruder Wilhelm, zum Professor an der Göttinger Universität ernannt. Und dort erlangen sie geradezu europaweite Berühmtheit. Nicht durch ihre Forschungen, sondern durch ihren Mut:

Denn 1837 protestieren sie gemeinsam mit fünf weiteren Gelehrten der Universität gegen die Aufhebung der Verfassung durch den hannoverschen König Ernst August und werden daraufhin allesamt, schlagartig als ‚Göttinger Sieben' bekannt gewordene Oppositionelle, vom König aus dem Staatsdienst gejagt. Jacob, einer der Drahtzieher des Unternehmens, hat sogar hannoversches Territorium zu verlassen und zieht wieder nach Kassel. 1840 dann werden Jacob und Wilhelm vom preußischen König Friedrich Wilhelm IV., dem vermeintlichen ‚Romantiker' auf dem preußischen Thron, an die Universität zu Berlin berufen, um dort das bereits begonnene Mammutprojekt eines ‚Deutschen Wörterbuchs' fertigzustellen.

Friedrich Wilhelm IV. wird 1849 die ihm von der Frankfurter Nationalversammlung dargebotene Kaiserkrone eines neuen Deutschen Reiches als „Schweinebrezel" ablehnen. Doch noch ist es nicht soweit, die Revolution nimmt erst langsam Fahrt auf – und nicht zuletzt mit jener unscheinbaren Annonce zur Ankündigung ihrer Tagung in der alten Königs- und Kaiserkrönungsstadt Frankfurt am Main, die die ‚Germanisten', eine Analogiebildung zu den ‚Romanisten' für die Historiker des Römischen Rechtes, in die Zeitung gesetzt hatten.

Dort in Frankfurt findet sie dann auch im September des Jahres und mit annähernd 200 Teilnehmern statt. Und zwar just und mit Bedacht im Kaisersaal des alten Rathauses der Freien Stadt Frankfurt im Deutschen Bund, dem ‚Römer', im zweiten Obergeschoss, dort wo im

Heiligen Römischen Reich deutscher Nation seit 1612 die Krönungs-bankette nach der Kaiserwahl stattfanden. Nun schauten die Kaiser, von Karl dem Großen bis zum Habsburger Franz II., der 1806 die Kaiserkrone dieses Heiligen Römischen Reiches niederlegte und es damit ‚auflöste‘, als lebensgroße Figuren auf Ölbildern ehrfurchtge-bietend und im günstigsten Falle gnädig auf die ‚Germanisten‘ herab, die sich hier an geschichtsgeladener Stätte versammelt hatten und wo ihnen die alten Kaiser Legitimation und Kraft für ihr großes Projekt eines nationalen Rechts-, Sprach- und Geschichtsforums verleihen sollten. „Mit der Erneuerung der Kaisergalerie" in den Jahren 1838-1853, so der Kunsthistoriker Gerd Brüne, dem Ersatz nämlich der vormaligen Wandgemälde durch lebensgroße Ölgemälde auf Initiative des Direktors des Städelschen Kunstinstituts Philipp Veit, der später auch die ‚Germania‘ als nationale Dekoration für die Nationalver-sammlung in der Paulskirche malen wird, „versicherte Frankfurt sich retrospektiv seiner historischen hochrangigen Funktion im alten Reich. Zugleich stellte sich Frankfurt an die Spitze einer Bewegung, die ein neues deutsches Reich gründen wollte. Diese Rolle machte die Stadt zu einem natürlichen Ort für die Nationalversammlung" - und, so bliebe zu ergänzen, schon zuvor zu einem natürlichen Ort für die erste Germanistentagung. Auch wenn dies Jacob Grimm, den man auf Vorschlag des Dichters Ludwig Uhland mit stürmischem Beifall durch ‚Zuruf‘ zum Tagungspräsidenten gewählt hatte, in seiner Einlei-tungsrede wider besseres Wissen und eher sicherheitshalber bestritt: „Was die eigentliche Politik betrifft, so bleibe sie unsern Zusammen-künften, die nichts darüber zu beschließen haben, fremd." Um dann aber auch gleich darauf zu verweisen, dass es wohl unvermeidlich sein würde, „auf dem Boden der Geschichte, des Rechts und selbst der Sprache auch jene Fragen zu behandeln, die das politische Gebiet streifen."

Tatsächlich ging es bei den germanistischen Vorträgen und Diskussi-onen nicht zuletzt um in rechts-, sprach- und geschichtswissenschaft-liche Begrifflichkeit gekleidete Politik, um römisches und deutsches Recht, um die deutsche Sprache und um Schleswig-Holstein, das der dänische König bestrebt war, durch ein neues Erbfolgerecht gänzlich dem dänischen Staat einzuverleiben. Zur Unteilbarkeit Schleswig-Holsteins sprachen unter anderem Friedrich Christoph Dahlmann,

Georg Waitz und Johann Gustav Droysen, Jacob Grimm referierte ‚Über den Werth der ungenauen Wissenschaften‘ und sein Bruder Wilhelm berichtete ‚Über das deutsche Wörterbuch.‘ Und es ging um Verfassung und Parlament, und vor allem um die nationale Einheit der Deutschen. Jacob Grimm hatte dazu die Frage gestellt: „Was ist ein Volk?“, und sie gleich auch wie folgt beantwortet: „Ein Volk ist der Inbegriff von Menschen, welche dieselbe Sprache reden.“

Sprache wird damit, unzweifelhaft politisch, gedeutet als Zeichen und Instrument der nationalen Einigung, und Wilhelm Grimm hatte nicht ohne Grund ausführlich über der Brüder seit Jahren laufendes Forschungsprojekt des ‚Deutschen Wörterbuches‘ berichtet – ein neben seinem wissenschaftlichen Ertrag auch eminent politischer Akt, nämlich der der Etablierung der kulturellen Grundlagen eines deutschen Nationalstaates, der, und dies der ausgesprochen subversive Charakter der Germanistentagung, auch die Grundlagen einer Aufhebung der bisherigen kleinstaatlichen Zersplitterung Deutschlands im Deutschen Bund, gebildet auf dem Wiener Kongress aus 35 Fürstentümern und vier Freien Städten, schaffen solle. Wir werden diesem Argumentationsmuster alsbald, auf der nächsten Tagung der Germanisten in Lübeck ein Jahr später, in ähnlicher Form, und dann in der Forderung nach einer gesamtdeutschen Flotte, wieder begegnen.

Am 19. September 1846 waren die Brüder Grimm in Frankfurt angekommen, und mit ihnen rund 200 weitere Teilnehmer. Ein mächtiges Aufgebot von Professoren, Lehrern, Pfarrern und Kommunalbeamten tagte nun in Plenarsitzungen, nachmittags in Fachsektionen, abends in den Frankfurter Gasthäusern. Und es blieb keineswegs akademisch. Vielmehr war man sichtlich und mit Eifer bemüht, die Einheit der Germanisten und damit die des ‚Vaterlandes‘ zu demonstrieren, dies auch öffentlich kundzutun und das Gemeinschaftsgefühl durch ein wuchtiges Begleitprogramm zu stärken, durch Konzerte, Auftritte von Gesangvereinen und durch Festbankette. „Kurz: Man demonstrierte die Volkstümlichkeit einer Wissenschaft, die sich für die deutsche Einheit und Freiheit einsetzte – und nebenbei auf die ‚deutschen Frauen‘ oder die ‚deutsche Gemüthlichkeit‘ gemeinsam die Gläser hob“, so Steffen Martus.

Und so reihten sich die Germanisten, wie im Kaisersaal des Römer mit seinen nahezu leibhaftigen Monarchen aus guter alter Zeit, ein in die Galerie die Repräsentanten großer deutscher, gar heiliger Nation – allerdings mit ganz anderem, neuen Zungenschlag: Stand die Tagung doch unmittelbar in der Tradition früherer Versammlungen zu Freiheit, nationaler Einheit und republikanischem Aufbruch wie dem Wartburgfest 1817 und dem Hambacher Fest 1832. Nur schwarz-rotgoldene Fahnen waren noch nicht im Einsatz, doch das sollte nicht mehr lange auf sich warten lassen. Denn nur knapp zwei Jahre später, zur Eröffnung der Nationalversammlung am 18. Mai 1848, wird Frankfurt wie seine Paulskirche gehüllt sein in ein schwarz-rotgoldenes Fahnenmeer.

Doch erst einmal zogen die Germanisten weiter. Im Jahr darauf ging es von der alten Reichs- und Kaiserstadt Frankfurt zum nächsten mythischen historischen Ort, der zudem im Zentrum aktueller politischer Konflikte stand, dem Streit um die Einverleibung Schleswig-Holsteins in den dänischen Staat. Man tagte in Lübeck, der ‚Königin der Hanse‘, im Juni 1226 von Kaiser Friedrich II. zur reichsunmittelbaren Stadt erhoben und der Kaiserstadt am Main nahezu ebenbürtiges Führungszentrum einer vormaligen europäischen Supermacht, der seegestützten „dudeschen hanse“ – dort wo 1356 der erste Hansetag stattgefunden hatte und auch hier, in der damals neben Köln und Magdeburg größten Stadt des Reiches, bis 1669, dem letzten, verblieb.

„Nicht ohne politischen Vorbedacht“ also, wie dies der Germanist Jörg Jochen Berns 130 Jahre später formulierte, ging es also auf Initiative Jacob Grimms weiter zum nächsten traditionsgeladenen Tagungsplatz der Germanisten: „Als Ort der nächsten Versammlung schlug der Vorsitzende Lübeck vor, eine an Thaten wie an Gesinnung reiche Stadt, die dem Meere nahegelegen mächtig an Vergangenheit und Zukunft des Vaterlandes mahne“, so die ‚Allgemeine Zeitung‘ aus Augsburg vom 22. Oktober 1846 anlässlich des Ausklanges der Germanistentagung in Frankfurt am Main.

Nun ging es also für die Germanisten nach Frankfurt auch in Lübeck gleichsam per ‚Location‘ wieder zurück zu alter deutscher Macht und Herrlichkeit und den Grundpfeilern eines selbstbewussten, freiheitlich gesinnten Bürgertums. In der Hansestadt nicht mehr unter den strengen Blicken der deutschen Kaiser wie noch in Frankfurt, sondern hier zu Füßen des Meeres, in der Stadt der alten Hanse und des Dichters Emanuel Geibel, der sich schon im Juli 1845 in seinem Gedicht ‚Eine

Septembernacht' just hier die Rückkehr alter deutscher „Meeresherrschaft" erträumt hatte: „O Meeresauge, dunkelblauer Sund,/ Du felsumstarrte Ostseepforte,/ Wie schaut' ich oft hinab in deinen Grund/ Und zwang ins Herz zurück der Sehnsucht Worte!/ Dort unten, wo die Welle leiser schoß,/ Sah ich den goldnen Zauberschlüssel liegen,/ Der uns ein neues Reich erschloß/ Von Meeresherrschaft, Glanz und Siegen."

170 Germanisten reisten im September 1847 nun zu dieser „Ostseepforte" an, vorneweg die Grimms, von denen allerdings Wilhelm gleich nach Ankunft im rauen Meeresklima von einer derart heftigen Grippe niedergestreckt wurde, dass er an der Tagung nicht teilnehmen konnte.

Zu den Germanisten, die wieder mit einem bunten Beiprogramm aufwarteten, gesellten sich noch über tausend Sänger, die in der ganzen Stadt vaterländische Lieder erklingen ließen. Die Presse berichtete ausführlich und ein Buch mit allen Vorträgen, Akten und Protokollen der Tagung wurde schließlich der Druckerpresse und der Öffentlichkeit übergeben. Eine bewusste und selbstbewusste Demonstration, vor allem auch die der Parteinahme für den Verbleib Schleswigs in deutschen Landen und der Zurückweisung der Ansprüche des dänischen Königs Christian VIII.. Der hatte im Juli 1846 durch eine geschickte Änderung der Erbfolge, nach der nun auch die weibliche Linie erbberechtigt war, und einer Verfügung, dass nunmehr das dänische Königsgesetz auch für Schleswig und Lauenburg verbindlich gelte, kurzerhand dänische Ansprüche auch auf Schleswig geltend gemacht - worauf das Herzogtum Schleswig umgehend hilfe- und schutzsuchend um seine Aufnahme in den Deutschen Bund bat.

Jacob Grimm wurde, mit 92 von 148 Stimmen, erneut zum Vorsitzenden der Lübecker Tagung gewählt, die nun am 27., 28. und 30. September 1847 über die Bühne ging - in der 1826 eingeweihten Reformierten Kirche, einem in Lübeck auch für außerkirchliche Veranstaltungen gern genutzten Versammlungslokal, das weniger als ein Jahr nach der Germanistentagung, in der Märzrevolution und wie in Thomas Manns ‚Buddenbrooks' nachzulesen, auch zum Tagungsort der Lübecker Bürgerschaft werden sollte.

Die Zusammenkunft der Germanisten in der Lübecker Reformierten Kirche hatte ja schon mit ihrem Eröffnungsthema klar gemacht, dass es hier keineswegs um abgehobene akademische Sprach- oder Rechtsfragen ging. Die Themen, deutsche Ostkolonisation, die Erneuerung der deutschen Gerichtsverfassung, die Bedeutung der Hanse als traditionsreicher, seegestützter deutscher ‚Global Player‘ und die an der Spitze der Agenda stehende ‚Schleswig-Holstein-Frage‘, waren damit in etwa so unpolitisch wie die ‚Unpolitischen Lieder‘ Hoffmanns von Fallersleben, aufgrund derer er, als ‚Demagoge‘ aus dem Staatsdienst geworfen, seine germanistische Professur in Breslau verlor.

Sofort befand man sich also auf einem Gebiet höchster nationalpolitischer Brisanz, und der Germanistentag reihte sich angesichts der Bestrebungen der dänischen Krone, Schleswig durch Abtrennung von Holstein endgültig an sich binden zu wollen, auch ganz in den ‚Mainstream‘ der Kundgebungen liberaler, landständischer und republikanischer Gruppen in ganz Deutschland ein, indem er mit juristischen, historischen wie sprachwissenschaftlichen Argumenten den Anspruch Christians VIII. auf das ‚urdeutsche‘ Schleswig zurückwies.

Und dies in einer Frontstadt, eben jenem Lübeck, „der von dänischer Schnürbrust gezwängten, aber vollauf deutsch athmenden Mutter der glorreichen Hansa“, wie Jacob Grimm es blumig formulierte - dem gleichsam seewärtigen Pendant der alten Kaiserstadt Frankfurt am Main. Und überhaupt sah man sich in durchaus illustrer Nachfolge, „gemahnen“ ihn doch, so Grimm in seiner Eröffnungsrede, die Germanistentagungen, „die wissenschaftlichen, von einem Orte Deutschlands an den andern verlegten Vereine an die alten Hoftage der deutschen Könige.“

Dann trat der Professor des Hamburger Akademischen Gymnasiums, Christian Friedrich Wurm, ans Rednerpult. Gebürtig im schwäbischen Blaubeuren und Absolvent des Stuttgarter Gymnasiums war Wurm nach seinem Theologiestudium Lehrer an einer Privatschule im englischen Epsom geworden, um sich wenig später als Publizist in London zum See- und Handelsrechtsspezialisten zu entwickeln. Seit 1827 lebt er in Hamburg als Mitarbeiter zahlreicher, vor allem wirtschaftspolitischer Zeitschriften, von denen er die ‚Kritischen Blätter der Börsenhalle‘ selbst herausgibt. 1833 schließlich wird er Geschichtsprofessor am dortigen Akademischen Gymnasium, Spezialgebiet Geschichte der Hanse. Und an Wurm, der im seebeherrschenden Britannia nicht nur mit Seekriegsgeschichte und Seerecht in Berührung gekommen war, sondern auch zur Hanse zahlreiche Druckschriften herausgebracht hatte, ist es nun, die Tagung der Germanisten in Lübeck passend maritim und ‚hansisch' einzuleiten.

So bringt der Gymnasialprofessor angesichts der leider vergangenen nationalen Kraft der Hanse umso energischer den Gedanken der Erneuerung der alten hansischen Tradition und die Wiederaufrichtung deutscher Seemacht auf die Agenda: ‚Das nationale Element in der Geschichte der deutschen Hansa' übertitelt Wurm seinen Vortrag, der zunächst mit einem tristen Blick zurück in die Untergangsgeschichte der alten Hanse aufwartet: „Und wie der Bund zerfiel, wie seine Seemacht gebrochen war, so war des deutschen Volkes Seemacht dahin für lange Jahrhunderte, aber das sagt sich Jeder, der an eine Zukunft glaubt, nicht für immer", so der Hamburger Professor trotzig, um sodann den „gegenwärtigen wehrlosen Zustand" der Nation gegen die Dänen zu beklagen: „Daß eine so große Nation ihre Einheit dem Ausland gegenüber nicht geltend zu machen weiß, daß der geringste Staat ihr jeden Schimpf anthun kann, und sie hat keine Waffen, dem zu begegnen." Das war nichts anderes als der Ruf nach maritimen Mitteln zur See, um den Dänen dort Paroli bieten zu können, die Forderung nach einem starken, auch zur See mächtigen deutschen Staat und dessen Grundvoraussetzung, die dazu notwendig herzustellende nationale Einheit. Und die kleidet Christian Friedrich Wurm dann auch sinnigerweise in eine Schiffsmetapher: „Es muß und wird kommen, wir werden, wir Deutschen alle, noch einmal in einem Schiffe zusammenstehen und müssen es." Damit war der magische Begriff des Parlaments, und mit ihm der Umsturz der bisherigen ständischen Gesellschaftsordnung, schon angedeutet und für alle Zuhörer vernehmlich. Am Schluss der Rede aber wird es explizit: Denn, so Wurm, es hätten die Deutschen nicht, wie alle anderen Nationen, die in der Geschichte groß geworden seien, verstanden, „sich selbst ein Organ nationaler Vertretung zu schaffen. Ich rede vom deutschen Parlament." Ein Paukenschlag. Hier sprach ein ‚Demagoge'! Das grenzte an Revolution. Und war auch nur auf dem weitgehend geschützten Terrain einer freien Reichs- und Hansestadt möglich. Und zeigte einmal mehr, dass Jacob Grimms Versicherung in Frankfurt, dass die Politik bei den Germanistentagungen außen vor bleiben und höchstens ‚gestreift' werden würde, nicht mehr als ein taktisches Manöver, ein wohlerwogenes Lippenbekenntnis, gleichermaßen zur Selbst- wie zur Fremdberuhigung, war. Und genau unter diesen Voraussetzungen der Aktualität und politischen Brisanz historischer Rechts- und Sprachforschung erlebte in diesen Tagen in Lübeck auch die scheinbar längst verblichene Hanse ein ganz ungeahntes, mächtiges, und wie sich zeigen sollte, folgenreiches ‚Comeback‘.

Jacob Grimm war spätestens seit diesem fulminanten Auftakt der Tagung, mit dem man, so Grimm in seinen einführenden Worten, hier, „am Hauptsitz der alten Hansa, nicht angemessener beginnen könne" und mit dem Professor Wurm die Grundlage dieser „Gemeinschaft der Kaufleute deutscher Zunge" als „eine wirklich und wahrhaft nationale" kurzerhand zur ersten Verkörperung der deutschen Nationalidee erklärt hatte, nunmehr ganz maritim gestimmt. Und zwar derart, dass er die Auswanderungsbewegung der Deutschen übers Meer, die seit den 30er Jahren des Jahrhunderts voll eingesetzt hatte und die eher eine Massenflucht vor den rückständigen deutschen Verhältnissen war, kurzerhand zum Ausweis der Kraft und Macht eines „wanderlustigen" und „mutigen, zur Herrschaft ausersehenen und gerüsteten Volkes" stilisierte. Hier geht der maritime Gedanke auch schon merklich einher mit einem durchaus weltausgreifenden Zungenschlag, der auch anderen Rednern auf diesem Germanistenkongress keineswegs fremd war, und im Übrigen auch dem ähnelte, den der Dichter Georg Herwegh schon zuvor in seinem Gedicht ‚Die deutsche Flotte‘ exerziert hatte, als er das deutsche Volk mitsamt einem Kaiser an der Spitze einer Flotte auf See hinausgeschickt hatte, um das „Steuerrad der Weltgeschichte" zu ergreifen. Herwegh hatte sein Flottengedicht ja 1841 just zur „Sechsten Säkularfeier der Stiftung des Hansabundes" verfasst, als Flugblatt in der Schweiz drucken lassen und darin vom „wilden Meer, der Freiheit Hohen Schule" geschwärmt und von der Ruhestätte alter deutscher Seehelden aus ruhmreicher maritimer Vorzeit: „Ha! Schlummern nicht aus deiner Hansa Zeiten/ Auch deutsche Helden drin?"

So hatte auch die Germanistentagung in Lübeck, trotz all ihrer Öffentlichkeit, schon fast den Charakter einer konspirativen Zusammenkunft, mindestens aber den einer subversiven, denn es herrschten ja immer noch in Deutschland und Österreich die Karlsbader Beschlüsse von 1819, ‚Demagogenverfolgung‘ und polizeiliche Spitzelei.

Und Grimms und seiner Mitstreiter Rückgriff auf die Geschichte war ja mitnichten das Wühlen in belanglosen, längst vergangenen und verblichenen Zeugnissen. Wilhelm Grimm hat dies an anderer Stelle auch ausdrücklich zurückgewiesen: „Wir erforschen das deutsche Altertum nicht, um in eine Zeit zurückzuführen, die längst in dem Strome der Geschichte untergegangen ist; wir erforschen es, um die Gegenwart, der wir unsere Kräfte, Liebe und Sorge schuldig sind, wahrhaft zu erkennen und durch diese Erkenntnisse zu fördern." Und so war auch die Hanse, die Jacob Grimm in Lübeck als alte deutsche maritime wie nationale Tradition wiederentdeckte, dabei weniger eine reale Hanse denn eine mythische, eine idealisierte, eine aus der Vergangenheit für die Gegenwart zurechtgeformte und in Lübeck mit Verve als historische Legitimation aktualpolitischer Forderungen nach einer kraftvollen, ökonomisch wie militärisch auch zur See starken deutschen Nation vorgetragen.

„Hansa ist das älteste deutsche wort für schaar und gesellschaft. Es muß noch einmal eine stärkere deutsche hansa als die alte war sich auf dem meere schaaren", so schrieb es Jacob Grimm ins ‚Album zur Erinnerung an die zweite Germanisten-Versammlung zu Lübeck'. Das war auf seiner Rückseite, wie auch die Reformierte Kirche über ihrer geschmückten Kanzel, dem Rednerpult der Germanistenversammlung, mit dem doppelköpfigen Adler geziert, dem alten Symbol des Heiligen Römischen Reiches wie des Deutschen Bundes, das zwei Jahre später dann auch in der linken oberen Ecke der schwarz-rot-goldenen Flagge der ersten deutschen Flotte erscheinen wird. Und er schreibt, wie er es sich angewöhnt hatte, auch hier in Kleinbuchstaben, viel weniger eine Marotte denn eine, wenngleich skurrile, so doch auch deutlich politische Stellungnahme: Denn es ist durchaus die Frage, ob es wirklich nur scherzhaft gemeint war, dass Grimm erklärte, die von ihm seit der zweiten Fassung des ersten Bandes der ‚Deutschen Grammatik' durchgehend, bis auf Eigennamen, praktizierte Kleinschreibung habe durchaus ihren verdeckten Sinn, denn, so der Sprachforscher, „die groszen buchstaben heben die neutralität und gleichheit aller wörter in dieser republik auf, führen einen ungegründeten adel ein." Die Sprache als Republik, als bürgerliche Gesellschaft gleicher, nämlich gleich kleiner, Buchstaben. Diese zweifelsfrei sehr spezielle Deutung wird Jacob Grimm in seinem Antrag in der Nationalversammlung über die Abschaffung des Adels als bevorrechtigtem Stand dann allerdings ins geradezu Revolutionäre wenden.

Und es war auch kaum verwunderlich, dass gerade Jacob Grimm, der schon 1830 in seiner Göttinger Antrittsvorlesung die nationbildende Kraft der Sprache und des in ihr geborgenen „Versprechens politischer Einheit", so Jörg Jochen Berns, gerühmt hatte („In keinem Stück aber zeigt sich das Band der Vaterlandsliebe stärker, als in Gemeinsamkeit der Sprache"), sich schließlich auch, erfasst von der freien Seeluft, die ihn hier in Lübeck umwehte und der Ruhmrede seines Hamburger Professorenkollegen auf die Hanse, nicht nur zur alten Hansestadt Lübeck und ihrem künftigen und erneuten Aufstieg zur Handelsmetropole, sondern gleich auch zur Wiederaufrichtung deutscher Seemacht mit einer „mächtigen deutschen Flotte" bekannte. Die erst würde, gemeinsam mit einem politischen Bündnis zwischen Deutschland und den skandinavischen Ländern, die Voraussetzung ungehinderten, freien Handels in Nord-und Ostsee bieten und gewährleisten.

Die unmittelbare Bezugnahme des hier vorgetragenen Flottengedankens auf die Hanse, jenem ersten Handelsbund Europas, dem in Spitzenzeiten bis zu 200 Städte in Europa angehörten, zeigt, dass es Grimm und seinen Germanistenkollegen nicht nur um ein nationales Militärvorhaben geht, den seeseitigen Schutz deutschen Sprachgebietes, sondern dass hier auch ausdrücklich ein freiheitliches, demokratisches Projekt intendiert ist, das mit der gleichzeitigen Forderung nach einem frei gewählten Parlament verbunden wird. Um diesen Zusammenhang noch gefügiger zu machen, wird die große, sozusagen europäisch-globale Handelsmacht des Mittelalters entlang der mittelalterlichen Begrifflichkeit der „hense van den dudeschen steden" auf ihren deutschen Ursprung zurückgeführt und zu einem nationalen Ökonomie-, Rechts- und Politikprojekt stilisiert, das in seinem Kern auf städtebürgerlich-freiheitlichem, gleichzeitig zur See wehrhaftem deutschen Unternehmergeist und Bürgersinn beruhe.

Derart war der hier in Lübeck von Professor Wurm vorgenommene Rückgriff auf die Hanse eben weniger ein dezidiert historischer, als vielmehr ein rhetorischer, eine argumentative Hilfskonstruktion nämlich und Teil jener Mythisierung der Hanse, wie sie namentlich im 19. Jahrhundert Platz griff und die die militärischen Maßnahmen der

Hanse zur See flugs als seeherrschaftliche Machtartikulationen deuteten, angeführt von den deutschen Hansestädten mit Lübeck an der Spitze einer europäischen, seegestützten ‚Supermacht'.

Dies festzustellen lag vor allem eben in Lübeck selbst auf der Hand, der unausgesprochenen Hauptstadt der hier ausgerufenen „dudeschen hense" und dort, wo zwischen 1356 und 1669 auch deren Beratungs-, Konsultations- und Entscheidungsgremium, der in der Regel alle drei Jahre stattfindenden ‚Hansetag', zusammentrat – Forum der städtebürgerlichen Oberschicht, der Kaufleute, Unternehmer und Seefahrer, allesamt frei von feudaler Herrschaft, wie die Städte, die sie gründeten und die durch den Handel groß und mächtig wurden. Diese Bürgerstädte, Lübeck allen voran, hatten eine quasi-republikanische Verfassung, ihre Repräsentanten waren von der vermögenden Bürgerschaft auf Zeit gewählt. Das war zwar keine Demokratie im heutigen Sinne, aber doch, so haben es die Hanse-Forscher Gisela Graichen und Rolf Hammel-Kiesow formuliert, „ein riesiger Unterschied zu der auf Erbfolge und Gehorsamsanspruch beruhenden hierarchischen Herrschaftsform im Fürstenstaat."

So war es auch kaum noch überraschend, dass der Darmstädter Staatsrat Heinrich Karl Jaup am letzten Tag der Germanistenversammlung in Lübeck auch noch ein allgemeines deutsches Bürgerrecht forderte. So legen vor allem auch die Germanistenversammlungen der Jahre 1846 und 1847 die bürgerlichen Triebkräfte in Vormärz und späterer Revolution frei, in Recht, Sprache, Ökonomie und Militär. Und daher war es auch kein Wunder, dass die Flotte schließlich ganz vorn auf der Agenda der Paulskirche rangiert, nicht allein wegen des Krieges gegen die Dänen, sondern weil sich hier anhand einer akuten militärischen Lage auch die Möglichkeit eröffnete, eine bürgerliche Waffengattung, eine nämlich, die sich in ihren Führungsrängen nicht mehr, wie die Heere der Landesfürsten, aus dem Adel rekrutierte, zu etablieren. So wie die Hanse eine Macht des frühen Bürgertums, der Kaufmannschaft des Mittelalters war, so ist die Flotte in Analogie zur Hanse eine dezidiert bürgerliche, nicht-feudale Militärmacht, inszeniert als militärisches Symbol wie als Instrument einer ‚Zeitenwende', die sich wiederum, mit einer idealisierten Hanse, auf eine lange und mächtige deutsche bürgerlich-maritime Tradition berufen konnte. So wurde die Freiheit der Hansestädte auch zur Richtschnur und Legitimation der Ambitionen des Bürgertums, neben der Verantwortung für die Wirtschaft der Gesellschaft auch in der Politik nunmehr nicht nur mitreden, sondern auch, über die kommunale Ebene der Städte hinaus, die Staatsangelegenheiten in die eigenen Hände nehmen zu wollen. Dies führte, mit dem Rückenwind aus Frankreich, schließlich geradewegs zur deutschen Märzrevolution von 1848. Und so liegt auch im Vorfeld dieser Revolution, im Vormärz und in Sonderheit der Germanistentagung in Lübeck 1847, die Bedeutung des Hanse-Mythos als ergiebigem Identifikationsfundus auf der Hand, eines plausiblen und daher machtvollen Rückgriffes auf die Geschichte der Hanse, die just in dieser Inkubationsperiode der Revolution von 1848 mit ihrem ökonomischen wie militärischen Potential, bei letzterem vor allem auch mit ihrer Fähigkeit zur Machtentfaltung auf See, in Lübeck 1847 in Rede und Schrift, auf Kirchenkanzeln und in Tagungsbänden, aus längst vergangenen Zeiten wieder herbeigerufen wird.

Dabei war die Militärgewalt der Hanse zunächst nur eine eher archaische: Denn eine ständige Kriegsflotte betrieb die Hanse in ihrer gesamten, über 400 Jahre währenden Geschichte ebenso wenig wie ein stehendes Heer. Um militärisch aufzutreten bedurfte es stets einer durch den Hansetag festgelegten ‚Koalition der Willigen‘, im Zweifelsfalle auch der Unwilligen, in Form einer ad hoc aufzustellenden ‚rapid reaction force‘ aus städtischen Kontingenten, und dies, der Natur des Bündnisses folgend, vor allem auch zur See. Denn hier schwammen die Fundamente der Handelsmacht der Hanse, ihre Schiffe.

Schätzungsweise verfügten, so Graichen und Hammel-Kiesow, in der zweiten Hälfte des 16. Jahrhunderts allein die sieben Hansestädte Bremen, Hamburg, Lübeck, Wismar, Rostock, Stralsund und Danzig zusammen über rund tausend Handelsschiffe, die im Kriegsfalle flugs zu Kriegsschiffen, freundlich ‚Friedeschiffe‘ genannt, umgerüstet wurden, zunächst noch ganz ohne Schiffsartillerie und Feuerwaffen an Bord. So zeigt eine zeitgenössische Illustration aus dem frühen 14. Jahrhundert ein Gefecht zweier Koggen, das von Schiff zu Schiff mit Pfeil und Bogen, Schwertern, Keulen und Lanzen geführt wird. Tatsächlich war man in der Lage, bereits 1284 derart eine erste Seeblockade gegen Norwegen durchzusetzen. 1428 kommt es zu einem größeren Seegefecht vor Kopenhagen, bei dem erstmals auf Seiten der Hanse Schiffsartillerie im Distanzgefecht zum Einsatz kommt. Darüber hinaus gelingen der ‚Hanse-Marine' Landungsoperationen in zwei Kriegen gegen König Waldemar IV. von Dänemark, die schließlich im Jahre 1370 zum dem Dänenkönig abgetrotzten Frieden von Stralsund und die Hanse auf den Gipfelpunkt ihrer Macht führen – mit ihren jeweiligen Koalitionsflotten schlagkräftig genug, es ebenbürtig und erfolgreich mit den Flotten der Königreiche im Norden Europas aufzunehmen. Nun aber gingen, mit zunehmender Entwicklung der Schiffsartillerie, die Zeiten der für den Seekrieg jeweils kurzfristig umzurüstenden Handelsschiffe vorbei und Standard wurden allenthalben ‚stehende', besser: permanent schwimmende Kriegsflotten.

Dies reflektiert auch der Satz Jacob Grimms von der „mächtigen Flotte" 1847 in Lübeck, und er lag auch schon Georg Herweghs Gedicht ‚Die deutsche Flotte' zugrunde. Dessen Dichterkollege Ferdinand Freiligrath ließ 1843 in seinen ‚Flotten-Träumen' inmitten des von ihm gedichtweise aufgebotenen „trutzig Kriegsgeschwaders" auch ein Schiff namens HANSA mitsegeln, und ein Raddampfer gleichen Namens wurde später gar das zweite Flaggschiff des Oberbefehlshabers der ersten deutschen Marine, Contre-Admiral Carl Rudolph Brommys. Und auch der ‚Marinekaiser' Wilhelm II. führte in seinen Reden beständig die Hanse, ihre alte Herrlichkeit und deren unter seiner Ägide erfolgtes kraftvolles ‚Revival', namentlich hinsichtlich der den Ozean zunehmend dominierenden deutschen Reedereien Hapag und Norddeutscher Lloyd, im Munde – um damit gleichzeitig seine und ‚Seines' Admirals Alfred von Tirpitz ehrgeizige Flottenpläne zu legitimieren: „Meine Pflicht ist es, der neuen deutschen Hansa zu folgen und ihr den Schutz angedeihen zu lassen, den sie vom Reich und vom Kaiser verlangen kann." So Wilhelm II. in der Verabschiedungsrede an seinen Bruder Prinz Heinrich vor Auslaufen gen Ostasien in Kiel am 15. Dezember 1897, in der er auch „Handel und Kaufmann unter dem schützenden Panier unserer deutschen Kriegsflagge" geborgen sieht. „Neu ist auch unser Handel nicht", so der Kaiser, „war doch die Hansa in alten Zeiten eine der gewaltigsten Unternehmungen, welche je die Welt gesehen, und es vermochten einst die deutschen Städte Flotten aufzustellen, wie sie bis dahin der breite Meeresrücken wohl kaum getragen hatte. Sie verfiel aber und mußte verfallen, weil die eine Bedingung fehlte, nämlich die des kaiserlichen Schutzes." Albert Ballin, der Generaldirektor der Hapag und damit der damals größten Reederei der Welt, hat dies allerdings kurz vor dem Ersten Weltkrieg noch vehement bestritten, auch um, gleichwohl vergeblich, größeres Unheil durch derartiges maritimes Säbelrasseln abzuwenden: „Wir brauchen die Kriegsschiffe des Kaisers nicht". Doch da war es schon zu spät und er wurde gar nicht mehr gehört, nicht einmal mehr zu seinem vermeintlichen Freund, dem Kaiser, vorgelassen.

Und nicht nur in den Reden Wilhelms II. war der Hanse-Bezug allgegenwärtig, er wurde auch von seinem Baumeister Adalbert Kelm geradezu in Stein gehauen: Bezieht sich doch die Marineschule Mürwik, 1910 von Kaiser und Tirpitz weitab der alten Marineschule in Kiel und deren ‚gefährlicher' Nähe zur Kieler Arbeiterschaft in die maritim-idyllische Landschaft der Flensburger Förde gesetzt, in ihrem Dekorationsprogramm, wie dies Heinrich Walle herausgestellt hat, den „Zitaten der im Ostseeraum weit verbreiteten mittelalterlichen Backsteingotik", in der Klinkerverblendung des Gebäudes sowie den Wandmalereien im Innern des ‚roten Schlosses' ausdrücklich auf die alte Hanse und spinnt damit den Geschichts- und Traditionsfaden der historisch noch jungen Kaiserlichen Marine zurück in mythische Zeiten ehemaliger deutscher Seegeltung mit der Hanse als „deutscher Seemacht des Mittelalters." Und in diesem in der Marineschule künstlerisch beschworenen hansischen Ambiente waren dann wieder, wie einstmals in der Hanse selbst, Bürger und Adel gleichberechtigt – „ein Gesichtspunkt", so Heinrich Walle weiter, „der vor allem für die vornehmlich aus dem bürgerlichen Hause stammenden Seeoffiziere bedeutsam war."

Dieser bürgerliche Bezug hatte letztendlich auch schon 1847 die Germanisten nach Lübeck und die Hanse auf die Agenda ihrer dortigen Tagung geführt. Auch hier stand man sozusagen beispielhaft, wie sich das Professor Wurm auch für die ganze Nation wünschte, „in einem Schiff zusammen" – und zwar im wahrsten Sinne des Wortes. Denn das Tagesprogramm der Germanisten sah auch, zur maritimen Anreicherung und Illustrierung des Tagungsprogrammes, eine „Meerfahrt" vor:

Am Mittwoch der Tagungswoche, so berichtet es der ‚Lübecker Bürgerfreund' am 30. September 1847, startete man mit Kutschen und Pferdeomnibussen von Lübeck zu einer „Festfahrt nach Travemünde". Kaum dass man die Germanisten dort wie Staatsgäste mit „wehenden Flaggen" begrüßt und vor den Hotels ‚Stadt Hamburg' und ‚Hòtel de Russie' „die Trompeten der Dragoner und die Hörner der Füsiliere" zu ihren Ehren erklungen waren, ging es nach ausgiebigem Besuch der dort aufgebauten „Frühstückstafeln" an Bord der ALEXANDRA, eines kleinen Ausflugsschiffes, dass nun mit der vielköpfigen Germanistenschar just in jenes Element stach, von dem bisher nur geredet worden war.

„Gegen 1 Uhr ging die stattliche Alexandra mit einer kostbaren Bürde, wie sie noch keine zuvor getragen, in See; mit den Klängen der Hörner mischte sich der Donner der Kanonen, die vom Leuchtenfelde aus dem eilenden Dampfer ihren schallenden Salut über die schäumenden Wellen nachsendeten", so der ‚Lübecker Bürgerfreund', der zudem an dieser Stelle in einer Fußnote vermerkt, dass das Salutgeschütz bei der Rückkehr der Germanisten in den Hafen allerdings schwieg: „Eines durch Unvorsichtigkeit entstandenen Unfalls wegen hatte man das Feuer eingestellt."

Dies allerdings behinderte den Fortgang der Veranstaltung keineswegs: „An die Meerfahrt schloß sich das Festmahl auf der Badeanstalt" an, garniert, so der ‚Lübecker Bürgerfreund' weiter, mit einer „glänzenden Reihe der Toaste, die sich hier zu einem seltenen Kranze verbanden." Den Reigen der Ansprachen eröffnete Oberappellationsgerichtsrat Dr. Carl Wilhelm Pauli, oberster Richter des gleichnamigen Gerichtes in Lübeck und Vorsteher der Reformierten Gemeinde der Hansestadt. Und der sah seine Stadt der des ersten Tagungsortes, „der Wahl- und Krönungsstadt der deutschen Könige und Kaiser, die Einheit des heiligen römischen Reichs deutscher Nation" verbürgende Stadt Frankfurt am Main, durchaus als gleichrangig an: nämlich als „Haupt der Hansa, wo die Bundesgesandten tagten, die Flotten ausliefen, die den nordischen Reichen Trotz boten." Und Jacob Grimm, der nach ihm spricht, ist gleichermaßen von Stadt und Meer eingenommen: „Das Gebiet dieser freien Stadt wird bespült vom Element der heiligen Fluth, die auf uns unwiderstehliche Gewalt ausübt. Wir in der Mitte des Landes wohnenden Deutschen empfinden alle Heimweh nach dem Meer und harren sehsüchtig auf seinen Anblick." Und so erhofft sich Jacob Grimm, „daß ein allgemeiner Aufschwung des deutschen Handels, nicht bloß im Norden, sondern auch im Süden und in der Mitte des Vaterlands eintrete und eine neue, noch stärkere Hansa hervorrufe" und „daß dieser Hansa eine mächtige Flotte zugehöre, die es nicht länger duldet, daß von andern Völkern unser Recht auf den Meeren beeinträchtig werde."

Am Ende der Reden dann huldigt der Vorsitzende Pauli dem Präsidenten Grimm, der wie kein anderer die Einheit der drei germanistischen Wissenschaften verkörpere und damit die erstrebte politische Einheit Deutschlands geradezu modellhaft und in persona vorwegnehme. Der ‚Lübecker Bürgerfreund' hat diesen „Toast" wie folgt protokolliert: „Oberappellazionsrath Pauli: ‚Dem Manne, um den deutsche Sprache, deutsche Geschichte und deutsche Rechtswissenschaft sich streiten, welche von ihnen ihm am meisten danke, dem Manne, der die deutsche Grammatik zuerst wissenschaftlich begründet, der deutschen Geschichte ihren tiefen mythischen Hintergrund gegeben, die Poesie in das deutsche Recht eingeführt und dieses in seinen tiefsten Tiefen erhellt hat, dem Präsidenten der ersten und der zweiten Germanisten-Versammlung Jacob Grimm, bringe ich dieses Glas!' Jacob Grimm erhob sich zur Erwiderung, aber das Gefühl übermannte ihn. ‚Ich liebe mein Vaterland, mein Vaterland ist mir immer über alles gegangen' … Thränen erstickten seine Stimme, er sank seinem Freunde Dahlmann in die Arme – es war der ergreifendste Augenblick dieses Tages." – Und die Zeitung resümiert in ihrer Ausgabe vom 7. Oktober: „Von der tiefen Bewegung, womit Jacob Grimm, der ‚Regent in drei Reichen', sich nach dem stürmischen Beifall, womit der Toast des O.-A.-Rath Pauli aufgenommen wurde, aussprach, gibt wohl der Umstand Zeugniß, daß er sein Champagnerglas, welches er in der Hand hielt, unbewußt über den neben ihm sitzenden O.-A.-Rath Hach ausgoß."

So hatte die Tagung auch ihre kulinarischen Seiten. „An den vorhergegangenen Abenden waren die Germanisten in den Sälen des Schauspielhauses vereinigt; am Dienstag gab der Musikverein ihnen ein sehr befriedigend ausgefallenes Konzert an der Börse; am Donnerstag fand die letzte Zusammenkunft im Rathsweinkeller statt." Der ‚Lübecker Bürgerfreund' erwähnte neben den Reden und Toasten und den

„Vorträgen der Liedertafel" schließlich auch „die gemüthvolle Stimmung, die ein lebendiges Zeugniß gab von dem volksthümlichen Sinne jener gefeierten Männer der Wissenschaft." Und so wollte die Tagung fast gar nicht mehr enden und „spät erst lösten die letzten Kreise sich auf."

Derart waren die Germanistentage mit den Worten des Germanisten Jörg Jochen Berns geradezu zum „Surrogat der mittelalterlichen Hof- und Reichstage", zu einem „Ersatzparlament" geworden, Antizipation jenes deutschen Parlamentes, für das der Schulprofessor Wurm mutig in seiner Rede auf der Lübecker Tagung geworben hatte.

Und der ‚Lübecker Bürgerfreund' zitiert dazu die ‚Weser-Zeitung', die diesen volksvertretenden Anspruch und die Bedingungen der Einheit des deutschen Staatsgebietes bereits vorab der Tagung benannt hatte: „Dazu bedarf es aber eines Organs, in welchem die Einheit des Bewußtseins sich in seiner höchsten Potenz durchbilde und den ihr entsprechenden Ausdruck gewinne, und ein solches erblicken und hoffen wir in der Versammlung der Germanisten." Dass dazu, wie Jacob Grimm in seinen einleitenden Worten wünschte, „bei uns das Bestreben vorwalten (möge), ungezwungen und frei zu reden", klingt für heutige Ohren selbstverständlich, war es aber 1847 im Deutschen Bund keineswegs; und nicht umsonst sieht sich Staatsrat Heinrich Karl Jaup am Ende der Tagung veranlasst, „dem durch Eintracht mächtigen, in geistiger Freiheit verbundenen, und vom Zensurdruck und Preßzwang freien Deutschland ein Lebehoch!" auszubringen. Und ganz dem späteren parlamentarischem Brauch entsprechend war die Tagung der Germanisten in der Reformierten Kirche auch für die Öffentlichkeit zugänglich: „Die Sitze im untern Theil der Kirche waren für die Mitglieder der Versammlung, aller übrige Raum für die Zuhörer bestimmt." Und tatsächlich war diese ‚ersatzparlamentarische' Versammlung, wie der ‚Lübecker Bürgerfreund' schon in seiner ersten Reportage stolz berichtete, ein spektakuläres öffentliches Ereignis: „So lange die alte Hansestadt steht, hat sie eine solche, eine dieser ähnliche Veranstaltung noch nicht in ihren Mauern gesehen.(…) Und gewiß wenden sich aus ganz Deutschland in diesen Tagen die Blicke der Freunde des Vaterlandes mit der wärmsten Theilnahme hieher." Zumal hier keine abstrakte Wissenschaft diskutiert wurde, sondern eine praktische, gleichsam angewandte und politisch aufgeladene – dass nämlich, so die Zeitung weiter, „die deutsche Gelehrsamkeit keine todte, unfruchtbare, dem Leben abgewandte ist, sondern daß sie, auf der breiten Basis nationaler Gesinnung ruhend, in der Praxis, in der Anwendung auf Gegebenes ihr höchstes und schönstes Ziel findet. (…) Es ist der Einklang der Wissenschaft mit dem Leben", der also von praktischer Wissenschaft, Politik, (Ersatz)-Parlament und Publikum: „Die Zahl der Zuhörer war im Laufe der Versammlungstage gleich sehr groß geblieben, und ihre Theilnahme für die Verhandlungen hatte mit jedem Tage an Nachhaltigkeit zugenommen. Was in den ersten Sitzungen kaum ein einziges Mal vorkam – Beifallsbezeugung von Seiten des Publikums – wiederholte sich am letzten Versammlungstage zu öfteren Malen und in lebendigster Weise." Es ist dies nichts anderes als die Vorwegnahme eines Szenarios, das ein halbes Jahr später in Frankfurt am Main seine Fortsetzung finden wird, mit dem ersten deutschen Parlament in der Paulskirche und ihrer stets mit Zuschauern vollbesetzten Galerie, von der lautstark die Debatten der Abgeordneten begleitet werden.

In Lübeck aber erwartet der „Schöff Souchay" sehnsuchtsvoll den Tag, an dem sich die Sage vom „Kaiser Friedrich der Rothbart" erfülle: „Wann wird er kommen, der Tag Seiner erwachenden Kraft, der Tag, wo Deutschland durch einige Leitung mächtig und groß sein wird? – Meine Herren! Dieser Unser Verein ist ein Strahl, vielleicht ein Vorbote seines Lichtes", und zwar eines solchen, dass „die Organe, welche den deutschen Staatenbund beleben, (…) alsdann vielleicht dort in neuer Kraft und Wirkung erscheinen." Und „die deutsche Flotte wird da sein und Lübeck mit seinen Schiffen voraus." Nationalstaat, Parlament und Flotte – man wird darauf zurückkommen, und sogar das erste Flaggschiff dieser bald aufzustellenden ‚Parlamentsmarine' nach jenem hier schon beschworenen Kaiser Rotbart benennen.

Und gewiss lässt sich sagen, dass die Propagierung des Flottengedankens und die Forderung nach Erforschung und praktisch erweiterter Anwendung von deutscher Sprache, deutscher Literatur und deutschem Recht im 19. Jahrhundert denselben nationalistischen Nerv haben. Gleichzeitig ist aber doch vor allem zu bedenken, dass die Germanistenversammlungen neben allem patriotischen Hochgefühl vor allem aber auch die Denkbarkeit deutscher Demokratie befördert haben. Und sie haben sie darüber hinaus in diesen von Jörg Jochen Berns „Ersatzparlament" genannten Tagungen auch praktiziert.

Und tatsächlich werden sich nur wenig später die ‚germanistischen' Forderungen nach Einheit von Sprache, Staat, Parlament und Flotte in einem institutionellen Zündfunken sammeln, der sich dann, kaum ist die Februarrevolution aus Paris in deutsche Lande herüberge-schwappt, in den ‚März-Forderungen' nach persönlicher Freiheit, Verfassung, Abschaffung der Pressezensur, Volksbewaffnung und Unabhängigkeit der ‚Geschworenengerichte' Bahn bricht und gera-dewegs zu Wahlen und einem ersten deutschen Parlament führt.

Jacob Grimm hatte in Lübeck sogar ausdrücklich angeregt, dass die Germanistentagung in Zukunft „allen Deutschen" eine Teilnahme ermöglichen solle, was wiederum nichts anderes war als die Idee einer ‚Volksvertretung'. So wird die Tagung der Germanisten in Lübeck, befeuert vom Glanz der alten Hansestadt und dem Rotspon beim Festbankett in einem Gewölbe des Lübecker Rathauses, das bis heute den Namen ‚Germanistenkeller' trägt, im Zeichen der Hanse und gar, an Bord der ALEXANDRA, inmitten der maritimen Elementarge-walten selbst, auch zum Vorglanz jener Geburtsstunde einer deut-schen Flotte, wie sie sich im darauf folgenden Jahr in der Paulskirche zu Frankfurt am Main aus militärisch akuten Gründen wie als Mittel und Symbol deutscher Nationalstaatsbildung ereignen wird. Auch die zweite Germanistentagung mit ihrem hansisch-freien, demokratischen Tenor war mithin in keiner Weise ‚unpolitisch', wie dies Jacob Grimm noch in Frankfurt eher taktisch formuliert hatte. Die Zeit war aller-dings noch nicht reif, und so, wiederum Berns, „simulierten die Ger-manisten auf ihren beiden Tagungen hilflos einen Parlamentarismus, den in politischer Realität zu üben noch keine Gelegenheit bestand." Doch dies sollte sich, kaum war der Funke der französischen Febru-arrevolution in die deutschen Territorien geschlagen, schon bald und schlagartig ändern.

Waren die Germanistenversammlungen, wie dies der Literatur- und Geschichtswissenschaftler Wilhelm Scherer bereits im 19. Jahrhundert diagnostiziert hatte, bereits „eine Art Vorläufer des Frankfurter Par-laments" gewesen, hatte die Märzrevolution in Deutschland tatsäch-lich nun ein wirkliches, gewähltes Parlament hervorgebracht. Für das Jahr 1848 hatten die Germanisten um Jacob Grimm in Lübeck allerdings auch schon ein drittes Treffen geplant: „Zum Ort der nächst-jährigen Versammlung ward auf den Vorschlag des Präsidenten durch Akklamazion Nürnberg gewählt", meldete wiederum der ‚Lübecker Bürgerfreund' – eine weitere traditionsgeladene deutsche Stadt also, in der, und Herfried Münkler hat dies in ‚Die Deutschen und ihre My-then' dargelegt, in der Lesart der Romantiker um Ludwig Tieck das Mittelalter noch aufbewahrt war, dazu ein stolzes Bürgertum wirkte und regierte und die alte Reichsherrlichkeit noch erlebbar schien. Nürnberg war eine Bürgerstadt par excellence, eine Hochburg ehrba-ren Handwerks, Stichwort: Hans Sachs, gleichermaßen eine der Kunst mit Albrecht Dürer wie der Wissenschaft und Technik mit Peter Hen-lein, dem Erfinder der Taschenuhr und Martin Behaim, dem des ers-ten Globus. Und Nürnberg barg auch, wie Frankfurt am Main, die alte deutsche Reichs- und Kaisertradition: Hier wurden seit 1423 die Reichskleinodien, Krone, Schwert und Reichsapfel, aufbewahrt und hier war nach der Thronbesteigung eines neuen Kaisers jeweils dessen erster Reichstag abgehalten worden. In dieser „vormals weltberühm-ten Stadt", wie dies Wilhelm 1793 in seinen ‚Herzergießungen eines kunstliebenden Klosterbruders' schrieb, sollten sich also die Germa-nisten, illuminiert von der mittelalterlichen Kulisse der Stadt, wieder-treffen. Jacob Grimm hatte dazu schon König Ludwig I. von Bayern um seine allergnädigste Billigung ersucht und erhielt auch wohlmei-nende Antwort: „Angenehm war Mir, von Ihnen, einem so ausge-zeichneten Gelehrten… dieß erhalten zu haben. Ich ertheile mit Ver-gnügen Meine Bewilligung … und bin anbey mit aufrichtigen, werth-schätzenden Gesinnungen Ihr wohlgeneigter Ludwig."

Allein – die Revolution kam dem Treffen in die Quere und es fiel aus. Doch nicht ersatzlos. Stattdessen zogen nun viele Teilnehmer der vergangenen Germanistenversammlungen als Abgeordnete der Nati-onalversammlung in die Paulskirche ein. Wieder war man also in Frankfurt, wie 1846, nur tagte man nicht wie damals unter den Bli-cken der alten Kaiser des Heiligen Römischen Reiches Deutscher Nation im Kaisersaal des Römer, sondern unter den Augen der ‚Germania'. Denn die befand sich auf dem von Philipp Veit für das Parlament angefertigten Riesengemälde, das direkt hinter dem Red-nerpult an der Stirnwand der Paulskirche platziert worden war – die Amazone ‚Germania' als Sinnbild der deutschen Nation, die schwarz-rot-goldene Fahne in der Linken, ein blankes, mit einem Ölzweig umwundenes Schwert in der Rechten, mit Eichenlaub bekränzt und den Doppeladler im Brustschild.

Auch Jacob Grimm hatte das revolutionäre Fieber des deutschen März erfasst. Sein Bruder Wilhelm hatte ihm eindrücklich von den Barrikadenkämpfen in Berlin berichtet und so schreibt er Anfang April an seinen alten Kollegen aus den Tagen der ‚Göttingen Sieben‘, Georg Gottfried Gervinus, dass er nun „lebhafter als je fühlte, wie nothwendig uns im Hintergrund Freiheit und ein stolzmachendes Vaterland sei".

Tatsächlich hatte der Bundestag des Deutschen Bundes Ende März und unter dem Druck der Revolution, die allenthalben in den deutschen Territorien ‚Märzministerien‘ hervorgebracht hatte, den Weg für allgemeine Wahlen zu einer verfassunggebenden Versammlung freigemacht. Am 29. März reist Jacob mit seinem Neffen Herman nach Frankfurt zum ‚Vorparlament‘, das am 31. März just dort, wo sich weniger als zwei Jahre zuvor im Römer das ‚Parlament‘ der Germanisten getroffen hatte, zusammentrat.

Zurück in Berlin wird Jacob dort im Sommer'schen Konzertsaal an der Potsdamer Straße nach zwölfstündiger Versammlung mit großer Mehrheit zum Abgeordneten der Nationalversammlung gewählt. Die lange schon ersehnte Einheit Deutschlands stehe nun unmittelbar bevor, so hatte er es in seiner Bewerbungsrede formuliert, und dafür müsse ein „mächtiges Oberhaupt" einstehen – wobei er unzweifelhaft an den preußischen König Friedrich Wilhelm IV. dachte. Denn Jacob Grimm war, trotz aller freiheitlichen Ideen, ein überzeugter Monarchist. Aus dem Parlament wird er später seinem Bruder Wilhelm in einem Brief berichten, er „wünsche wahrlich nicht den Democraten den Sieg", zumal „die unsinnigen Democraten weder Götter noch Göttersage und Geschichte achten. Vielmehr möchten sie das ganze Land aufreissen und den Samen ihres Unkrauts auswerfen."

Neunzehn Teilnehmer der Germanistentagungen, so haben es Frank Fürbeth und Pierre Krügel gezählt, zogen also nun als Parlamentarier in die Paulskirche ein. Der Rechtsgelehrte Wilhelm Eduard Albrecht, der Historiker Friedrich Christoph Dahlmann und der Literaturhistoriker Georg Gottfried Gervinus, drei Professoren der ‚Göttinger Sieben‘, sind ebenso darunter wie der Dichter Ludwig Uhland und

Gymnasialprofessor Christian Friedrich Wurm, der Hanse-und See-macht-Experte der Lübecker Germanistentagung. Wurm hatte, wie Grimm, schon dem Frankfurter Vorparlament angehört und wurde im Wahlkreis Neckar in die Nationalversammlung gewählt. Dort ge-hörte er dem konstitutionell-gemäßigten Zentrum an. Jacob Grimm folgte mit gelinder Verspätung, und zwar auf dem Platz Ernst Moritz Arndts, der ein alternatives Mandat des Wahlkreises Solingen ange-nommen hatte. Für Grimm allerdings, nun als Abgeordneter des rheinpreussischen Wahlkreises 29/ Essen, hatte man einen besonders herausgehobenen Platz hergerichtet, gleich vorn in der Mitte auf ei-nem extra herbeigeschafften Sessel, neben Ludwig Uhland, direkt vor der Rednertribüne - ein ‚Präsident der Herzen‘, während der administra-tive Ablauf Heinrich von Gagern als eigentlichem Präsidenten der Nationalversammlung übertragen war. Die Essener Bürger aus sei-nem Wahlkreis, darauf weist Grimm-Biograf Steffen Martus hin, wer-den Grimm, wie auch die Mehrzahl der Deutschen, vor allem als ei-nen der aufrechten ‚Göttinger Sieben‘ gekannt haben, als herausra-genden Repräsentanten der Forderungen nach sprachlicher wie politi-scher Einheit einer deutschen Nation, die sich nicht mehr vorbehalt-los und ohne Protest, wie in Göttingen vorgemacht, fürstlicher Will-kür auszuliefern gedenke. In einem Schreiben an seine Wähler in Es-sen betonte Jacob, dass er „in allen Hauptsachen wie Arndt denke“, also: ‚Ich bin für ein freies, einiges Vaterland unter einem mächtigen König und gegen alle republikanischen Gelüste.“ Ob er dabei auch Arndts, des durchaus rabiateren Patrioten Ausführungen zu einer deutschen „Weltherrschaft über die Meere“ teilte, ist hingegen nicht überliefert.

Jacob Grimm wird, so hat dies Steffen Seybold ermittelt, in der 6. Sitzung der Nationalversammlung als „neu eingetretenes Mitglied“ im Protokoll verzeichnet, so dass nach dem Absolvieren der üblichen Regularien von seiner Teilnahme an den parlamentarischen Beratun-gen ab der 7. Sitzung vom 26. Mai ausgegangen werden kann. Er ge-hörte damit zu den siebenundvierzig Professoren der Nationalver-sammlung, die insgesamt 568 Mitglieder umfasste, davon 319 Juristen und Verwaltungsbeamte, 104 Gelehrte, 38 Kaufleute und einen Bau-ern. Ein Angehöriger der Arbeiterschaft fand sich nicht im ersten deutschen Parlament. Grimm wird bis zum 2. Oktober 1848 Abge-

ordneter dieses Parlamentes bleiben und an 23 Abstimmungen teilnehmen. Er gehörte zu dem Kreis der Abgeordneten, die im ‚Casino‘
einkehrten. Und da ‚Fraktionen‘ in der Nationalversammlung noch
nicht erfunden waren, nannte man die einzelnen, politisch unter-
schiedlich ausgerichteten Gruppen der Einfachheit halber nach ihrem
Versammlungslokal, dem ‚Württemberger‘ oder ‚Augsburger Hof‘,
‚Donnersberg‘, ‚Westendhall‘, ‚Café Milani‘ oder eben nach Grimms
Gasthaus, dem ‚Casino‘: „Das erste Parlament von ‚links‘ nach
‚rechts‘, alles Frankfurter Wirtshausnamen“ (Jörg Bong). ‚Casino‘,
Jacob Grimms ‚Fraktion‘, war die größte in der Nationalversammlung, eher konservativ, monarchisch-konstitutionell ausgerichtet.
Grimm verfolgte, so Wilhelm Scherer, der sich dabei auf den Abge-
ordneten und Parlamentschronisten Arnold Laube berief, „auch mit-
telmäßige Debatten wie ein Literarhistoriker, welchem jedes Buch von
Wichtigkeit“ und meldete sich auch oft zu Wort. „So plaudert der alte
Herr vom Hundertsten in‘s Tausendste, und die Versammlung hängt
an seinem Munde“, so die ‚Neue Rheinische Zeitung‘ vom 4. August
1848.

Zwar wohnte Jacob in Frankfurt höchst angenehm, war doch sein
Haus, wie Steffen Martus seinen Neffen Herman Grimm zitiert,
„prächtig und wohnlich, mit einem großen Garten sowohl nach vorn
als auch nach hinten.“ Doch mit dem Parlamentsbetrieb konnte sich
der Gelehrte nicht anfreunden. Ihn störte das „Pedantische“ der Ge-
schäftsordnung, das zeitraubend Ausufernde der Sitzungen, und dass
es hinter den Kulissen „langsam und verdeckt“ zugehe. Grundsätzlich
der monarchischen Staatsform zugeneigt, stimmte auch er, wie die
große Mehrheit der Abgeordneten, dafür, den österreichischen Erzherzog Johann, solange die Verfassung noch nicht fertig sei, als
‚Reichsverweser‘ an die Spitze einer ‚provisorischen Centralgewalt‘ zu
setzen und dergestalt die Einheit der Nation und ihrer Regierung,
zudem kraft monarchischer Herkunft, zu garantieren. Das aber war
Grimms großes Ziel, diese bisher im ‚Flickenteppich‘ des Deutschen
Bundes verlorengegangene „Einheit und Einigkeit Deutschlands“ nun
endlich herbeizuführen, wobei er zutiefst davon überzeugt war, dass
Preußen wie Österreich aufgrund eigener Interessen „die Sache nicht
deutsch genug“ nähmen, jene nationale Einheit nämlich an Stelle eines zersplitterten, nur lose organisierten Staatengebildes namens

Deutscher Bund, bestehend aus 35 größeren oder kleineren Territorien mit je einem größeren oder kleineren fürstlichen Potentaten, dazu vier Freien Städten - wenngleich er sich mit seinen und seines Bruders Forschungen zur gemeinsamen deutschen Sprache schon ein Gutteil des Weges zu dieser politischen Einheit vorangeschritten sah: „Die Sprache nimmt die Politik vorweg. Sie hat Einheit gestiftet, bevor diese politisch eingerichtet ist." Und so nimmt es auch nicht Wunder, dass der Sprachforscher Jacob Grimm bei der Initialzündung zur Gründung einer deutschen Flotte, den Bestrebungen des dänischen Königs, Schleswig seinem Staate einzuverleiben, an vorderster Front mit dabei ist: „In einem Augenblick, wo vergossenes deutsches Blut um Rache schreit", so Grimm, müsse man Partei ergreifen und notfalls also auch zum Schwert. Daher fordert er in seiner Rede vom 9. Juni 1848 vor der Nationalversammlung, „dasz der Krieg gegen Dänemark so lange fortgeführt wird, bis diese Krone unsere gerechten Ansprüche auf ein unzertheilbares Schleswig anerkannt hat."

Doch die Preußen, die für den Deutschen Bund gegen die Dänen zu Felde gezogen waren, schlossen mit diesen, und ganz ohne Konsultation mit der Nationalversammlung, am 26. August den Waffenstillstand von Malmö. Jacob Grimm empfand das Ruhen der Waffen hingegen als Schmach und erklärte, Preußen habe sich „einer undeutschen Handlung schuldig gemacht". Und als die Nationalversammlung, wenn auch mit Zähneknirschen, sich schließlich am 16. September doch noch der preußischen Entscheidung, die Kampfhandlungen einstweilig zu beenden, anschloss, brach dies der Revolution und der Nationalversammlung endgültig das Genick. Unmittelbar nach dieser Abstimmung und dem Einschwenken des Parlamentes auf den preußischen Kurs schrieb Jacob an Wilhelm in Berlin, dass er nun entschlossen sei, Frankfurt zu verlassen. Schon vom 25. September an wird er auf der Abstimmungsliste der Nationalversammlung als nicht anwesend geführt, am 2. Oktober 1848 legt er dann auch offiziell sein Mandat nieder – mit der fadenscheinigen Begründung, dass er sich in Berlin um seine Angehörigen kümmern müsse und dass zudem ein weiterer Winter in der zugigen Paulskirche seiner Gesundheit alles andere als zuträglich sei. Zuvor hatten schon zwei weitere Mitglieder der ‚Göttinger Sieben', Gervinus und Albrecht, die Lust am parlamentarischen Betrieb in der Paulskirche verloren und waren abgereist.

Bevor dann auch Jacob Grimm seinen Freunden in die stillen akademischen Gefilde der heimischen Studierstube folgte, hatte er aber noch insgesamt vier Anträge in das Parlament eingebracht, die allerdings nichts anderes als revolutionär waren – an erster Stelle die Forderung nach Abschaffung des Adels. Die ‚Neue Rheinische Zeitung' berichtete am 4. August 1848 dazu wie folgt: „Jacob Grimm (sehr undeutlich, tiefe, aufmerksame Stille): Der Adel ist eine Blume, die ihren Geruch verloren hat. Wir wollen die Freiheit, neben ihr gibt es nichts Höheres mehr."

Aus dieser fundamentalen persönlichen Freiheit, so Grimm in einem weiteren Antrag für den § 1 einer zukünftigen Reichsverfassung, erwachsen dann die Grundrechte der Deutschen: „Das deutsche volk ist ein volk von freien, und deutscher boden duldet keine knechtschaft. Fremde unfreie, die auf ihm verweilen, macht er frei." Diese Freiheit des deutschen Bodens gelte, so Grimm, auch für Schiffe, worauf ihn, wie Steffen Seybold berichtet, Friedrich Wilhelm Carové aufmerksam gemacht hatte: „§2. Für deutschen boden gelten auch deutsche schiffe oder die unter deutscher flagge segeln. Und welcher sclave ihren rand betritt wird sofort frei." Auch dieser Antrag Grimms wird, wie alle seine Anträge, abgelehnt, so auch der nach rechtlicher Gleichheit aller Bürger, dass nämlich, so formulierte es Grimm, „aller rechtliche unterschied zwischen adeligen, bürgerlichen und bauern aufhören müsse."

Derartiges war in Deutschland seit dem Bauernkrieg von 1525, der ‚Revolution des gemeinen Mannes', nicht mehr gehört worden. Doch soweit war die Mehrheit der Frankfurter Nationalversammlung noch nicht. Gleichwohl fanden Grimms Freiheits-Forderungen in einigen Teilen doch noch Eingang in die am 28. März 1849 verabschiedete Reichsverfassung. Diese trat zwar de facto nie in Kraft, in der Verfassung der Weimarer Republik und im Grundgesetz für die Bundesrepublik Deutschland sind diese erstmals in jener Verfassung niedergelegten Grundrechte der Deutschen jedoch wieder auferstanden.

Jacob Grimm also kehrte nach Berlin zurück und versenkte sich wieder in die Arbeit am ‚Deutschen Wörterbuch', eingegraben in Bücher, die sein ganzes Zimmer füllten und ihm lediglich einen schmalen Gang zu seinem Schreibtisch ließen. Und er blieb, auch wenn er nach wie vor bekundete, „aufrichtig dem königthum zugethan" zu sein,

ohne diesem zugleich auch das Attribut ‚von Gottes Gnaden' zuzuge-
stehen, radikal und „zornig" (Steffen Martus). Ja, er wurde es mit zunehmendem Alter umso mehr, wie er es in einem Schreiben von 1858
an den Historiker Georg Waitz, einst sein Abgeordnetenkollege in der
Frankfurter Nationalversammlung, beschrieb: „Es ist an gar keine
rettung zu denken, wenn sie nicht durch große gefahren und umwäl-
zungen herbeigeführt wird. Es kann nur durch rücksichtslose gewalt
geholfen werden. Je älter ich werde, desto demokratischer gesinnt bin
ich."

Dabei sollte auch, wir sehen es bei Jacob Grimms brisanten Eingaben
in der Nationalversammlung, bei allen Gegenüberstellungen von
‚Konstitutionellen', also den Anhängern einer preußischen Erbmo-
narchie mit bürgerlich-parlamentarischen Institutionen sowie den
‚Demokraten', den Anhängern einer Republik ohne Kaiser, Könige
und Fürsten, nicht die geradezu naturwüchsige, entwicklungslogische
Ambivalenz und Janusköpfigkeit dieser frühen bürgerlichen Positionen aus dem Blick geraten, wie sie Jörg Jochen Berns gerade am Beispiel Jacob Grimms anschaulich gemacht hat: in der Diagnose nämlich seines „seltsam emotionalen Zugang(es) zur Politik" und den
„Schwierigkeiten seiner politischen Selbstidentifikation", die „es ermöglichen, ihn einmal als devoten Feudalismusapologeten und ein
andermal als Parteigänger der bürgerlichen Revolution zu reklamieren.
Aber da läßt sich nichts retuschieren. Man muss beides zusammense-
hen, dann erst hat man das Grimmsche Dilemma, das doch nicht nur
seines war, sondern das des deutschen Bürgertums zwischen Absolu-
tismus und Revolution."

Und es ist auch das Dilemma der Paulskirche, die in Anbetracht der
dänischen Seeblockade dann auch den alten Flottensehnsüchten und
-träumen, denen von Freiheit, Einheit und staatlicher Machtentfaltung, freien Lauf lässt und schlussendlich sowohl einer Marine wie
einem Kaiser Eingang in die von der Nationalversammlung beschlossene Reichsverfassung verschafft, bevor diese dann im Gefolge der
Weigerung des preußischen Königs, eine „Schweinekrone" aus den
Händen einer Volksvertretung anzunehmen, ihr schnelles Ende erlebt. Während damit auch der Traum vom deutschen Kaiser erst einmal zu den Akten gelegt war, lebte die Flotte fort. Und sie war auch
noch langlebiger als ihre parlamentarische Geburtshelferin selbst, die

nach wenig mehr als einem Jahr ihres Bestehens von württembergischen Truppen am 18. Juni 1849, nachdem sie zwölf Tage zuvor in ihren Restbeständen noch von Frankfurt nach Stuttgart umgesiedelt war, an weiteren Sitzungen gehindert wurde. Vorläufiges Ende eines demokratischen Märchens, das Jacob Grimm, märchenhaft genug, schon im September 1848 vorausgesehen hatte und das seine Rückkehr an den Schreibtisch in Berlin nur noch beschleunigte.

Am 1. Mai 1852 erscheint die erste Lieferung des ‚Deutschen Wörterbuchs‘, am 16. Dezember 1859 stirbt Wilhelm Grimm. Jacob folgt ihm am 20. September 1863. Er wird in seinem Studierzimmer aufgebahrt und „seine Bücher umstehen ihn wie Waisen“, so zitiert Martus Jacobs Nichte Auguste. Begraben ist er, neben Wilhelm und dessen Kindern Herman, Rudolf und Auguste, auf dem Alten St.-Matthäus-Friedhof in Berlin-Schöneberg. Das ‚Deutsche Wörterbuch‘ war da erst bis zu Band 4 gediehen. Tatsächlich sollte das Werk, von zahlreichen Nachfolgern fortgeführt, im Laufe der Jahrzehnte auf 33 Bände mit insgesamt 34.824 Seiten anwachsen. Erst 1971 war es vollendet - ebenso ein Nationalprojekt wie Parlament und Flotte und ein weiterer ‚germanistischer‘ Beitrag zur deutschen Einigung und Nationalstaatsbildung, ein gesamtnationales Schmiedewerkzeug.

In der zweiten Vorrede zu seiner ‚Geschichte der deutschen Sprache‘ vom Herbst 1853 sprach Jacob Grimm noch einmal in einer Rückschau auf das „tolle“ Jahr 1848 von den „fehl geschlagenen edlen hoffnungen“, die sich damals an den demokratischen Aufbruch geheftet hatten. Doch die scheinbar untergegangenen Ideale der Paulskirche und ihres Vorgänger-‚Ersatzparlamentes‘, der Germanistenversammlungen, Volkssouveränität, Einheit, Freiheit, Demokratie und Parlament, standen mit einem Male doch wieder auf der Tagesordnung und sie stehen heute im Grundgesetz der Bundesrepublik Deutschland. Und überdauert hat diese Zeit auch eine Institution, die damals als Instrument wie als Symbol deutscher nationaler Einheit und Freiheit vom ersten deutschen Parlament ins Leben gerufen wurde: Am 14. Juni 1848, nur knapp vier Wochen nach seiner Konstituierung, debattiert die Nationalversammlung in der Paulskirche die Gründung einer Marine. Und als wäre er ein Dreivierteljahr zuvor auch in Lübeck im ‚Germanistenkeller‘ und auf der ALEXANDRA gewesen, hatte der Abgeordnete und schlesische Papierfabrikant

Friedrich Wilhelm Schlöffel zuvor die Flotte just in jene dort ausgemalte deutsche maritime Tradition gestellt: sei es doch „nicht schwer", so gibt er zu Protokoll, „von der beabsichtigten Marine alles Heil zu erwarten, wenn wir auf die vaterländische Hansa zurückblicken." Und so beschließt das erste deutsche Parlament als seine „erste That", per Handzeichen und, so Parlamentspräsident Heinrich von Gagern, „mit an Stimmeneinhelligkeit grenzender Majorität", die Anschubfinanzierung von sechs Millionen Talern für die Flotte. Es ist der Geburtstag der deutschen Marine. Und Jacob Grimm ist dabei — ganz vorn, in der ersten Reihe.

Literaturauswahl:

Beck, H., Jacob Grimm und die Frankfurter Nationalversammlung. In: Euphorion 61/ 1967.

Der Lübecker Bürgerfreund, Jg. 1847.

Fürbeth, F./ Krügel, P., Die Germanisten der ‚Ersten Germanistenversammlung 1846' als ‚Vorboten' der Paulskirchenversammlung. In: Seidel, R./ Zegowitz, B. (Hrsg.), Literatur im Umfeld der Frankfurter Paulskirche 1848/ 49. Bielefeld 2013.

Graichen, G./ Hammel-Kiesow, R., Die deutsche Hanse. Eine heimliche Supermacht. Unter Mitarbeit von Alexander Hesse. Reinbek 2013.

Harder, H. B./ Kaufmann, E., Die Brüder Grimm in ihrer amtlichen und politischen Tätigkeit. Teil A. Kassel 1985.

Martus, S., Die Brüder Grimm. Reinbek 2013.

Müller (Berns), J. J., Die ersten Germanistentage. In: Ders. (Hrsg.), Germanistik und deutsche Nation 1806-1848. Stuttgart 1974.

Netzer, K., Wissenschaft aus nationaler Sehnsucht. Verhandlungen der Germanisten 1846 und 1847. Heidelberg 2006.

Verhandlungen der Germanisten zu Lübeck den 27., 28. und 30. September 1847. Lübeck 1848.

Die Nationalversammlung: Der Flottenbeschluss vom 14. Juni 1848 – Ein Parlamentsbericht aus der Paulskirche

Sitzung der Nationalversammlung in der Paulskirche, Juni 1848. Lithografie von Ludwig Elliot

„Frankfurt, Pfingsten. Die Paulskirche steht leer, die meisten Abgeordneten erholen sich auf kleinen Ausflügen, ein erster Abschnitt ist in der Thätigkeit der Nationalversammlung eingetreten. Dieser erste Abschnitt war die Zeit der Vorbereitung, aber der Vorbereitung zu den größten Dingen. (…) Dinge wie eine künftige deutsche Reichsverfassung, wie die Entwicklung einer Zentralgewalt, eines Bundesministeriums bedürfen einer anderen Vorbereitung, als sich diejenigen welche alle Weisheit fertig aus dem Aermel schütteln träumen lassen." So meldete es die ‚Allgemeine Zeitung' aus Augsburg, eine der meistgelesenen Tageszeitungen Deutschlands. Doch als die Abgeordneten nach ihren Pfingstausflügen wieder an die Arbeit gehen wollten, mussten diese „größten Dinge" zunächst hintangestellt werden, denn nun stand erst einmal die „Kriegsmarine", wie die Zeitung weiter ausführte, auf der Tagesordnung.

Noch einmal rekapituliert: In deutschen Landen war die Revolution, gleichsam importiert aus Frankreich, hereingebrochen, überall gründeten sich ‚Märzministerien‘, die Throne wankten und in Frankfurt hatte sich mit einem triumphalen Einzug der Abgeordneten, mit Flaggenschmuck und Musik und dem Jubel der Frankfurter Bevölkerung am 18. Mai das erste deutsche Parlament konstituiert. Nahezu gleichzeitig war jedoch der Konflikt um Schleswig-Holstein, den der dänische König Christian VIII. mit seinem geltende Verträge brechenden Verfassungsdekret, den Landesteil Schleswig von Holstein zu trennen und ihn, über das bisherige Lehen hinaus, gänzlich dem dänischen Staat einzuverleiben, eskaliert und hatte zu einer Seeblockade der deutschen Häfen durch die dänische Flotte geführt, die nahezu den gesamten deutschen Nord- und Ostseehandel lahmlegte und der die Deutschen mangels eigener Marinestreitkräfte nichts entgegenzusetzen hatten. Eine Flotte musste her, jetzt wirklich und nicht nur in Gedichten, und zwar möglichst schnell. ‚Marinekomitees‘ und ‚Flottenausschüsse‘ schossen allenthalben wie Pilze aus dem Boden, Spenden für den Bau einer Flotte wurden eingeworben. Und so wurde auch die Agenda der Nationalversammlung in der Paulskirche, die Befassung mit Grundrechten und einer Reichsverfassung, erst einmal gehörig durcheinandergewirbelt.

Schon Mitte April hatten sich der Bundestag des Deutschen Bundes und der ‚Fünfzigerausschuss‘, den das Vorparlament als Überbrückungsgremium zur Unterstützung und Beaufsichtigung der in Regie des Bundestages durchzuführenden Wahlen zur Nationalversammlung bis zu deren Zusammentritt eingesetzt hatte, mit der Flottenfrage befasst. „Eine deutsche Marine muß (…) geschaffen werden“ – darin war man sich einig, und so setzt der Bundestag am 18. April, also bereits vier Wochen vor der konstituierenden Sitzung der Nationalversammlung, einen Marineausschuss ein, dem die Gesandten der deutschen Küstenstaaten angehören. Man beginnt sofort, einem Vorschlag des Bremer Senators Arnold Duckwitz folgend, mit Sondierungen in England „zum Erwerb von Kriegsdampfschiffen.“ Der Marineausschuss veranlasst sodann den Fünfzigerausschuss am 11. Mai, drei Schreiben „zum Zwecke der Errichtung einer deutschen Kriegsflotte“ auszusenden, und zwar eines an die „seegrenzenden deutschen Regierungen“ mit dem Vorschlag für einen Marine-Kongress Ende Mai in Hamburg, wo man bereits dabei ist, aus freiwilligen Spenden eine kleine Kriegsflotte aus armierten Handelsschiffen aufzubauen. In einem zweiten Schreiben, an den Bundestag des Deutschen Bundes, wird dieser aufgefordert, unverzüglich damit zu beginnen, Seefahrzeuge gegen die Blockade auszurüsten und dazu einen Kredit von einer halben Million Taler zu gewähren. In einem dritten Schreiben schließlich wird ein Spendenappell an das deutsche Volk formuliert: "Wenn das deutsche Volk will, werden bald schwarz-rot-goldne Flaggen auf deutschen Kriegsschiffen wehen, werden bald unsere Feinde uns achten zur See, wie auf dem festen Lande. Voran, wackres deutsches Volk, allüberall deine Ehre zu wahren, allüberall für die Entfaltung deiner Machtherrlichkeit zu sorgen." Und weiter: „Brüder! Deutsche Kriegsflotten wiegten einst ihre Masten auf allen Meeren, schrieben fremden Königen Gesetze vor. (…) Jetzt sind wir wehrlos auf der weltenverbindenden See, (…) selbst auf unseren heimatlichen Strömen! (…) Das kleine Dänemark verhöhnt das große, im Lichte seiner Freiheit, im Bewußtsein seiner Weltsendung doppelt mächtige Deutschland. (…) Unsere Nationalehre ist angetastet, der deutsche Gewerbefleiß bedroht." Kurzum, dieser unerträgliche Zustand müsse nun durch den Bau einer deutschen Flotte beendet werden.

Verfasst hatte diese Schreiben der Hamburger Jurist Johann Gustav Heckscher, der am 18. Mai auch als Abgeordneter in das erste deutsche Parlament in der Frankfurter Paulskirche einzieht. Bereits eine Woche später, am 26. Mai 1848, wird das Thema der Beschaffung einer Flotte auf die dortige Tagesordnung gesetzt und Heckscher wird auch gleich der erste Redner sein: „Meine Herren! Ich werde mich kurz fassen, weil ich Ihre Ungeduld kenne." Sein Beitrag wird in den kommenden Wochen der letzte eher kurze zur Thematik der deutschen Flotte sein, und er bittet nun die Nationalversammlung, sich ihrer geschichtlichen Sendung auf nationalem maritimen Terrain bewusst zu werden und, unter Hinweis auf die an den Nord- und Ostseeküsten angelaufenen Sammlungen und Vereinsgründungen, bei „dieser patriotischen, großartigen Bestrebung" nunmehr „die obere Leitung dieser hochwichtigen und dringenden Angelegenheit in ihre vollziehenden Hände zu nehmen." Auf dieser Grundlage gelte es daher jetzt, „einen permanenten Marineausschuss" der Nationalversammlung einzurichten. Und da bereits auf Initiative der Küstenstaaten am 31. Mai in Hamburg ein ‚Marine-Congreß' zusammentreten werde, sei es umso notwendiger, dass sich die dort Versammelnden sicher sein könnten, „daß in Frankfurt ein Organ für die Marinesache ist, welches mit der Majestät des Nationalwillens umgeben ist." Von vorherherein also ist Eile geboten und es sei, so Heckscher, notwendig, „vom In- und Auslande die erforderlichen Materialien zur Vorlage an die Nationalversammlung einzuholen", zumal „diese Frage bei dem fortdauernden Kriege mit Dänemark und bei den anhaltenden Feindseligkeiten gegen unsere Küstenstaaten von der dringendsten Art ist." Der Antrag wird angenommen, der Marineausschuss, dessen 15 Mitglieder in der 10. Sitzung des Parlamentes vom 31. Mai 1848 der Versammlung „verkündet" werden, konstituiert sich noch am gleichen Tag „im Sarasin'schen Hause".

Und so erstattet, nachdem bereits in der Parlamentssitzung vom 3. Juni der Triestiner Abgeordnete Karl Ludwig von Bruck über „zwei Eingänge, und zwar vom Bürgerverein zu Baden und der Murgschifferschaft zu Gernsbach, welche sich erbieten, zum Bau der deutschen Kriegsflotte unentgeltlich Holz zu liefern", referiert hatte, drei Tage später der preußische Abgeordnete General Joseph von Radowitz aus dem Wahlkreis Rüthen bei Soest den ersten Bericht dieses Marineausschusses. Und er kommt, neben einigen eher beiläufigen „Bedingungen, die eine deutsche Seemacht überhaupt zu erfüllen hat", nämlich „Verteidigung der eigenen Küsten" und „die Beförderung der großen commerciellen und politischen Interessen des Gesammtvaterlandes", dann auch zügig zum eigentlichen Zentrum seiner Ausführungen, der nationalen Symbol- und Einigungskraft einer Flotte und der historischen Aufgabe der Nationalversammlung als Schöpferin dieser deutschen Flotte und damit gleichsam der deutschen Nation selbst: „Meine Herren! Wir wollen die Einheit Deutschlands gründen; es gibt kein Zeichen für diese Einheit, das in dem Maße innerhalb Deutschlands und außerhalb Deutschlands diesen Beschluß verkündet, als die Schöpfung einer deutschen Flotte. (Bravo!) (…) Indem wir also aussprechen: ‚Es entsteht eine deutsche Flotte', und es durch Handlungen zeigen, haben wir ein Zeugniß abgelegt von der Einheit Deutschlands, das in die fernsten Zonen sich fortträgt. (Bravo!) Das erste deutsche Kriegsschiff, das erscheint, und sich vor die Mündung des Rio de la Plata legt, zeigt den dortigen zahlreichen Deutschen, daß sie nicht mehr von der Willkür eines Tyrannen ausschließlich abhängen, sondern daß hinter ihnen ein Volk von vierzig Millionen steht. (Andauerndes Bravo). Dasselbe gilt allenthalben. Die Schöpfung der Flotte ist nicht bloß eine militärische Frage, eine commercielle Frage, sondern im höchsten Grade eine nationale Frage."

Das ist der Ton, der schon beim ersten Erscheinen der Flottenfrage in der Nationalversammlung angestimmt wird, und nicht nur, wie hier bei von Radowitz, auf der Rechten, er zieht sich gleichsam fraktionsübergreifend durch das ganze Parlament bis zu jenem fast einstimmigen Beschluss vom 14. Juni, von dem noch die Rede sein wird. Zwar ist der Anlass der parlamentarischen Beschäftigung mit der Gründung einer deutschen Marine ursprünglich ein militärischer, die Blockade durch die Dänen und die maritime Mittellosigkeit der Deutschen dagegen. Gleichwohl ufert das Flottenprojekt, kaum ist es angesprochen, auch gleich aus und wird kurzerhand in den Debattenbeiträgen zum nationalen Prestigeobjekt, mächtig und weltausgreifend, und von Radowitz stationiert bereits die ersten schwimmenden Einheiten der neuen deutschen Marine in Gedanken, wie zuvor die Dichter in ihren ‚Flotten-Träumen', in Übersee, vor der Mündung des Rio de la Plata.

Und so beantragt der Marineausschuss dann auch zur Kompensierung der „moralische(n) Demütigung" der Deutschen und der „tiefgefühltesten Bedürfnisse der Nation" Gelder für die nationbildende Flotte in Höhe von 6.000.000 Talern, und er tut dies, da die Nationalversammlung selbst nicht über Haushaltsmittel verfügt, beim Deutschen Bund, also just jenem Gebilde, das es ja eigentlich durch die Schaffung eines neuen deutschen Verfassungsstaates abzuschaffen gilt. „Hätten die Fürsten den Flottenbau nicht gebilligt und dem Parlament zu den nötigen Mitteln verholfen: Die Parlamentarier in der Kirche hätten beschließen können, was sie wollten: nichts wäre geschehen!", so der Historiker Michael Salewski.

Kurzum, der Antrag des Marineausschusses gerät am 14. Juni zur Abstimmung auf die Tagesordnung der Nationalversammlung. Und da sich die Abgeordneten auf ihren Pfingstausflügen gut erholt hatten, widmen sie sich nun mit besonderem Elan der großen nationalen Frage, dem Bau einer Flotte. Und so beginnt sie, die „Sechzehnte Sitzung in der Paulskirche, Mittwoch, den 14. Juni 1848 (Vormittags 11 Uhr)":

Nach Verlesung des Protokolls der letzten Sitzung durch den Sekretär Friedrich Karl Biedermann und der Feststellung des Präsidenten, Heinrich von Gagern, dass „keine Reclamation gegen das Protocoll gemacht" wurde, habe er, der Präsident, sodann „ausnahmsweise zur Kenntnis zu bringen, weil ich mich dazu für verpflichtet halte", die Spendenbeiträge für die deutsche Flotte, die mittlerweile bei der Nationalversammlung eingegangen seien, z. B. der von 306 fl. 42 kr., den der Abgeordnete Heinrich von Künßberg aus Ansbach überbringt, „als Ertrag einer Verlosung von weiblichen Handarbeiten und anderen Gegenständen von Frauen und Jungfrauen Ansbach's veranstaltet, ferner 148 fl. 20 kr. Einlage in einer am Rathhause ausgestellt gewesenen Büchse."

Derart eingestimmt geht es nun los: „Auf der Tagesordnung", so der Präsident, „steht ferner der Bericht des Herrn Abgeordneten von Radowitz, die Bildung einer deutschen Kriegsmarine betreffend. Der Antrag des Berichtes geht dahin: ,Hohe Nationalversammlung wolle beschließen, daß die hohe Bundesversammlung zu veranlassen sei, die Summe von sechs Millionen Thalern auf verfassungsmäßigem Wege verfügbar zu machen, und zwar drei Millionen sofort, und die ferneren drei Millionen nach Maßgabe des Bedürfnisses'. Dieses ist der Antrag. Es haben sich mehrere Redner eingeschrieben. Herr Möring hat das Wort."

Tatsächlich war ja zum Zeitpunkt dieser Sitzung zwar das Parlament eingerichtet, mitnichten aber eine Regierung eingesetzt. So musste also die Nationalversammlung, die selbst über keinerlei eigene Finanzmittel verfügte, die zur Anschubfinanzierung einer ,deutschen Kriegsmarine' notwendigen Haushaltsmittel – der Marineausschuss hatte dafür sechs Millionen Thaler berechnet – genau bei jener Behörde beantragen, die es durch die Revolution eigentlich abzuschaffen galt, die Bundesversammlung des Deutschen Bundes. Dies wird im Verlaufe der Sitzung noch zu erheblichen Turbulenzen und fast zum Schiffbruch des ganzen Flottenunternehmens führen.

Aber erst einmal hatte der Abgeordnete Karl Möring, Hauptmann aus Wien, das Wort und er nutzte dies auch sehr ausführlich, wenngleich seine Thematik, der Vergleich des Verschießens von Voll- und Hohlkugeln für eine zukünftige Flotte, zweifellos, und auch das fanden die Abgeordneten schließlich, etwas reichlich entlegen anmutete und eher eine ferner liegende Zukunftsaufgabe denn eine akute Argumentation für die Aufstellung einer deutschen Flotte betraf: „Erlauben Sie mir, meine Herren, daß ich in einige Details eingehe, die Ihnen gewiß interessant zu wissen sind." Und dann geht es wirklich in jene Einzelheiten, die dem Hauptmann aus waffentechnischer Sicht wichtig, dem Plenum hingegen in zunehmendem Maße eher weniger erheblich für diejenige Angelegenheit erschienen, die an diesem Vormittag in der Paulskirche eigentlich abgehandelt werden sollte. Aber der Abgeordnete hatte erst unlängst eine Reise nach Amerika unternommen und dort das „neueste amerikanische System" der Marine studiert, und die dort gewonnen Erkenntnisse wollte er seinem Publikum nun keineswegs vorenthalten. War er doch dort vor allem auch eingeführt worden in die Thematik der Vor- und Nachteile eben jenes Verschießens von Voll- und Hohlkugeln, die er nun hier in extenso und voller fernreisegetränkter Euphorie, gleichsam als nunmehriger Experte in maritimer Schießkunst, ausbreitet: „Sie (die Amerikaner, F. G.) haben 212-pfündige Vollkugeln gegossen. Die Wirkungen dieser Geschosse habe ich selbst bei den Versuchen in dem Hafen von New-York, nämlich in Sandy Hook gesehen. Es wurden beide Schiffswände durchgeschlagen; das Loch, das auf einer Seite erzeugt wurde, betrug 9 Fuß. Trifft eine solche Kugel ein feindliches Schiff, so muß dasselbe unmittelbar untergehen, weil ein Loch von dieser Größe durchaus nicht leicht verstopft werden kann." Gleichwohl, und das fanden die Abgeordneten schließlich auch, erschien diese Thematik gleich eingangs der Debatte über den Bau einer zukünftigen deutschen Flotte doch arg detailliert. So uferte die Sitzung, kaum dass sie begonnen hatte, auch schon aus, und insgesamt stand die Weitschweifigkeit der Ausführungen auch keineswegs in unmittelbarem Zusammenhang mit ihrer fachlichen Tiefe, denn die konnte bei Abgeordneten, die überwiegend selten ein Schiff, geschweige denn ein Kriegsschiff gesehen noch je betreten hatten, auch nicht erwartet werden. Die Abgeordneten, die tatsächlich einmal eine ‚Seereise' unternommen hatten, und sei es zu einem Wochenendausflug nach Helgoland, wie der Abgeordnete Wilhelm Jordan aus Freienwalde, waren sehr in der Minderzahl, ja, diese wurden sogar als ‚Seereisende' listenmäßig erfasst und gelangten, wie eben jener Schriftsteller Jordan oder sein Kollege Samuel Gottfried Kerst, Schuldirektor aus Meseritz in Posen, dann auch als Experten auf den Stuhl eines ‚Marine-Rathes', vergleichsweise heute eines Staatssekretärs, in der Marineabteilung des Reichhandelsministeriums unter Arnold Duckwitz, der wiederum als ehemaliger Bremer Senator durchaus bereits Erfahrung zumindest in Angelegenheiten einer Handelsflotte vorweisen konnte.

In der Paulskirche aber kommt man von den Hohl- und Vollkugeln schließlich doch zum Kern der Flottenfrage, als nämlich der Abgeordnete Adolph Wiesner, Publizist aus Wien, zu Protokoll gibt, „wie sehr er von der Nothwendigkeit durchdrungen" sei, „die Ehre und Machtherrlichkeit Deutschlands zu gründen" und dabei zugleich „das Princip des Volkswillens, der Volkssouveränität aussprechen (zu) können." – Verweis sowohl auf die Nationalsymbolik der Flotte wie der demokratischen Couleur und Legitimation ihrer parlamentarischen Geburtshelferin. Das ist das eine. Mächtig und bedeutend muss sie aber schon sein, die deutsche Flotte, keine halben Sachen, das ist das andere: „Wenn wir zur See auftreten wollen, so müssen wir das auf eine großartige Weise thun, durch den Bau großer Schiffe, nicht durch Ueberschwemmung mit so vielen Kanonenböten", so Wiesner weiter. Sein Parlamentskollege vom linken Flügel, der Ordinarius für Staatswissenschaften an der Universität Breslau, Johann Ludwig Tellkampf, verweist sodann flankierend auf die ökonomischen und arbeitsplatzschaffenden Aspekte des Flottenbaus inklusive überseeischem Handel und kolonialer Expansion, was eben auch die Arbeiterschaft für die Flotte begeistern könne – zumal diese sie „von sklavischen Verhältnissen befreie" und „durch den Verkehr mit anderen Völkern sich das freieste politische Leben" entwickeln werde - die See mithin als nationales und demokratisches ‚Stahlbad', „daß (sic!) das Seeleben die Völker stählt und mit den Gefühlen der Freiheit und Unabhängigkeit durchhaucht." Und derart bleibe, das weiß Professor Tellkampf, der auch schon eine Seefahrt in die USA unternommen hatte, zu berichten, „durch das frische wagnißvolle Seeleben ein Volk stets jung und kräftig."

Damit sind die wesentlichen Argumente für die Flotte schon auf dem Tisch des Hohen Hauses, vor allem die nationale Symbolkraft der Flotte, die dem ersten deutschen Parlament, auf seinem schwankenden finanziellen und exekutiven Fundament, vor allem auch als Selbstbestätigung, Legitimation und Nachweis seiner Handlungsfähigkeit dienen soll. Nicht umsonst wird die beabsichtigte Gründung einer Marine von verschiedenen Rednern, wie dem Abgeordneten Edgar Daniel Roß aus Hamburg, als „unsere erste That" deklariert und sogleich in eine glorreiche deutsche, vaterländische Tradition gestellt, sei es doch „nicht schwer, von der beabsichtigten Marine alles Heil zu erwarten, wenn wir auf die vaterländische Hansa zurückblicken." So Friedrich Wilhelm Schlöffel aus dem schlesischen Hirschberg. Derart wird die Flottenschöpfung geradewegs zum parlamentskonstituierenden Akt selbst und einer gleichermaßen nationalen, maritimen und parlamentarischen Demonstration: „Der Ausschuß ist vor die Nationalversammlung mit der ersten That getreten, welche bekunden soll, daß das deutsche Volk nicht bloß philosophisch zu räsonniren, sondern auch im Handeln entschlossen zu sein versteht", wie der Abgeordnete Roß weiter erklärt. Gleichermaßen ist die Flotte aber auch Instrument wie Symbol nationaler Einheit, die diese reichsunmittelbare maritime Institution gleichzeitig verkörpert wie erzeugt, und dies als Zentralinstitution ganz im Gegensatz zu den dezentral angelegten, jeweils den einzelnen Landesautoritäten unterstehenden Heereskontingenten wie der Bayern, Sachsen und Württemberger.

Nur die Marine also konnte überhaupt diese neue Reichsunmittelbarkeit zum Ausdruck bringen und im Akt ihrer Gründung selbst auch schaffen. So war diese Flotte eine ‚Reichsflotte' in doppeltem Sinne: ihre exekutive Funktion für das Reich in gleichem Maße bezeichnend wie auch ihre reichskonstituierende, nationschaffende Funktion. In der Nationalversammlung wusste man dies wohl, und der reichssymbolische, einigende Aspekt der Nation qua Flotte, mithin deren nationbildende Kraft, überragte schließlich auch deren akute militärische Bedeutung – ja, man war schon im Marineausschuss bereit gewesen, zugunsten einer maritimen Reichssymbolik diese ‚schimmernde Wehr' zunächst auch weitgehend einer konkreten militärischen Strategie zu entkleiden: „…weßhalb wir die besondere Weise, wie wir uns den nächsten Gebrauch dieser Flotte denken, hier unberührt lassen", so der Abgeordnete und Sprecher des Marineausschusses General Joseph von Radowitz bei der Vorstellung des Konzeptes des Ausschusses in der 13. Sitzung der Nationalversammlung am 7. Juni 1848. Die Flotte musste erst einmal her, dann werde man sehen, was man damit anfangen könne.

So herrscht allgemein größte Aufbruchstimmung an jenem 14. Juni in der Paulskirche, mit der Flotte als gleichermaßen kraftvollem wie einigendem nationalem Symbol, das zudem die Nationalversammlung selbst auf das kraftvollste illuminiert – eine Euphorie, die schließlich auch lästige Geschäftsordnungs- und Verfassungsproblematiken, wie die mangelnde haushalterische Zuständigkeit der Nationalversammlung für einen derartigen Beschluss, bei Seite schiebt. Denn dieser Beschluss hat jetzt umgehend, getragen von jenem ‚Flottenfieber‘, das mit einem Mal nicht nur die Deutschen, sondern mit ihnen auch deren erstes Parlament erfasst hatte, zu erfolgen. Umso mehr müsse es daher darum gehen, unter Zurückstellen geschäftsordnungsmäßiger Bedenken nun zum Beschluss, und damit zur „Gründung des ersten großen Nationalwerkes" zu schreiten, wie dies wiederum der Abgeordnete Wilhelm Jordan, Mitglied des Marineausschusses, formuliert, da es nämlich „hier weit mehr auf die große Sache, als auf den Weg ankommt". Und schließlich wird dies von General von Radowitz, als schlachtengestählter Militär dem Marineausschuss beigetreten und zu dessen Sprecher gewählt, noch einmal auf den Punkt gebracht: dass doch bezüglich der „Nothwendigkeit daß Deutschland eine Kriegsmarine erhalte" hier in der Nationalversammlung „im Allgemeinen kein Zweifel obwaltet, und zwar nach beiden Richtungen hin: in Bezug auf die materielle Notwendigkeit und auf die weit höhere sittliche Bedeutung." So spricht ausgerechnet ein General das aus, was der Flotte zuvörderst anhaftet: Symbol für Nation und Einheit zu sein und erst in zweiter Linie militärisches Instrument – was der Zeitzeuge und spätere preußische Vizeadmiral Karl Ferdinand Batsch wie folgt bestätigt: „Zweck der Flotte war zunächst die Verkörperung des Patriotismus und des erwachten Nationalgefühls. Die Gewaltmaßregeln gegen die Dänen standen erst in der 2. Reihe."

So ist es vor allem auch die Funktion der Flotte, Instrument und Symbol der deutschen Einigung in einem Nationalstaat zu sein, ferner patriotisches ‚Statement‘ einer ‚schimmernden Wehr‘ sowie Ausweis der Legitimation und Handlungsfähigkeit des sie schaffenden Organs, der Nationalversammlung. Man kann mit Fug und Recht konstatieren, und dies der über rein maritime Belange hinausgehende Aspekt der Sitzung vom 14. Juni, dass sich mit diesem ersten und vordringlichsten Beschluss des gerade zusammengetretenen ersten deutschen

Parlamentes, dieses gleichsam als handelndes und handlungsfähiges Gremium konstituiert und die Flotte dergestalt zur „ersten That" des deutschen Parlamentarismus überhaupt gerät. So wird diese „deutsche Marine", die Begriffe gehen auch in der Debatte ineinander über, ursprünglich aus rein militärischen Erwägungen noch von den Fürsten des Deutschen Bundes auf den Weg gebracht, diesen nun qua Volksvertretung entwunden und als Signum einer demokratischen ‚Zeitenwende' auf den parlamentarischen Schild gehoben. Dabei bleibt, sehen wir einmal ab von des Generals von Radowitz' euphorischvisionärem, aber bezeichnendem Blick in die Mündung des Rio de la Plata, die Formulierung strategischer und rüstungstechnischer Flottenziele zunächst vage, um den nationalsymbolischen und einheitsstiftenden Aufbruchcharakter dieses „erste(n) Bewilligungsakt(es)" des ersten deutschen Parlamentes nicht unnötig zu gefährden.

Und schließlich gelang es auch, kehren wir also zurück zum einleitenden Voll- und Hohlkugel-Vortrag des Abgeordneten Möring, dank der Wortmeldung des Kollegen Heinrich Philipp Osterrath aus Danzig den maritimen Gedankenflug wieder zurück auf den Boden bzw. das Meer der Tatsachen zurückzuführen: „Den Ausführungen, womit der erste Redner uns unterhalten hat, will ich nicht folgen, und glaube, daß Viele von Ihnen mit mir in gleicher Lage sind. Ich will mich auch jetzt nicht darüber aussprechen, ob wir hohle Kugeln oder vollgegossene Kugeln schießen sollen. Ich will ferner auch nicht davon sprechen, woher die Bedürfnisse für unsere Marine, wie z. B. das Holz zu nehmen seien." Schon in der 11. Sitzung vom 3. Juni hatte ja der Triestiner Abgeordnete von Bruck über das Angebot des Bürgervereins zu Baden und der Murgschifferschaft zu Gernsbach berichtet, zum Bau der deutschen Flotte unentgeltlich Holz zu liefern. Osterradt hingegen erklärt: „Erst haben wir die Frage zu beleuchten, ob die verlangten sechs Millionen gebilligt werden sollen, oder nicht. Wird diese bejaht, so dürften alle heilsamen Vorschläge dieser Art an den Ausschuß zurückzugeben sein, damit dieser darüber berathe, wie die Geldmittel zu verwenden sind." Das war durchaus auch im Sinne des Ausschusses selbst, für den der Abgeordnete Samuel Gottfried Kerst gar erklärte, dass man es ausschussseitig bevorzugen würde, überhaupt keine größere Debatte über die Flotte zu führen, „weil sonst sehr leicht unser Zweck und Ziel von dem Feinde durchschaut werden und man dagegen operiren könnte." Vielmehr wünsche man von Seiten des Marineausschusses, „daß man das Geld ohne Diskussion bewillige, weil es klar ist, daß die Marine bei weitem mehr kostet als sechs Millionen Thaler, und daß man das Geld so rasch als möglich in die Hände bekommen muß, um vom Reden zur That übergehen zu können."

Wiesner aus Wien hingegen schlägt nun vor, den Antrag ganz an den Ausschuss zurückzuverweisen, da die Marineplanungen „nur dann für die Wehrhaftigkeit Deutschlands von Nutzen sind, wenn sie mit der Landmacht (...) in Einklang gebracht" werden, er dies dem Bericht des Marineausschusses aber nicht entnehmen könne. Vielmehr solle sich der Ausschuss erst einmal „mit dem einzigen Staat in Einvernehmen (...) setzen, der eine kleine Kriegsmarine hat, und das ist Oesterreich. Hier kann er manchen guten Rath, manchen nützlichen Fingerzeig erhalten."

Wenngleich der Abgeordnete Eduard Wedekind aus Hannover zu Protokoll gibt, „mit voller Freude (für) diese sechs Millionen zu votieren, zumal es ja unsere erste That ist", mahnt er gleichwohl zu Sparsamkeit und empfiehlt, wie der Vorredner, einen Blick über den Tellerrand hin zu anderen Flotten: „Nun wäre eine fernere Rücksicht, wenn man eine Kriegsflotte anschaffen und dabei sparen will, daß man die vorhandenen Mittel dazu benütze."

Dabei gelte es, wie dies Wiesner mit Blick auf die österreichische Flotte getan habe, auch einmal in andere Flottenbestände zu schauen, eben den der Österreicher oder, und hier unterschätzt der Abgeordnete fahrlässig die Stimmung im Plenum, auch die AMAZONE zu berücksichtigen – das 1843 in Dienst gestellte Segelschiff der Preußischen Marine, 1841 von König Friedrich Wilhelm IV. als Neubau einer hochseegängigen Schulkorvette genehmigt und auf Kiel gelegt, 1843 als erstes preußisches Kriegsschiff vom Stapel gelaufen, 33 m lang, 9 m breit, 390 ts schwer, mit 143 Mann Besatzung und einer Bewaffnung von 12x18-Pfünder- und 4x24-Pfünder-Kanonen, von denen zwei wegen Stabilitätsproblemen der kleinen Korvette gleich wieder von Bord genommen werden mussten. Doch dies Schifflein ist nun gerade nicht das, was sich die marinebeflügelten Abgeordneten der Nationalversammlung als Grundstock einer imposanten deutschen Kriegsflotte erträumt haben. Und so geht des Abgeordneten Wedekinds Beitrag in großer „Heiterkeit" unter:

„Wedekind: So bringe ich auch die preußische Amazone (Gelächter in der Mitte und auf der Linken) zur Sprache .... (Fortdauerndes Gelächter).

Präsident: Ich bitte den Herrn Redner, sich kurz zu fassen, wir werden sonst nicht fertig, wir müssen zum Ziele kommen.

Wedekind: Ich glaube aber doch, daß dies zur Sache gehört. Die Amazone wäre ja auch etwas von der Art (Fortdauernde Heiterkeit).

Präsident: Ich muß bitten, sich kurz zu fassen.

Wedekind: „Es wäre auch damit Alles erledigt, was ich zu sagen hatte, und ich will die Versammlung nicht weiter aufhalten."

Der Abgeordnete Osterrath, der zuvor noch die Diskussion ‚begradigt' hatte, nimmt trotz aller Belustigung im Plenum das Thema AMAZONE noch einmal auf, befindet sich das Schiff derzeit doch in seinem Wahlkreis. Und so setzt er nun genüsslich zum finalen Rammstoß gegen die gute AMAZONE an: „Bei Danzig liegt ferner die Amazone, wovon bereits die Rede war. Man lacht und spottet fast darüber, daß sie jetzt, wo die Zeit der Thätigkeit gekommen sei, müßig daliege. Die Mannschaft der Amazone brennt aber vor Verlangen, in die See zu stechen, sich mit dem Feinde zu messen, und allen Denjenigen entgegen zu treten, die wie ein Remus die Mauern des Romulus übersprungen haben. Sie ist aber zu schwach, um jetzt auslaufen zu können; denn sie würde das Opfer des ersten großen Kriegsschiffes werden, dem sie begegnete, und das wäre doch ein allzu ungünstiger Anfang für die erste Operation der deutschen Kriegsmarine."

„Bravo!" erschallt es vielstimmig aus dem Plenum und Edgar Daniel Roß aus Hamburg hat nun keine große Mühe mehr mit seinem Appell: „Beschließen Sie einstimmig die große That. (Bravo! Viele Stimmen: Schluß, Abstimmung!)."

Doch Präsident von Gagern hält dagegen: „Es sind noch sehr viele Mitglieder als Redner eingeschrieben. Auch sind viele Amendements gestellt. (...) So hat Herr Eisenstuck den Antrag gestellt, ‚die ganze Bewilligung auszusetzen bis nach der Beschlußnahme über die Niedersetzung eines Vollziehungsausschusses'", also der Etablierung einer Reichsregierung. „Ferner", so der Präsident weiter, „hat sich Herr Grubert jedoch sehr spät, zu Wort gemeldet, um überhaupt gegen jede Bewilligung für die Marine zu sprechen. Wollen Sie vielleicht dieses Mitglied hören, weil dieß ein neuer Gegenstand ist? (Viele Stimmen: Ja!)

Grubert von Breslau: Es thut mir leid, daß ich gegen den Antrag des Marine-Ausschusses sprechen muß. Mein Antrag geht dahin, denselben vorläufig ganz zu verwerfen. Einerseits ist mir die Flottille, welche geschaffen werden soll, zu klein, und andererseits die Geldbewilligung zu groß." Doch damit nicht genug, der Abgeordnete Hermann Grubert kann zu alledem auch „dem Bundestage eine Einwirkung gar nicht zugestehen. Ist das deutsche Volk, und durch dasselbe die hohe Nationalversammlung, souverän, so hat letztere ausschließlich den nötigen Bedarf auszuschreiben." Also kann, so folgert Grubert, „der Antrag nur auf eine Steuer zielen." Das aber sei abzulehnen: „Wenn wir bei der jetzigen Geldkalamität neben den Zwangsanlehen (sic!) noch 6 Millionen Steuern aufbringen wollten, so würden wir wiederholt eine große Aufregung unter dem deutschen Volke herbeiführen, weil nur der Arme, Gedrückte von der Steuer wieder wie gewöhnlich am schwersten getroffen werden würde."

Mit dem Verweis auf die Unzuständigkeit der Bundesversammlung des Deutschen Bundes argumentiert Grubert zudem wie der Abgeordnete Bernhard Eisenstuck aus Chemnitz, der in seinem ‚Amendement' die Bewilligung für die Marine, wie dies nun noch einmal der Präsident hervorhebt, „bis zur Niedersetzung des Vollziehungsausschusses aussetzen" möchte. Heinrich von Gagern zeigt sich von diesen Argumenten auch sehr angetan und ist „mit denjenigen Rednern im Wesentlichen ganz einverstanden, die da glauben, daß von der Verwendung des Geldes hier nicht eher die Rede sein könne, als bis eine Behörde besteht, die für diese Verwendung verantwortlich ist." Und er sieht sogar nun einen bequemen Weg, die Sitzung der Nationalversammlung schnell zu beenden: „Ich glaube allerdings, daß es zur Abkürzung der Sache führen könnte, wenn zuerst gefragt würde, ob man die Sache ausgesetzt sein lassen wolle, bis die Exekutivgewalt geschaffen ist."

Das ist Wasser auf die Mühlen des Abgeordneten Eisenstuck, der auch sofort ins Kielwasser dieses Präsidentenvorschlages einschert: „Meine Herren! Wir haben im Allgemeinen keine Vertretung für dasjenige, was wir bewilligen wollen. (…) Wenn wir aber in die Taschen des Volkes greifen wollen, wie jetzt, so will ich vor Allem versiegelte und verbriefte Garantie dafür, daß das Geld, welches das souveräne Volk bewilligt, auch von den dem souveränen Volk verantwortlichen Organen im Sinne und zum wahren Nutzen desselben verwendet werde. (Bravo!) Solange ein solches Organ nicht vorhanden und überhaupt die einheitliche Kraft Deutschlands nicht wirklich in einer Centralgewalt ausgesprochen ist, die auf volksthümlicher Basis beruht, und der Nationalversammlung in der Weise verantwortlich ist, daß sie nichts thun darf, als mit Zustimmung der letztern, finde ich mich nicht für befugt, auch nur über einen Pfennig eine Bewilligung auszusprechen." Und um etwaigen Vorhalten entgegenzutreten, er verzögere mit dem Warten auf die ‚Centralgewalt' hier nur unnötig das Verfahren, schließt er seine Rede mit den Worten: „Meinen Antrag (…) halte ich nicht für eine Verschleppung der Sache sondern vielmehr für die Erfüllung einer heiligen Pflicht! (Bravo!)"

Doch bevor nun diese Auffassung allzu großen Zuspruch erfahren kann, ist der Abgeordnete Gottfried Eisenmann zu Stelle mit just jenem Argument, das der Flotte, ihren nahen Schiffbruch vor Augen, doch letztendlich noch das parlamentarische Überleben und ihre spätere Existenz sichern wird: Die „exekutive Gewalt", auf die erst noch gewartet werden soll, werde, so Eisenmann, „doch hoffentlich in kurzer Zeit ins Leben treten." Ja, „wir werden eine provisorische Exekutivgewalt bekommen aber kein Geld haben. Warum uns den Weg versperren, der uns zum Ziele führen kann?"

Nun wird sein Kollege Karl Philipp Francke aus Schleswig langsam unruhig: „Sie sind wahrscheinlich ermüdet, ich bin es auch; es haben in dieser Sache Diskussionen stattgefunden, die so sehr ins Detail gingen, daß eine Ermüdung wenigstens entschuldbar wäre." Doch jetzt komme es darauf an, verzugslos zu handeln: „Man spricht vom nahen Frieden", so Francke weiter. „Sind das etwa die Anzeichen des bevorstehenden Friedens, wenn täglich preußische und andere deutsche Schiffe in Kopenhagen als gute Beute erklärt werden?" Und erklärt abschließend: „Ganz Deutschland sieht auf diesen Tag, lehnen Sie die Bewilligung ab, so werden Sie verkannt werden; es ist die Zeit der That; Vorsicht und Sparsamkeit sind allerdings Tugenden, allein es gibt noch größere: rascher Entschluß und schnelle Ausführung. (Bravo!)"

Nun wieder der Präsident: „Ich stelle also die Frage: Will die Nationalversammlung, daß die von dem Ausschuss beantragte Bewilligung der Mittel für den Anfang der Marine bis nach Beschlußnahme über die Niedersetzung des Vollziehungsausschusses ausgesetzt bleiben solle?"

Erneut bewegt sich die Flottenangelegenheit in Richtung Abgrund und die Debatte gerät ins Chaotische: „v. Wartensleben von Swirssen: Ich trage auf namentliche Abstimmung über diesen Antrag an, und zwar deshalb, damit man nicht, wie früher gesagt worden ist, sagen kann, man wolle Diejenigen, die an der Küste wohnen, ins Schlepptau nehmen." Ein derartiger Antrag aber bedarf, das ist schnell geklärt, der Unterstützung von mindestens 50 Mitgliedern des Hauses, und der Präsident verkündet: „Der gestellte Antrag ist zwar ein sehr grausamer, ich muß ihn aber, wenn darauf bestanden wird, zur Ausführung bringen." Der Abgeordnete Roß aus Hamburg, Mitglied des Marineausschusses, sieht schon die Felle für ‚seine' Flotte davonschwimmen und appelliert an das Plenum: „Ihr Ausschuß würde unendlich bedauern, zu irgend einer solchen Maßregel zurückzugehen." Darauf der pommersche Abgeordnete Alexander von Wartensleben umgehend: „Ich ziehe meinen Antrag zurück, besonders auch deshalb, weil er nicht unterstützt wird." Von wegen – sofort ist Friedrich Martiny aus Schlochau in Preußen zur Stelle: „Ich nehme den Antrag auf namentliche Abstimmung auf, er ist unterstützt." Der Präsident darauf: „Ich frage noch einmal, ist der Antrag auf namentliche Abstimmung unterstützt? (Viele Stimmen: Nein! Nein!)."

Im Getümmel wird nun die Stimme eines unbekannt gebliebenen Abgeordneten vernehmlich und auch ins Protokoll aufgenommen: „Ein Mitglied: Der Antrag war vorhin schon angenommen, es kann gar nicht mehr darüber abgestimmt werden." Der Präsident geht darüber hinweg: „Ich werde die Frage noch einmal stellen und dann abstimmen lassen. Will die Nationalversammlung, daß die von dem Ausschusse beantragte Bewilligung der Mittel für den Anfang einer Marine ausgesetzt bleiben solle bis nach Beschlußnahme über die Niedersetzung einer provisorischen Centralgewalt?"

Jetzt wird es heikel – und so ergreift der Schriftsteller Wilhelm Jordan, seefahrtserfahren bis Helgoland, daher Mitglied des Marineausschusses und später ‚Marine-Rath', das Wort, um die Flotte doch noch in sicheres Fahrwasser zu lotsen: „Ich betrete die Rednerbühne als Mitglied des Ausschusses, da, wie es scheint, keiner der andern Herrn das Schlußwort ergreifen will. Denn vor der Abstimmung über den Ausschußantrag muß demselben noch das Wort gestattet werden."

Und Jordan fährt fort: „Ich glaube nur, wenn jetzt abgestimmt, und der Antrag vertagt wird, derselbe so gut wie verworfen ist." Und er glaube auch, diejenigen identifiziert zu haben, die dem Antrag im Plenum in besonderem Maße im Wege stehen: „Ich glaube das Wort hauptsächlich nach dieser Seite hin (der Redner wendet sich nach der Linken) richten zu müssen, denn auf der Rechten findet der Antrag, wie es scheint, keinen großen Widerspruch. (...) Ich glaube, ein großer Theil Ihrer Widersprüche würde nicht laut geworden sein, wäre nicht der Bundestag als das Organ bezeichnet, welches das Geld aufbringen soll. (...) Wir haben in diesem Augenblicke noch kein anderes Organ, als den Bundestag. Ich hege wahrlich keine Sympathie für denselben, und wünsche von Herzen, ihn sobald als möglich verschwinden zu sehen. Aber er ist leider noch da, und in einem solchen provisorischen Zustande wie der, in welchem wir uns befinden, wäre es sehr falsch, sich des einzigen Werkzeuges, das man hat, nicht bedienen zu wollen. (...) Wir dürfen aber in einer Sache, die durchaus auf der Stelle entschieden sein will und muß, nicht erst warten, bis das neue Gebäude fertig ist. (...) Im Ausschusse selbst ist vielfach die Rede davon gewesen, daß wir bis zur Constituirung einer Centralgewalt warten müßten. Wir haben aber gefunden, daß dadurch die Sache sehr gefährdet worden wäre. Nur, weil im Verzug Gefahr wäre, und weil es hier weit mehr auf die große Sache, als auf den Weg ankommt, auf dem sie erreicht wird, bin auch ich dieser Ansicht beigetreten, und bitte meine Freunde auf der Linken, dasselbe zu thun."

Der Zweck heiligt die Mittel, oder: wer zu spät kommt, den bestraft das Leben, das ist die Argumentation Wilhelm Jordans, gleichsam ein Manöver des letzten Augenblicks, die Flotte doch noch vor dem Marsch durch die Institutionen und ihrem dort absehbaren Ende zu bewahren. Als hätte man geahnt, dass der Nationalversammlung kein langes Leben beschieden sein würde und nur ein kleines Zeitfenster existiere, in dem die Kiellegung einer „deutschen Marine" überhaupt möglich sein würde – zumal ja grundsätzlich, so beteuern es durchweg die Redner, im Hohen Hause große Einigkeit bestehe, dass eine derartige Streitmacht zur See zu etablieren sei.

Daher hakt auch nun an dieser Stelle der Sprecher des Marineausschusses, General Joseph von Radowitz, in die Jordansche Argumentation ein und fügt dessen Ausführungen an: „Ueber die Nothwendigkeit, daß Deutschland eine Kriegsmarine erhalte, habe ich nur eine einzige verneinende Stimme gehört, ich nehme an, daß hierüber im Allgemeinen kein Zweifel obwaltet, und zwar nach beiden Richtungen hin: in Bezug auf die materielle Nothwendigkeit und auf die weit höhere sittliche Bedeutung." Daher habe der Marineausschuss auch alle Detaillierungen, über die „Art der Anschaffung", den „Ankauf und den eigenen Bau der Schiffe", die Verteilung auf die „drei Meere, die uns umziehen", die „Verwendung unserer Flotte" oder zum Verhältnis zur „schon vorhandenen österreichischen Kriegsflottille" erst einmal „absichtlich und sorgsam vermieden, weil wir nichts mehr befürchtet haben, als daß bei Beginn des großen Unternehmens gleich am Anfang in den ersten Act Steine und Zankäpfel geworfen würden."

Zweifellos eine taktische Bravourleistung des Marineausschusses und seines Generals, ein veritables Ablenkungsmanöver. Denn die Nationalversammlung bewegte sich mit ihrem ‚Bewilligungsakt' weit eher im luftleeren Raum denn auf dem Boden solider Zuständigkeit. Eine Reichsregierung, die dem Parlament verantwortlich sein sollte und die, mit entsprechenden Finanzmitteln ausgestattet, auch die Beschlüsse des Parlamentes exekutieren könne, existierte ja noch gar nicht. Wollte man als Parlamentarier also Geld haben, wie für die Aufstellung einer Marine, musste man sich notgedrungen an das Organ wenden, das eigentlich abgeschafft werden sollte, aber eben noch da war und auch noch über die Haushaltmittel des Deutschen Bundes verfügte, dessen Bundestag/ Bundesversammlung nämlich. Und genau mit Blick auf diese prekäre Lage hatte ja zunächst der Abgeordnete Eisenstuck fast die gesamte Abstimmung zu Fall und damit das deutsche Flottenprojekt in arge Seenot gebracht, mit seinem ‚Amendement' nämlich, die Bitte an die Bundesversammlung dahingehend zu prüfen, „ob eine solche Verfügungsstellung auf verfassungsmäßigem Wege überhaupt möglich ist. Meines Erachtens ist dem nicht so." Daher solle, so Eisenstuck, die Nationalversammlung die Finanzierung einer Marine auch bis zur Einsetzung einer ‚Centralgewalt', der Reichsregierung mithin, erst einmal aussetzen.

Heinrich von Gagern, der Präsident der Nationalversammlung, parlamentarisch erfahrener ehemaliger Landtagsabgeordneter und kurzzeitiger hessischer Ministerpräsident, fand dies ja auch anfangs nicht unplausibel, läuft aber nun, gegen Ende der Tagungszeit und als es tatsächlich Spitz auf Knopf in der Flottenfrage steht, zu großer Form pro Flotte auf – und zwar durch seinen ‚Kunstgriff', die beiden möglichen Handlungswege, Rückstellung des Antrages auf eine deutsche Flotte infolge mangelnder Zuständigkeit sowohl der Nationalversammlung wie des Bundestages oder ‚Durchwinken' des Flottenbeschlusses wegen der militärisch gebotenen akuten Notwendigkeit inklusive des darin geborgenen nachdrücklichen Statements zu Nation und Einheit sozusagen miteinander zu versöhnen. Der Trick, der beide Argumentationen verschweißt und damit den Weg für das spätere fast einstimmige Votum des Parlamentes für die sofortige Verfügbarmachung von Finanzmitteln für die „deutsche Marine" ebnet, wird durch den Parlamentspräsidenten sodann mit großer Eleganz vorgeführt, und zwar unmittelbar nachdem General von Radowitz noch einmal und geradezu flehentlich die Nationalversammlung auf Einigkeit eingeschworen hat: „Ich muß dringend bitten, daß wir nicht das Erste, was ein Zeichen unserer Einheit werden soll, von Haus aus zu einem Zeichen unserer Zwietracht stempeln."

Nun nämlich ‚umschifft' Parlamentspräsident von Gagern die missliche Untiefe, dass die Nationalversammlung tatsächlich selbst über keinerlei Haushaltmittel für die Flotte verfügt und eine Reichsregierung auch noch nicht eingerichtet ist, mit erheblicher argumentatorischer Kunstfertigkeit, die er sich in ihren wesentlichen Teilen zuvor beim Abgeordneten Jordan abgeschaut hatte:

„Präsident: Ich komme mit einigen Worten auf die Rede des vorletzten Redners zurück und erlaube mir, den Stand der Verhandlung der Nationalversammlung vorzulegen. Es sind nur Wenige unter uns, die die Schaffung einer Marine nicht wollen und dafür nichts bewilligt haben wollen. Für die Ansicht Derjenigen, welche ein Aussetzen der Frage wollen, weil sie davon ausgehen, daß eine der Nationalversammlung verantwortliche Behörde vorerst bestehen müsse, die sowohl den Bedarf ausschreibt, als über die Verwendung desselben Rechenschaft zu geben hat, für diese Ansicht spricht Manches. Die nächste Zeit wird diese Voraussetzung bringen. (…) Was wir heute thun, ist eine Vorarbeit für die künftige Centralgewalt, die uns dafür Dank wissen wird, weil wir sie dem Ziele näher führen. Kein Kreuzer wird der Nation vergeudet werden, und man wird in der Verwendung dieser Summe am wenigsten der Nationalversammlung den Vorwurf machen, daß ihr erster Bewilligungsact ein Verschwendungsact sei. Es wird ein Act der Sparsamkeit sein für eines der wichtigsten Interessen der Nationalwohlfahrt. Ich glaube, wir sollten uns vereinigen in der einmüthigen Abstimmung für Verwilligung und nicht die Sache bis zur Schaffung der Centralgewalt aussetzen."

Mit der Perspektive, dem ‚Kniff‘, hier bereits für die bald einzurichtende ‚Centralgewalt‘, die Reichsregierung, zu handeln, ist der Gordische Knoten durchschlagen. Von Gagern setzt damit zur großen Erleichterung der Abgeordneten „einer etwas verworrenen Verhandlung welche hierüber entstand", wie die ‚Allgemeine Zeitung‘ später berichtet, ein allenthalben dankbar begrüßtes Ende, führt die Debatte wieder in ruhigeres Fahrwasser und exekutiert im Folgenden auch rigoros den weiteren Verfahrensablauf. Die Einlassung eines unbekannt gebliebenen „Abgeordneten vom Platze aus", er habe noch einen Unterantrag zum Eisenstuckschen Vorschlag sowie den, wie das Protokoll vermerkt, daraufhin im Plenum erfolgenden „vielstimmigen Rufe nach Abstimmung" würgt der Präsident kurzerhand ab: „Alle anderen verschiedenen Anträge fallen weg, die beiden Berichterstatter haben zum Schluß das Wort erhalten. Ich frage nun nochmals: Wird auf die Abstimmung mittelst namentlichen Aufrufs bestanden? (Die Versammlung spricht sich dagegen aus.)"

Doch damit nicht genug: Der Abgeordnete Eisenmann bittet nun darum, „daß der Herr Präsident die Frage so stellen möchte, daß, wenn das Geld bewilligt wird, es mit Vorbehalt der Verwendung durch die Centralgewalt verwilligt werde." Darauf erklärt der Abgeordnete Eisenstuck, der die ganze Kalamität der noch nicht existierenden ‚Centralgewalt‘ hochgezogen hatte, wenn dies tatsächlich so beschlossen werden sollte, „dann nehme ich meinen Antrag zurück." Und der General von Radowitz beeilt sich, für den Marineausschuss auch auf diese, nennen wir sie einmal ‚Antizipationslösung‘, einzuschwenken, um endlich den Weg für die Flotte im Parlament frei zu bekommen: „Wir nehmen in der Commission diese Modificationsbedingung an."

Also formuliert der Präsident die nunmehr gefundene Version des Flottengelder-Bewilligungsbeschlusses wie folgt: „Beschließt die Nationalversammlung, daß die Bundesversammlung zu veranlassen sei, die Summe von 6 Millionen Thalern, über deren Verwendung und Vertretung die zu bildende provisorische Centralgewalt der Nationalversammlung verantwortlich sein wird, auf bisher verfassungsmäßigem Wege verfügbar zu machen, und zwar 3 Millionen Thaler sofort, und die weiteren 3 Millionen nach Maßgabe des Bedürfnisses?"

Nun könnte es endlich zur Abstimmung kommen – wäre da nicht noch „Eine Stimme: Ich glaube ,auf verfassungsmäßigem Wege' könnten wir weglassen." Wieder Halt. Der Präsident sieht sich erneut gezwungen, belehrend einzugreifen: „Ich glaube nicht. Der verfassungsmäßige Weg ist derjenige, daß der Bundestag den einzelnen Staatenregierungen sagt: nach eurer Matrikel habt ihr so und so viel beizutragen. Das ist klar, darüber kann kein Zweifel sein. (Vielseitig wird Abstimmung verlangt.) Ueber die Fragestellung kann gesprochen werden. Ueber das Materielle der Sache lasse ich keine Diskussion mehr zu."

Doch etwas, nicht ganz Unwesentliches, fehlt immer noch: „Eine Stimme: Es fehlt in der Fragestellung der Zweck: für die deutsche Flotte oder Marine." Der Abgeordnete Eduard Zimmermann aus Spandau sekundiert: „Das wollte ich auch sagen."

Und dann kommt es schlussendlich doch noch zur Abstimmung:

„Präsident: Ich stelle nun die Frage so: Beschließt die Nationalversammlung, daß die Bundesversammlung zu veranlassen sei, die Summe von 6 Millionen Thalern zum Zweck der Begründung eines Anfangs für die deutsche Marine, über deren Verwendung und Vertretung die zu bildende provisorische Centralgewalt der Nationalversammlung verantwortlich sein wird, auf bisher verfassungsmäßigem Wege verfügbar zu machen, und zwar 3 Millionen sofort, und die fernern 3 Millionen nach Maßgabe des Bedürfnisses? Diejenigen Mitglieder, welche wollen, daß der Bundestag auf diese Weise zu veranlassen sei, bitte ich aufzustehen. (Fast die ganze Versammlung erhebt sich.) Die Frage ist mit einer an Stimmeneinhelligkeit grenzenden Majorität bejaht. (Allgemeines Bravo.)"

Tatsächlich wurde der Beschluss gefasst, bevor man in Frankfurt über eine Regierung verfügte, denn erst am 17. Juni, also drei Tage nach dem Flottenbeschluss, begannen die Beratungen über eine ‚provisorische Reichsexekutive‘, die am 28. Juni mit dem Gesetz über die ‚Einführung einer provisorischen Centralgewalt für Deutschland‘ ins Leben trat – einer Regierung, angeführt von einem ‚Reichsverweser‘, einem Verwalter des Amtes eines später noch, nicht mehr provisorisch, zu bestimmenden Staatsoberhauptes, in das am 29. Juni, maßgeblich forciert von Heinrich von Gagern und der konstitutionellen Mehrheit in der Nationalversammlung, der österreichische Erzherzog Johann gewählt wurde, der am 12. Juli sein Amt antrat.

Heutzutage ist zuweilen von ‚Sternstunden des Parlamentes‘ die Rede. Das hier war eine. Nicht weniger als 26 Abgeordnete und der Präsident beteiligten sich mit Wortbeiträgen an dieser Sitzung vom 14. Juni 1848, die zudem auch erst die 16. Sitzung eines deutschen Parlamentes überhaupt war und die erste, in der ein Beschluss „in materiellen Dingen" gefasst wurde – der zur Aufstellung einer Marine. Auf diesen „materiellen" Charakter macht auch noch einmal, als sich der Jubel im Parlament über den Beschluss und sich selbst gelegt hatte, der Abgeordnete Adolph Gottlieb Schoder aus Stuttgart aufmerksam und erklärt, dass „dieser unser erster Beschluß von dem deutschen Volke, das in materiellen Dingen Hilfe, namentlich auch eine Erleichterung seiner Lasten und mit großem Recht verlangt, sechs Millionen Thaler" fordere. Leider aber sei „nicht Jeder im Volke im Stande, die Haltsamkeit des Zweckes dieser Forderung zu begreifen" und daraus könne „Mißtrauen gegen die Nationalversammlung entstehen, ein Mangel an Vertrauen, ohne welches unsere ganze Thätigkeit nichts ist." Und als er dann noch auf seinen vor einigen Tagen beim Prioritäts-Ausschuss eingereichten Antrag auf Erschließung neuer Einnahmequellen für die Nationalversammlung verweist und merkliche „Unruhe in der Versammlung", wie das Protokoll vermerkt, entsteht, macht der Präsident auch mit dieser Eingabe kurzen Prozess und bescheidet den Abgeordneten mit den Worten: „Der Gegenstand der Tagesordnung ist durch den Beschluß der Nationalversammlung erledigt. (...) Ich erkläre die Diskussion für geschlossen. – Ich habe bekannt zu machen: der Abgeordnete Henkel aus Cassel bittet um einen vierzehntägigen Urlaub. Er wird wohl bewilligt werden." Dann gibt er noch bekannt, wann und wo sich neben dem Prioritäts- und dem Petitionsausschuss auch die Mitglieder des Verfassungsausschusses sowie die des Ausschusses für Wehrverfassung versammeln werden, letztere durch die gerade zu Ende gegangene Sitzung und die darin erfolgte Bewilligung einer Anschubfinanzierung für die Bildung einer „deutschen Marine" aufmunitioniert mit neuesten Erkenntnissen und erheblichen Auswirkungen auf ihre Beratungen. Und einige Monate später wird die am 28. März 1849 verabschiedete ‚Verfassung des deutschen Reiches', die sogenannte ‚Paulskirchenverfassung', dann auch in deren „§ 19." verfügen:

[1] Die Seemacht ist ausschließliche Sache des Reiches. Es ist keinem Einzelstaate gestattet, Kriegsschiffe für sich zu halten oder Kaperbriefe auszugeben. [2] Die Bemannung der Kriegsflotte bildet einen Theil der deutschen Wehrmacht. Sie ist unabhängig von der Landmacht. [3] Die Mannschaft, welche aus einem einzelnen Staate für die Kriegsflotte gestellt wird, ist von der Zahl der von demselben zu haltenden Landtruppen abzurechnen. Das Nähere hierüber, sowie über die Kostenausgleichung zwischen dem Reiche und den Einzelstaaten bestimmt ein Reichsgesetz. [4] Die Ernennung der Offiziere und Beamten der Seemacht geht allein vom Reiche aus. [5] Der Reichsgewalt liegt die Sorge für die Ausrüstung, Ausbildung und Unterhaltung der Kriegsflotte und die Anlegung, Ausrüstung und Unterhaltung von Kriegshäfen und See-Arsenalen ob. [6] Ueber die zur Errichtung von Kriegshäfen und Marine-Etablissements nöthigen Enteignungen, sowie über die Befugnisse der dabei anzustellenden Reichsbehörden, bestimmen die zu erlassenden Reichsgesetze."

In weiser Voraussicht, dass die gerade bewilligten sechs Millionen Thaler für die „deutsche Marine" doch nicht ganz reichen könnten, ruft schließlich der Abgeordnete Kerst aus Meseritz noch „von der Tribüne aus": „Im Auftrag des Marine-Ausschusses habe ich der hohen Versammlung anzuzeigen, daß ich zum Rechnungsführer ernannt worden bin. Ich bitte daher, die freiwilligen Beiträge mir behändigen zu wollen." Und da auch diese durchaus nicht für die „Begründung eines Anfangs für die deutsche Marine" reichten, wurden die am 14. Juni durch die Nationalversammlung eher erbetenen denn bewilligten Haushaltmittel schließlich mit dem Geld des Deutschen Bundes, zuvörderst mit Mitteln aus dem Ulm-Rastatter Festungsbaufonds, bezahlt.

Dann war aber wirklich alles gesagt und getan an diesem ‚Tag der Flotte‘ in der Paulskirche zu Frankfurt am Main, und die Abgeordneten waren hinreichend erschöpft. Daher wurde auch allgemein das Schlusswort des Präsidenten als Erlösung empfunden: „Ich erkläre die Sitzung für geschlossen. Die nächste Sitzung wird am nächsten Freitage stattfinden. Die Tagesordnung wird Berichterstattungen enthalten." Und das Protokoll vermerkt zum guten Ende: „Schluß 2 ½ Uhr."

Der Beschluss dieses Tages aber wird nicht nur im Parlament, sondern auch in der Presse gebührend gefeiert: Die Augsburger ‚Allgemeine Zeitung‘ berichtet am 16. Juni von „lebhafter Acclamation" und in ihrer Beilage vom 17. Juni verweist sie noch einmal detaillierter auf den Beschluss, der mit einer Mehrheit angenommen sei, „welche zur Einstimmigkeit nur 5 oder 6 Stimmen fehlten. Unermeßlicher Jubel begrüßte dieses Ergebnis."

Und schon bald ist auch über die ersten Spendeneingänge zu berichten, wie schon in besagter ‚Allgemeinen Zeitung‘ vom 17. Juni, der eine Beilage beigegeben ist mit einem ausführlichen Bericht ‚Für eine deutsche Flotte‘ aus München vom 15. Juni, der vom „ersten Beisteuern zur deutschen Flotte seitens der Bewohner von Altausee in Styermark und von Mittenwald im bayerischen Hochgebirge" berichtet, sodann von „Geldzuwendungen aus dem bayerischen Königshaus" sowie „ein köstliches Fernrohr" vermerkt, „gestiftet von Herrn Merz, Inhaber des ehedem Fraunhoferschen Optischen Instituts, für den Capitain des ersten deutschen Kriegsschiffs". Und auch das erste Schiff namens „Bayern" segelt bereits hier durch die Gazette, endet doch der Berichterstatter mit der Hoffnung auf weitere Spenden, „damit es Bayern durch vereinigte Kräfte möglich werde ein ganzes Glied in die Flotte einzusetzen als sichtbares Gedächtniß der ersten Zeit unserer wiedererwachten Einheit." Was damit gemeint war, enthüllte dann der Aufruf des ‚Oberbayerischen Ausschusses für Sammlung von freiwilligen Beiträgen zur Gründung einer deutschen Flotte‘ – nämlich ein Schiff, das „den Namen ‚Bayern‘ durch die Meere tragen" solle.

Die Verlesung des Aufkommens neuer Spendengelder für die Flotte leitete fortan wie eine „Marineliturgie", so der Historiker Wolfgang Petter, die Sitzungen der Nationalversammlung ein. Doch blieb mit einem Gesamtvolumen von einer halben Million Taler die Höhe der Spenden durchaus hinter den Erwartungen zurück. Kein Wunder, wenn man sich die Spendenbereitschaft der „begeisterten Matrosen" Heinrich Heines in der Nationalversammlung selbst ansieht, weisen doch die erhaltenen Einzeichnungslisten für die freiwilligen Beiträge der Abgeordneten aus, dass gerade einmal 200 von ihnen, deutlich weniger als die Hälfte, eine einmalige Summe von durchweg fünf Talern für die Flotte beizusteuern bereit waren.

Gleichwohl hielt die „Marineliturgie" den national- und parlamentskonstituierenden Flottenbeschluss hoch und in Erinnerung. Weiterhin befassen wird sich die Nationalversammlung mit der Flottenfrage allerdings nicht mehr. Lediglich die schriftliche Ankündigung der ‚Fürstlich Thurn- und Taxis'schen General-Postdirection' zur portofreien Beförderung aller „Geldsendungen, welche zur Bildung einer deutschen Kriegsflotte auf der Adresse bezeichnet" sind, so Parlamentspräsident von Gagern in der 19. Sitzung der Nationalversammlung vom 20. Juni, lässt die deutsche Flotte, die so glanzvoll auf dem parlamentarischen Parkett der Paulskirche erschienen war, noch einmal zurückkehren. Und die ‚Allgemeine Zeitung' berichtet am 21. Juni auch noch über den Bericht des Marineausschusses vom 17. Juni, abgestattet durch den Abgeordneten Kerst über Geldzuwendungen für die Flotte aus Preußen und Bremen, den Bau zweier Kanonenboote in Kiel und dass in Stralsund und in Hamburg jeweils ein Schiff als ‚Fregatte', ein anderes als ‚Corvette' armiert werde. „Bei allen diesen Unternehmungen und Bestrebungen", so Kerst weiter, „werde die Nationalversammlung als Vereinigungspunkt der Anstrengungen für Herstellung der deutschen Seemacht angesehen, und diese Versicherung sey der erfreulichste Theil seiner Mitteilung." Noch einmal gab es freundlichen Beifall für Flotte und Nationalversammlung, dann verschwand die „deutsche Marine", bis auf die ‚liturgischen' Spendenbekanntgaben, nicht nur aus dem Parlament, sondern erst einmal auch aus der Öffentlichkeit und den Zeitungen.

Der Antrag auf Verfügbarmachung von 6.000.000 Talern für die Aufstellung einer „deutschen Marine" vom 14. Juni aber war der erste, nichts weniger als historische Beschluss der Nationalversammlung, ein nationales wie Einheits-Statement und Ausdruck der Souveränität des durch sie repräsentierten deutschen Volkes. Der Beschluss war parlamentarische Selbstreferenz wie politisch-militärische Sofortmaßnahme, ‚quick reaction' bei akuter militärischer Bedrohung zugleich, und die Flotte damit gleichermaßen Instrument wie glanzvolles Symbol des durch die Nationalversammlung zu konstituierenden deutschen Nationalstaates, des ‚deutschen Reiches' der späteren Reichsverfassung der Paulskirche und der diesem Reich und seiner ‚Centralgewalt', der Reichsregierung, unmittelbar zugeordneten und unterstellten Flotte – mithin dessen ‚Reichsflotte'. So hatte der Bau der Flotte erst einmal Vorrang vor seinem Zweck, denn die Flotte war in vielerlei Hinsicht vor allem auch ein einbringliches politisches Symbol für die Nationalversammlung: Neben ihres zentralen, reichsunmittelbaren Charakters und des Verzichts auf periphere Landeskontingente war sie durch die Größe ihrer Waffen und Waffenträger im besonderen Maße ‚schimmernde', prächtige Wehr, mit der sich, wie gewünscht, „auf eine großartige Weise" auftreten ließ; und sie war vor allem durch ihre Dampfschiffe technologisch ausgesprochen modern. Sie ermöglichte den Schutz weltweiten Handels und damit auch das Betreten internationalen Parketts, gleichsam in dessen ozeanischer Form. Die Flotte konnte zudem politisch-militärisch eskalierend wie deeskalierend eingesetzt werden, in ihrer friedlichsten Funktion gar als ‚Botschafter in Blau', und sie war, als Ansammlung mythisch wie dynastisch besetzter Schiffsexemplare, nicht zuletzt auch Staatsmetapher. Mithin eine multifunktionale Vergewisserungs- und Emanzipationsplattform für das neu erstandene und nach Legitimation und Handlungsfähigkeit suchende und strebende erste deutsche Parlament. Und nicht zuletzt war sie Vergegenständlichung der deutschen Einigung in einem Nationalstaat, wie dies der Abgeordnete Tellkampf auch formulierte: „Wir geben durch die Bewilligung der beantragten Mittel der Welt durch die That den klarsten Beweis, daß die Einigkeit Deutschlands eine Wahrheit ist. (Einige Stimmen: Sehr gut! Bravo!)" - eine ‚nationale Demonstration' also wie gleichermaßen auch der Ausweis von Handungskraft, –willen und -befugnis des sie schaffenden parlamentarischen Organs, der um Anerkennung ringenden Nationalversammlung. Und genau deshalb wird die Gründung der „deutschen

Marine" an jenem 14. Juni von mehreren Abgeordneten auch ausdrücklich als Akt der Volkssouveränität, als erster manifester Ausdruck des Volkswillens apostrophiert: „v. Wartensleben: Heute aber ist der Tag, wo wir zum ersten Mal aussprechen: Das ist der deutsche Volkswille." – Und der Abgeordnete Schlöffel: „Es ist ja die Marine hervorgegangen aus dem Volkswillen."

Und so wurde, einmal parlamentarisch auf Kiel gelegt, diese Flotte mitsamt ihren Behörden nun auch aufgestellt, gebaut und angekauft. Erdacht vom Prinzen Adalbert von Preußen, beschafft in Regie des Handels- und Marineministers Arnold Duckwitz und geführt vom Kapitän zur See und späteren Contre-Admiral Carl Rudolph Brommy erblickte sie tatsächlich das Licht der Welt und war Ende 1849 mit elf Raddampfern, 27 Kanonenbooten und zwei Segelschiffen eine der modernsten und, dank Brommy, auch bestausgebildetsten Flotten Europas.

Ein langes Leben allerdings war dieser ersten deutschen Flotte nicht beschieden. Sie überlebte zwar den Untergang der Reichsregierung, die im Dezember 1849 ‚verlöschte', verschied dann aber 1852/ 53 mangels weiterer Verwendbarkeit im rekonstituierten Deutschen Bund in Hannibal Fischers Auktion.

Dabei ist es insgesamt schon recht verwunderlich, dass in Publikationen zur Revolution von 1848 die Flotte und deren Gründung durch das erste deutsche Parlament, zudem als dessen „erste That", kaum einmal Erwähnung findet. Selbst bei zeitgenössischen Analysten dieser Vorgänge, wie Karl Marx und Friedrich Engels, findet sich zur Flotte: nichts. Was gerade bei Engels, immerhin selbst im badischen Aufstand dabei und von Marx fortan als ‚General' tituliert, in besonderem Maße erstaunt, war dieser doch über seinen militärischen Einsatz in Baden 1849 hinaus mit Publikationen zum Bauernkrieg oder zu ‚Artilleristischem aus Amerika' dem militärischen Sujet durchaus zugewandt. Nun kam die erste deutsche Flotte allerdings und abgesehen von Brommys kurzem Gefecht vor Helgoland über weitere militärische Einsätze nicht hinaus und wurde am Ende sogar noch versteigert – ein Stigma mit Landzeitwirkung, zu dem sich das allgemeine Unverständnis gegenüber maritimen Fragestellungen („Das deutsche Volk hat die See nicht verstanden", Tirpitz) dann noch erschwerend hinzugesellte.

Dabei ist die Flotte, die die Nationalversammlung am 14. Juni ins Leben rief, geradezu handgreifliches Symbol dieser bürgerlichen Revolution von 1848, nämlich nicht nur die erste und einzige staatliche Institution zu bilden, die das Paulskirchenparlament ins Leben rief, sondern zudem bestückt zu sein mit bürgerlichem Personal auch in den Führungsrängen, und dies ganz im Gegensatz zu den adligen Führungskorps der Heere. Dabei und zudem reichsunmittelbare militärische Institution im Gegensatz zu den Landeskontingenten der Fürsten und geschaffen weniger aus militärischer Notwendigkeit („Der Friede mit Dänemark ist doch schon nahe" heißt es am 14. Juni auch in der Nationalversammlung) denn zur Vergegenständlichung von Einheit, Nation und – qua parlamentatischer Geburt – Demokratie als Kardinalzielen der Revolution. Und daher nicht zuletzt ein energischer Selbstverweis auf die Autorität, Legitimation und Handlungskraft des ersten deutschen Parlamentes selbst, gleichsam in Schiffe gegossene Volkssouveränität.

Daran ändert ja auch nichts, dass eine am Ende beschäftigungs- und verwendungslos gewordene ‚Marine ohne Staat', eine ‚Reichsflotte' ohne ‚Reich', letztendlich veräußert wurde, um einmal den gern abfällig verwendeten Begriff des Versteigerns zu vermeiden. Aber nicht einmal verkaufen stimmt ganz, wurden doch mit dem Großsegler ECKERNFÖRDE und der Radfregatte BARBAROSSA zwei Schiffe der Flotte an Preußen kostenfrei überstellt zum weiteren Aufbau der dortigen Marine – mitsamt Personal, außer allerdings dem Oberbefehlshaber Brommy, den Prinz Adalbert lieber ‚ausgebootet' haben wollte. Doch die erste „deutsche Marine" lebte fort in den Dienstvorschriften und Reglements, die in der kurzen Zeit ihres Bestehens durch die Marineverwaltung unter Brommy erstellt worden waren und die bis in heutige Vorschriften der Deutschen Marine, namentlich die Marinedienstvorschrift MDv 400/1, Bestimmungen für den Dienst an Bord (DaB), hineinragen. Und sie existierte nicht zuletzt auch darin weiter, dass nach wie vor „auf der Flotte eine ausgezeichnete Disziplin bei angemessener Freudigkeit der Mannschaft obwaltet" (Handels- und Marineminister Arnold Duckwitz, 1849), die schon diese ersten deutschen Seestreitkräfte seit ihren Anfängen und zur Verblüffung ihrer Besucher aus anderen Marinen geprägt hatte.

Und dass der Zweck einer Marine nicht nur ein bloß akut-militärischer sei, das hatte schon Prinz Adalbert in seiner ‚Denkschrift über die Bildung einer deutschen Kriegsflotte' formuliert: „Das einige Deutschland will aber die Integrität seiner Länder kräftig geschützt, seine Flagge geachtet, seinen Handel wieder blühend sehen und künftighin auch auf dem Meere etwas gelten." Da ist sie schon, im ersten Konzeptpapier einer deutschen Marine überhaupt, der ‚Magna Charta der Marine' (Michael Salewski), die ‚Seegeltung', die als Schlagwort von nun an die Dokumente und Einlassungen ihrer Protagonisten dominiert. Und angesichts der Tatsache, dass die Erde ein blauer Planet ist, war es von der ‚Seegeltung' dann auch nicht mehr weit zur ‚Weltgeltung' – euphorisch-maritime Ambitionen, die sich bis in die übersteigerten Flottenträume des wilhelminischen Kaiserreiches hinein verlängerten und dort in Form der zweitgrößten Flotte der Welt auch physisch Gestalt annahmen. Doch erst im maritimen Verbund der NATO, in einem See-Bündnis, erreichten die Deutschen dann auch tatsächlich Anteil an wirklicher Seemacht. Dieser Bündnisgedanke war in der Denkschrift des Prinzen Adalbert allerdings auch und weitsichtig enthalten, und zwar in zweierlei Gestalt: Zum einen als Stützkorsett einer Seemacht lediglich zweiten Ranges, einer „Kriegsmarine zur offensiven Vertheidigung und zum nothwendigsten Schutze des Handels". Eine derartige Flotte bedürfe durchaus und dringend der Bündnisse, denn sie „würde einer der großen Seemächte gegenüber nur eben hinreichen, die deutschen Küsten zu schützen, in diesem Falle aber ohne eine Allianz mit einer andern großen Seemacht zum Schutz unseres Handels viel zu schwach sein." Zum anderen aber, so die Denkschrift, existiere auch die spezifische Bündniskraft einer „selbständigen Seemacht", die Prinz Adalbert im Abschlussdokument der ‚Technischen Marinekommission' der Frankfurter Reichsregierung 1849 dann auch als entferntes „Endziel" deutscher maritimer Planungen, mit einem „Minimum" an 20 Linienschiffen, formulierte und das Deutschland dann auch dazu verhelfen würde, „seiner Seemacht wegen als Bundesgenosse ebenso gesucht" zu sein „als wegen seiner Landmacht." Diese Schrift des Prinzen Adalbert hatte der Marineausschuss der Nationalversammlung, kaum dass er sich etabliert hatte, zwar selbst in Druck gegeben, bei den flottenbewegten Abgeordneten am 14. Juni im Plenum der Paulskirche findet sich dieser Bündnis-Aspekt, gleichsam untergegangen im allgemeinen ‚Flottenfieber' dieses Tages, hingegen an keiner Stelle mehr.

Hier ging es ja auch vor allem darum, überhaupt erst einmal eine Flotte auf Kiel zu legen, sehr wohl aus akutem militärischem Grund, doch auch weit über diesen eigentlichen Anlass hinaus. Die Parlamentarier, die das weite Rund der Paulskirche an diesem Tage füllten, beschlossen die Flotte nicht nur aus militärischen Zwecken, sondern in mindestens eben solchem Maße auch aus national-symbolischen und politisch-selbstlegitimatorischen. Hier sollte ein Zeichen gesetzt werden, zudem ein strahlendes, eines der später so genannten ‚Schimmernden Wehr' von Segeln, Flaggen, der Kraft des Dampfes und der Kanonen, ein Zeichen der nationalen Einheit, der politischen Freiheit und Selbstbestimmung, ein nachdrücklicher Ausweis der Handlungsfähigkeit der Nationalversammlung mit diesem ihrem ersten Beschluss „in materiellen Dingen", ja ihrer „ersten That" überhaupt – und das vor aller Befassung mit Grundrechten und Verfassung. Die Marine war daher nicht nur eine Geburt des ersten deutschen Parlamentes, sondern letzteres wurde auch zu tätigem Leben erweckt erst durch die Marine – und dies auch ganz getreu dem prophetischen Motto einer Flugschrift aus dem Jahre 1845, sollte sich einmal die deutsche nationale Einheit ereignen, werde diese „Wiedergeburt Deutschlands eine Frucht des Meeres" sein.

Gerade deshalb konnte auch nach der deutschen Wiedervereinigung der Bogen zu dieser durch ein gewähltes Parlament geschaffenen „deutschen Marine" umso plausibler geschlagen werden, als im Adjektiv ‚deutsch', groß oder klein geschrieben, jeweils der Gedanke der staatlichen, nationalen Einheit eingeschrieben war. Und zwar dergestalt, dass die heutige „Deutsche Marine" als die eines wiedervereinigten Deutschland mit jener ersten, von der Paulskirche in Frankfurt ausgehenden ersten „deutschen Marine" unmittelbar auch begrifflich verknüpft ist - mittels eines Namens, der seit 1990 nun umso mehr als „Zeichen der Einheit", wie dies der Abgeordnete von Radowitz schon in der Paulskirche erklärte, gelesen werden kann.

Und der 14. Juni, der Tag des Flottenbeschlusses in der Paulskirche, konnte nun auch mit Fug und Recht als Gründungs- und Geburtstag der „deutschen" wie der „Deutschen Marine" definiert werden und machte diese zur allgemeinen Verblüffung und angesichts der Tatsache, dass die Heeresverbände der großen Länder Bayern, Sachsen und Württemberg im wilhelminischen Reich im Frieden in jeweiliger Landeshoheit mit eigener Heeresverwaltung verblieben, unversehens zur ältesten und traditionsreichsten Teilstreitkraft.

Literaturauswahl:

Stoll, C. (Hrsg.), Wigard, F., Reden für die deutsche Nation. Stenographischer Bericht über die Verhandlungen der deutschen constituirenden Nationalversammlung zu Frankfurt am Main. Bd. 1, München 1979.

Petter, W., Programmierter Untergang. In: Messerschmidt, M./ Mayer, K. A./ Rahn, W./ Thoß, B. (Hrsg.), Militärgeschichte. Probleme-Thesen-Wege. Stuttgart 1982.

Wollstein, G., Das ,Großdeutschland' der Paulskirche. Düsseldorf 1977.

Bildtteil I: Parlamentarier der Flottendebatten in der Nationalversammlung

Adolph Schoder (1817-1852), Jurist,
Wahlkreis Besigheim/ Neckar. Daguerreotypie von Hermann Biow

Gottfried Eisenmann (1795-1867), Arzt,
Wahlkreis Würzburg/ Unterfranken. Lithografie von H. Foerderreuther

Eduard Zimmermann (1811-1880), Jurist,
Wahlkreis Luckau/ Brandenburg

Friedrich Karl Biedermann (1812-1901), Profesor für Staatswissenschaften,
Wahlkreis Zwickau/ Sachsen

Heinrich von Gagern (1799-1880), Verwaltungsbeamter, ehem. Hessischer,
später Reichsministerpräsident,
Wahlkreis Zwingenberg/ Hessen. Fotografie von Jacob Seib, 1848

J. G. HECKSCHER
von Hamburg
Deutscher Reichsminister.

Johann Gustav Heckscher (1797-1865), Jurist,
Wahlkreis Hamburg. Lithografie von Isidor Popper, 1848

Bernhard Eisenstuck (1805-1871), Fabrikant,
Wahlkreis Chemnitz/ Sachsen. Fotografie, ca. 1862

Joseph von Radowitz (1797-1853), General,.
Wahlkreis Rüthen/ Westfalen

Karl Möring (1810-1870), Hauptmann,
Wahlkreis Wien-Neubau/ Österreich. Fotografie, 1864

Karl Philipp Francke (1805-1870), Jurist,
Wahlkreis Flensburg/ Schleswig

Dr. Wilhelm Jordan.

Wilhelm Jordan (1819-1904), Schriftsteller,
Wahlkreis Freienwalde/ Brandenburg

Hauptstück II: Protagonisten

Der Planer: Prinz Adalbert von Preußen

Prinz Adalbert von Preußen (1811-1873)

„Die gesammte Nation begehrt daher einstimmig eine deutsche Kriegsmarine; denn deutsch, g a n z deutsch muß sie sein – eine ächte Repräsentantin der wiedergeborenen Einheit des Vaterlandes." So hatte Prinz Adalbert von Preußen in seiner ‚Denkschrift über die Bildung einer deutschen Kriegsflotte' geschrieben und diese im Mai 1848 in Potsdam im Verlag der Riegelschen Buchhandlung in Druck gegeben – die „Magna Charta" der deutschen Marine, wie sie der Historiker Michael Salewski genannt hat, im Juni 1848 nachgedruckt durch den Marineausschuss der Nationalversammlung in der Paulskirche, die dann am 14. Juni als ihren ersten Beschluss den einer Anschubfinanzierung in Höhe von 6.000.000 Talern für eine „ deutsche Marine" fasste.

Der Autor der Denkschrift, dieser „Gründungsakte der deutschen Marine" (Adalbert-Biograf Jörg Duppler), Prinz Heinrich Wilhelm Adalbert von Preußen, wurde am 29. Oktober 1811 als Sohn von

Prinzessin Marianne und Prinz Wilhelm, dem jüngsten Bruder König Friedrich Wilhelms III., im Schloss zu Berlin geboren und war von Kindesbeinen an für eine militärische Laufbahn im preußischen Heer bestimmt. Zu seinem zehnten Geburtstag erhält er Rang und Uniform eines Sekondelieutenants im 1. Garderegiment zu Fuß, am 23. Januar 1829 rückt er als Premierlieutenant in das 2. Garderegiment zu Fuß ein. Nach verschiedenen Stationen in einzelnen Waffengattungen wird er schließlich 1835 der Garde-Artillerie-Brigade zugeteilt, „auf eigenen Wunsch", wie Jörg Duppler notiert, „stellte die Artillerie doch die Hauptbewaffnung von Kriegsschiffen dar." Und die waren, mit Schiffszeichnungen und dem Spiel mit einer selbstgebauten kleinen Flotte, die auf dem 100x100 Meter großen Teich des Familienschlosses Fischbach in Schlesien ,zur See' fuhr, des Prinzen eigentliche Passion. In den Augen seiner höfischen, ganz heereslastigen Umgebung allerdings ein höchst befremdliches, geradezu verstörendes Hobby. Und angesichts des damaligen preußischen ,Marinebestandes' von sechs Kanonenschaluppen, einer Matrosenmiliz und zwei Offizieren, später dann dem kleinen ,Kriegsschoner' STRALSUND und der 1823 in Potsdam eingerichteten ,Marinesektion' der Garde-Pionierabteilung, der späteren ,Matrosenstation Potsdam', befasst mit dem Betrieb und der Pflege der königlichen Lustfahrzeuge auf der Havel, schien dies tatsächlich eine zutiefst abwegige Vorliebe zu sein.

Adalbert war, wie auch der spätere ,Marinekaiser' Wilhelm II., dergestalt schon in seiner Jugend von einer ausgeprägten Marineleidenschaft befallen und ging dieser auch schon früh auf verschiedenen maritimen Bildungsreisen nach, namentlich 1832 mit Besuchen der niederländischen wie vor allem der britischen Marine, wo in Portsmouth zahlreiche Linienschiffe, das eigentliche Faible des Prinzen, besichtigt wurden und zwei Jahre später, in der Begleitung des Kronprinzen, auch der russischen Marine eine Visite abgestattet wurde.

1837 absolviert der Marine-Prinz dann eine mehrmonatige Seereise auf dem österreichischen Dampfschiff MARIANNE von Sewastopol durchs Mittelmeer bis nach Venedig – mit an Bord der österreichische Erzherzog Johann, unter dessen Ägide als ,Reichsverweser' des revolutionsgeborenen deutschen Reiches der Prinz wenige Jahre später in die ,Technische Marinekommission' der ,provisorischen Centralgewalt' nach Frankfurt am Main berufen wird.

Von Juni 1842 bis März 1843 er-‚fährt‘ Adalbert bei einer Seereise von Genua nach Brasilien auf der königlich-sardischen 60-Kanonen-Segelfregatte SAN MICHELE, mit der er zur Verleihung des preußischen Schwarzen Adlerordens an den brasilianischen Kaiser Dom Pedro II. über den Atlantik reist, dann sein eigentliches maritimes Initiationserlebnis und eine profunde seemännische Grundausbildung: „An Bord bin ich sehr beschäftigt; Karten werden gelernt, Maste aufgetakelt, und nun schon die Elemente des Segelexercitiums, vorläufig nicht hoch über das Verdeck vorgenommen, Segel reefen, festmachen etc.. Dabei wird die Theorie der Marine studiert, und Länge und Breite bestimmt. Ich hoffe noch vor Rio von der mir gegebenen Erlaubnis Gebrauch machen zu können, selbst das Manöver an Bord der Fregatte zu kommandieren.“

Hier an Bord schreibt Adalbert nicht nur ein fast 800seitiges Reisetagebuch, das 1847 gedruckt wird, hier wachsen ihm, dem gelernten Artilleristen, auch ‚Seebeine‘, und in seinem Tagebuch wird er schon fast zum Dichter der See: „Da lag die ersehnte See wieder vor uns, und ein frischer Ostwind schwellte die Segel der Schiffe.“

Diese Eindrücke und Erfahrungen sind dann auch die empirischen Grundlagen jener ‚Denkschrift über die Bildung einer deutschen Kriegsflotte‘, in der Adalbert drei Modelle („Hauptrubriken“) einer zukünftigen deutschen Flotte vorstellt: „1) eine Kriegsmarine zur rein defensiven Küstenverteidigung, 2) eine solche zur offensiven Vertheidigung und zum nothwendigsten Schutze des Handels, oder 3) eine selbständige Seemacht.“ Diese Modelle können auch listigerweise als Stufen, hin zur Option 3, der selbständigen Seemacht, gelesen werden. Vor letzterem Fall allerdings warnte Prinz Adalbert: „Sobald es (Deutschland, F. G.) aber durch den Bau von Linienschiffen, von Schlachtschiffen, aus diesem anspruchslosen Kreise (dem der Marinen zweiten Ranges, F. G.) heraustritt, werden alle Augen sich darauf richten, eine scharfe Kritik wird anheben, und wehe dem Vaterlande, wenn es sich bei diesem entscheidenden Schritte einer halben Maaßregel schuldig machen sollte.“ – „Seemacht ersten Ranges“, so Adalbert, aber sei durchaus eine Rolle, die Deutschlands „Stellung in Europa würdig wäre.“ Und so warnt er nicht davor, dass Deutschland eine „selbständige Seemacht“, bündnisfähig, aber nicht auf Bündnisse angewiesen, werde, sondern lediglich davor, diesen Schritt nicht entschieden genug auszuführen.

Seit dem 31. Juli 1843 Generalinspekteur der preußischen Artillerie, war Prinz Adalbert, als im April 1848 die Kriegshandlungen gegen die Seemacht Dänemark beginnen, am Berliner Hof der einzige, der sich bis dahin mit Angelegenheiten einer Marine beschäftigt hatte – und auf einmal ein vielgefragter Mann, und dies nicht nur in Preußen. Denn just diesen preußischen ‚Oberkahnführer‘, wie er zuweilen bei Hofe hinter vorgehaltener Hand genannt wurde, erbittet sich nun die provisorische Reichsregierung in Frankfurt an die Spitze jenes Expertengremiums, das Handels- und Marineminister Duckwitz in der Marineabteilung seines Ministeriums nunmehr einrichtet - eine professionell besetzte ‚Technische Marinekommission‘ aus marinekundigen Sachverständigen, aus Marineausschuss, preußischem Kriegsministerium sowie Marineoffizieren, die bereits in ausländischen Seestreitkräften gedient hatten, wie die Kapitänleutnante Johann Otto Donner in der dänischen und Jan Schröder, Direktor der Danziger Navigationsschule, in der holländischen Marine, sowie, ab Januar 1849, Fregattenkapitän Carl Rudolph Brommy in der griechischen Marine.

Am 13. Oktober 1848 hatte der Reichsverweser Erzherzog Johann auf Vorschlag von Duckwitz den König von Preußen um Entsendung des Prinzen Adalbert als Vorsitzenden dieser ‚Technischen Marinekommission‘ gebeten. König Friedrich Wilhelm IV. genehmigt dies am 17. November 1848, war ein derartiges ‚Dienstpostenangebot‘ doch geradezu Steilvorlage für die gerade erwachten maritimen Ambitionen Preußens, das auf diese Weise und ganz elegant die deutschen Marineplanungen in preußische Hände zu bringen trachtete.

So weilte der Marine-Prinz, der bereits am 17. Oktober spornstreichs nach Frankfurt gereist war, gleichsam als Preußens ‚maritimes Trojanisches Pferd‘ in Frankfurt, wo am 15. November 1848 die ‚Technische Marinekommission‘ offiziell berufen wird, um über Aufbau, Rekrutierung, Ausbildung und Organisation der „deutschen Marine“ des Paulskirchenbeschlusses vom 14. Juni zu beraten. Fünf Tage später hält sie ihre erste Sitzung ab und legt am 8. Februar 1849 „zum Abschluß ihrer Tätigkeit“ ein staunenswertes Werk der „Hauptgrundzüge und allgemeine(n) Umrisse der zu schaffenden deutschen Marine“ vor: Neben Referaten und Denkschriften zur Beschaffung von

Schiffen und deren „Bemannung", zu „definitive(n) Behörden für die deutsche Kriegsmarine", der Anlage von Kriegshäfen, „disponibler Geldmittel" und erster Vorschriften für die aufzustellende Marine wird ein Rüstungsprogramm entwickelt, das die Adalbertsche Denkschrift mit ihren drei „Hauptrubriken" nun in drei aufeinander aufbauende „Hauptstadien" einer Flottenentwicklung gießt. Erstes Stadium: ein „Sofortprogramm" zur Sicherung der deutschen Küsten mit 34 schweren Küstenbatterien, 80 Kanonenschaluppen und 25 Dampfkanonenbooten. Nach sechs Monaten soll dann die zweite Stufe erreicht werden, diejenige von „Offensive(r) Verteidigung und Schutz des Handels" mit 15 Fregatten und 25 radgetriebenen Dampfschiffen. Dieses zweite „Hauptstadium" aber solle nach „mindestens 10 Jahren" durchschritten sein, um dann, wenn die Voraussetzungen („a. Zahl der Seeleute b. Materielle Hilfsquellen c. Kosten") dafür gegeben seien, in einen „weit hinausgeschobenen Zeitabschnitt" hinüberzuleiten mit einem Bestand von zusätzlich „allermindestens 20 Linienschiffen" - in das „3te Hauptstadium. Endziel. Eine selbständige Seemacht." Ein ambitionierter Flottenplan, dessen höchstes Stadium dann allerdings nicht mehr vom Prinzen Adalbert, sondern von Alfred von Tirpitz ein halbes Jahrhundert später wieder ins Visier genommen wird.

Es ist das Verdienst der ‚Technischen Marinekommission' unter ihrem Vorsitzenden Prinz Adalbert, in wenigen Wochen, von der ersten Sitzung am 15. November 1848 bis zur Vorlage des Abschlussberichtes am 8. Februar 1849, fast aus dem Nichts Grundlinien für den Aufbau und die Organisation einer zukünftigen deutschen Marine erarbeitet zu haben.

Der ‚Spiritus Rector' dieser Pioniertat hingegen reist sofort nach Erledigung der Kommissionsgeschäfte ab, zurück nach Preußen, wo man ihn nicht länger an eine zunehmend konkurrierende, außerdem revolutionshalber illegitime Macht, die ‚provisorische Centralgewalt' nebst Nationalversammlung in Frankfurt am Main, ‚auszuleihen' gedenkt. Zurück in Berlin wird Adalbert sogleich, und zusätzlich zu seinen Aufgaben als Generalinspekteur der preußischen Artillerie, am 1. März 1849 zum ‚Oberbefehlshaber über sämtliche ausgerüstete Kriegs-Fahrzeuge' ernannt, mithin zum Chef der noch im Entstehen begriffenen Königlich Preußischen Marine.

König Friedrich Wilhelm III. hatte 1839 den Bau einer Segelkorvette angeordnet, der späteren AMAZONE. Die war, nach französischem Vorbild und mit Material wie Baupersonal aus dem Ausland, schließlich 1843 vom Stapel gelaufen, als Übungsfahrzeug für die staatliche Navigationsschule wie auch zur Ausbildung erster preußischer Marineoffiziere und führte stolz die preußische Kriegsflagge, schwarzer Adler auf weißem Grund, in der Oberecke das Eiserne Kreuz. Erst als Friedrich Wilhelm IV. 1840 preußischer König wird, erhalten die Marinepläne des Prinz-Admirals deutlicheren Rückenwind - mit ihren ab 1848 zulaufenden insgesamt 42 Ruder-Kanonenbooten, einsatzfähig bis gerade Windstärke 4, denen sich 1850 noch die Segelkorvette MERCUR und die Radkorvette DANZIG hinzugesellen.

Da war die Frankfurter Nationalversammlung bereits auseinandergestoben und die provisorische Reichsregierung im Dezember 1849 ‚verlöscht‘. Nur die Flotte der Paulskirche unter dem Kommando Carl Rudolph Brommys blieb zunächst erhalten, bis sie 1852/ 53 nach langer Agonie auktionshalber verschied. Zwei ihrer Schiffe, die Dampffregatte BARBAROSSA und die erbeutete dänische Segelfregatte ECKERNFÖRDE, letztere hatte man wieder unter ihrem alten Namen GEFION in Dienst gestellt, wurden an Preußen übergeben — dort wo jetzt die Marine-Musik spielte.

Contre-Admiral Brommy, Oberbefehlshaber der ersten deutschen Marine, versuchte noch, sich mitsamt seinen Schiffen in diese Königlich Preußische Marine hinüberzuretten. Doch der dortige Chef, Prinz Adalbert, der Brommy in einem von Jörg Duppler entdeckten Vermerk als „klug, verschmitzt und intrigant“ bezeichnet hatte, schreibt ihm am 10. April 1852 kühl zurück: „Ihre Bitte würde ich sehr gern erfüllen, wenn die Verhältnisse dies gestatteten. Sollte sich später ein geeigneter Zeitpunkt hierfür ergeben, so würde ich denselben nicht ungenutzt vorüber gehen lassen.“ Allein, dieser Zeitpunkt kam nicht, er sollte es wohl auch nicht.

Die unter Brommys Regie in seiner Marine erarbeiteten ‚Dienstvorschriften für die Reichs-Marine‘, die der Admiral bereits im Dezember 1849 an Adalbert, gleichsam als Visitenkarte, übersandt hatte, nahm der Prinz hingegen gern an. Sie hätten ihm „eine gar große Freude gemacht“, bedankte er sich brieflich bei Brommy, denn er hatte ja auch noch viel vor:

Lag es doch auf der Hand, dass der Handel über die norddeutschen Häfen, wollte Preußen als aufstrebende Kontinentalmacht in Europa im Spiele bleiben, auch hinreichenden militärischen Schutzes auf See erforderte. Dazu aber bedurfte es vor allem eines Zugangs zu den Ozeanen, eines preußischen Marinestützpunktes an der Nordsee.

Schon der Nationalversammlung in der Paulskirche war ein Vorschlag aus dem Großherzogtum Oldenburg unterbreitet worden, für die deutsche Flotte einen Kriegshafen im oldenburgischen Jadegebiet anzulegen. Eine von Frankfurt dorthin entsandte Kommission hatte nach Besichtigungen im März 1849 und im April 1850 das dortige Terrain mit seinem tiefen Fahrwasser und der geschützten Reede auch als dafür geeignet befunden. Doch nach dem ‚Verlöschen‘ der Reichsregierung verblieben die Pläne für ein ‚Marineetablissement an der Jade‘ in der Schublade. Auch in der des Prinzen Adalbert. Und der machte sich nun, kaum wieder zurück in preußischen Diensten, just diesen ‚alten‘ Plan zu eigen – und setzte ihn um:

Am 20. Juli 1853 erwarb Preußen mit dem ‚Jadevertrag‘ vom Großherzogtum Oldenburg für 500 000 Taler Preußisch Courant die Hoheitsrechte über eine 1300 Preußische Morgen umfassende Fläche am ‚Fährhuk bei Heppens‘ im westlichen Teil des Jadegebietes zur Anlage eines Kriegshafens. Am 30. März 1854 entband Friedrich Wilhelm IV. den ‚Marine-Prinzen‘ Adalbert von seinen Aufgaben als Generalinspekteur der Artillerie, um ihn sodann mit dem Rang eines Generals der Infanterie zum ‚Admiral der preußischen Küsten‘ zu ernennen – de facto Oberbefehlshaber einer Königlich Preußischen Marine, deren allerdings nur sehr überschaubare Zahl von Schiffen und Booten einen anderen Titel auch nur schwerlich hergegeben hätte.

So übernahm der ‚Küsten-Admiral‘ am 23. November 1854 das zukünftige Hafengebiet am ‚Fährhuk‘ beim Dörfchen Heppens in einem sturmumtosten Zelt vom oldenburgischen Innenminister Friedrich von Berg, der im Auftrag seines Großherzogs Nikolaus Friedrich Peter an diesen entlegenen Ort geeilt war (s. dazu ausführlich Exkurs: Marinestadt Wilhelmshaven).

Nun konnte eine ‚richtige‘ Preußische Marine ins Auge gefasst werden, mit Linienschiffen als deren Kern und der von Adalbert ersehnten „Stellung eines Seestaates“ für das bisher strikt heeres- und erdverbundene Preußen als fernem Ziel. Resultat war der erste ausgear-

168

beitete preußische Flottenplan, der „Plan für die künftige Ausdehnung der Preußischen Marine". Vom. König war er am 19. April 1855 in Kraft gesetzt worden und sah eine Schlachtflotte von 12 Linienschiffen für die heimischen Gewässer, eine Handelsschutzflotte mit 3 Fregatten und 6 Korvetten und eine Küstenschutzflotte mit 42 Kanonenbooten vor – eine Seemacht ‚zweiten Ranges' zum Schutz von Seehandel, Küste und Machtstellung Preußens und der Fähigkeit, mit einer größeren Seemacht allianzfähig zu sein. Dies hatte schon die ‚Technische Marinekommission' unter Prinz Adalbert 1848/ 49 in Frankfurt anvisiert, als Zwischenstadium zu dem „Endziel" einer „selbständigen Seemacht", der dann viertstärksten der Welt.

Im Juli 1856 schließlich genehmigte König Wilhelm von Preußen, der spätere deutsche Kaiser Wilhelm I., den Plan des Oberbaurates Gotthilf Hagen für die Anlage eines Kriegshafens an der Jade; und das ‚Fährhuk bei Heppens' wurde mit 2000 Arbeitern und unter der Bauleitung des Geheimen Baurates Heinrich Wilhelm Goeker zügig zur größten Baustelle Europas, zu Preußens ‚Tor zum Atlantik'.

Getragen von einem erheblichen Minderwertigkeitskomplex gegenüber der österreichischen Marine wie dem preußischen Heer war Adalbert stets darauf bedacht, die besondere Leistungsfähigkeit ‚seiner' Marine herauszustreichen. So sah er sich, als 1853 eine Stettiner Brigg von Piraten an der marokkanischen Mittelmeerküste vor dem Rif-Gebirge bei Kap Tres Forcas überfallen, dabei ein Besatzungsmitglied getötet und der Kapitän verletzt worden war, bereits an der Spitze seiner Truppen im Angriff auf Tanger, als die europäischen Mächte jedoch ihre Unterstützung für diese Strafexpedition gegen Marokko verweigerten und die Aktion abgeblasen werden musste. Doch Adalbert wird darauf zurückkommen:

Im Sommer 1856 kann der Prinz als Oberbefehlshaber der Marine an Bord der Radkorvette DANZIG, des ersten größeren in Preußen gebauten Kriegsschiffs, vor Madeira erste Seemanöver exerzieren. Doch dann forciert er, und Jörg Duppler hat in diesem Zusammenhang darauf verwiesen, dass ihm in einer früheren Beurteilung ein „Mangel an Ruhe und Besonnenheit und an richtiger Beurteilung der Verhältnisse" attestiert worden war, nach dem Ende dieser Übungen und der Auflösung des von ihm kommandierten Geschwaders, wohl auch um zu zeigen, was seine Marine zu leisten im Stande sei, deren ersten militärischen Einsatz. Und der endet am 7. August 1856 in einem Desaster:

Nach dem Ende des Manövers fährt Adalbert mit der DANZIG zu einer ‚Erkundungsfahrt' just unter jene Rif-Küste bei Kap Tres Forcas, wo drei Jahre zuvor die Stettiner Brigg überfallen worden war. Prompt wird die DANZIG von Land aus mit Gewehrfeuer attackiert. Und als habe er nur darauf gewartet, setzt der Prinz ein Landungskorps von 68 Mann an Land, mit ihm selbst an der Spitze, „der Ehre Preußens, der Ehre unsres Vaterlandes schuldig, Genugtuung zu fordern" und dabei auch gleich noch die „alte Schurkerei" der Rif-Piraten von 1853 zu rächen. Doch das preußische Landungskorps wird von der Überzahl der Rif-Kabylen, einem Berberstamm, in die Flucht geschlagen. Sieben Tote und 22 Verwundete auf preußischer Seite, darunter der Prinz selbst mit einem Oberschenkeldurchschuss, sind die wenig glanzvolle Ausbeute dieses höchst verunglückten Vergeltungsunternehmens. Während man in Öffentlichkeit und Marine die „kühne Tat" überwiegend lobt, ist der König in Berlin keineswegs amüsiert. Die „äußerst bedauerliche Affäre", die alles andere als dazu angetan ist, Adalberts Position am Hofe zu festigen, wird heruntergespielt und Adalbert mit den Schwertern zum Roten Adler-Orden dekoriert. Die Ereignisse fallen, ebenso wie die bei Hofe naserümpfend vermerkte unstandesgemäße Heirat Adalberts mit der Tänzerin Therese Elßler, sodann Freifrau von Barnim, ganz eklatant auf die gerade im Entstehen begriffene Marine zurück, die sich ohnehin schwer genug tut, gegen das übermächtige preußische Heer an Reputation und nicht zuletzt an Finanzmitteln zu bestehen.

Denn die Vorbehalte in der Führungsetage des Staates Preußen hinsichtlich Sinn und Zweck einer Marine für Preußen und derem entbehrlichen ‚Luxus' waren keineswegs ausgeräumt. Millionen von Talern seien „fast spurlos im Meer verschwunden", hört man bald aus dem Landtag, und der Finanzminister ist auch angesichts der Kosten für den Bau des Jadehafens nicht mehr geneigt, weitere Geldmittel für den Aufbau der Flotte, die mittlerweile auch über einige Avisos, Schoner und die Schraubenkorvetten ARCONA und GAZELLE sowie die Segelfregatte THETIS verfügt, bereitzustellen. Die Ruder-Kanonenschaluppen werden in den Jahren 1860 bis 1866 nach und nach durch 24 Dampfkanonenboote, den ‚Seeferkeln', wie sie die

170

Dänen abfällig nennen, ersetzt. Und auch die Stellung ihres Oberbefehlshabers mit seinen ambitionierten Plänen einer Fortentwicklung der Marine hin zu einer respektablen Linienschiffsflotte war schon frühzeitig und zunehmend marginalisiert worden:

Eigenartigerweise beginnt dies mit einem scheinbaren Sieg des Prinzen, nämlich der auf sein Drängen 1853 erfolgten Herauslösung der Admiralität als Kommando- und Verwaltungsbehörde aus dem Kriegsministerium. Die Leitung dieser Behörde übernimmt allerdings, um die Marine nicht allein dem von allzu marinepassionierten Plänen erfüllten Prinzen Adalbert zu überlassen, der preußische Ministerpräsident Otto Theodor von Manteuffel selbst, die laufenden Geschäfte hingegen werden Adalbert, gleichsam unter Aufsicht, überlassen.

1859 wird dann in einem zweiten Schritt diese Admiralität, die Adalbert zuvor aus dem Kriegsministerium ‚befreit‘ hatte, in zwei gleichberechtigte Behörden aufgespalten: in das Oberkommando unter Prinz Adalbert und in die Marineverwaltung, zuständig für Bauplanung und Finanzen. Letztere wird, um Adalberts Einfluss auf die Rüstungsplanung der Planung der Flotte auszuschalten, dem aus Vlissingen stammenden Vizeadmiral Jan Schröder unterstellt. Das geht, wie absehbar, nicht lange gut und Adalbert erwirkt schon 1860 Schröders Pensionierung – nur um jetzt zu erleben, dass Anfang 1861 an dessen Stelle der ungleich einflussreichere Kriegsminister, General Albrecht von Roon, selbst die Marineverwaltung übernimmt und sie gar zu einem Marineministerium ausbaut. Damit war Adalbert ein markanter Pyrrhussieg gelungen. Er ist damit faktisch kaltgestellt. Im Gegensatz zu Roon gehört er auch nicht dem Militärkabinett des Königs an, bleibt damit von entscheidenden militärpolitischen Beratungen ‚ausgesperrt‘ und wird höchstens noch zu einzelnen nachgeordneten Marinefragen angehört. Seine ambitionierten Forderungen nach entlegenen überseeischen Flottenstützpunkten, namentlich in Ostasien und Mittelamerika, gar die Aufstellung eines ständigen maritimen Einsatzverbandes, ein aus Panzerkreuzern bestehendes ‚Evolutionsgeschwader‘, verhallen im Raume.

Im Sommer 1867 war die Königlich Preußische Marine mit Gründung des Norddeutschen Bundes zu dessen ‚Bundesmarine‘ geworden und die preußische Seekriegsflagge wurde modifiziert: der Adler rangierte nun im schwarzen Balkenkreuz des Deutschen Ordens, das

Eiserne Kreuz in der Oberecke war mit den neuen Nationalfarben Schwarz-Weiß-Rot unterlegt. Die Verfügungsgewalt über die Marine verblieb nach wie vor beim König von Preußen, mit dem Marineministerium unter Roon, seinem Direktor im Marinedepartement, Vizeadmiral Eduard Jachmann und dem Oberkommando unter Prinz Adalbert.

Zwar wird Adalbert am 19. April 1859, wie bei Duppler zu lesen, zum „echten" Admiral befördert, seine Marine wächst auf und preußische Offiziere werden ausbildungshalber regelmäßig zur Royal Navy abgeordnet. Doch als im Jahre 1869 das ‚Marine-Etablissement an der Jade', im Wesentlichen seine höchst eigene Schöpfung und wo der Prinz für seine dortigen zahlreichen Besuche auch eine eigene Villa unterhält, durch König Wilhelm die Stadtrechte und den Namen Wilhelmshaven verliehen bekommt, ist Adalbert zwar auch zugegen, hingegen nur in der zweiten Reihe, im Schatten des Kriegsministers von Roon, der das Zeremoniell führt.

Und auch Adalberts Marine verharrt an entscheidenden Wegpunkten im Abseits: Kommt sie doch weder in den preußischen Kriegen von 1864 gegen die Dänen, 1866 gegen Österreich und auch nicht 1870/71 im Deutsch-Französischen Krieg, wo man sich lediglich auf Hafen- und Küstenverteidigung beschränken musste, ohne sich auf hoher See gegen die Franzosen „mit größter Wahrscheinlichkeit der Vernichtung preiszugeben", wie Duppler aus dem amtlichen Generalstabswerk zitiert, zu mehr als sporadischen und insgesamt ganz unerheblichen Einsätzen. Daher zog es der ‚Prinz-Admiral' auch vor, sich wieder dem Heer anzuschließen. Er kämpfte auf dem Schlachtfeld von Königgrätz ebenso wie später in Colomby und Gravelotte und ist auch bei der Belagerung von Metz dabei – ein ‚Kämpfer' zweifellos, was gleichwohl nicht verhindert, dass man ihm, und nicht nur in der Presse, vorwirft, die Marine 1870/71 allein gelassen zu haben: „Aber die Flotte war doch im Kriegszustande, bei ihr also dürfte wohl der Platz des Prinz-Admirals gewesen sein" – so zitiert Duppler Herman Granier in der ‚Allgemeinen Deutschen Biographie'.

Mit der Gründung des Deutschen Reiches im Spiegelsaal von Versailles endet dann die Adalbertsche Gründungsphase der Preußischen Marine, und zwar recht abrupt. Kaum hatte Adalbert die Marine Richtung Heer verlassen, wurde das Oberkommando der Marine Teil des

Geschäftsbereiches des Marineministers von Roon, der hingegen selbst mit dem Heer in den Krieg zog und die Amtsgeschäfte von Oberbefehl und Marineministerium Vizeadmiral Jachmann überließ. Nach dem Krieg verblieben beiden Behörden vereint und wurden am 1. Februar 1872 per Dekret Wilhelms I. zur ‚Kaiserlichen Admiralität‘. Deren Chef allerdings wird nicht Jachmann, der, so der Kaiser, zu wenig ‚Fortüne‘ und zu viel ‚Phlegma‘ bewiesen habe, sondern, da sich offenbar kein geeigneter Marineoffizier fand, die preußische ‚Allzweckwaffe‘ Generalleutnant Albrecht von Stosch – und bleibt dies bis zum 20. März 1883. Prinz Adalbert, seit längerem bereits von angeschlagener Gesundheit, zieht sich am 15. Juni 1871 auf den exklusiv für ihn geschaffenen, klangvollen, aber einflusslosen Ehrenposten eines General-Inspekteurs der Marine zurück. Am 6. Juni 1873 ereilt ihn während eines Kuraufenthaltes in Karlsbad der Tod infolge einer Lungenembolie. Begraben ist Prinz Adalbert in der Hohenzollerngruft des Berliner Domes.

Die Preußische Marine hatte bereits 1865 ein Panzerfahrzeug nach ihm benannt, ein recht schwerfälliges Gefährt und von Adalbert selbst als ‚Der Lahme‘ tituliert. Die Kaiserliche Marine nennt schließlich 1876 eine Kreuzerfregatte und 1901 einen Großen Kreuzer PRINZ ADALBERT, 1902 läuft für die HAPAG sogar ein Passagierdampfer gleichen Namens vom Stapel. In Berlin, Kiel und Wilhelmshaven sind Straßen nach dem ‚Prinz-Admiral‘ benannt. Denkmäler für Adalbert befinden sich auf dem Gelände der Marineschule Mürwik in Flensburg, eine hölzerne Statue in einem Torbogen am Bootshafen und eine Bronzebüste in der dortigen Aula, sowie in Wilhelmshaven. Hier, in der Stadt, die ihre Geburt wesentlich den Ideen und dem Tatendrang des Prinzen Adalbert verdankt, setzte man ihm auch das mächtigste Denkmal. Finanziert durch Beiträge der Offiziere, Beamten, Unteroffiziere und Mannschaften der Kaiserlichen Marine und so, wie es vom Berliner Bildhauer Karl Schuler als 3 m hohe Bronzestatue, der Prinz in Admiralsuniform mit Säbel, in der rechten Hand den Jadevertrag, am 16. September 1882 eingeweiht wurde, steht es immer noch – am Eingang zur Adalbertstraße, die, nachempfunden der architektonischen Anlage der Berliner Renommierstraße ‚Unter den Linden‘ in einst glänzender neoklassizistischer Bebauung Wohnhäuser der ortsansässigen Marineoffiziere beherbergte sowie das ‚Weiße Schloss am Meer', das Stationsgebäude des Marinekommandeurs und seines Stabes. Diese prachtvollen Bauten sind fast sämtlich unter den Bomben des Zweiten Weltkrieges, die das alte Wilhelmshaven zu 60 Prozent in Schutt und Asche legten, verschwunden. Lediglich drei Gründerzeithäuser haben noch an der Adalbertstraße ‚überlebt' - und auch das Denkmal des Prinzen Adalbert, des Mannes, der nicht nur die erste deutsche Marinekonzeption, die ‚Denkschrift' von 1848 und die unter seinem Vorsitz geführten, ertragreichen Arbeiten der ‚Technischen Marinekommission' vorlegte, sondern dem auch die Entwicklung der Teilstreitkraft Marine hin zu einem eigenem Organisationsbereich gelang, befreit nunmehr vom Odium des Überflüssigen und dem Status einer, vor allem auch im Haushaltsplan weitgehend ignorierbaren, ‚Marotte'.

So ist Prinz Adalbert immer noch zugegen in Wilhelmshaven – in Bronze und auf einem 2,5 m hohen Marmorsockel mit vier Reliefs, dem Preußischen Adler, dem Geburts- und dem Sterbedatum Adalberts und einer Inschrift auf der Rückseite des Sockels: „Ihrem verewigten/ Oberbefehlshaber/ Dem Admiral/ Prinzen Wilhelm/ Heinrich Adalbert/ Von Preußen/ In dankbarer Erinnerung/ Die Kaiserliche Marine".

Man wird ihm in Marinekreisen auch über die Preußische und Kaiserliche Marine hinaus dankbar sein können - ihm, der anno 1848 in seiner ‚Denkschrift' und im Kreise seiner ‚Technischen Marinekommission', und wie ihm dies Jörg Duppler zu Recht attestiert hat, zum Gründer der deutschen Marine wurde. Doch das war er nicht allein. Die ersten deutschen Seestreitkräfte hätte es nicht gegeben, wären nicht um Adalbert versierte und kluge Männer gewesen wie der Baumeister der Flotte, der Handels- und Marineminister Arnold Duckwitz und deren Oberbefehlshaber, Contre-Admiral Carl Rudolph Brommy, die Adalberts Ideen in eine gleichsam real existierende Flotte umsetzten, und dies mitsamt Marinebehörden und Landanlagen, einem Marineministerium an der Spitze, den Besatzungen der Schiffe und einem, dem man in Wilhelmshaven genau gegenüber des Monuments für den Prinzen Adalbert, in Sichtweite des Marinearsenals, der ehemaligen Königlich Preußischen, Kaiserlichen, Reichs- und Kriegsmarinewerft, auch ein Denkmal, geschaffen 1982 durch den Bildhauer Waldemar Otto, gesetzt hat: dem Werftarbeiter.

Literaturauswahl:

Batsch, K.-F., Admiral Prinz Adalbert von Preußen. Ein Lebensbild mit besonderer Rücksicht auf seine Jugendzeit und den Anfang der Flotte von Viceadmiral Batsch. Berlin 1890.

Duppler, J., Prinz Adalbert von Preußen. Gründer der deutschen Marine. Herford Bonn 1986.

Paul, M., Die Technische Marinekommission und der Bau der deutschen Flotte 1848/ 49. Diss. München, Technische Hochschule 1923.

Petter, W., Deutsche Flottenrüstung von Wallenstein bis Tirpitz. In: Militärgeschichtliches Forschungsamt (Hrsg.), Handbuch zur deutschen Militärgeschichte 1648-1939, Abs. VIII, Deutsche Marinegeschichte der Neuzeit. Bonn 1979.

Exkurs: Marinestadt Wilhelmshaven

Übergabe des Jadegebiets an Preußen am 23. November 1854

„Wilhelmshaven ist mit der Marine entstanden und gehört zu ihr."
(Vizeadmiral Friedrich Ruge, erster Inspekteur der Marine der Bundesrepublik Deutschland)

Es herrschte ‚Schietwetter' an jenem 17. Juni 1869, als man zur Taufe einer neuen preußischen Stadt schritt. Auf dem nördlichen Molenkopf des noch im Bau befindlichen Hafens, den man als Preußens Tor zur Nordsee mit dem Kauf des Geländes vom oldenburgischen Großherzog anzulegen begonnen hatte, war für die Zeremonie ein bekränzter Baldachin errichtet worden, den die heftigen Regenschauer, die sich nach anfänglichem Sonnenschein am Morgen dann um die Mittagszeit einstellten, bereits nach kurzer Zeit übel zurichteten. In der Mitte wehte an einem Mast die königliche Flagge, denn es wurden ‚Allerhöchste Herrschaften' erwartet, vom Publikum wie von den auf Reede vor den Molen liegenden Schiffen, dem Aviso GRILLE, dem Panzerfahrzeug PRINZ ADALBERT, der Schraubenfregatte ARCONA und der Königlichen Yacht PREUSSISCHER ADLER. Zwei

Tage zuvor war das britische Panzerschiff MINOTAUR zu Ehren des preußischen Königs dort ebenfalls vor Anker gegangen.

Gegen 11 Uhr, der Chef des preußischen Generalstabes, Helmuth von Moltke, war bereits tags zuvor angereist, traf der Zug aus Oldenburg kommend mit seinen illustren Gästen ein: Allen voran Majestät selbst, der preußische König Wilhelm, später als Wilhelm I. deutscher Kaiser, und in seinem Gefolge der Kanzler des Norddeutschen Bundes, Fürst Otto von Bismarck, Kriegs- und Marineminister Albrecht von Roon, die Großherzöge von Oldenburg und Mecklenburg und nicht zuletzt Prinz Adalbert von Preußen, Urheber der Anlage eines preußischen Kriegshafens an der Jade, mitten im „armen Weideland", so die örtliche Zeitung, am ‚Fährhuk bei Heppens'.

Mit drei vom Großherzog von Oldenburg gestellten Hof-Kutschen wurde der knapp zwei Kilometer lange Weg bis zum Fuß der Nordmole „im schlanken Trabe" durchfahren, ebenso wie die beiden an der Straße errichteten Ehrenpforten. Allein das Wetter wollte sich nicht dem ausgefeilten preußischen Protokoll beugen. Zügig wurden in Wind und Regen durch Hafenbaudirektor Heinrich Wilhelm Goeker der erlauchten Gesellschaft die Baupläne erläutert, sodann schritt Minister von Roon zu seiner Taufrede, dankte dem König, an diesen „entlegenen Strand" gekommen zu sein, um „diesem großen Werk die Weihe zu verleihen" und schloss mit den Worten: „So verkündige ich denn kraft des mir erteilten königlichen Befehls, dass von dieser Stunde an dieser Hafen und die mit ihm werdende Stadt ‚Wilhelmshaven' heißen soll, ‚Wilhelmshaven' heißen wird für alle Zeiten. Lang lebe Seine Majestät König Wilhelm. Er lebe hoch, hoch, hoch!". Und die „zahlreich versammelte Menschenmenge", so die Chronistin der Ereignisse, die Gattin des örtlichen Lotsenkommandeurs, Louise von Krohn, in ihren Erinnerungen, stimmte „brausend" in die Hochrufe ein, die Schiffe auf Reede feuerten Salut und deren Besatzungen, die in Paradeaufstellung angetreten waren, brachten drei Hurras aus.

Dann setzte der König im blauen Beiboot der GRILLE, gerudert von 14 Matrosen in weißer Uniform, zur MINOTAUR über. Achtern im Boot war mit Messingstangen ein Baldachin aus rotem Seidendamast aufgestellt worden. Als der König das Oberdeck der MINOTAUR betrat, schoss das mächtige Panzerschiff Salut. „Durch den Druck der Pulvergase" stürzte im Beiboot, das noch längsseits lag, der Baldachin zusammen, die seidengestickte Heckflagge hing in Fetzen und zwei Matrosen lagen in „angebrannten" Uniformen ohnmächtig auf der Back des Bootes. Durch den kräftigen Salut hatten sich auch Planken gelöst und das Boot machte Wasser. Während der König noch auf der Kommandantenkammer weilte, wurde die lädierte Bootsbesatzung ausgetauscht, das Leck abgedichtet, eine neue Flagge gesetzt und der König konnte, allerdings ohne Baldachin, unter erneutem Salut zur GRILLE zurückkehren.

Gegen zwei Uhr wurden, so Louise von Krohn, die „noch wasserfreien" Hafenanlagen inspiziert, bevor man sich in einem auf dem Werftgelände befindlichen Holzschuppen einem festlichen Buffet widmete. Derart gestärkt wurde dann am Nachmittag unter einem „einfachen Bretterdach" der Grundstein für die nach der verstorbenen Frau König Friedrich Wilhelms IV. benannte Elisabeth-, die spätere Christus- und Garnisonkirche, gelegt, mit drei Hammerschlägen, zuerst des Königs, dann seiner Getreuen – wobei festgehalten wurde, dass die energischsten Hammerschläge vom Fürsten Bismarck ausgeführt wurden.

Das ‚Marineetablissement' hatte nun einen Namen – und, ein Signal für die Bedeutung, die Preußen seiner nunmehrigen Marinepräsenz an der Nordsee einräumte, nicht weniger als den des Königs selbst: Wilhelmshaven – mit ‚v', nach niederdeutschem Brauch, und nicht mit ‚f', was in der mit dem Grundstein vermauerten Stiftungsurkunde noch schnell, auf ‚Allerhöchsten Befehl' und mit den Worten, er, der König, habe es ja auch gleich so ausgesprochen, korrigiert wurde.

Es war noch nicht lange her, da war die Flotte des Contre-Admirals Carl Rudolph Brommy, die die Nationalversammlung in der Frankfurter Paulskirche am 14. Juni 1848 mit der Bewilligung von sechs Millionen Talern auf Kiel gelegt hatte, versteigert worden. Doch jene Idee eines „Anfangs für die deutsche Marine" lebte fort – und zwar in Preußen. Zwei Schiffe aus Brommys Marine, BARBAROSSA und ECKERNFÖRDE, wurden schon im April 1852, noch vor der Versteigerung der Restflotte, dorthin abgegeben. Und das Kommando über die Preußische Marine übernahm auch ein Protagonist aus den Zeiten der untergegangenen Flotte der Paulskirche – Prinz Adalbert, ehemals Vorsitzender der Frankfurter ‚Technischen Marinekommission'. Der aber griff nun sozusagen in seine Schublade. Denn dort befand sich noch der der damaligen Nationalversammlung in Frankfurt aus Oldenburg unterbreitete Vorschlag, für die deutsche Flotte einen Kriegshafen auf oldenburgischem Gebiet, ein ‚Marineetablissement an der Jade‘ anzulegen, eine Idee, die sogar noch durch eine damals eigens aus Frankfurt angereiste Delegation als geeignet befunden worden war.

Nun war die Nationalversammlung längst Geschichte, doch Adalbert verfolgte deren Flottenpläne gleichsam unter den Fittichen des preußischen Adlers weiter. Und so kam man, da auch der Großherzog von Oldenburg durchaus an preußischem Schutz und Geld interessiert war, im ‚Jade-Vertrag‘ vom 20. Juli 1853 überein, für 500.000 Taler ein 1300 Preußische Morgen umfassendes oldenburgisches Terrain inklusive der beiden Dörfer Heppens und Neuende an Preußen zu übereignen. Dazu war am 23. November 1854 „bei heftigstem Nordoststurm" Prinz Adalbert, mittlerweile ‚Admiral der preußischen Küsten‘, in der offenen Kutsche des Kaufmanns Lohe bei heftigem Schneetreiben vom Dörfchen Mariensiel durch unwegsames Gelände zum ‚Fährhuk‘ gefahren worden, wo er in einem in der Nähe der ehemaligen französischen Batterie aufgestellten, geschmückten und vom Sturm durchgeschüttelten Zelt das nunmehrige preußische Jadegebiet übernahm. Nach Entgegennahme einer Schaufel oldenburgischer Erde aus Händen des großherzoglich-oldenburgischen Emissärs, des Innenministers Friedrich von Berg, dem Aufziehen der preußischen Flagge und den Salutschüssen der auf der Jade liegenden preußischen Schiffe verfügte sich der Prinz angesichts des Wetters mit 35 geladenen Gästen dann zügig in den Schutz des Wirtshauses von Eilers in Heppens, um dort das Ereignis mit einem ‚Frühstück‘ zu begehen.

Mitte 1856 waren in Berlin die Pläne des Oberbaurates Gotthilf Hagen für die Anlage des Jadehafens durch König Friedrich Wilhelm IV. genehmigt worden und die Gegend um das ‚Fährhuk‘ wurde unter der Bauleitung Heinrich Wilhelm Goekers nun zur größten Baustelle Europas. Mit Hacke, Schaufel, Schubkarren und einigen Dampframmen gingen zunächst an die 2000 Arbeiter aus allen Teilen des Landes daran, die Erde für die Hafenbecken auszuheben, „in langen Reihen, mit monotonem Gesang". Kein Wunder, dass die erste Gastwirtschaft, die hier eröffnete, ‚Zur Erholung‘ hieß. Untergebracht waren die Arbeiter in strohgedeckten Barackenlagern, „Strohhausen" genannt, und nahezu zwei Drittel der bis 1872 insgesamt 26.000 eingesetzten Bauarbeiter erkrankte an brackigem, nicht abgekochtem Trinkwasser, an Überanstrengung oder an dem von der im Sumpfgebiet heimischen Anophelesmücke hervorgerufenen ‚Marschfieber', einer Form der Malaria, zu deren Bekämpfung gar Robert Koch aus Berlin herbeigerufen wurde. „Nur Chinin konnte das Übel unterdrücken; es stand wie die tägliche Suppe auf dem Tisch", so die Zeitzeugin Catharine Schwanhäuser.

Hafen, Schleuse, Marine- und zivile Gebäude entstanden, 1864 begann der Bau einer Werft, 1867 wurde die Bahnstrecke nach Bremen eröffnet und die Stadt erhielt 1869 auf der zugigen Nordmole ihren ‚königlichen' Namen: „Seine Majestät der König von Preußen haben allergnädigst geruht, der innerhalb des Preußischen Jadegebiets in der Gründung begriffenen Stadt, zu deren Bereich der Kriegshafen an der Jade gehört, durch Allerhöchsten Erlaß vom 27. Mai d. J. den Namen ‚Wilhelmshaven' beizulegen." So verkündete es das Gesetzblatt des Norddeutschen Bundes.

Am 22. November 1870 wurde dann mit Einlaufen der Schraubenfregatte ELISABETH die I. Hafeneinfahrt eingeweiht. Sie erwies sich jedoch bald als zu klein und lag auch ungünstig zur Strömung des Jade-Fahrwassers. So ging bereits 1886 eine II. Einfahrt in Betrieb, wieder bei „schlechtestem November-Wetter", wie Catharine Schwanhäuser vermerkte. Dabei lief sich die Panzerfregatte FRIEDRICH CARL beim festlichen Einlaufen in die neue Einfahrt im Sand des vorgelagerten ‚Schweinsrückens' fest. Sie musste erst freigeschleppt werden, das Einlaufen „erfolgte dann später."

Im Zuge der Tirpitzschen Flottengesetze wuchsen die Hafenanlagen weiter auf. Durch weiträumige Eindeichung wurde der ‚Große Hafen' angelegt, überspannt von der 1907 ganz unspektakulär mittels einer Probefahrt der Feuerwehr ‚eingeweihten' ‚Kaiser-Wilhelm-Brücke', der mit 159 Metern Länge größten Drehbrücke Europas und Wahrzeichen der Stadt bis heute. 1909 dann, des Flottenbaumeisters Tirpitz Schiffe wurden immer größer, ging die III. Einfahrt mit zwei je 250 m langen Schleusenkammern und dem – problemlosen – Einlaufen der neuen Linienschiffe NASSAU und WESTFALEN in Betrieb.

Nachdem im Ersten Weltkrieg die Kaiserliche Hochseeflotte durch die englische Fernblockade weitgehend zur Untätigkeit verurteilt war, weigerten sich Besatzungen der vor Schillig-Reede liegenden Groß-kampfschiffe gegen Ende des Krieges, noch zu einem ‚Flottenvor-stoß' gegen England auszulaufen – Initialzündung, sozusagen der ‚Sturm auf die Bastille', der Novemberrevolution und des Untergangs von Kaiserreich und Flotte. Diese versenkte sich im schottischen In-ternierungshafen Scapa Flow am 21. Juni 1919 selbst. Die mit dem Versailler Vertrag den Deutschen noch zugestandene Reichsmarine von 15.000 Mann zwang die Stadt zu Alternativen und man setzte, vor allem mit dem Ausbau des Südstrandes zu einer hotelbestückten Promenade Mitte der zwanziger Jahre, zunächst auf den Tourismus.

In der Zeit des Nationalsozialismus wurde auch die Marine wieder aufgerüstet. Auf der Wilhelmshavener Kriegsmarinewerft lief am 1. April 1939 das größte deutsche Schlachtschiff, die TIRPITZ, vom Stapel, neue Stadtteile entstanden und eine Doppelschleuse mit je 390 m langen und 60 m breiten Kammern wurde, benannt nach dem Oberbefehlshaber der Kriegsmarine, am 7. November 1942 als ‚Ra-eder-Schleuse' eingeweiht.

Dann ging das alte Wilhelmshaven mit seinen prächtigen Gründer-zeitbauten und mit seiner Marine in den schweren Luftangriffen des Zweiten Weltkrieges unter. Zwei Drittel der Stadt fielen in Schutt und Asche, annähernd 500 Menschen kamen dabei um. Am 6. Mai 1945 kapitulierte der Festungskommandant von Wilhelmshaven vor den alliierten Truppen, weite Teile der Hafen- und Werftanlagen inklusive der großen Seeschleuse wurden gesprengt, die Anlagen der Werft demontiert und in die Sowjetunion verschifft. Eine Marine existierte nicht mehr in Wilhelmshaven. Neue, zivile Arbeitsplätze entstanden, vor allem in Kranbau, Werftbetrieb, und, in einem ehemaligen Mari-nemateriallager im benachbarten Roffhausen, in der Büromaschinen-produktion.

Mit Gründung der Bundeswehr war die Marine dann wieder zurück. Die ersten Freiwilligen rückten am 2. Januar 1956 in die Kasernenan-lage Ebkeriege ein, ein halbes Jahr später liefen die ersten schwim-menden Einheiten, vier Minenräumboote der ehemaligen Kriegsma-rine, in Wilhelmshaven ein und fanden, wie auch Schnell- und Geleit-boote, ihren Liegeplatz zunächst an der ‚Wiesbadenbrücke', der ehemaligen ‚Kohlenzunge' der Kaiserlichen Hochseeflotte im Großen Hafen. 1957 wurde das Marinearsenal gegründet und um den alten Bauhafen der Werft entstanden wieder Werkstätten und Docks. Seewärts der wiederaufgebauten Schleuse entstand von 1964 bis 1968 der neue Marinestützpunkt, die IV. Einfahrt, als tideabhängiger Hafen und mutmaßlich einziger militärischer Bereich der Welt, den, auf dem Weg zu Schleuse und Binnenhafen, eine öffentliche Seeschifffahrtsstraße durchquert.

Im ‚Kalten Krieg' und der zunehmenden seestrategischen Bedeutung des Nordflankenraumes wurde Wilhelmshaven mehr und mehr zum Hauptstützpunkt der ‚Dickschiffe' der Marine, spätestens mit Außerdienststellung der drei Zerstörer der LÜTJENS-Klasse in Kiel, von denen die MÖLDERS im Deutschen Marinemuseum ‚überlebt' hat und mit ihrem hohen Mast längst Teil der Wilhelmshavener Stadtsilhouette geworden ist. Die Einsatzflottille 2, die vormalige Zerstörerflottille, trägt mit ihren Fregatten und Versorgungsschiffen einen erheblichen Teil der maritimen Einsätze der Bundeswehr und mit dem Marineunterstützungskommando und dem Logistikzentrum der Bundeswehr ist Wilhelmshaven gar zum größten Standort der Bundeswehr insgesamt geworden. Daneben hat sich Kunststoff- und Energieindustrie, Wissenschaft und Forschung entwickelt und seit 2012 verfügt die Stadt mit dem JadeWeserPort über Deutschlands einziges Tiefwasser-Containerterminal. Am 17. Dezember 2022 schließlich konnte als Konsequenz aus den Folgen des Ukraine-Krieges in weniger als 200 Tagen Bauzeit und auf der Basis vorhandener Löschbrückeninfrastruktur in Wilhelmshaven das erste Flüssiggasterminal Deutschlands in Betrieb genommen werden – zugänglich, wie der JadeWeserPort, selbst für größte Schiffe, die nach wie vor tideunabhängig und ohne lange Revierfahrt Wilhelmshaven anlaufen können.

Diesen Schiffen, vor allem auch den Tankern, die seit 1958 Rohöl an den Löschbrücken am Jadefahrwasser abliefern, kommt zugute, was schon 1849 die Kommission aus Frankfurt am ‚Fährhuk' auf der Suche nach einem Hafengelände für die erste deutsche Marine festgestellt hatte: dass nämlich „an der Landspitze tiefes Wasser stand". So profitiert die Stadt noch immer von jenen geografischen Besonderheiten, die das Jadegebiet schon für die Oldenburger und Frankfurter im Jahre 1848 attraktiv gemacht hatte.

Der ‚Erfinder' von Hafen und Stadt, Prinz Adalbert, aber wacht noch immer über die Geschicke Wilhelmshavens: 1882 in Bronze gegossen, von seinem Denkmalsockel in der nach ihm benannten Straße ganz in der Nähe des Marineoffizierheims und auf einer Sichtachse nicht weit entfernt vom Standbild des Namensgebers der Stadt mit der Inschrift „Wilhelm der Große Deutscher Kaiser".

Heute ist die Stadt, nach wechselvoller Geschichte, die sie im Verlauf zweier Weltkriege jeweils an den Rand ihrer Existenz brachte, größter deutscher Marinestützpunkt und ‚Heimat der Dickschiffe' der Flotte.

Und es ist, da hatte Heine Recht, der Traum von einer großen, weltbeherrschenden deutschen Flotte – zum Glück – tatsächlich verschwunden, wie auch der Kaiser oder ein Flaggschiff namens BARBAROSSA. Wilhelmshaven hingegen hat überlebt und mit der Stadt und weiteren Stützpunkten in Kiel, Eckernförde und Warnemünde auch eine deutsche Marine, integriert in das Seebündnis der NATO – eine Marine, die in Erinnerung an die Flotten-Sitzung der Nationalversammlung vom 14. Juni 1848 in der Paulskirche jeweils an diesem Tag das Gründungsdatum einer ersten parlamentarisch konstituierten deutschen Marine begeht.

Literaturauswahl:

Graul, J., Stadt- und Marinegeschichte Wilhelmshavens. In: Standort Wilhelmshaven. Wilhelmshaven 2014.

Koop, G./ Mulitze, E., Wilhelmshaven und die Marine. 2. Aufl. Bonn 1999 (Erstausgabe Koblenz 1987).

Krohn, L. von, Vierzig Jahre in einem deutschen Kriegshafen. Wilhelmshaven 1981.

Wein, M., Wilhelmshaven im Spiegel der Zeit. Wilhelmshaven 2015.

Der Minister: Arnold Duckwitz

Arnold Duckwitz (1802-1881). Lithografie von August Dircks, ca. 1841

Wer hat die erste deutsche Marine geschaffen? Gefeiert wurden bisher Prinz Adalbert und Carl Rudolph Brommy. Dabei waren die beiden bei ihm ,angestellt': dem Reichshandelsminister der ,provisorischen Centralgewalt', Arnold Duckwitz, dem politisch Hauptverantwortlichen dieses „Anfangs einer deutschen Marine", wie ihn das erste deutsche Parlament, die Nationalversammlung in der Frankfurter Paulskirche, am 14. Juni 1848 und angesichts der dänischen Blockade der deutschen Küsten im Zuge des Schleswig-Holstein-Konfliktes mit ihrem Beschluss einer Anschubfinanzierung von 6.000.000 Talern gesetzt hatte. Es war Duckwitz, der 1848 und 1849 nicht nur die Leitlinien der Gründung einer ersten deutschen Flotte und Marine bestimmte, er hat auch all diejenigen erst ins Amt gebracht, die später im wesentlich allein als Gründerväter dieser Marine in Erinnerung bleiben sollten. Er selbst hingegen wurde dabei weitgehend übersehen. Und dies ganz zu Unrecht.

Geboren am 27. Januar 1802 in Bremen, durchlief Duckwitz hier zunächst eine Kaufmannslehre, um dann für mehrere Jahre in England und den Niederlanden im Tierhautimport aus Nordamerika tätig zu werden. 1829 nach Bremen zurückgekehrt, wurde er schnell zu einem Wortführer der liberalen Kaufmannschaft, setzte sich dabei vor allem für die Verbesserung der Weserschifffahrt ein sowie für den Abbau der Zollschranken in Deutschland, namentlich in seiner Schrift ‚Über das Verhältnis der freien Hansestadt Bremen zum Deutschen Zollverein‘ von 1837. Im Jahre 1840 wurde er in das Kollegium der ‚Elterleute‘ der Bremer Kaufmannschaft gewählt, seit 1841 war er Mitglied des Bremer Senats und engster Mitarbeiter und Berater des legendären Bremer Bürgermeisters Johann Smidt. So verhandelte er, gelehriger Schüler des Zollvereinsgründers Friedrich List, Verträge über den Bau einer Eisenbahn zwischen Hannover und Bremen, und, dies wird ihn später in Frankfurt zum Schifffahrtsexperten stempeln, Maßnahmen zur Schiffbarmachung der Weser für Seeschiffe, zur Hafenerweiterung in Bremerhaven sowie der Einrichtung einer deutsch-amerikanischen Dampfschifffahrtslinie mit Postdienst, die ‚Ocean Steam Navigation Company‘ Bremerhaven.

Und als im März „die Regierungen und die Throne wankten", wie dies Duckwitz formuliert hat, da fand er sich mit seinem Freund Carl Theodor Gevekoht auch schon als bremische Vertreter im Frankfurter Vorparlament und dessen Exekutivorgan, dem ‚Fünfzigerausschuss‘ wieder, um die ersten deutschen Parlamentswahlen für den 1. Mai in den Ländern des Deutschen Bundes vorzubereiten. Am 18. Mai dann ziehen die Abgeordneten inmitten eines schwarz-rot-goldenen Fahnenmeeres in die Paulskirche ein und Duckwitz kehrt erleichtert zurück nach Bremen, „denn ich sehnte mich fort aus diesem wüsten Treiben". Doch schon am 21. Juli reist er wieder gen Frankfurt, soll er doch nun Handelsminister der neuen, vorläufigen Regierung werden. Am 5. August wird er zum Reichshandelsminister ernannt und dann folgt, kaum dass die Nationalversammlung im Oktober die ‚Marineangelegenheit‘ an die ‚provisorische Centralgewalt‘ übertragen hat, gleich die nächste Überraschung: Als hätte er mit Reichszollordnung, Reichs-Consulatsordnung, dem Entwurf für ein

Flussschifffahrtsgesetz und der Einrichtung eines ‚Bureaus für Reichsstatistik' nicht schon genug zu tun, „wurde mir doch noch eine weitere Last auferlegt. Es war die Bildung einer deutschen Flotte." Alle übrigen Minister hatten schnell erklärt, dass sie davon nichts verstünden, „und es war keiner meiner Kollegen geneigt, die Sache zu übernehmen". So fand sich für die Leitung des ganzen Marine-Unternehmens schließlich niemand als er selbst, zumal seine Ministerkollegen einstimmig darauf bestanden, dass er doch als ehemaliger Bremer Senator durchaus etwas vom Seewesen verstünde, „jedenfalls mehr als sie und es sei kein anderer Ausweg da, als derjenige, daß ich das Opfer bringe, auch diese Bürde mir noch aufzuladen. Ich mußte mich fügen." Allerdings „nahm die Sache doch bald einen anderen Anstrich an. Die Schwierigkeit der Sache reizte mich und fing an, mich zu interessieren." Es gab ihm, wie er in seinen Erinnerungen, den ‚Denkwürdigkeiten aus meinem öffentlichen Leben 1841 bis 1866' bekundete, geradewegs „frischen Muth", dass es „keinen Menschen in Deutschland (gab), der Rath geben konnte, ich war daher anfangs entschieden auf mich allein angewiesen."

Überhaupt war es um die maritime Erfahrung und Expertise in Parlament und Regierung nicht gut bestellt. Da reichte es schon, wenn jemand mal eine Seereise, und sei es nur bis Helgoland, gemacht hatte, flugs wurde er zum Experten und rückte in den Marineausschuss ein. Oder wurde sogar zum ‚Marine-Rath' befördert, wie die beiden Abgeordneten Samuel Gottfried Kerst und Wilhelm Jordan, die nun in die im Handelsministerium einzurichtende ‚Marineabtheilung' als gleichsam Parlamentarische Staatssekretäre aufstiegen - beide erklärtermaßen von Duckwitz ausgewählt, weil sie sich in der Nationalversammlung am lautesten für die Einrichtung einer Marinebehörde ausgesprochen hatten.

Duckwitz' Ziel war es, mit Ende des mittlerweile mit Dänemark abgeschlossenen Waffenstillstandes im Frühjahr 1849 über eine möglichst hohe Zahl an Kriegsschiffen zu verfügen, um damit einer zu erwartenden neuerlichen dänischen Blockade entgegentreten zu können, wobei sich schon bald herausstellte, dass es wohl schneller ginge, Schiffe erst einmal im Ausland zu kaufen – „der Eile wegen, womit dieses geschehen sollte" und angesichts der misslichen Tatsache, dass die deutschen Schiffbaumeister noch nie ein Kriegsschiff gebaut hatten und selbst die größten Werften an der Unterweser aus dem Stand keine Fregatten von 1400-1600 ts bauen konnten. Schon im Oktober wandte Duckwitz sich „an eine befreundete Nation jenseits des Oceans, deren fast vierter Theil die deutsche Sprache redet" und bat die US-amerikanische Regierung mit einer Note, einen Fregattencapi-tain oder Commodore für die Dienste der ‚Centralgewalt' abzustellen, „zum Zwecke der Mitwirkung bei der Organisation der deutschen Marine." Des Weiteren fragte er in den Vereinigten Staaten an, ob man dort „einige Kriegsschiffe" für die deutsche Regierung bauen lassen könne und zu welchem Preis. Darüber hinaus ließ Duckwitz prüfen, „wo etwa deutsche Officiere sich in fremden Diensten befän-den", um „sachkundige Personen des Inlands und Auslands ausfindig zu machen und nach Frankfurt zu berufen."

Denn die Zeit drängte, zumal man in Hamburg durchaus schon tätig geworden war und mit einigen flugs armierten Handelsschiffen, ‚Dampfkorvetten' genannt, der unmittelbaren Flotten-Not gehor-chend, längst etwas auf die Beine bzw. auf die Elbe gestellt hatte, was man Duckwitz dann später auch in Buchform genüsslich unter die Nase reiben würde. Nicht zu vergessen die in der Ostsee aufgestellte Schleswig-Holsteinische Flottille, und auch Preußen bewegte sich mittlerweile seewärts: Neben der Segelkorvette AMAZONE hatte man dort den eisernen Postdampfer PRINZ ADALBERT sowie den Regierungsdampfer KÖNIGIN ELISABETH bewaffnet und stellte am 29. November 1848 acht Ruderkanonenboote und zwei Jollen zur Verfügung, die bereits eifrig Schießübungen veranstalteten.

Der Reichshandelsminister Duckwitz, mit seiner ‚Marineabtheilung' de facto auch Marineminister und mit der „Bürde" der Flottenangele-genheit befasst, richtete mit jener Marinesektion im Handelsministeri-um gleichsam den ersten Führungsstab der Marine ein, zuständig für die allgemeine Verwaltung der aufzustellenden Marine, den Ankauf von Schiffen und den Abschluss von Bauverträgen. Duckwitz' ‚Mari-neabteilung' verfügte dabei schon über all jene Unterabteilungen, die später in allen deutschen Marinestäben als Referate wiederkehren würden: „Inspektion der Arsenäle, der Waffen, Beköstigung der Mannschaften, der Personalien, der Werften und des Bauwesens, des Materials, der Häfen."

Wohl wissend um seine eigene „gänzliche Unkunde in Marine-Angelegenheiten" und auch um die seiner Verwaltung, „derer Personal das ihr übertragene Werk erst bei der Arbeit selbst lernen muß", wie er schrieb, gelingt ihm allerdings ein besonders wirkungsvoller, die weitere Entwicklung der ersten deutschen Marine maßgeblich prägender Schachzug, nämlich die Einrichtung eines der Marineabteilung beigeordneten Expertengremiums, einer professionell besetzten ‚Technischen Marinekommission', die fachlich fundierte Vorschläge zu Organisation, Aufgaben und dem Schiffs- und Personalbestand einer zukünftigen deutschen Marine für die Reichsregierung, die ‚provisorische Centralgewalt', ausarbeiten solle.

Duckwitz hatte aus dem In- und Ausland in der ‚Technischen Marinekommission' die ‚crème de là crème' der deutschen Marinekundigen versammelt, Vertreter der ministeriellen Marineabteilungen Preußens und Österreichs, General Joseph von Radowitz als Sprecher des Marineausschusses der Nationalversammlung sowie Marineoffiziere, die bereits über Erfahrungen in ausländischen Marinediensten verfügten, wie die Kapitänleutnante Johann Otto Donner in der dänischen und Jan Schröder in der holländischen sowie Fregattenkapitän Carl Rudolph Brommy, einen welt- und kriegserfahrenen Marine-Profi, den Duckwitz aus der griechischen Marine abgeworben hatte. So formierte der Minister einen, wie sich schnell zeigte, schlagkräftigen und kreativen maritimen ‚Think tank' zur Konzeption, Aufstellung und Entwicklung einer deutschen Marine. An die Spitze dieses Expertenzirkels aber ‚beförderte' Duckwitz, nachdem er den Reichsverweser Erzherzog Johann gebeten hatte, beim preußischen König in der Sache anzufragen, Prinz Adalbert von Preußen, den er ursprünglich, was aber angesichts dessen Ranges von vornherein unmöglich war, sogar zum Marineminister der Reichsregierung machen wollte. Seine maritime Expertise hatte der ‚Oberkahnführer' der Preußen ja mit seiner im Mai 1848 in Potsdam herausgegebenen ‚Denkschrift über die Bildung einer deutschen Kriegsflotte' nachgewiesen, in der er drei Modelle oder Stufen für die Ausgestaltung einer zukünftigen deutschen Marine beschrieben hatte – von der Küstenverteidigung über den Handelsschutz bis zur selbständigen Seemacht. Vor letzterem Fall warnte er, zumindest noch zum gegenwärtigen Zeitpunkt, und so sollte zunächst einmal Modell 2, eine zum Handelsschutz und zur Verteidigung der Küsten fähige Marine angesteuert werden.

Die ‚Technische Marinekommission' tagte erstmalig am 15. November 1848 und alles, so Duckwitz, „was von seemännischer Intelligenz in Deutschland vorhanden war, fand hier seinen Platz." Doch Duckwitz, der ‚Macher', wollte dabei nicht endlos über die Ziele und Zwecke einer deutschen Marine diskutieren lassen. „Der große Fehler der Deutschen ist die Gründlichkeit, womit sie jede Frage behandeln. Auch die Marine war dieser Gefahr ausgesetzt", so hatte er es erkannt. Vielmehr musste es darum gehen, schnellstmöglich und gleichzeitig auf solider Basis Fakten zu schaffen, Schiffe zu kaufen und Personal, Besatzungen wie Verwaltungskräfte zu verpflichten. Daher hatte Duckwitz auch seinem ‚Think tank' klare Vorgaben gemacht und in einem Schreiben vom 5. November 1848 ‚An die technische Marinekommission' umstandslos diejenigen „Gegenstände, welche zunächst einer Erledigung bedürfen", formuliert: Das sei zunächst „die Umwandlung der in Hamburg von dem Reiche übernommenen Kriegsfahrzeuge u. deren tüchtige Bemannung", namentlich die bauliche Verstärkung der Schiffe, die Änderung der Stellung der Geschütze, die Verbesserung der Maschinen, Benennung der Sachverständigen, mutmaßlicher Kostenaufwand und personelle Besetzung, „so wie sie für den Kriegsdienst notwendig ist." Und der Minister „erlaubt sich zu empfehlen, diesen Gegenstand ungesäumt in Erwägung zu ziehen." Eine klare Ansage, auch wenn der Vorsitzende der hier beauftragten Kommission nicht weniger als ein preußischer Prinz ist. Doch damit nicht genug: „Ferner empfehle ich zu sofortiger Erwägung: ob es rätlich, 1 oder 2 Dampfschiffe in England zu kaufen."

Die Marinekommission, kaum dass sie sich konstituiert hat, entwickelt umgehend einen Arbeitsplan. Duckwitz selbst ist häufig bei ihren Sitzungen zugegen und holt bei Bedarf die Baupläne und ‚Visionen' der Kommission auf den Boden der nur begrenzt zur Verfügung stehenden Haushaltsmittel zurück.

Am 8. Februar 1849 legt die Kommission dann den „Abschlussbericht" ihres Denkens und Wirkens vor, ein bemerkenswertes Werk der „Hauptgrundzüge und allgemeine(n) Umrisse der zu schaffenden deutschen Marine": Neben Referaten und Denkschriften zur Beschaffung von Schiffen und deren „Bemannung", zu „definitive(n) Behörden für die deutsche Kriegsmarine", der Anlage von Kriegshäfen, „disponibler Geldmittel" und erster Vorschriften für die aufzustellende Marine wird ein Rüstungsprogramm entwickelt, das die Adalbertsche Denkschrift mit ihren drei „Hauptrubriken" nun in drei aufeinander aufbauende „Hauptstadien" einer Flottenentwicklung gießt.

Neben diesem Rüstungsprogramm erarbeitet die ‚Technische Marinekommission' zudem grundlegende Marinevorschriften wie die ‚Verordnung über die Uniformierung der Offiziere und Mannschaften der Reichsmarine', die ‚Verordnung für die Disziplinar-Bestrafung in der Marine des Reiches' (die bereits und ganz ungewöhnlicherweise für die Zeit auch das Delikt ‚Unwürdige Behandlung der Untergebenen' enthält), ferner ‚Das Exerzierreglement für die Marine–Artillerie des Reiches' und die ‚Dienstordnung an Bord' (D. a. B.) – ein Vorschriftenwerk von großer Beständigkeit, das in deutschen Marinen fortlebte und sich z. B. in der heutigen ‚Marinedienstvorschrift 400/1, Bestimmungen für den Dienst an Bord (DaB)' der Deutschen Marine nicht nur im Titel, sondern auch in wesentlichen inhaltlichen Anteilen erhalten hat.

Fast aus dem Nichts sind Grundlinien des Aufbaus und der Organisation einer zukünftigen deutschen Marine erarbeitet - eine Pioniertat. Nicht nur von Adalbert und den Mitgliedern seiner Kommission, sondern vor allem auch von Duckwitz, der diese Kommission erst ‚erfunden', sie dann besetzt, konzeptionell auf Kurs gebracht und den Bearbeitungsfortgang sodann akribisch überwacht hatte.

Adalbert, deren Vorsitzender, reist hingegen sofort nach Erledigung der Kommissionsgeschäfte ab, zurück nach Preußen, wo er am 1. März 1849 vom König zum ‚Oberbefehlshaber über sämtliche ausgerüstete Kriegs-Fahrzeuge' ernannt wird.

Duckwitz selbst, dies zeigt sein Auftrag an die ‚Technische Marinekommission', kam es vor allem darauf an, nach Einrichtung der Marinebehörden umgehend und unter Vermeidung langwierigen Entwerfens von Plänen „über die zukünftige Gestaltung derselben und Sachverständige aus allen Ländern zu berufen, um sich gutachterlich zu äußern, bevor man eine Geldanlage mache" vielmehr „sogleich für die Anschaffung einer Anzahl Kriegsschiffe" zu sorgen, „um wenn irgend möglich bis zum April des kommenden Jahres, also innerhalb vier Monaten etwas zu besitzen, was bei einem etwaigen Wiederaus-bruche des Krieges mit Dänemark benutzt werden könne."

Duckwitz erklärte dazu später auch das langfristige Ziel, das sich hin-ter dieser Hast verbarg, dass sich nämlich, „wenn nur erst eine gute Anzahl Kriegsschiffe angeschafft, armiert und bewaffnet seien, folge-weise einige Millionen Taler angelegt, die Marine sich nicht wieder auswischen lasse."

Tatsachen mussten also geschaffen werden, und zwar in Form von Kriegsschiffen. Die aber gab es in Deutschland nicht, „außer der Preußischen Corvette ‚Amazone‘, einem Holsteinischen Zollkutter und den von der Hamburger Comité angeschafften und im Oktober durch das Reich übernommenen 3 Dampf- und 2 Segelschiffen." Weitere konnte man nicht erst langwierig bauen und ausrüsten, abge-sehen davon, dass an deutschen Küsten ohnehin keine Werft mangels einschlägiger Erfahrungen in der Lage war, größere Kriegsschiffe zu fertigen. Also musste es in der gebotenen Eile darum gehen, bereits vorhandene Schiffe und vorhandenen Sachverstand zu erwerben. So kam es dahin, dass Duckwitz in England fündig wurde: Von dort konnte er zunächst zur fachlichen Unterstützung und Beaufsichtigung der deutschen Flottenrüstung den Marineingenieur William Morgan nach Deutschland ‚lotsen‘, unter dessen „specieller Aufsicht" nun „die Umarbeitung der älteren Schiffe, sowie der Neubau der contra-hirten Schiffe" vonstattengehen konnte.

Mitte November 1848 beginnt neben der ‚Technischen Marinekom-mission‘ auch die Marineabteilung des Reichshandelsministeriums mit der Arbeit, und „nur 8 Tage nach der Berufung der beiden Marine-Behörden", so vermerkt Duckwitz in seiner Schrift ‚Über die Bildung einer deutschen Kriegsmarine‘, waren schon zwei Sachverständige, ein „tüchtiger Maschinenkenner, Herr Wernher aus Darmstadt und ein tüchtiger Schiffsbaumeister, Herr Hermann Ulrichs aus Vegesack", nach England unterwegs, „um daselbst die etwa kaufbaren, zu Kriegszwecken tauglichen Schiffe, namentlich Dampfschiffe, zu be-sichtigen und darüber zu berichten." Die Akquisition von Dampf-schiffen in England musste allerdings während des Waffenstillstandes „mit äußerst großer Discretion" verfolgt werden. Auf Dampfschiffe verfiel man, „weil diese eine ungleich weniger zahlreiche Bemannung erfordern als Segelschiffe." Aber weil „es in Deutschland fast gänzlich an Personen fehlte, welche Sachkunde besaßen", blieb nur eine Anwerbung im Ausland übrig, während den „deutschen Seeleuten diejenigen Chargen übergeben wurden, die weniger tactische Kenntnisse erforderten." Am schwierigsten aber war es, so klagte Duckwitz, Besatzungen für die Ruderkanonenboote zu finden, „weil die Seeleute zum Ruderdienste keine Neigung haben." Und das stimmt wohl bis zum heutigen Tage.

So wurde die erste deutsche Flotte aus Gründen der Personalnot mit ihren Dampfschiffen auch gleich eine technisch moderne. Zudem gelang es schließlich doch, neben „fremden Marine-Officieren", aus England, Holland und Belgien, die deutschen Kriegsschiffe auch mit „gewandten deutschen Handelsschiffs-Capitains und Obersteuerleuten" zu versehen. Und statt einer großen Seeschlacht solle, so Duckwitz, „ein Seekrieg nach Art der Beduinen" geführt werden, eine Überrumplungsstrategie, „nämlich zu erscheinen und zu verschwinden" und nur anzugreifen, „wenn man einen Feind vor sich hat, der nicht überlegen ist."

Ende des Jahres 1848 ist der Kauf zweier Cunard-Raddampfer-Passagierschiffe, BRITANNIA und ACADIA sowie der Bau dreier Dampfkorvetten unter Dach und Fach, ein weiteres Dampfschiff, die UNITED STATES, wird ‚sicherheitshalber‘ in New York bestellt, vereinbart wird die Überführung als Handelsschiff, sodann die Ausrüstung als Kriegsschiff in Deutschland.

Das dauerte. Und der Gegenwind, den Duckwitz nun erhielt, war beträchtlich – nicht nur in der Nationalversammlung, wo man sich nur schwer vorstellen konnte, dass die Aufstellung einer Marine, zudem aus dem Nichts, etwas länger dauern könne als das ‚Ausheben‘ von Heeren, und auch in der Presse wurde die ‚Geisterflotte‘ zum Gespött. „So kann's ja nicht fehlen!" titelten, wie Lars U. Scholl beschrieben hat, die ‚Fliegenden Blätter‘ über der Karikatur eines fülligen Herrn mit Hut, sitzend in einem von zwei Landarbeitern beackerten Feld mit dem Schild „Eichwald der deutschen Flotte". Darunter stand geschrieben: „Zum Bau der deutschen Flotte wurde von einem reichen Bankier ein Eichwald verehrt; mit den Vorarbeiten zum Einsäen soll bereits begonnen werden."

Besonders den Hamburgern, die zweifellos das Verdienst hatten, zuerst mit einer kleinen Flottille auf der See bzw. auf der Elbe erschienen zu sein und deren drei Dampfkorvetten sie dann der deutschen Flotte zur Verfügung stellten, ging es nicht schnell genug, „einen Handstreich gegen die Dänen auszuführen" und diese „mit Gotteshülfe" und einer „kühnen Besatzung" zu vertreiben. Und höchst gekränkt waren sie obendrein, als der englische Marineingenieur Morgan die beiden von ihnen zur Verfügung gestellten Einheiten DEUTSCHLAND und FRANKLIN als nicht kriegstauglich zurückwies. So sei es, urteilte der Sachverständige, beim Segelschiff DEUTSCHLAND geradewegs „unfair gegen deren Officiere und Mannschaft, es dem Angriffe der Breitseite einer schweren Corvette auszusetzen, welchen es nicht 5 Minuten würde widerstehen können."

So zog sich der Ankauf hin, nautische Kalamitäten kamen hinzu und im Übrigen konnte Duckwitz, wie er später schrieb, zum allgemeinen Unmut der Abgeordneten in der Paulskirche hinsichtlich der Marineverwaltung „keine ausreichenden Mittheilungen über ihre Wirksamkeit geben, weil bei manchen Dingen die Geheimhaltung die Bedingung der Ausführbarkeit war", und dies vor allem beim Bau von Schiffen in England. Und sei dies an parlamentarischer Irritation noch nicht genug, kam auch noch Pech dazu: Die ACADIA lief, unter englischer Führung, bei der Überführungsfahrt auf eine Sandbank vor Terschelling, ein Dampfer, der in England Geschütze für die Armierung der Schiffe in Deutschland geladen hatte, havarierte und musste nach England zurückkehren, in der Gießerei in Rönnebeck sprangen die für Kanonenboote und Küstenverteidigung bestellten Kanonen schon beim Anschießen, Preußen hatte mittlerweile erklärt, seine Kriegsfahrzeuge, die AMAZONE sowie die ,Kanonenböte', wieder unter preußischer Flagge fahren zu lassen und Sachsen und Bayern verweigerten schlankweg die Zahlungen für die Marine.

Nun hatte Duckwitz bei der US-amerikanischen Marine anfragen lassen, ob man dort die zeitweilige ,Überlassung' eines Inspizienten für den Kriegsschiffbau sowie ebenso leihweise die von 15 Offizieren und 24 Fähnrichen zum Dienst in der deutschen Marine ermöglichen könne. Doch ging von New York bald die Nachricht ein, dass aufgrund der vom Anfang Januar nach Deutschland entsandten Commodore William H. Parker durchgeführten Inaugenscheinnahme der deutschen Marineangelegenheiten und seines entsprechenden Berichtes vom 24. Januar 1849 die US-Regierung sich nicht in der Lage sehe, das Schiff UNITED STATES an die Deutschen zu verkaufen oder gar Marineoffiziere zeitweilig in deutsche Dienste treten zu lassen. Er, Commodore Parker, sehe beim gegenwärtigen unfertigen Zustand der deutschen Marine, für die nicht einmal Gesetze erlassen seien und angesichts der Übermacht des dänischen Gegners mit allein fünf Linienschiffen „daher kein Feld, auf welchem Amerikanische Officiere Ehre für sich oder ihr Land gewinnen könnten." Duckwitz unverdrossen: „Es kam jetzt nur darauf an den Muth nicht zu verlieren, und rüstig fortzuwirken, um aus der Sache zu machen was möglich war."

Doch schließlich kam wieder Schwung in die Dinge: Über den Winter waren die drei Hamburger Schiffe von Schiffszimmerleuten in Form gebracht worden und im März trafen die Geschütze aus England ebenso ein wie die beiden dort angekauften Dampffregatten.

Schließlich erreichten auch die drei auf britischen Werften für die deutsche Flotte unter Tarnnamen gebauten Dampfkorvetten die deutschen Küsten, wenn auch aufgrund der nach Auslaufen des Waffenstillstandes wieder etablierten dänischen Blockade teils auf gehörigen Umwegen. Ein Schiff gelangte dabei unbehelligt in die Weser, das andere flüchtete vor dänischen Blockadeschiffen zunächst nach Norderney, von wo die Ladung mit Leichterfahrzeugen über das Watt nach Bremerhaven geschafft wurde und das dritte kehrte erst nach England zurück, fuhr dann nach Ostende und von dort mit der Eisenbahn nach Bremerhaven. Das also war die Ursache der von Parlament und Presse sowie namentlich den Hamburger Reedern so beklagten ‚langsamen Entwicklung' der Flotte, über die Duckwitz in der Nationalversammlung nicht sprechen konnte, „ohne ihre Operationen zu gefährden."

In Bremerhaven ging derweil der Ausbau einer Marineverwaltung personal- und materialmäßig voran, und am 1. April 1849 wurde Carl Rudolph Brommy unter Beförderung zum Kapitän zur See zum Oberkommandierenden der ‚Nordseeflottille' ernannt, auf die nunmehr, „seitdem Preußen seinen Schiffen die Preußische Flagge gegeben, die Reichsmarine beschränkt war", so Duckwitz in seinen Erinnerungen. Gleichzeitig übertrug er Brommy das Amt des ‚Seezeugmeisters', des obersten Verwalters und Logistikers der Flotte mitsamt einer nun aufzustellenden „Special-Verwaltung zu Bremerhaven",

194

bestehend aus Kommandobehörde, Magazinen sowie Medizinal- und Instandsetzungseinrichtungen. Brommy rekrutierte nunmehr nicht nur selbst Besatzungsangehörige aller Dienstgrade für seine Schiffe, sondern übernahm, so Duckwitz gleichermaßen stolz wie erleichtert, „durch das Ausbleiben der Amerikaner veranlaßt, selbst die Ausbildung deutscher Seeleute zu Officieren und Matrosen" – „wodurch wir", und dies sei, so Duckwitz weiter, nun „freilich ein Glück gewesen", zwar „etwas langsamer, doch nun von Haus aus den Kern zu einer wirklich deutschen Flotte mit nationaler Bemannung gewinnen." Und schließlich konnte der Handels- und Marineminister auch ‚Zugriffe' von Heeresseite auf die Marine abwehren wie den des Kriegsministers Eduard von Peucker, der vorgeschlagen hatte, die Flotte auf der Weser unter den Oberbefehl des Generals Marschalk zu stellen, der, so Duckwitz, „nicht den Gedanken fassen konnte, daß der Marinecommandeur ein selbstständiges Commando führen müsse."

Die Vorschriften, die die ‚Technische Marinekommission' erarbeitet hatte, zur Uniformierung, zum Disziplinarwesen und das Exerzierreglement für die Schiffsartillerie, wurden per Unterschrift des Reichsverwesers als Verordnung erlassen, daneben wurde eine Rang- und Besoldungstabelle sowie „eine Uebersicht des erforderlichen Personals", eine Pers-STAN würde man heute sagen, sowie, wiederum in heutiger Terminologie, Besondere Anweisungen für die Marineversorgung (BesAnMVers) in Kraft gesetzt, zu Buch- und Rechnungsführung sowie zur Lagerung von Waffen, Munition und Material, darüber hinaus Vorschriften zur Examinierung der Ärzte für die Flotte, dazu ein Signalbuch, Schusstabellen und Regelungen „über Engagirung von Matrosen und Marinesoldaten."

Duckwitz war des Lobes voll über ‚seinen' Oberbefehlshaber. Ein Mann, der nach dem Ende der Arbeiten der ‚Technischen Marinekommission' und nachdem diese „mit aufopfernder Liebe für die große Sache eine große Zahl der lehrreichsten Ausarbeitungen geliefert, viele Reglements, z. B. des Exerzitiums bei dem Schießen, des Dienstes, der Gehalte u. s. w. entworfen" hatte, eigentlich fortan „im Ministerium selbst kaum zu entbehren war". Gleichwohl musste für die Marine ein Chef gefunden werden. Und da kam für Duckwitz allein Brommy in Frage, wusste er doch, dass er im November 1848 in der Tat mit diesem einen echten Profi aus griechischen Marinediensten angeheuert hatte. Und der setzte in der Folge auch tatkräftig das Adalbert-Duckwitzsche Marineprogramm mit Erfahrung, Übersicht und klarer Befehlsgebung um, in Ausbildung, Disziplin und Kampfkraft einer respektablen und modernen Flotte. Und so wurde von Duckwitz unter der Ägide des auf der Flotte geradezu allzuständigen Brommy keineswegs nur eine Anzahl von schwimmenden Einheiten, eine ,Reichsflotte', aufgestellt. Entstanden war vielmehr eine vollständige und veritable Marine, die in Dokumenten über zahlreiche Namen verfügte, von der „deutschen Marine" des Parlamentsbeschlusses über die „deutsche Kriegsmarine" der parlamentarischen Debatten bis zur „Reichs-Marine" ihrer Vorschriften. Das war deutlich und erklärtermaßen mehr als nur eine schnell zusammengestellte Schiffsformation, die flugs in See geschickt werden konnte, um die Dänen in kühner Seeschlacht zu vertreiben.

Als gleichwohl der parlamentarische Beschleunigungs-Druck immer größer wird und sich auch schon das Ende der provisorischen Reichsregierung angesichts der Vorbehalte aus Preußen gegen die von der Nationalversammlung mittlerweile verabschiedete Reichsverfassung und der wenig erfolgreichen Exkursion der parlamentarischen Kaiserdeputation zu Friedrich Wilhelm IV. abzeichnet, holt Duckwitz noch einmal zum Gegenschlag aus, aufgefordert vom Parlament zu einem Rechenschaftsbericht über die „vorgekommenen Thatsachen und des befolgten Planes bei der Gründung der Marine." Am 30. April 1849 referiert er zwei Stunden lang über den Stand der Dinge: 2,8 Millionen Taler waren für die Marine bisher verausgabt worden, zwei Millionen der ursprünglich von der Nationalversammlung beschlossenen sechs Millionen konnten gleich abgeschrieben werden, „da schwerlich auf Oesterreich's Beitrag werde gerechnet werden können". Insgesamt sind „angeschafft, theils gekauft, theils in Bau gegeben 9 Kriegs-Dampfschiffe, und ein Segelschiff von 32 Kanonen, ferner 27 Kanonenböte". Material, Waffen, Munition und Kohle für die Schiffe ist in Bremerhaven ausreichend gelagert, „die dienstfertigen Schiffe sind armirt und bemannt, die Mannschaft uniformirt, disciplinirt, und befriedigend befehligt; die Verwaltung des Ministeriums sowie der Seezeugmeisterei (unter Capitain Brommy) ist geordnet, ein Kern von Marine-Officieren gebildet." Man bedürfe nunmehr „fremder Hilfe" nicht mehr, das „Medicinalwesen" sei geregelt „und es liegen umfassende Ausarbeitungen über die weitere Entwickelung der Marine und deren Behörden zu weiterer Prüfung vor." Und abschließend: „Auf diese Weise ist in Zeit von etwa fünf Monaten der Grund zur Schaffung einer deutschen Flotte gelegt worden."

Ein Vermächtnis, wie sich bald herausstellen wird, das Duckwitz an jenem 30. April in der Nationalversammlung vorträgt. Denn am 15. Mai tritt die Regierung von Gagern zurück, da der Reichsverweser Erzherzog Johann aufgrund der Vorbehalte der großen Staaten, namentlich Preußens, gegen die Verfassung, die die Nationalversammlung am 28. März 1849 verabschiedet hatte, nicht anerkennen wollte. So verließ auch Duckwitz sein Handelsministerium mitsamt dessen ‚Marineabtheilung'. Ein Angebot zum Weitermachen durch den designierten neuen Ministerpräsidenten Maximilian Graevell hatte er zuvor abgelehnt. Aber es war alles schon so weit ‚eingetütet', dass sein Nachfolger, dem Duckwitz am 17. Mai das Ministerium übergab und ihn „mit den Specialien bekannt" machte, der nunmehrige Außen- und Marineminister General August Giacomo Jochmus (1808-1881), der zuvor in verschiedenen ausländischen Militärdiensten gestanden hatte und im Dezember 1840 Oberbefehlshaber des türkischen Heeres geworden war, nur noch die Früchte des Duckwitzschen Wirkens zu ernten brauchte.

Geradezu im Handumdrehen und zum allgemeinen Erstaunen in und außerhalb Deutschlands war hier nun eine Marine entstanden. Und die lief bereits am 4. Juni 1849, der Waffenstillstand mit Dänemark war ja mittlerweile abgelaufen, mit drei Schiffen unter Führung Brommys zu ihrem ersten Einsatz aus. Es kam vor Helgoland dabei zu einem kurzen Gefecht mit der dänischen Fregatte VALKYRIEN, das Brommy angesichts eines Warnschusses von der damals noch englischen Insel Helgoland und angesichts der anrückenden weiteren Schiffe der Dänen klugerweise abbrach.

Die immer noch indignierten Hamburger schickten schließlich im Juli 1849 dem abgedankten Duckwitz noch eine Schmähschrift, ‚Die Marineverwaltung des Herrn Duckwitz aus Bremen', hinterher („Oh Duckwitz! Duckwitz! Wo bist Du mit unseren Millionen geblieben?!"). Doch die ging insofern ins Leere, als die Flotte mittlerweile, bis auf die Anfang Mai endlich aus den USA abgegangene, aber noch nicht umgerüstete UNITED STATES und der aufgrund der Havarie auf der Sandbank vor Terschelling „krank" im Braker „Dry Dock" liegenden ERZHERZOG JOHANN ansonsten vollzählig auf der Weser schwamm. Tatsächlich lagen dort im Sommer 1849, neben den aus England überführten BRITANNIA und ACADIA mit ihren neuen Namen BARBAROSSA und ERZHERZOG JOHANN sowie der am 4. April im Zuge des Gefechtes mit schleswig-holsteinischen Küstenbatterien in der Eckerförder Bucht erbeuteten GEFION der Dänen, nun umbenannt in ECKERNFÖRDE, die drei aus der Hamburger Flottille übernommenen Dampfkorvetten HAMBURG, LÜBECK und BREMEN mitsamt der drei in England für die deutsche Flotte gebauten Einheiten DER KÖNIGLICHE ERNST AUGUST, GROSSHERZOG VON OLDENBURG und FRANKFURT, komplettiert durch 27 Ruderkanonenboote und ab Dezember durch die Segelfregatte DEUTSCHLAND als Kadettenschulschiff.

So war die „deutsche Marine" des Paulkirchenbeschlusses vom 14. Juni 1848 tatsächlich und in der ministeriellen Regie von Arnold Duckwitz aufgestellt worden. Ja, sie wuchs, kaum dass die Revolution versiegte und mit der Niederlage der badischen Aufständischen bei Rastatt im Juni 1849 gegen preußische Truppen endgültig liquidiert wurde, erst richtig auf. Am Ende war sie die einzige staatliche Institution, die sich das erste deutsche Parlament in der Frankfurter Paulskirche überhaupt hatte schaffen können. Doch die Tage der ,provisorischen Centralgewalt' waren längst gezählt, spätestens mit der Ablehnung der Verfassung durch die großen Staaten und der „Wurstbrezel", der „Schweinekrone" durch den preußischen König im April 1849.

Das war de facto das Ende der Revolution und der Nationalversammlung, deren Reste sich noch vergeblich als ,Rumpfparlament' nach Stuttgart geflüchtet hatten und dort von württembergischen Truppen am 18. Juni auseinandergetrieben wurden. Und am 21. Dezember war, mit dem Rücktritt des Reichsverwesers und der Reichsregierung, dann endgültig Schluss. Nur die Flotte unter Contre-Admiral Brommy blieb zunächst erhalten, bis sie 1852/ 53 nach langer Agonie vom ehemaligen oldenburgischen Geheimen Staatsrat Hannibal Fischer versteigert wurde.

Diese erste Flotte aber, so resümierte später Duckwitz in seinen Memoiren, lag nur „acht Monate nachdem Seitens der Centralgewalt die

Sache in die Hand genommen worden", als „vollständig ausgerüstete, armirte und mit kundigen Officieren, Kanonieren, Matrosen und Marinesoldaten bemannte, schlagfertige Flottille von 10 Dampfkriegsschiffen (Fregatten und Corvetten) und 27 Kanonenbooten" in der Wesermündung, „völlig genügend, eines Feindes, wie etwa die Dänen sein konnten, in der Nordsee sich zu erwehren, aber leider zu spät, um in dem schon beendeten Kriege noch wirksam sein zu können. Deutsche Staatsmänner, welche später den Verkauf der Flotte beschlossen, haben sie nie gesehen. Man mußte über ihren Werth das Urtheil amerikanischer und englischer Marineofficiere hören, um zu erkennen was man hatte. Es war nicht selten, daß solche Offiziere unsere Flotte besahen, eingestandenermaßen um sich darüber lustig zu machen. Wie oft aber habe ich direct und durch Andere deren Ausspruch vernommen: ‚Das macht Euch keine andere Nation in acht Monaten nach.'"

„Ende Mai war ich wieder in Bremen und fühlte mich frei wie ein Vogel der Lüfte." In seiner Heimatstadt wird Duckwitz dann erneut Senator, initiiert wesentlich den 1856 zwischen Bremen und dem Deutschen Zollverein abgeschlossenen Vertrag und wird von 1857 bis 1863 Nachfolger seines Förderer Johann Smidt als Bremischer Bürgermeister, dann noch einmal von 1866 bis 1869. Anschließend bleibt er weiter Senator, geht 1875 in den Ruhestand und veröffentlicht 1877 seine Erinnerungen, ‚Denkwürdigkeiten aus meinem öffentlichen Leben 1841-1866', in denen er seine „Frankfurter Zeit" noch einmal aufleben lässt und die Erinnerung an jene turbulente Phase, als er maßgeblich daran beteiligt, ja, der Dirigent des ganzen Unternehmen war, die erste deutsche Marine geradewegs aus dem Nichts heraus geschaffen und den deutschen ‚Flottentraum' des Vormärz in die Wirklichkeit überführt zu haben. Und derart, trotz der schlussendlichen Liquidierung des Schiffsbestandes der Flotte, mit all jenen Dokumenten und Vorschriften, die sein Ministerium, Brommy und die ‚Technische Marinekommission' vorgelegt hatten und die noch lange, zum Teil bis heute in deutschen Marinen Gültigkeit und Bestand hatten und inklusive jenes „Geist(es) freudiger Erregung und Heiterkeit unter den Offizieren und Beamten, der ebenso wohltuend als der Sache förderlich war" (der ehemalige Seekadett der Brommy-

Flotte Julius Paul Wilcken) nichts weniger als die historischen Grundlagen auch der heutigen Deutschen Marine gelegt zu haben.

Literaturauswahl:

Duckwitz, A., Ueber die Gründung der deutschen Kriegsmarine. Bremen 1849.

Duckwitz, A., Denkwürdigkeiten aus meinem öffentlichen Leben von 1841-1866. Bremen 1877.

Moltmann, G., Die deutsche Flotte von 1848/ 49 im historisch-politischen Kontext. In: Rahn, W. (Hrsg.), Deutsche Marinen im Wandel. München 2005.

www.deutsche-biografie.de/sfz39153.html (Arnold Duckwitz)

Exkurs: Flaggschiff BARBAROSSA

Dampffregatte BARBAROSSA, 1849

Im Herbst 1849 lagen „wie ein Spuk", so der Historiker Günter Moltmann, neun Dampffregatten und -korvetten, ein Großsegler und 26 ‚Kanonenböte', seeklar und gefechtsbereit, mit ausgebildeten Besatzungen von annähernd 1000 Mann, auf der Unterweser – eine respektable, moderne und ‚wettbewerbsfähige' Flotte nebst landseitiger Marinebehörden, alles unter dem Oberkommando von Carl Rudolph Brommy. Klingende Namen hatte man den Schiffen gegeben, fast wie Freiligrath einst in seinem Gedicht ‚Flotten-Träume', doch schon mit einer etwas anderen Ausrichtung. Unter deutsche Heldengestalten, wie den Kaiser Barbarossa oder Nationalmythen wie die ‚deutsche Seemacht des Mittelalters', die Hanse, die nun als HANSA, ebenso wie BARBAROSSA, in einem Schiffskörper vergegenständlicht war, hatten sich nun, als Referenz an die Stationierungsorte der „deutschen Marine" der Paulskirche, neben dem alten Kaiser Rotbart weitere fürstliche Namen in die Parade der Schiffsnamen eingeschlichen, vergeben von der ‚provisorischen Centralgewalt', der vorläufigen Reichsregierung in Frankfurt am Main. Unklar ist jedoch, wer sie dort ersonnen hatte. Vermutlich die ‚Marineabtheilung' des Reichshandelsministeriums, möglicherweise zu billigen vom Reichsverweser, Erzherzog Johann von Österreich. Der fungierte sogar selbst als Namensgeber, allerdings am Bug eines Schiffes, das aufgrund seiner Havarie bei der Überführungsfahrt von England nach Brake im dortigen Trockendock landete und dieses auch während der gesamten Zeit, die Reichsregierung und Reichsverweser noch verblieb, nicht mehr verließ.

Mit dem Namenstableau der Schiffe bespiegelte man also nicht nur glorreiche deutsche Geschichte, wie mit den Radfregatten BARBAROSSA und HANSA. Man erwies auch ganz aktuell amtierenden fürstlichen Hoheiten Referenz, zuvörderst dem Reichsverweser selbst mit eben jener defekten Radfregatte ERZHERZOG JOHANN, wie auch den Fürsten der Stationierungsstandorte der Flotte mit den Radkorvetten DER KÖNIGLICHE ERNST AUGUST für das hannoversche Geestemünde und GROSSHERZOG VON OLDENBURG für Brake. Das Segelschulschiff DEUTSCHLAND stand für das anvisierte neue deutsche Reich. Der Großsegler ECKERNFÖRDE, die von den Dänen in der Eckernförder Bucht erbeutete GEFION, bezog sich ihrerseits auf die Revolution selbst, die Städtenamen der Radkorvetten HAMBURG und BREMEN wiederum auf die Hanse. Die Dampfkorvette FRANKFURT schließlich war Reminiszenz an den Ort von Nationalversammlung und Reichsregierung, sicher eher weniger an die ‚Location‘ der ersten Germanistentagung, sehr wohl aber an die der Kaiserkrönungen im Heiligen Römischen Reich deutscher Nation. Und Jacob Grimm wird beim KÖNIGLICHEN ERNST AUGUST, jenem hannoverschen König, der ihn und die ‚Göttinger Sieben‘ einst aus dem Professorenamt gejagt hatte, auch nicht sehr ‚amused‘ gewesen sein.

So wurden die Schiffe der ersten deutschen Flotte also mit Namen versehen, wie sie auch die einfallsreichen Dichter der Flottenpoeme nicht besser hätten vorschlagen können. Und dies galt vor allem auch für den neuen Namen der vormaligen BRITANNIA, eines Post- und Passagierdampfers, der in England gekauft worden war und den man nun stolz als BARBAROSSA und Flaggschiff der Flotte in Dienst stellte – nicht nur ein Name, sondern ein Signalement: Erinnerung und Rückkehr zu jener deutschen Reichsherrlichkeit, zu Macht und Glanz, die man dem damaligen Reich unter dem Staufer Friedrich I.

(ca. 1122-1190), genannt Barbarossa, unterstellte und sich damit nicht nur in eine lange deutsche Sagentradition stellte, sondern auch die allenthalben in den Zeitungen aufflammenden vormärzlichen Barbarossa-Hymnen aufgriff und als politisches Programm per Flaggschiff der neuen deutschen Flotte und ihrer Reichsregierung in Frankfurt unterlegte.

Erworben wurde dies symbolträchtige Flaggschiff für Brommys Seestreitkräfte, ebenso wie die britische ACADIA, die nunmehr in deutschen Diensten unter dem Namen des Reichsverwesers ERZHERZOG JOHANN rangierte, von der Cunard Line in Liverpool. Am 5. Februar 1840 war, so der Schifffahrtshistoriker Arnold Kludas, der Seitenraddampfer für den Reeder Samuel Cunard auf der Werft von Robert Duncan in Greenock/ Schottland für die British & North American Royal Mail Steam Packet Company in Liverpool vom Stapel gelaufen. Sie war, so Kludas weiter, „der erste im regelmäßigen Liniendienst verkehrende Transatlantikdampfer."

Am 4. Juli absolviert das mit 1135 BRT vermessene Schiff mit seinen Kabinen für 115 Passagiere der I. Klasse seine Jungfernfahrt von Liverpool über Halifax nach Boston. Schon in seinem ersten Jahr in Fahrt errang das Schiff mit 11 Tagen und 4 Stunden für die transatlantische Passage nach Halifax das ‚Blaue Band'. Im Januar 1842 dann ist ein ganz besonderer Passagier an Bord, Charles Dickens, weltbekannter Autor der ‚Pickwick Papers' und von ‚Oliver Twist', der sich mit seiner Frau auf der BRITANNIA eingeschifft hatte, um in den USA eine Lesereise zu absolvieren. Am 3. Januar, nicht unbedingt die beste Jahreszeit für Atlantikseefahrten, ging es von Liverpool über Halifax nach Boston. Es war Dickens' erste Seereise und, wie er fand, eine Katastrophe.

Nicht genug, dass ihm die Kabine, ‚Staatszimmer' mit Namen, zu klein ist, „eine schrecklich unpraktische, ganz und gar hoffnungslose und zutiefst lächerliche Schachtel", wie er klagt. Überhaupt ist es ihm überall zu eng auf dem Schiff und er fühlt sich „wie eine Giraffe im Blumentopf." Am Essen mäkelt er herum und der Speisesaal ist ihm „ein langes, schmales Zimmer, das beinahe einem gigantischen, mit Seitenfenstern versehenen Leichenwagen glich". Und als sei das schon nicht genug, gerät das Schiff auch nach nur zwei Tagen in See schon in einen heftigen Wintersturm. In der Kabine, eher weniger seefest gezurrt, fliegt alles durcheinander. „Der Wasserkrug taucht abwechselnd auf und unter und hüpft in der Stube umher wie ein lustiger Delphin." – „Etwas hohe See und ein bisschen widriger Wind, Sir", erläutert dem entgeisterten Erst-Seefahrer Dickens ein Steward, den es später selbst mitsamt Tablett von den Beinen holt – begleitet von „höchst merkwürdigen, aber keineswegs aufheiternden Tönen, welche die siebzig Passagiere in ihren verschiedenen Kabinen ausstießen." Darunter auch der Schriftsteller selbst, „fürchterlich seekrank", während seine Frau tapfer im Damensalon die Stellung hält, bis dort durch ein Bullauge ein Brecher einschlägt. Nachdem man kurz vor Einlaufen Halifax noch auf eine Sandbank gerät, gelangt man schließlich doch nach Boston und Dickens mitsamt seiner Frau haben achtzehn Tage nach Auslaufen Liverpool endlich wieder festen Boden unter den Füßen. Hätte es eine andere Möglichkeit gegeben, man hätte die Rückreise zweifelsfrei nicht auf einem Schiff angetreten. So versichert es der seegeplagte Dichter in seinen Reiserinnerungen ,American Notes'. Dann ist es aber notgedrungen doch und wenigstens ein stattliches Segelschiff, die GEORGE WASHINGTON, die die beiden Atlantikreisenden schließlich sicher und mit ,following winds' zurück nach London trägt.

Charles Dickens wird also kaum etwas dagegen gehabt haben, dass die BRITANNIA schließlich 1848 an die Deutschen verkauft wird. Sollen die sich doch mit diesem unbequemen Dampfer herumschlagen.

Und so wird die BRITANNIA, nachdem sie am 14. September 1847 bei Cape Race auch noch gestrandet und dabei mit leichten Beschädigungen freigekommen war, dann, und so folgen wir weiter der Schiffsbiografie bei Arnold Kludas, in New York instandgesetzt und „nach 40 Transatlantik-Rundreisen" (Kludas) im Januar 1849 von der ,provisorischen Centralgewalt' in Frankfurt für die deutsche Flotte angekauft. Am 12. März verlegt das Schiff von Liverpool nach Bremerhaven, wo es am 19. März unter britischer Flagge und mit britischer Besatzung ankommt. Im Braker Trockendock wird es sodann als Kriegsschiff umgebaut. Arnold Kludas hat die technischen Daten nach Umbau wie folgt gelistet: 1313 t/ 64,7 m Länge ü. a./ 9,3 m Breite (16,5 m ü. Radkästen)/ 6,8 m Seitenhöhe/ 5,2 m Tiefgang/ zwei Einzylinder-Seitenbalanciermaschinen von Robert Napier, Glasgow/ vier Kofferkessel mit insgesamt 1500 PS/ 9 kn Höchstgeschwindigkeit/ Bewaffnung neun 68-Pfünder-Bombenkanonen/ Besatzung 200 Mann.

Schließlich wird das Schiff in BARBAROSSA umbenannt und erhält eine Gallionsfigur, die Kaiser Friedrich I. Barbarossa darstellt. Erster Kommandant wird, in Ermangelung eigener deutscher Kandidaten, der britische Handelsschiffskapitän Thomas King.

Mit dem Flaggschiff der Flotte war nun also Barbarossa, wenn auch in anderer Gestalt, wieder aus dem Kyffhäuser zurückgekehrt, während mit den Schiffen ERZHERZOG JOHANN und FRANKFURT die ‚provisorische Centralgewalt‘ und die Nationalversammlung nun auch handfest und sichtbar auf sich selbst verweisen konnten. Die Ambivalenz aber, ein demokratisches Staatsgebilde zu etablieren und dabei in gleichem Atemzuge per Schiffsnamen dem alten fürstlich-monarchischen System Referenz zu erweisen, erweist sich bereits als deutlicher Vorgriff auf die Konstruktion der späteren durch das Paulskirchenparlament am 28. März 1849 beschlossenen ‚Verfassung des deutschen Reiches‘, die die bürgerlichen Grundreche der Deutschen bis hin zu Weimarer Verfassung und Grundgesetz festschrieb, dem Ganzen aber einen preußischen Erbkaiser, den man sich als ‚Volkskaiser‘ dachte, als Staatsoberhaupt voranstellte. Und Jörg Bong hat im Hinblick auf die Farben der deutschen Nationalbewegung darauf hingewiesen, dass diese keineswegs ihren alleinigen Ursprung in den Befreiungskriegen und den Farben des Lützowschen Freikorps haben, sondern dass hier auch die alten kaiserlichen Farben in der neuen deutschen Nationalflagge wieder mitwehen: „Schwarz und Gold waren die kaiserlichen Farben, das Heilige Römische Reich selbst besaß dagegen keine einheitlichen, repräsentativen Farben. Ein Rot kommt erst mit dem 14. Jahrhundert hinzu: Fänge und Schnabel des Adlers, des kaiserlichen Wappentiers, wurden rot gemalt.“

Der Barbarossa-Mythos, als Reminiszenz an jene glanzvolle alte Kaiserzeit, hatte im Vormärz, der Zeit zwischen Wiener Kongress und der Märzrevolution des Jahres 1848, in der deutschen Literatur Hochkonjunktur, und hier vornehmlich in der Lyrik. Das maritime Sujet, die wohlbekannte „Flotte“, die in den Gedichten namentlich Herweghs und Freiligraths ja, schlussendlich auch erfolgreich, geradezu herbeigerufen worden war, wurde auch noch nach ihrer ‚Kiellegung‘

durch die Frankfurter Nationalversammlung durch zahlreiche poetische Werke, zumindest Reime, eskortiert. Dies galt auch für das Lied ‚Schöner grüner Tanneboom. Deutsches Flottenlied mit Chor zum Thiergarten-Musikfest' aus der Hand eines unbekannten Dichters, zu singen auf die Melodie ‚Wir winden Dir den Jungfernkranz', gefertigt für ein ‚Benefiz-Konzert' im Berliner Tiergarten und veranstaltet vom ‚Pommernverein' zur finanziellen Unterstützung des Baus der ersten deutschen Flotte. Und das ging, unter anderem, so: „Man hat gebettelt manches Jahr/ Um eine deutsche Flotte:/ Nun wird es Ernst und wirklich wahr/ Zum Schreck der Dänen-Rotte./ (…)/ O Tanneboom, o Tanneboom,/ Wie grün sind Deine Blätter!/ Aus Dir baun wir der Einheit Dom/ Auf's Wasser mit Geschmetter."

Flotten fallen nicht vom Himmel, und sie können auch nicht wie Heere flugs ‚ausgehoben' werden – sie sind teuer, müssen lange gebaut oder kürzer gekauft werden, Geldquellen müssen angezapft werden und hilfreiche Hände werden benötigt. Da entsinnen sich die flottengestimmten Dichter eilends der fleißigen und geschmückten deutschen Frauen und fordern nun auch deren Beitrag zur Schaffung einer deutschen Marine: „Hoch leben die deutschen Frauen!/ Hoch lebe die deutsche Maid!/ Sie helfen uns heute bauen/ Mit Perlen und Goldgeschmeid./ Sie helfen uns Schiffe hämmern/ Aus Eisen und deutschem Holz;/ Ich sehe das Frührot dämmern/ Des werdenden Tags mit Stolz."

Dies Gedicht namens ‚Die deutsche Flotte und die deutschen Frauen', verfertigt, so sagt es die Gedichtunterschrift, in „Bonn, 31 Mai" und veröffentlicht anonym unter der Sigle L. L. in der Augsburger ‚Allgemeinen Zeitung', erscheint mit seinem Appell zur Flotten-Schmuckspende am 13. Juni 1848, just am Tag vor dem Flottenbeschluss in der Paulskirche: „Das Band eurer weißen Arme,/ Der Ring von der schönen Hand,/ Sie sind in der Zeiten Harme/ Ein mächtiges Unterpfand." Schließlich imaginiert der dichtende L. L. in der letzten Strophe seines Werkes bereits zukünftiges Seeschlachtgetümmel, in das man sich, beschützt und alimentiert von den deutschen Frauen, nun zu stürzen beabsichtigt: „Die Männer auf deutschen Schiffen,/ Sie werden gedenken dran,/ Einst zwischen des Meeres Riffen/ Und einst in der Schlacht Orkan./ Sie werden auf Gott vertrauen,/ Vertrauen der neuen Zeit:/ Hoch leben die deutschen Frauen!/ Hoch lebe die deutsche Maid!"

Und doch dominierte die Lyrik des Vormärz mitsamt ihrer Unterabteilung, der Flottenagitation, derjenige, der schließlich an Bord des ersten Flaggschiffs der parlamentsgegründeten deutschen Flotte als dessen Gallionsfigur dem deutschen maritimen Streben durch die Wellen voranschritt: der Kaiser Barbarossa auf ‚seinem' Schiff.

Die Sage vom ruhmreichen deutschen Stauferkaiser Friedrich I. Rotbart, am 18. Juni 1155 von Papst Hadrian IV. in St. Peter in Rom als Nachfolger der römischen Kaiser zum ‚Kaiser der Römer' gekrönt, der das damalige Reich als ‚sacrum imperium', als ‚Heiliges Römisches Reich', wie es dann in den Urkunden hieß, durch ein loyales Beamtentum und vor allem durch den Konsens mit den Fürsten festigte, dem Papst, seinem Konkurrenten um die höchste Würde in der Welt, Paroli bot, drei Kreuzzüge zur ‚Befreiung' des Heiligen Grabes unternahm und während des dritten bei einem Bad im Fluss Saleph, dem heutigen Göksu im Südosten der Türkei, am 10. Juni 1190 verstarb, lebte nach dem Wiener Kongress und der Rückkehr zu den alten fürstlichen Verhältnissen deutscher staatlicher Fragmentierung im Legitimations- und Argumentationsarsenal der deutschen „Nationalbewegung" (Sebastian Haffner) wieder und mit Macht auf.

Dabei konnte die schillernde mythologische Gestalt Barbarossas auf eine lange literarische Tradition zurückblicken: Knüpfte doch die Barbarossa-Legende an die mittelalterlichen Kaiserprophetien und -sagen an, den schriftgewordenen Zukunftsvisionen von Mönchen, Nonnen und nicht-klerikalen Gelehrten. Im Zuge der Erfindung des Buchdrucks und der ersten ‚Massenmedien', den frühneuzeitlichen Flugblättern und Flugschiften, hatte sich in letzeren ein Genre etabliert, die ‚Praktiken', die die volkstümlichen und volksgängigen Prophezeiungen vom Ende aller Tage und dem Anbruch eines weltweiten Friedensreiches verkündeten. Dieses letzte Reich aber werde herbeigeführt und gelenkt von einem ‚Endkaiser', der am Zeitenende in blutiger Schlacht den ‚Antichrist' besiegen und dem Reich Gottes auf Erden den Weg bereiten werde. Diese vor allem durch reisende ‚Buchführer' auf Märkten verkauften Schriften leisteten damit nicht nur einen wesentlichen Beitrag zur Etablierung einer literarischen Öffentlichkeit am Beginn des 16. Jahrhunderts, sie lieferten auch den sozialen Bewegungen der Zeit argumentatorische Munition gegen gesellschaftliche Missstände und für deren Veränderung. Denn die Aussicht auf ein anbrechendes, weltumspannendes ‚Goldenes Zeitalter' von Frieden und Gerechtigkeit, herbeigeführt von einem guten Kaiser, verfügte ja über erhebliche politische Brisanz. Damit wurde die Flugschriftenliteratur auch zu einem wesentlichen Treibriemen von Reformation und Bauernkrieg, die bereits mit den anonymen ‚Reichsreformschriften' der ‚Reformatio Sigismundi' oder der Schrift des sogenannten ‚Oberrheinischen Revolutionärs' am Ende des 15. Jahrhunderts ihren ‚ideologischen' Auftakt erlebt hatten. Und auch deren politische Modelle beruhten allesamt auf der Abschaffung der bisherigen feudalen Gesellschaftsordnung zugunsten einer ‚Wandlung', eines Umsturzes hin zu ‚gemeinem Nutz', zu Frieden, Eintracht und Einigkeit, im ‚Reich' der Deutschen selbst wie unter allen Völkern, geführt von einem guten Endkaiser – in den ‚Praktiken' so geweissagt von Wilhelm Fries („soll erstehen ein Keiser, dessen gewalt soll sich strecken vber die ganze welt") oder von Johann Lichtenberger („wird vberall regieren (…) vom auffgang bis zum niddergang")-

Wie subversiv derartige Prophetien auch noch nach der Niederschlagung des Bauerkrieges mit seinen letzten Ausläufern in der Schweiz 1526 waren, erfuhr dann der Nürnberger Buchdrucker und Buchführer Hans Hergot drastisch, der wegen des Vertriebs „seynes uffrurich buchlins", der Flugschrift ‚Von der newen wandlung eynes christlichen Lebens', 1527 auf dem Marktplatz von Leipzig enthauptet wurde. Mit derartigen Maßnahmen der Obrigkeit wurden aber nicht nur die handelnden und schreibenden Personen liquidiert, sondern für geraume Zeit auch das ganze literarische Genre – die Kaiserprophetie verwandelte sich in die eher märchenhafte Kaisersage und verknüpfte sich von Ort zu Ort mit Lokalsagen – wie bei der Sage vom Kaiser Barbarossa im Kyffhäuser.

Diese aber gewann nun in der Edition der ‚Deutschen Sagen' durch die Brüder Jacob und Wilhelm Grimm im Jahre 1816 gehörige Durchschlagskraft – als Sage Nr. 23 vom ‚Friedrich Rothbart auf dem Kyfhäuser', einem Endkaiser alter Prägung, der „bis zum jüngsten Tage leben" wird. Dabei „sitzt er auf der Bank an dem runden steinernen Tisch, hält den Kopf in die Hand und schläft, mit dem Haupt nickt er stetig und zwinkert mit den Augen. Der Bart ist ihm groß gewachsen, nach einigen durch den steinernen Tisch, nach andern um den Tisch herum." So warte der einst mächtige deutsche Kaiser darauf, sein altes Reich und seine gute und gerechte Herrschaft wieder aufzurichten und könne erst dann wieder aus dem Berge heraustreten, wenn die Raben, die diesen umkreisen, „Symbole der Uneinigkeit Deutschlands", so hat es Herfried Münkler ausgemacht, verschwunden seien. Derart war Barbarossa also ebenso gefangen in seinem Berg wie die Deutschen, die unter der Herrschaft einer Vielzahl von großen und kleinen Fürsten und den Karlsbader Beschlüssen gegen demokratische Umtriebe, mit Pressezensur, Berufsverboten und Ausweisung, auch auf ihre Befreiung warteten. Das war der eigentliche politische Kern der Sage vom schlafenden, auf seine Wiederkehr mitsamt seinem ‚Heiligen Reich' wartenden Barbarossa. Der allerdings war in der Entwicklung der Sage gar nicht erste Wahl gewesen. Das war zunächst sein Enkel, Friedrich II. (1194-1250), der im Königreich Sizilien mittels einer Verwaltungs- und Rechtsreform den ‚Modellstaat' eines ‚modernen' Herrschers etabliert hatte, den Wissenschaften, und hier vor allem der Naturkunde, zugetan war und als ‚aufgeklärter', ja gelehrter Monarch galt, geradezu als Idealbild des guten Kaisers am Ende der Zeiten.

Erst in der frühen Neuzeit hatte Friedrich I. Barbarossa seinen Enkel in dieser Endkaiser-Rolle abgelöst, mutmaßlich auf Grund der größeren mythologischen Kraft, die die Tatsache entfaltete, dass sein Grab nicht mehr auffindbar war, er daher vielleicht gar nicht gestorben sei und somit auch einmal wiederkehren könne. Dies alles befeuerten die Grimms nun mit ihrer Sage Nr. 23 und verschafften damit dem alten Kaiser und der Hoffnung auf seine Wiederkunft eine derartige Resonanz, dass der Kaiser im Kyffhäuser geradezu zur deutschen Nationalsage mutierte und die Sehnsucht nach einem guten, mächtigen Kaiser auch politisch auflud. Dies nationale Sehnen war nach dem Ende des Heiligen Römischen Reiches deutscher Nation 1806 und der napoleonischen Besatzung Deutschlands ein Motor, der die deutsche Nationalbewegung antrieb, Barbarossa zur prägnanten und volkstümlichen Nationalstaatsmetapher werden ließ und die Staufer, wie dies Kurt Görich gesagt hat, zu einem „Sehnsuchtspunkt für nationale Hoffnungen" machte.

Und so wird die Sage von Barbarossa, die den historischen Friedrich I. schon mit dem 1509 erschienenen ‚Volksbuch vom Kaiser Friedrich Barbarossa' überlagert hatte, zum deutschen ‚Kaisertraum' und dem eines neuen, guten ‚Reiches' als großem, gerechten und mächtigem Nationalstaat.

Die Sage vom schlafenden und auf seine Zeit wartenden deutschen Kaiser war derart bildmächtig, dass sie nachgerade eine Idealvorlage für deren literarische Rezeption und Weiterbearbeitung lieferte. Hier war es vor allem die Lyrik, die sich der Heilsfigur Barbarossa annahm. Friedrich Rückert hatte mit seiner Ballade ‚Barbarossa' im Jahre 1817, und damit unmittelbar im Kielwasser der Grimmschen Vorlage von 1816, einen markanten Auftakt geliefert: „Der alte Barbarossa/ Der Kaiser Friederich/ Im unterirdischen Schlosse/ Hält er verzaubert sich./ Er ist niemals gestorben, /Er lebt darin noch jetzt;/ Er hat im Schloß verborgen/ Zum Schlaf sich hingesetzt./ Er hat hinab genommen/ Des Reiches Herrlichkeit,/ Und wird einst wiederkommen,/ Mit ihr, zu seiner Zeit." Heinrich Hoffmann von Fallersleben, der Dichter des ‚Liedes der Deutschen', hat dies dann 1840 in seinen nur vermeintlich ‚Unpolitischen Liedern' noch etwas kräftiger konturiert, als Weckruf nämlich für den schlafenden Kaiser: „Kaiser Friedrich, auf!/ Erwache!/ Mit dem heil'gen Reichspanier/ Komm zu der gerechten Rache! Gott der Herr, er ist mit dir." Hier, wie schon in Christian Dietrich Grabbes Drama ‚Kaiser Friedrich Barbarossa' von 1829, war eine Symbolfigur wiedergefunden worden, mit der man höchst plastisch die Rückkehr der Einheit des Reiches und damit die Revision der Ergebnisse des Wiener Kongresses beschwören konnte.

Nur einer hatte sich von vornherein, in seinem Versepos ‚Deutschland. Ein Wintermärchen' von 1844, dieser Barbarossa-Euphorie versagt: Heinrich Heine. Denn der Kaiser Rotbart, dem er auf seiner Deutschlandreise im Traum begegnet, entsprach durchaus nicht dem Bild, das gemeinhin vom legendären Kaiser gezeichnet worden war: „Er watschelte durch die Säle herum/ Mit mir in trautem Geschwätze", ein Greis inmitten seiner behaglich schlafenden Soldaten, „viel tausend Krieger", die man nicht aufwecken solle („Hier müssen wir leiser reden und gehen,/ Damit wir nicht wecken die Leute"). Und als der Dichter den Kaiser auffordert, doch nun endlich sein deutsches Volk zu befreien, da ist es Barbarossa immer noch zu früh: „Der Rotbart erwiderte lächelnd: ‚Es hat/ Mit dem Schlagen gar keine Eile,/ Man baute nicht Rom in einem Tag,/ Gut Ding will haben Weile.‘“ Da dämmert es dem Poeten, dass man den alten Kaiser eigentlich gar nicht mehr braucht: „‘Herr Rotbart‘ – rief ich laut – ‚du bist/ Ein altes Fabelwesen,/ Geh, leg dich schlafen, wir werden uns/ Auch ohne dich erlösen./ (…) Das beste wäre, du bliebest zu Haus,/ Hier in dem alten Kyffhäuser –/ Bedenk ich die Sache ganz genau,/ So brauchen wir gar keinen Kaiser“ – eine Sicht der Dinge, die sich auch Georg Herwegh, der Dichter der ‚deutschen Flotte‘, hinter der nunmehr ein neuer, weltausgreifender ‚Volkskaiser‘ steht, in seinem Gedicht ‚Barbarossas letztes Erwachen‘ zu eigen gemacht hatte: „Stirb du auch, alter Kaiser! Es hilft sich selbst, dein Land.“

Die meisten der übrigen deutschen ‚Zeit‘-Poeten aber waren Feuer und Flamme für den alten Kaiser im Berge: Nicht weniger als ein gutes Dutzend Barbarossagedichte allein im „tollen“ Jahr 1848 hat Walther Schmidt gezählt, an vorderster Front das des österreichischen Schriftstellers Johann Otto Prechtler, ‚Barbarossas Erwachen. Zum Beginn der deutschen Reichsversammlung in Frankfurt‘, erschienen am 19. April 1848 in der Wiener Zeitschrift ‚Humoristen‘: „Wo bist Du, große herrliche Erscheinung?/ Wo, Barbarossa, zeiget sich Dein Geist?/ Er lebt und wirkt in der gesamten Meinung,/ Die nach der Krönungsstadt, dem Römer, weist./ Er lebt in Deutschlands seeliger Vereinung,/ In jenem Ring, den keine Macht zerreißt./ Drum, deutsche Brüder, reicht Euch treu die Hände!/ In Eurem Haupt ruht Deutschlands – Glück und Ende.“ Hier wird Barbarossa unmittelbar mit den Aktivitäten des Frankfurter Paulskirchenparlamentes und dessem nationalen Projekt in Bezug gesetzt. Dabei reflektiert das Gedicht vor allem die mehrheitlich monarchisch-konstitutionelle Ausrichtung der Nationalversammlung wie die der Reichsregierung mit ihrem Hochadligen, dem österreichischen Erzherzog Johann, als Reichverweser an der Spitze – Platz- und Statthalter eines noch zu erwählenden Kaisers.

Ein durch und durch demokratisches Vorbild ist Barbarossa ja nun gerade nicht. Und so zeigt diese Bildwahl eben auch die Janusköpfigkeit einer Revolution, die gleichermaßen eine gewählte Volksvertretung wie eine freiheitliche Verfassung hervorbringt, dies neue ‚Deutsche Reich' dann aber dem preußischen König, als neuem ‚Verfassungs-Kaiser', gleichsam zu Füßen legt – der es sich jedoch verbittet.

Dabei spielte die Figur Barbarossa in den Debatten der Nationalversammlung kaum eine Rolle: „Keine der sich eben formierenden Parteien zeigte große Neigung, die Glanzzeit des Stauferreiches zu beschwören, zumal es genügend praktisch politische Probleme aufzugreifen gab", so Walther Schmidt. Erst mit der Jahreswende 1848/ 49 fand die Kaiserfrage, genauer gesagt die eines preußischen Erbkaisers, in den Verfassungsdiskussionen um das Reichsoberhaupt zunehmend parlamentarische Berücksichtigung, allerdings zunächst ohne Bezugnahme auf die Staufer und ihren Kaiser Rotbart. Dann allerdings die Wende: Anfang März 1849 bringt Ernst Moritz Arndt, der zuvor, wie auch der ‚Turnvater' Friedrich Ludwig Jahn, beide Heroen der Befreiungskriege und nunmehr Abgeordnete der Nationalversammlung in der Paulskirche, in einigen Zeitungsartikeln den Zusammenhang zwischen hohenstaufischer und neuer preußischer Kaiserwürde ins Spiel gebracht hatte, schließlich auch die Kyffhäusersage in den politischen Streit um den Kaiser in der neuen deutschen Verfassung ein: „Das deutsche Volk ruft sehnsüchtig Macht und Ruhm", so Arndt. „Es ruft: Komm, Kaiser Friedrich, steige aus dem langen Siebenschlaf deines Kyffhäuser herab." Und hier, Mitte März 1849, liegt auch just der Zeitpunkt, an dem in der Reichsregierung in Frankfurt der Name für das Flaggschiff der deutschen Flotte, das am 18. des Monats in Brake einläuft, gefunden wird – mutmaßlich in der Marineabteilung des Reichshandelsministeriums: „Erkennbare staufische Traditionspflege betrieb in der Frankfurter Nationalrepräsentation nur die dem Reichshandelsministerium unterstellte Marinekommission, die, im November 1848 ins Leben gerufen, für den Aufbau einer deutschen Flotte sorgen sollte" (Walther Schmidt). Barbarossa, mit all dem nationalmetaphorischen Gehalt, den er im Verlaufe der Zeit angereichert hatte, voran! Als Gallionsfigur, und tatsächlich wurde die am Bug der Radfregatte BARBAROSSA dann auch montiert.

Doch als der preußische König Friedrich Wilhelm IV. die ihm dargebotene Kaiserkrone, die ihm ungehörigerweise nicht von den Fürsten des Deutschen Bundes, sondern von den dahergelaufenen, illegitimen Abgeordneten eines gewählten deutschen Parlamentes am 9. April 1849 mittels einer 32-köpfigen Kaiserdeputation der Nationalversammlung untertänigst angetragen wurde, ablehnt, da hatte die BRITANNIA schon ihren Namen voreilig gewechselt. Und da war auch die gerade parlamentarisch beschlossene ‚Verfassung des deutschen Reiches' mitsamt ihren freiheitlichen Grundrechten, über die der Kaiser wachen sollte, hinfällig. So konnte nun auch der vielbesungene Barbarossa wieder in seinen Kyffhäuser zurückkehren und schlafend darauf warten, dass die Raben irgendwann den Berg nicht mehr umkreisen würden. Und Ernst Moritz Arndt, der auch der schmählich vom König abgewiesenen Parlamentsdelegation angehört hatte, schickte der ganzen misslichen Angelegenheit am 17. Mai 1849 noch ein verzweifelt-trotziges Gedicht hinterher: „Kaiserschein, du höchster Schein,/ Bleibst du denn in Staub begraben?/ Schrein umsonst Prophetenraben/ Um den Barbarossastein?/ Nein! Und nein! Und aber nein,/ Nein, Kyffhäusers Fels wird springen,/ Durch die Lande wird es klingen:/ Frankfurt holt den Kaiser ein."

Doch so kam es nicht. Und auch der militärische Beitrag der Fregatte BARBAROSSA blieb überschaubar. Deren erster und einziger Einsatz ereignete sich am 4. Juni 1849, als die Verfassung mitsamt Kaiserangebot an Friedrich Wilhelm IV. längst gescheitert war, sich die Nationalversammlung in der Paulskirche in ziemlicher Auflösung befand und zwei Tage später als ‚Rumpfparlament' fluchtartig nach Stuttgart übersiedelte, nur um dort nicht einmal zwei Wochen später von württembergischem Militär aufgelöst zu werden.

An jenem 4. Juni also lief Brommy mit drei Raddampfern, BARBAROSSA, HAMBURG und LÜBECK gegen 1230 Uhr von der Weser aus Kurs Helgoland und traf dort auf die südlich der Insel operierende dänische Segelfregatte VALKYRIEN, die, wie sich bald herausstellen sollte, die Spitze weiterer dänischer Blockadekräfte bildete. Nach einem kurzen Artillerieduell brach Brommy infolge von „drei Kanonen", Warnschüssen von der britischen Insel Helgoland, das Gefecht ab – aus klugen diplomatischen wie truppenführerischen Erwägungen, zumal im Gefolge der VALKYRIEN weitere dänische Schiffe nachrückten und auch an Bord seines Flaggschiffes die Geschützbedienung nicht ganz komplikationsfrei verlief. Während nämlich HAMBURG und LÜBECK das Feuer auf die VALKYRIEN eröffneten, hatten sich auf der BARBAROSSA die Ansetzer in den konisch zulaufenden Geschützrohren verkeilt und mussten erst einmal herausgeschossen werden, um die Rohre gefechtsklar zu bekommen. So schoss, zur allgemeinen Verblüffung von Freund wie Feind, die BARBAROSSA erst einmal statt mit Kugeln mit den hölzernen Ansetzern, die herausploppten und sich dabei in der Luft zerlegten. Zum Unwillen der Kommandanten der beiden Radkorvetten, die mittlerweile die BARBAROSSA überholt hatten, ging es nun zurück - und zwar erst einmal nach Cuxhaven, da die Dänen mittlerweile die Weser und damit die Zufahrt zum Heimathafen des Geschwaders blockiert hatten.

Nachdem nun im Dezember 1849 die Reichsregierung ‚verloschen‘ war, schien auch ihrem einzigen institutionellen Geschöpf, der ‚Reichsflotte‘, das letzte Stündlein geschlagen zu haben. Doch dazu kam es erst einmal nicht, denn man war doch noch eher zögerlich, dies Relikt des ersten deutschen Parlamentes und des allgemeinen Nationalstolzes aufzulösen. Und so ging die Flotte zunächst über in die Verwaltungszuständigkeit der ‚Bundeszentralkommission‘ als vorläufiger Nachfolgeorganisation der ehemaligen ‚provisorischen Centralgewalt‘.

Die Radfregatte BARBAROSSA fungierte nun weiter als Flaggschiff dieser ‚Bundesflotte‘, dann wurde sie abgelöst von der HANSA, vormals UNITED STATES, ebenfalls ein ehemaliger Passagierdampfer auf der Atlantikroute, der in New York am 17. Februar 1849 angekauft worden war. Die Umbenennung des Schiffes erfolgte am 31. Mai 1849, am 18. März 1850 übernimmt HANSA, größer und stärker bewaffnet als die BARBAROSSA, die Aufgaben als Flaggschiff Admiral Brommys. Und dies verwies auch nicht mehr so unmittelbar auf die im Barbarossa-Namen geborgene Erneuerung des Reiches, nun da die ‚Reichsregierung‘ in Frankfurt Geschichte war.

1852 wird auch der Deutsche Bund offiziell restituiert. Dieser hatte dann endgültig keine Verwendung mehr für Brommys Flotte und entschied schließlich auf unentgeltliche Abgabe der Schiffe BARBAROSSA und ECKERNFÖRDE/GEFION an die Preußische Marine als Verrechnung der preußischen Matrikularbeiträge für die nun aufzulösende deutsche ‚Reichsflotte‘ sowie auf Verkauf und Versteigerung des Restbestandes. Und so zieht, Lars U. Scholl hat es publiziert, der alte Kaiser Barbarossa, wie aus Heines Wintermärchen entlaufen, in einer Karikatur mit dem Titel „Die letzten Pfänder der deutschen

Einheit", mit Kaiserkrone, Zepter und dem abgetakelten Rumpf der einst stolzen Fregatte BARBAROSSA, geschrumpft zum Spielzeugschiff, ins „Pfand-Haus" ein - neben sich die Göttin Gefion und hinter sich einen Gendarmen mit dem Versteigerungsbeschluss des Bundestages. Unterschrift: „So sehr hat abgenommen des Reiches Herrlichkeit – ob sie wird wiederkommen? – Wer gibt darauf Bescheid?"

So wie es aussah, Preußen, wo Prinz Adalbert, wie ehedem in Frankfurt, nun in Berlin eine Marine plant und aufbaut. Am 5. April 1852 wird BARBAROSSA an die Preußische Marine übergeben. 1854 wird die Fregatte zum Kasernenschiff umgebaut und verrichtet nun ihren Dienst als Wohn- und Wachschiff in Danzig. 1865 erfolgt der Verkauf der Motoren, das Schiff wird als Wohnhulk nach Kiel verlegt. Hier geht die BARBAROSSA dann am 5. Mai 1880 außer Dienst. Dann das Ende: „Am 28. 7.", so ist bei Hildebrand/ Röhr/ Steinmetz zu lesen, „feuerte das Torpedoversuchsschiff ZIETEN, Kommandant Kapitänleutnant Tirpitz, in Gegenwart der Jacht HOHENZOLLERN mit dem Kronprinzen an Bord, auf 40 hm Entfernung einen scharfen Torpedo, der mittschiffs traf. Nach der Detonation sank das Schiff." Es wurde danach wieder gehoben, verkauft und in Kiel schließlich abgewrackt.

Doch es lebte weiter. Als Schiffsmodell, im Museum für Meereskunde in Berlin, wo ihm der junge Wilhelm, preußischer Kronprinz und später Chef des Torpedomannes Tirpitz, der Jahre darauf in Gegenwart Wilhelms die BARBAROSSA versenken wird, begegnet: „Ich habe, als Ich als Jüngling vor dem Modell des Brommyschiffes gestanden habe, mit Ingrimm die Schmach empfunden, die unsrer Flotte und unsrer damaligen Fahne angetan worden ist; und vielleicht, da doch mal von meiner Mutter Seite ein Stück Seeblut in Meinen Adern geflossen ist, ist das der Weg gewesen, der für Mich die Richtschnur geben sollte für die Art und Weise, wie Ich die Aufgaben aufzufassen hätte, die nunmehr dem Deutschen Reiche bevorstanden." So der zum Kaiser avancierte Wilhelm II. bei der Enthüllung eines Denkmals für seinen Vater, Kaiser Friedrich III., in Bremen am 22. März 1905. Und derart gab das torpedierte Schiff noch als Modell den Anstoß zu einer neuen Epoche, der der deutschen ‚See'- und ‚Weltgeltung', an der man sich dann freilich arg verhob.

Und als habe ihn das schlechte Gewissen geplagt, wird just unter der Ägide von Alfred von Tirpitz als Staatssekretär des Reichsmarineamtes als viertes Schiff von insgesamt fünf der KAISER-FRIEDRICH-Klasse am 3. August 1898 auf der Schichau-Werft in Danzig das Linienschiff KAISER BARBAROSSA, zwei Jahre, nachdem ein gleichnamiger Reichspostdampfer für den Norddeutschen Lloyd vom Stapel gelaufen war, auf Kiel gelegt. Stapellauf ist der 21. April 1900 und Tirpitz, der den Namensvorgänger einst per Torpedoschuss erlegt hatte, hält die Taufrede. Dann tauft Prinzessin Luise Sophie von Preußen das 125 m Länge ü. a. messende, 4x24 cm/ 18x15 cm als Hauptbewaffnung tragende Schiff auf den Namen Rotbarts. So durfte der alte Kaiser unter einem neuen wiederkehren, jenem selbsternannten Nachfahren der ruhmreichen Staufer, der ihm 1896 das monumentale Kyffhäuser-Denkmal setzen ließ und 1911 anlässlich der Einweihung eines Denkmals für seinen verstorbenen Vater Kaiser Friedrich III. erklärte „Die Macht des Reiches muß wiedererstehen, und der Glanz der Kaiserkrone muß wieder aufleuchten. Barbarossa muß aus dem Kyffhäuser wieder erlöst werden" – in Form eines Schiffes und mit einem anderen politischen Programm allerdings als ehedem, zu den Zeiten der Frankfurter Nationalversammlung und ihrer freiheitlichen ‚Verfassung des deutschen Reiches'.

Doch ganz verschwunden ist BARBAROSSA bis heute nicht: Er ist immer noch in Fahrt, als Küstenmotorschiff, als Binnenfrachter und als MS BARBAROSSA – letztere ganz in Weiß und mit einer „Tragfähigkeit", wie der Schiffsprospekt vermerkt, von 400 Personen, als Passagierschiff der Veitshöchheimer Personenschifffahrt GmbH auf dem Main. Und auf dem wäre der bedauernswerte Charles Dickens sicher lieber mitgefahren.

Literaturauswahl:

Dickens, C., Aufzeichnungen aus Amerika. Berlin 2017. Erstdruck (engl.) 1842.

Fehrenbach, E., Wandlungen des deutschen Kaisergedankens 1871-1918. München Wien 1969.

Görich, K., Die Staufer. München 2011.

Kampers, F., Die deutsche Kaiseridee in Prophetie und Sage. München 1896.

Kaul, C. G., Friedrich Barbarossa im Kyffhäuser. 2 Bde. Köln Weimar Wien 2007.

Kludas, A., Die Schiffe der deutschen Bundesflotte 1848-1853. In: Deutsches Schiffahrtsmuseum (Hrsg.), Deutsche Marine. Die erste deutsche Flotte. Führer des Deutschen Schiffahrtsmuseums Nr. 10. Bremerhaven 1979.

Münkler, H., Die Deutschen und ihre Mythen. Reinbek 2009.

Schneidmüller, B., Die Kaiser des Mittelalters. München 2012.

Schmidt, W., Der Barbarossamythos in der Revolution von 1848/ 49. In: Sitzungsberichte der Leibniz-Sozietät 11 (1996).

Der Oberbefehlshaber: Carl Rudolph Brommy

Carl Rudolph Brommy (1804-1860). Fotografie, ca. 1855

„Moin! Ich bin Admiral Brommy – Ihr Stadtführer. Ich werde Sie nun durch die Seiten der Braker Touristinfo lotsen." – So begrüßte jahrelang eine freundliche Comic-Figur mit feschem Schnurrbart, hellblauer Uniform, Säbel und Fernrohr im Internet angehende Brake-Besucher.

Der wirkliche Carl Rudolph Bromme, der sich während seiner Fahrenszeit in der US-Handelsmarine anglisierend den Namen Brommy gegeben hatte, wurde am 10. September 1804 in Anger bei Leipzig geboren. Am 5. April 1849 übernahm er den Oberbefehl über jene „deutsche Marine", die das erste deutsche Parlament in der Frankfurter Paulskirche am 14. Juni 1848 nahezu einstimmig mit einer Anschubfinanzierung von sechs Millionen Talern auf Kiel gelegt hatte.

Dieser Brommy, Absolvent der Hamburger Navigationsschule und Inhaber des US-amerikanischen Steuermannspatentes, trat im Frühjahr 1827 nicht nur der Leipziger Freimaurerloge ‚Apollo' bei. Er stürzte sich auch, wie viele deutsche ‚Philhellenen' mit ihm, in den griechischen Freiheitskampf gegen die osmanische Herrschaft, und zwar an Bord griechischer Kriegsschiffe, zunächst ab April des Jahres als ‚Erster Leutnant' und Vertreter des Kommandanten auf der Fregatte HELLAS.

Es ist gleichsam die Inkubationszeit des späteren ersten Admirals einer „deutschen Marine" – die Dienstzeit als Erster Offizier und Kommandant unter den Admiralen Thomas Cochrane und Andreas Vokos Miaulis mit Seegefechten, Kommandoaktionen und konzeptionellen Ausarbeitungen zu ‚Dienstreglement' und Organisation der griechischen Marine, weniger mit dem Disziplinararrest wegen des Ohrfeigens eines Unteroffiziers, der ihn betrunken attackiert hatte.

Brommy war nicht nur gelernter Seemann und erfahrener militärischer Führer, sondern auch ein musischer Geist, der Tanzkunst schon in Griechenland nicht abhold, vor allem aber ein ebenso begeisterter wie talentierter Schreiber, und dies in durchaus unterschiedlichen Genres. Bereits 1832 hatte er, vorläufig aus Griechenland bürgerkriegshalber zurückgekehrt, in Meißen ‚Skizzen aus dem Leben eines Seemannes' unter dem Pseudonym ‚R. Termo' veröffentlicht. Ein ‚curiöser' Roman voller Abenteuergeschichten zur See, biografischer Anklänge, Erlebnisse eines Seemannes in indischen wie amerikanischen Diensten, alles in allem ein buntes Szenario, angefüllt mit Piraten und Schlachten, Sturm auf See und Haifischjagd. Und nach Bekunden des Autors selbst „das Erste der Art, was, seines Wissens nach, in der deutschen Sprache geliefert ward" – nichts anderes als das erste Stück deutscher maritimer Abenteuerliteratur, noch vor Friedrich Gerstäcker.

Brommy hat sich darüber hinaus auch im lyrischen Genre versucht: Seine Gedichtsammlung wird im Schiffahrtsmuseum der oldenburgischen Unterweser in Brake aufbewahrt. Neben flammenden Poemen an die griechische Freiheit mit durchaus aktualpolitischen Bezügen („Die Freiheit,/ Das höchste Gut des menschlichen Geschlechtes") enthält die Gedichtsammlung auch durchaus sprachgewandte lyrische Seestücke und, im Stile der Zeit und sich eher konventionellem poetischem Inventar bedienend, Liebesgedichte an seine ‚Bertha', durchsetzt mit poetischen Seeschlachtgemälden und stimmungsvoller Naturlyrik. In die Mappe sind auch zwei Notenblätter eingelegt, auf denen Brommy zwei seiner Gedichte vertont hat. Ein bemerkenswertes lyrisches Opus, das erst durch seinen Nachfahren Detlev G. Gross 1994 aus Brommys erhalten gebliebener Schreibmappe ‚geborgen‘ und veröffentlicht wurde. Und nicht einmal sein Marinehandbuch ‚Die Marine‘ von 1848 verzichtet, wie wir noch sehen werden, auf einen exquisiten, kunstreichen und zuweilen gar ins Poetische driftenden Stil – Brommys ‚Handschrift‘, eben die eines „romantischen Admirals", wie Detlev G. Gross seinen Ahnen beschrieben hat.

Nach der griechischen Revolution von 1843 war Brommy dort als Ausländer nur noch geduldet und begann, seine Fühler wieder in die alte Heimat auszustrecken: Nach zwei erfolglosen Gesuchen an den preußischen König in den Jahren 1845 und 1846 auf Übernahme in Marinedienste kamen ihm die revolutionären Märzereignisse in Deutschland und mit ihnen die von der Nationalversammlung angeschobene Aufstellung einer Flotte sehr gelegen. Und so setzte er im Juli ein neues Bewerbungsschreiben in die Welt, nun an den Präsidenten eben jener augenscheinlich sehr marinefreundlichen Nationalversammlung in der Frankfurter Paulskirche.

Im ‚Reichsministerium des Handels‘ der neuen ‚provisorischen Centralgewalt‘, der vorläufigen Reichsregierung in Frankfurt am Main, war unterdessen unter Arnold Duckwitz nicht nur die ‚Marineabtheilung‘ im Handelsministerium, sondern auch die ‚Technische Marinekommission‘ unter dem Vorsitz Prinz Adalberts von Preußen, der im Mai 1848 mit einer ‚Denkschrift über die Bildung einer deutschen Kriegsflotte‘ aufgewartet hatte, eingerichtet worden, die Aufgaben und Umfang der zu schaffenden Flotte formulieren sollte. Duckwitz begann Schiffe anzukaufen, Personal wurde rekrutiert, mangels deutscher Seeleute auch bei auswärtigen Marinen. Und so wurde der nach eigenem Bekunden „älteste Capitain" der griechischen Marine im November mit Schreiben des ‚Reichs-Ministers des Handels‘ gebeten, sich nach Frankfurt „begeben zu wollen" und „bei der Bildung einer deutschen Kriegs-Marine und der zu derselben gehörenden Hülfsanstalten" mitzuwirken. Mutmaßlich auch deshalb, weil Brommy seiner Bewerbung eben jenes Buch beigelegt hatte, das er im Frühjahr 1848 in Berlin hatte drucken lassen: ‚Die Marine‘ – ein, so Brommy, „lehrreiches Hülfsbuch" über das ‚Handling' von Marinen, ihren Aufbau, ihre Organisation und Führung.

Auf der Basis umfangreicher Erfahrungen im zivilen sowie vor allem im militärischen Seefahrtswesen, den Positionen, die er in der griechischen Marine bekleidet hatte und seiner dort durch ihn verfertigten Ausarbeitungen und Dienstvorschriften zu Struktur und Ausbildung der griechischen Marine hatte Brommy im Frühjahr 1848, mitten in Deutschlands ‚Flottenfieber', in Berlin im Verlag Alexander Duncker dieses Werk unter dem gleichermaßen lapidaren wie umfassenden Titel ‚Die Marine' veröffentlicht, ein Hand- und Rezeptbuch zum Verstehen von Seestreitkräften, ihrem Aufbau und ihrer Verwendung. Den roten Faden des Buches bildet der Lebensweg eines Kriegsschiffes von seinem Bau über die Ausrüstung, die „Bemannung", den Dienst im Hafen und auf See bis hin zur Teilnahme an einer Seeschlacht und der glücklichen Heimkehr in den Hafen. Aus berufener Feder eines weltbefahrenen Seemannes, Truppenführers, Schiffskommandanten und stellvertretenden Marineschuldirektors war derart ein Marine-Kompendium für deutsche Leser praktisch aus dem Nichts entstanden – und am Ende versehen mit dem Appell zum Bau einer deutschen Flotte als nationalem Projekt.

Brommy schrieb das Buch mutmaßlich in Athen, der Stadt, in der er nachweislich im Dezember 1847 das Vorwort dazu fertigte. Und er verfasste es nicht unbeeinflusst von der in Deutschland herrschenden Flotteneuphorie und einem durchaus lukrativen Markt für maritimes Schriftgut rund um den Ruf nach einer deutschen Marine – zu militärischem Begleitschutz weltweiten Handels, zur Verteidigung der Küsten wie als schwimmende Verkörperung der deutschen Nationalidee, kondensiert im Begriff des ‚Reiches'.

Ein derartiges Handbuch zur Gründung, Aufstellung und Führung von ‚Kriegsmarinen' hatte es, wie ja auch seinen Gegenstand selbst, in Deutschland noch nicht gegeben. Brommys ‚Die Marine' ist nichts weniger als das erste Werk dieser Art in deutscher Sprache und auch nach Brommys Tod in Neubearbeitungen, signifikanterweise beide in Österreich, wieder erschienen. 1865, ebenfalls bei Alexander Duncker in Berlin herausgebracht, das Buch des K. K. Oesterr. Fregatten-Capitäns Heinrich von Littrow, 1878 dann als Fortschreibung des

Brommy-Littrowschen Werkes aus der Feder des K. K. Hauptmannes d. R. Ferdinand von Kronenfels.

Das „lehrreiche Hülfsbuch" war nicht nur ganz singulär auf dem deutschen Buchmarkt, sondern absichtsvoll ein Public Relations-Produkt in zweierlei Gestalt: zum einen für die Marine und dem als notwendig begründeten Aufbau einer Flotte, zum anderen aber für den Autor selbst, der sich nicht nur als darstellungsversierter maritimer Fachmann erwies, sondern sich qua seiner Ausführungen gleichzeitig auch als Führungsgestalt einer späteren und mithilfe dieses Handbuches aufzubauenden deutschen Marine empfahl.

Mit Brommy hatte man also einen echten Profi für die „deutsche Marine" des Paulskirchenbeschlusses gewonnen. Er wurde zunächst in die ‚Technische Marinekommission' verfügt, um nach dem Abschluss ihrer Tätigkeit im Februar 1849 zum ‚Reichs Commissarius' für die Marine ernannt zu werden. Am 5. April dann wurde er mit Dienstgrad ‚Capitain zur See' vom Reichsverweser Erzherzog Johann zum Befehlshaber von Flotte und Landbehörden der ersten deutschen Marine ernannt.

Mittlerweile hatte Handels-und Marineminister Duckwitz durch Übernahme der bereits in Hamburg existierenden Flottille sowie durch Ankäufe in England und den USA Raddampfer mit Segeltakelage beschafft, von denen der ehemalige Postdampfer BRITANNIA der Cunard-Line als BARBAROSSA zunächst Brommys Flaggschiff wurde. Stationiert waren die Schiffe in Bremerhaven, wo auch die Marinebehörden eingerichtet wurden, das oldenburgische Brake diente als Werftplatz und Winterhafen für kleinere Einheiten der Flotte.

Am 9. März 1849 traf Brommy in Bremerhaven ein und war mit einem Mal für nicht weniger als alles zuständig: nicht nur für den Oberbefehl, sondern gleichermaßen für Ausrüstung und Personal der Schiffe, für die Einrichtung von Oberkommando und Seezeugmeisterei mit Intendantur, Spital, Apotheke, Lager und Werkstätten sowie nicht zuletzt auch für die Ausbildung der Besatzungen.

Max Bär, der mit ‚Die deutsche Flotte von 1848-1852' im Jahre 1898, wie er schreibt, „eine quellenmäßige Darstellung der traurigen Geschichte" jener ersten deutschen Flotte vorlegte, hat den technologisch innovativen, auf Dampfschiffe ausgerichteten modernen Schiffsbestand der „deutschen Marine" wie folgt gelistet:

222

„1. Hansa (früher United States) von 750 Pferdekraft und 11 Bombenkanonen mit 260 Mann kriegsmäßiger Bemannung.

2. Barbarossa (früher Britannia) von 440 Pferdekraft und 9 68-Pfünder, Bemannung 183.

3. Ernst August (früher Kora) von 270 Pferdekraft und 6 68-Pfünder, Bemannung 150.

4. Lübeck (aus der Hamburger Flotille) von 200 Pferdekraft und 2 25- bezw. 32-Pfünder, Bemannung 100.

5. Hamburg (aus der Hamburger Flotille) von 160 Pferdekraft und 2 25- bezw. 32-Pfünder, Bemannung 100.

6. Bremen (aus der Hamburger Flotille) von 160 Pferdekraft und 2 25- bezw. 32-Pfünder, Bemannung 100.

7. Großherzog Oldenburg (früher Inca) von 180 Pferdekraft und 2 68- bezw. 32-Pfünder, Bemannung 100.

8. Frankfurt (früher Cacique) von 180 Pferdekraft und 2 68- bezw. 32-Pfünder, Bemannung 100.

Außerdem besaß die Marine

9. Den Dampfer Erzherzog Johann (früher Acadia) im Trockendock zu Brake liegend und der Ausbesserung bedürftig.

10. Das in der Geeste liegende Segelschiff Deutschland (aus der Hamburger Flotille).

11. Die Fregatte Eckernförde (früher Gefion) in Eckernförde liegend.

12.-37. Die in Vegesack liegenden 26 Kanonenboote." (sowie ein weiteres in der Ostsee, F. G.)

Zum Betrieb dieser Flotte waren zudem landseitig folgende Behörden für die Marine eingerichtet worden:

In Frankfurt am Main residierte mit der gesamten Reichsregierung, der ,provisorischen Centralgewalt', das Reichsministerium des Handels mit seiner ,Marineabtheilung'. Letztere avancierte am 22. Mai 1849 gar zum eigenständigen ,Reichsministerium der Marine'. In Bremerhaven wurde das ,Oberkommando der Reichs-Marine' eingerichtet, daneben ein Marineauditorat (Gerichtsbarkeit) und, Karl-Wilhelm Bubelach hat dies detailliert dargestellt, eine Seezeugmeisterei mit Hauptverwaltung, Intendantur (Kasse, Rechnungswesen), Arsenal- und Magazinverwaltung (Arsenal, Depot, Kanonenplatz, Pulverturm, Kohlenplätze in Bremerhaven und Glückstadt) sowie Einrichtungen des Sanitätsdienstes (Spital, Apotheke). Schließlich wurde ein Marineausbildungswesen mit dem Schulschiff Segelfregatte DEUTSCHLAND etabliert. In Brake standen darüber hinaus weitere Liegeplätze, Winterquartiere für kleinere Einheiten sowie das große Trockendock zur Verfügung.

Alles in allem kommandierte Brommy daher keineswegs nur eine Flotte, sondern vielmehr eine komplette Marine mit allen operativen, logistischen, infrastrukturellen und ausbildungstechnischen Komponenten – so dass es auch nicht abwegig ist, Contre-Admiral Brommy vor diesem Hintergrund tatsächlich als ersten ‚Inspekteur' einer deutschen Marine zu sehen.

„In der Rückschau mag dieser Vorgang wie ein Spuk erscheinen. Da waren Volksvertreter seit noch nicht einmal vier Wochen versammelt, um eine Verfassung für ein geeintes Deutschland auszuarbeiten. Sie beschlossen die Verfügbarmachung einer Summe für den Flottenbau, ohne ein dafür zuständiges Exekutivorgan zu haben; die provisorische Zentralgewalt wurde erst 14 Tage später durch von Gagerns ‚kühnen Schritt' geschaffen. Sie beschlossen dies, ohne das verfassungsmäßig erst noch zu konstituierende Haushaltsrecht zu besitzen; sie mußten dafür auf Matrikularbeiträge der Einzelstaaten zurückgreifen, die die Bundesversammlung verwaltete, als das noch bestehende Exekutivorgan des alten Staatsgebildes, das durch die Revolution überwunden werden sollte." So hat der Historiker Günter Moltmann diese erstaunliche Flotten-Werdung beschrieben.

Doch die Tage der Reichsregierung waren ebenso gezählt wie die der Nationalversammlung. Nachdem der preußische König die deutsche Kaiserkrone als „Wurstbrezel" abgelehnt hatte, begann die Nationalversammlung endgültig zu vergehen und floh schließlich als ‚Rumpfparlament' nach Stuttgart, wo sie am 18. Juni 1849 von württembergischem Militär aufgelöst wurde. Nur wenig zuvor, am 4. Juni, war es, wie bereits berichtet, noch zum ersten und zugleich letzten Gefechtseinsatz von Teilen der Brommy-Flotte vor Helgoland gekommen, „ohne größere Schäden", wie es im Gefechtsbericht hieß, und von Brommy auch vernünftigerweise abgebrochen – in Ansehung der geschilderten Umstände von Warnschüssen und herannahmenden dänischen Schiffen eine taktisch und truppenführerisch kluge Tat, gleichwohl ein Rückzug. Der allerdings wurde vom gleichermaßen schlachtengestählten wie erfindungsreichen Brommy ebenso entschlossen wie kreativ gestaltet. Denn der ‚Mausefalle‘ Cuhaven, in die sich das Geschwader notgedrungen geflüchtet hatte, entkam man angesichts der ‚draußen‘ wartenden dänischen Übermacht nur mit einer souveränen Kriegslist: Brommy ließ, kaum in Cuhaven angekommen, kurzerhand Einladungskarten zu einem Empfang am folgenden Tage auf seinem Flaggschiff BARBAROSSA in der Stadt verteilen. Dies wurde auch den dortigen dänischen Spionen bekannt, was der eigentliche Zweck der Aktion war. Und so verließ Brommy mit seinem Geschwader unbeobachtet und unbehelligt in der Nacht Cuxhaven und verlegte in die heimatliche Weser nach Bremerhaven, während man sich in Cuxhaven bereits auf die Cocktailparty an Bord des Admiralsschiffes freute.

„Endlich ist es der deutschen Flotte gelungen einmal in See zu stechen – der Anfang war gut und ich habe den gerechten Grund zu hoffen, es werde stets besser gehen“, so hatte der Befehlshaber noch in seinem Bericht von der ‚Rhede von Cuxhaven‘ geschrieben - ein Trugschluss. Die britische Regierung kartete noch etwas nach, mit einer Note des Außenministers Lord Henry Palmerston, in der die Reichsregierung darauf hingewiesen wurde, dass Brommys Flotte unter Schwarz-Rot-Gold mit einer Flagge unterwegs sei, die seiner Regierung nicht angezeigt worden war und daher in Zukunft Gefahr laufe, als Piratenflagge, mit den entsprechenden Konsequenzen, angesehen zu werden. Ein formales Schreiben, keineswegs im hohen Ton und in der Sache korrekt, denn in Frankfurt hatte man tatsächlich versäumt, die neue Flagge allgemein international anzuzeigen. Gleichwohl sorgte das britische Schreiben in den Restbeständen der Nationalversammlung noch für erhebliche Entrüstung und die ‚Piratenflagge‘ zog sich auch noch länger durch die Geschichtsschreibung. Knapp drei Wochen nach Brommys Exkursion in die Nordsee war dann mit der Eroberung der Festung Rastatt durch preußische Truppen am 23. Juli die Revolution endgültig vorbei und die alten Gewalten saßen wieder fest im Sattel.

Brommy wurde zwar noch am 19. August zum ‚Commodore‘ und am 23. November von Erzherzog Johann zum ‚Contre-Admiral‘ befördert, das Reichsministerium der Marine aber im Dezember 1849 mitsamt der ganzen Regierung aufgelöst, während Flotte und Marinebehörden unter Brommys Führung fortbestanden: „Alle kriegs- und seetüchtigen Fahrzeuge waren mit zweckmäßigen Einrichtungen und in Bemastung, Takelage, Artillerie, Waffen und Maschinen sehr gut gehalten", so der österreichische Fregattenkapitän Anton Bourguignon von Baumberg im März 1850 bei einem Besuch auf der Flotte. Vielmehr herrsche hier „mehr militärischer Geist, als man bei einem so jungen Militärkörper, wie die deutsche Marine ist, zu finden erwarten durfte."

Und Brommys Flotte hatte viele Namen: Der Begriff ‚Reichsflotte' zur Bezeichnung der ersten deutschen Flotte von 1848 wurde vom Historiker Walther Hubatsch versuchsweise verbindlich in die historische Forschung eingeführt, um damit die Reichsunmittelbarkeit dieser ersten deutschen Seestreitkräfte, im Gegensatz zu den landesfürstlichen Heereskontingenten, herauszustellen. Die Zeitgenossen verwendeten eher den Begriff der ‚Flotte', der schon die Flugschriften des Vormärz bestimmt hatte, sowie wahlweise ‚Marine', ‚deutsche Marine', ‚Kriegsmarine', ‚deutsche Kriegsmarine', ‚Reichsmarine'. Der flottenbegründende Beschluss der Nationalversammlung in der Frankfurter Paulskirche vom 14. Juni 1848 sprach von der „Begründung eines Anfangs für die deutsche Marine", die Reichsverfassung vom März 1849 wiederum verwendete den Terminus „Kriegsflotte", Brommys Dienstvorschriften, die er schließlich an den Prinzen Adalbert übergab, enthielten, wie die ‚Bestimmungen über die Material-Verwaltung der Reichs-Marine' vom 2. März 1850, einen weiteren Begriff und Brommy selbst schrieb, wie ein Brief von ihm mit Datum vom 12. Dezember 1852, der im Schiffahrtsmuseum Unterweser aufbewahrt wird, ausweist, unter dem Briefkopf ‚Das Ober-Kommando der Marine'. Der Begriff ‚Bundesflotte' wurde zwar in zeitgenössischen Dokumenten nach Auflösen der Reichsinstitutionen im Dezember 1849 für die Flotte unter Verwaltung des Bundestages des Deutschen Bundes stellenweise verwendet, sie ist de facto jedoch nie eine Flotte des Deutschen Bundes gewesen. War sie doch keine organische Bundeseinrichtung, sondern beim Bundestag in Frankfurt lediglich, als Relikt und ‚Schmerzenskind' der Revolution, institutionell ‚geparkt', bevor sie 1852/ 53 aufgelöst wurde. Denn spätestens nach dem Friedensvertrag mit Dänemark vom 2. Juli 1850 fand sich für diese Flotte keine Verwendung mehr. Am 2. April 1852 erging daher der Beschluss des Deutschen Bundes zu ihrer Auflösung.

Brommys verzweifelte Idee eines ,Überseegeschwaders' war am Ende ebenso illusorisch wie sein Bemühen, mitsamt seinen Schiffen in preußische Marinedienste übernommen zu werden. Prinz Adalbert, der dortige Marinechef, antwortete nur ausweichend auf Brommys Gesuche. Vielleicht fürchtete er, der nur als ,Badegast' auf einer sardischen Fregatte mitgefahren war, das fachliche Know-how des ,altgefahrenen' Brommy oder, wie sein Beurteilungsvermerk, den Jörg Duppler in den Akten entdeckt hat, zeigt, dessen ,knorrige' Art: „„Klug, verschmitzt und intrigant. Die Stellung ist ihm zu Kopf gestiegen, nicht dafür geschaffen. (…) Mit der Familie des Gastwirts Groß, der früher im Zuchthaus gesessen hat, in enger Verbindung (die Frau B.s war eine geb. Groß). Mangel an Takt."

Wenn also nicht Brommy selbst, so gingen doch zwei seiner Schiffe, BARBAROSSA und ECKERNFÖRDE, als Ausgleich für die von Preußen für die deutsche Flotte entrichteten Beiträge kostenlos an Adalberts aufwachsende Preußische Marine. Die verbleibenden Schiffe der Flotte wurden nun zu Schleuderpreisen durch den ehemaligen oldenburgischen Geheimen Staatsrat Laurenz Hannibal Fischer auf Reede vor Bremerhaven und Brake versteigert. Am 18. August 1852 kam als erstes Schiff die Segelfregatte DEUTSCHLAND für 15% ihres Schätzwertes, im Oktober 1853 letztendlich dann jener symbolträchtige Sarg, der wie kein anderes Inventarstück der ersten deutschen Flotte deren Untergang kennzeichnete, unter den Hammer.

Brommy erhielt, nachdem er am 31. März 1853 den letzten Tagesbefehl an seine Besatzungen gegeben und am 10. April die schwarz-rotgoldene Flagge auf seinem Flaggschiff hatte niederholen lassen, am 30. Juni seinen Abschied. Am 1. Juli 1952 hatte er, wohl schon in Vorahnung des Unterganges seiner Flotte, die Kaufmannstochter Caroline Gross aus Brake geheiratet, erkämpfte sich eine kleine Pension für seine Dienste an der Spitze des ,Ober-Commandos der Reichs-Marine' und erwarb 1857 ein Haus in St. Magnus bei Bremen. Den Versuch, in der Technischen Abteilung der K. K. Admiralitätssektion in Mailand mitzuwirken, musste er nach wenigen Monaten aus gesundheitlichen Gründen abbrechen. Am 9. Januar starb Brommy, 55jährig, in St. Magnus – an der Gicht, wie die Sterbeurkunde vermerkte, wohl aber auch, so der Pastor am Grabe, am „Schmerz über das Zerscheitern seines grössten Lebenszieles". Gehüllt in die schwarz-rot-goldene Flagge mit dem doppelköpfigen Reichsadler seines Flaggschiffes, die ihm einst die ‚Jungfrauen' von Brake gestickt hatten, wurde er im Grab der Familie seiner Frau in Kirchhammelwarden bei Brake, „einfach und geräuschlos", wie dies Gerhard Wiechmann in der ‚Oldenburger Zeitung' recherchiert hat, beigesetzt. Er geriet auch schnell in Vergessenheit. Sein einziges Kind, Carl Traugott Gerhard, starb 1870 im Deutsch-Französischen Krieg an Typhus.

Brommys ‚Revival' begann mit der Aufrichtung eines Denkmals auf seinem Grab im Jahre 1897, zu Beginn der wilhelminischen Flottenrüstung, als der Oberbefehlshaber der ersten deutschen Marine als Wegbereiter neuer deutscher Flottenhoffnungen wiederentdeckt wurde, wie die Worte des Heimatdichters Hermann Allmers auf dem Denkmal zeigen: „CARL RUDOLF BROMMY RUHT IN DIESEM GRABE/ DER ERSTEN DEUTSCHEN FLOTTE ADMIRAL/ GEDENKT DES WACKERN UND GEDENKT DER TAGE/ AN SCHÖNER HOFFNUNG REICH U BITTRER TÄUSCHUNG/ U WELCHE WENDUNG JETZT DURCH GOTTES FÜGUNG!"

Auf dieser Grundlage verwandelte sich der wirkliche Brommy schließlich, in Kaiserreich wie Nationalsozialismus, in eine Kunstfigur und tragisch-tapferen Protagonisten von Romanen und Schauspielen, zuerst 1915 im Roman ‚Blockade' der Erfolgsautorin Meta Schoepps. Hier wird angesichts der dänischen Seeblockade gegen die deutschen Küsten 1848, die das gerade im Entstehen begriffene Deutsche Reich zu erdrosseln droht und dem Scheitern allzu zaghafter und untauglicher maritimer Gegenmaßnahmen, ein bewunderungswürdiger Tatmensch Brommy aus den historischen und biografischen Fakten herausdestilliert, ein schließlich doch an kleinmütigen Fürsten und Bürokraten scheiternder Retter, unerschrocken, tat- und kampfbereit, versierter Organisator und grandioser Seeheld, damals noch tragischtapfer scheiternd, dessen Erbe sich dann aber glorreich im deutschen Kaiserreich erfüllt. Gleiches gilt dann auch, und in forcierter Form, für die Brommy-Romane in der Zeit des Nationalsozialismus und deren Absicht, mithilfe einer Romanfigur Brommy eine energische

Führergestalt zu konstruieren, die bereits 1848 auf deutsche Macht zur See und deren späteren größten Feldherrn verweist. Dies ist der inhaltliche Kern der im ‚Dritten Reich‘ erschienen ‚historischen‘ Brommy-Romane, von Bernhard Zebrowskis ‚Brommy. Admiral ohne Flotte‘ (1937) über Erich zu Klampens ‚Brommy, der ersten deutschen Flotte Admiral‘ (1938) aus dem Zentralverlag der NSDAP, Adolf Lindemanns ‚Deutschlands erster Admiral‘ (1939), Eilhart Eilers‘ ‚Rudolf Brommy. Der Admiral der ersten deutschen Flotte 1848‘ (1939) und Heinrich Zerkaulens ‚Narren von gestern – Helden von heute‘ (1940). In diesen Werken steht er gleichsam wieder auf, der ‚Macher‘ der ersten deutschen Marine – nicht als wirkliche Person, sondern als Bildnis, als heroische Statue, nicht mehr als tatsächliche historische Gestalt, sondern als artifizielles Werbeprodukt und funkelnde Propagandagestalt, so wie dies der Historiker Wolfgang Petter markant auf den Begriff gebracht hat: „Carl Rudolph Brommy wurde keineswegs 1804 in Anger bei Leipzig geboren, sondern vielleicht 1897 im Nachrichtenbureau des Reichsmarineamts, vielleicht 1937 im Stab des Oberbefehlshabers der Kriegsmarine.“

‚Heroische‘ Schiffe hingegen benannte man nicht nach ihm. Die Kriegsmarine gab dem zum Räumbootbegleitschiff umgebauten, 1916 in Dienst gestellten Minensucher M 50 im Jahre 1937 seinen Namen, in der Marine der Bundeswehr wurde Brommy Namensgeber einer älteren, 1942 in England vom Stapel gelaufenen Fregatte, HMS EGGESFORD, die von den Briten zu Ausbildungszwecken 1959 als Schulfregatte übernommen worden war. Als diese 1965 außer Dienst gestellt wurde, verschwand auch der Name BROMMY aus den Schiffslisten – wie unlängst auch die Bordkameradschaft des Schiffes, die sich im Jahre 2022 letztmalig traf. Einige Straßennamen sind, bis auf den heutigen Tag, da noch langlebiger, aber auch die ‚Admiral-Brommy-Kaserne‘ in Brake, am 1. April 1937 von der Kriegsmarine in Betrieb genommen, dann ab 1956 Ort militärischer Grundausbildung in der bundesdeutschen Marine, wurde 1997 geschlossen und schließlich abgerissen. 1988 schaffte es Brommy noch in den ‚Marinekalender der DDR‘, und ob der 38%-ige Schnaps ‚Admiral Bromme‘ mit dem Untertitel ‚Der feine Kümmel aus Sachsen‘, der heutzutage in Leipzig hergestellt wird, als lebendige Marinetradition gelten kann, muss weiteren Studien vorbehalten bleiben.

Die ‚Bundesmarine' jedenfalls hatte schon Ende der 70er Jahre die erste Flotte unter Schwarz-Rot-Gold wie auch ihren Oberbefehlshaber, wenngleich letzeren eher im Schatten von Prinz Adalbert und der Paulskirche, ‚wiederentdeckt'. Die heutige Marine nämlich, so im Jahre 1979 der damalige Inspekteur der Marine, Vizeadmiral Günther Luther, sei nichts anderes als das Ergebnis einer historischen Entwicklung, „deren Wurzeln bei der ersten deutschen Flotte der Jahre 1848-1852 liegen" – einer Flotte, die, so Marineinspekteur Vizeadmiral Hans-Rudolf Boehmer dann im Jahre 1998, „Symbol für die Einheit in Freiheit unter der Souveränität des Volkes" gewesen sei. Und eine Wanderausstellung des Militärgeschichtlichen Forschungsamtes zur ersten deutschen Marine, ‚Germania auf dem Meere' mit Titel und kuratiert von Prinz Adalbert-Biograf Jörg Duppler, tourte durch die Lande und tatsächlich auch bis zum Meere, nach List auf Sylt, wo damals noch die Marineversorgungsschule ihren Sitz hatte.

Der Chef jener derart wieder ins Rampenlicht gerückten ersten deutschen Seestreitkräfte unter Schwarz-Rot-Gold, Contre- Admiral Carl Rudolph Brommy, aber war es maßgeblich, der neben Prinz Adalbert und Arnold Duckwitz den alten Flottentraum der Deutschen, mit seinen monarchischen wie demokratischen Konnotationen, in die Praxis umgesetzt hat: in Form des von Ferdinand Freiligrath erträumten ‚trutzig Kriegsgeschwaders', segelnd oder, wie Brommys Flotte in der Mehrzahl ihrer schwimmenden Einheiten, dampfend auf dem Meere, der „Freiheit hohen Schule" Georg Herweghs. Diese Flotte war mitsamt ihren Behörden, und das auch lange nach ihrem Verbleichen als ‚Marine ohne Staat', gleichermaßen Zeichen deutscher staatlicher Einheit wie ihrer freiheitlichen Grundlagen, denen von Paulskirche und Reichsverfassung. Und Brommy gebührt das Verdienst, die zeitweise Vergegenständlichung dieses vormaligen deutschen Flottentraumes in wirklichen Schiffen und „begeisterten Matrosen" so lange es ging am Leben erhalten zu haben.

Literaturauswahl:

Bär, M., Die deutsche Flotte von 1848-1852. Nach den Akten der Staatsarchive zu Berlin und Hannover dargestellt von Dr. Max Bär. Leipzig 1898.

Eckhardt, A., Brake, Brommy und die Bundesflotte. In: Eckhardt, A./ Gross, D. G., Brommy und Brake. Oldenburg 1998.

Ganseuer, F./ Wagner, E., Carl Rudolph Brommy – Admiral der Revolution? Hamburg 2018.

Petter, W., Admiral Brommy in der Literatur. In: Schiff und Zeit 12/ 1980.

Wagner, E., Carl Rudolph Brommy (1804-1860) als Marineoffizier in Griechenland (1827-1849). Oldenburg 2009.

Wiechmann, G., Karl Rudolf Brommy (1804-1860) in deutschen Erinnerungsorten. In: Jahrbuch der Deutschen Gesellschaft für Schiffahrts- und Marinegeschichte 2010. Oldenburg 2011.

Exkurs: Brommys Revier

Die Schifffahrts-Landschaft Unterweser

Schiffswerft J. F. Strenge u. Sohn, Brake, um 1920

Natürlich sind die Deutschen eine maritime Nation. Ernstlich bestritten hat dies nur Alfred von Tirpitz in seinen ‚Erinnerungen', und dies auch nur höchst eigennützig. Diente doch sein berühmter Satz „Das deutsche Volk hat die See nicht verstanden" lediglich als Ablenkungsmanöver vom offenkundigen Versagen seiner Flottenrüstung im Weltkrieg. Eher hatte es doch den Anschein, als habe die Marine selbst, und weniger das deutsche Volk, die See nicht verstanden. Kein Wunder, dass andere deutsche maritime Strategen, der Hapag-Direktor Albert Ballin voran, versuchten, noch vor dem Krieg den problematischen Kurs, den die deutsche politische und Marineführung steuerte, zu korrigieren und Ballin dann, als der Krieg sein Geschäft ruiniert hatte, seinem Leben mutmaßlich selbst ein Ende setzte. Hamburg blieb gleichwohl Deutschlands ‚Tor zur Welt', auch das größte, aber keineswegs das einzige. In seinem Schatten existierten stets auch weitere, eher übersehene ‚Tore', gleichsam unbekannte

,Global Player' zur See wie die Seefahrer und Schiffbauer an der oldenburgischen Unterweser – dort, wo der große Strom in die ,unendliche See' (Joseph Conrad) übergeht.

Die Weser ist einer der größten Flüsse Deutschlands und an ihrem Unterlauf, der Unterweser, eine der bedeutendsten Seeschifffahrtsstraßen Europas. Die Weserhäfen des Großherzogtums Oldenburg nahmen dabei vor allem im 19. Jahrhundert und trotz ihrer Nähe zu Bremen neben den großen Hansestädten einen respektablen Platz in der deutschen Seeschifffahrt ein. Die Oldenburger waren zudem pfiffige Geschäftsleute, und der pfiffigste von ihnen war ihr Regent, Graf Anton Günther, der die Wirren des Dreißigjährigen Krieges nicht nur durch Diplomatie und Pferdehandel von Oldenburg fernhielt, sondern sogar noch einträgliche Geschäfte in diesen finsteren Zeiten machte. So landete er einen großen Coup mit dem Weserzoll, den er 1623 aufrichtete, sich vom Kaiser in langwierigem Streit mit Bremen sogar bestätigen ließ und den er über eine Zollstation in Elsfleth, ohne weitere Gegenleistung, für die Weiterfahrt von nichtoldenburgischen Schiffen nach Bremen einzog – ein bis 1820 erhobener, einträglicher ,Beifang' des am oldenburgischen Weserufer vorbeilaufenden Schiffsverkehrs nach Bremen und lange Zeit Haupteinnahmequelle des Großherzogtums.

Wesentlich durch die Tätigkeit zugewanderter holländischer Kaufleute und Schiffbauer entwickelten sich vor allem Brake und Elsfleth zu Seehandelsstädten, wobei Brake, spätestens nach Setzen von Duckdalben am dortigen Fahrwasserrand der Weser ab 1797, zum wichtigsten Schifffahrtsplatz am westlichen Ufer der Unterweser wurde.

Der Braker Hafen wurde ab 1787 vom oldenburgischen Großherzog Peter Friedrich Ludwig gefördert, vor allem als Umschlagplatz für Schiffe nach Bremen, denn die Versandung der Weser erschwerte es Großseglern zunehmend, die Hansestadt direkt zu erreichen. Daher waren sie gezwungen, ihre Fracht in Brake auf kleinere Schiffe umzuladen, die diese dann weiter nach Bremen fuhren. Bereits Ende des 18. Jahrhunderts liefen jährlich um die 300 Frachtsegler Brake an, Kaufleute, Handwerks- und Schiffsausrüstungsbetriebe ließen sich hier nieder und eine Reihe von Werften und Packhäusern entstanden sowohl in Brake wie in Elsfleth.

Seine Blütezeit erlebte der maritime Fernhandel Oldenburgs im 19. Jahrhundert, als zeitweise nahezu 200 Schiffe unter der blau-roten Flagge des Großherzogtums auf den Ozeanen unterwegs waren – eine kleine Weltmacht. In Brake nahmen ab den 20er Jahren mehrere Konsulate ihren Sitz, darunter ein britisches Vizekonsulat, und 1830 waren es bereits 557 Schiffe, die den dortigen Hafen anliefen. Da hatte Bremen schon im Jahre 1827 mit der Gründung Bremerhavens nördlich der Geestemündung ‚gekontert' und dem Braker Geschäfts-modell einen empfindlichen Schlag versetzt. Hier reagierte man mit der Ernennung der Stadt zum Freihafen am 1. Januar 1835. Brake wie Bremerhaven wurden 1849 außerdem, wie gesehen, zu Stationie-rungsorten der ersten deutschen Marine.

So nahm das Großherzogtum Oldenburg einen keineswegs unbedeu-tenden Platz im ‚Ranking' der deutschen Seeschifffahrt ein und Els-fleth war mit 22 Reedereien im Jahre 1875 hinter Hamburg und Bre-men gar drittgrößter Schifffahrtsstandort Deutschlands. Kein Wunder also, dass dies Seefahrer-Land auch zum Standort maritimer Ausbil-dung wurde, dem der Navigations- und späteren Seefahrtschule Els-fleth.

In Hamburg, genauer gesagt in Altona, war 1749 die erste Navigati-onsschule auf deutschem Boden gegründet worden; Carl Rudolph Brommy war einer ihrer Absolventen. Stettin (1756), Emden (1782), Bremen (1798) und Lübeck (1808) folgten und auch an der oldenbur-gischen Unterweser wurde eine derartige Schule ins Leben gerufen. Nautik und Seemannschaft ließ man sich zumeist von ehemaligen Steuerleuten und Kapitänen im Privatunterricht ‚verklaren', und dies auch nur im Winter, wenn man nicht zur See fuhr. Bei ortsansässigen Schullehrern nahm man vielleicht noch Unterricht in fremden Spra-chen und im Rechnen, es gab aber im Großherzogtum Oldenburg bis Anfang der dreißiger Jahre des 19. Jahrhunderts keine geregelte Aus-bildung für Seeleute, ebenso keine seemännischen Befähigungsnach-weise. Man fuhr einfach so zur See, aus Erfahrung und im günstigsten Falle mit Glück.

Doch mit der Ausweitung der Fahrgebiete über den englischen Kanal hinaus und der Zunahme von Anzahl und Größe der Schiffe war das Fahren ‚nach Gefühl' nicht mehr geboten und Bremen, für dessen Rechnung damals viele Oldenburger Schiffe fuhren, verlangte schon seit 1828 die Ablegung einer nautischen Prüfung von Schiffsführern und Steuerleuten vor einer Bremischen Kommission. Das behagte den Oldenburgern zunehmend weniger. Und so ergriffen im Jahre 1831 zehn Elsflether Reeder die Initiative zu einer Eingabe an die Großherzogliche Regierung zwecks Gründung einer Navigationsschule. Mit Erfolg: „Zum Besten der Männer, die sich der Schiffahrt widmen und zu Steuerleuten und Schiffcapitains ausbilden wollen, ist mit Genehmigung und huldreicher Unterstützung Seiner Königlichen Hoheit, des Großherzogs, in Elsfleth eine Navigationsschule errichtet. Oldenburg, den 20. August 1832" - so hieß es, Otto-Erich Meißner weist in seiner Geschichte der Schule darauf hin, in der amtlichen Bekanntmachung der ‚Oldenburgischen Anzeigen'. „Der als Verfasser verschiedener Mathematischer Schriften rühmlichst bekannte Dr. Suhr" wurde im gleichen Zuge zum Lehrer an dieser Schule bestellt. Dr. Johann Hinrich Suhr war in Bremen Leiter eines Schullehrerseminars gewesen, beherrschte neben der Mathematik mehrere Fremdsprachen, hatte sogar einige längere Schiffsfahrten mitgemacht und kam in der Auswahl deshalb zum Zuge, weil der eigentlich von den Elsflether Reedern favorisierte Kapitän Johann Christian Hein 1831 plötzlich verstarb. 1856 wurde dann diese private, wenngleich von der oldenburgischen Regierung unterstützte Navigationsschule, deren Besuch für angehende Kapitäne immer noch nicht obligatorisch war, in eine staatliche, die Großherzogliche Navigationsschule, überführt und eine Aufnahmeprüfung dafür vorgeschrieben.

Im Jahre 1860 wurde der Gymnasiallehrer, Mathematiker und Ozeanograf Wilhelm von Freeden (1822-1894), der schon seit 1856 dort als Lehrer tätig gewesen war und mehrere nautische Lehrbücher und Rechentafeln veröffentlicht hatte, zum Rektor der Schule ernannt. Als weitere Lehrkräfte wurden ein Geograf, ein Lehrer sowie ein Arzt angestellt. Ein festes Lehrgebäude existierte noch nicht, man wechselte des Öfteren den Unterrichtsplatz, vor allem aufgrund des zunehmenden Platzmangels angesichts einer stetig steigenden Zahl von Navigationsschülern. Der Unterricht selbst wurde nach dem ‚Handbuch der Schiffahrtskunde' der Hamburger Navigationsschule durchgeführt, mit nautischem und seemännischem Lehrstoff sowie fremden Sprachen, Arithmetik und Algebra.

Wilhelm von Freeden quittierte 1867 seinen Dienst in Elsfleth, um erster Direktor der ‚Norddeutschen Seewarte' in Hamburg zu werden, aus der 1875 die ‚Deutsche Seewarte' und schließlich das ‚Deutsche Hydrographische Institut' hervorging. Sein Nachfolger in Elsfleth wurde der Astronom Dr. Carl Heinrich Sophus Behrmann, unter dem die Schule weiter aufwuchs, vor allem im ‚Lehrkörper', mit akademisch geschulten Dozenten wie erfahrenen ehemaligen und aktiven Kapitänen. Auch die Prüfungen erhielten nun formellere Gestalt, ging doch die Kunde in Elsfleth, dass diese zuvor eher im heiteren Kreise einer Punsch- oder Grog-Runde absolviert wurden. Ebenso unbestätigt sind die Berichte, dass die Qualität und Wirkung der vom Prüfling mitzubringenden Getränke einen nicht unwesentlichen Einfluss auf das Prüfergebnis gehabt haben soll.

Diese Prüfungspraxis ist mittlerweile abgeschafft und die alte Navigations- und spätere Seefahrtschule Elsfleth ist heute als Fachbereich Navigation und Logistik der Jadehochschule Oldenburg Wilhelmshaven Elsfleth nicht weniger als die größte maritime Hochschuleinrichtung in Westeuropa. Und wenn auch von der oldenburgischen Unterweser mittlerweile nicht mehr so viele Schiffe wie noch zur Blütezeit der Großsegler in die Welt hinausfahren, ist die Region gleichwohl bedeutendes und auch über die Grenzen Deutschlands und Europas gewichtiges maritimes Terrain geblieben, mit ihren Schiffen, Reedern, Kapitänen, ihren Werften und Häfen.

Schon in der Vergangenheit betätigte man sich dort in durchaus unterschiedlichen Seefahrtssparten. So versuchten sich, beginnend just in jenen Jahren, als das Fahrgebiet größer wurde und die Navigationsschule eingerichtet wurde, die Seeleute an der Unterweser, wie auch in Bremen und Hamburg, in einem gleichermaßen blutigen wie einträglichen Geschäft, in das man dank hoher Schiffbaukunst und nautischer Qualifikation relativ umstandslos einsteigen konnte – in die Jagd auf den Wal. In den 40er bis 60er Jahren des 19. Jahrhunderts fuhren daher oldenburgische Schiffe auf Walfang und Robbenschlag ins nördliche Eismeer, schließlich bis in die Südsee, Tranbrennereien entstanden am Weserufer und 1844 war das Großherzogtum mit neun ‚Grönlandfahrern' der deutsche Staat mit den meisten Walfangschiffen. Schon 1841 war dazu in Elsfleth eine ‚Gesellschaft für Walfisch- und Robbenfang' gegründet worden, der ein Jahr später die

‚Stedinger Compagnie' in Berne und 1856 die ‚Aktiengesellschaft für Rhederei und Schiffbau Visurgis' in Oldenburg, die bis 1863 mit fünf Schiffen zum Walfang in den Pazifik fuhr, folgten – ein brutales und auch für die Walfänger lebensgefährliches Unternehmen, musste man mit dem Fangboot bis auf wenige Meter an den Wal heranrudern, ehe der Harpunier werfen konnte. Doch das Geschäft wurde bald unrentabel und ging nach nur einem Vierteljahrhundert in der zweiten Hälfte der 1860er Jahre mangels hinreichender Erträge zu Ende.

Neben dem Walfang warf man sich, wie die großen Hansestädte, auch an der oldenburgischen Unterweser auf ein weiteres, lukratives Geschäftsfeld, die Verschiffung von Auswanderern in die ‚Neue Welt'. Diese verließen vor allem im Gefolge der gescheiterten Revolution von 1848 in Scharen ihre Heimat. Der Großteil derjenigen, die in den 40er und 50er Jahren des 19. Jahrhunderts aus Deutschland per Schiff emigrierten, nahm die Passage über die großen Seehäfen Hamburg, Bremen und Bremerhaven, doch auch Brake spielte eine nicht unbedeutende Rolle: Allein zwischen 1853 und 1859 wurden über den Unterweserhafen über 30.000 Auswanderer auf 163 Schiffen gezählt, nachdem sie zuvor oft wochenlang dort auf ihr Schiff gewartet hatten, in Sälen und Schuppen untergebracht, an schönen Tagen am Deich lagerten und den Braker Geschäftsleuten „manchen Verdienst", wie es damals hieß, brachten.

Die hohe schiffbauliche und handwerkliche Kunst der Region rührte vor allem aus dem Holzschiffbau her. Der ging, wie Christian Ostersehlte hervorgehoben hat, „in seinen Anfängen auf das 18. Jahrhundert zurück" und führte im Verlaufe der Zeit zur Bildung einer „regelrechten Werftlandschaft", in der sich, so Ostersehlte weiter, allein „bis 1860 ein rundes Dutzend Betriebe angesiedelt hatten." Dieses alte Know-how hat sich bis heute an der Unterweser erhalten und trägt nun seine Früchte vor allem im Spezialschiffbau: Wie bei der Fassmer-Werft in Berne, gegründet 1850, die schon die Rettungsboote für die PAMIR gefertigt hatte und heutzutage nicht nur im Bereich der Rettungs- und Tenderboote, sondern vor allem auch der Seenotrettungskreuzer und Behördenschiffe international verkauft. Oder Abeking & Rasmussen in Lemwerder, 1897 gegründet, seit 1907 Minensuchbootslieferant von der Kaiserlichen bis zur Deutschen Marine, das Portfolio mittlerweile angereichert mit Segel-und Motoryachtfertigung und Spezialschiffbau wie SWATH(Doppelrumpf)-Konstruktionen. Und nicht zuletzt die 1875 in Bremen–Aumund gegründete Fr. Lürssen-Werft mit ihrer Fertigungsstätte in Lemwerder, Torpedo- und Schnellboot-Produzent für die deutschen Marinen seit dem Ersten Weltkrieg und wie Abeking &Rasmussen Megayachtbauer, mittlerweile auch expandiert in die Produktion von Fregatten und Korvetten und, nach der Insolvenz der Elsflether Werft, auch ‚Betreuer' der GORCH FOCK, die nach einer zeitlich wie auch finanziell spektakulär ausufernden Werftliegezeit wieder zurück auf den Ozeanen ist.

So hat sich diese traditionsreiche Schifffahrts-Landschaft einen beeindruckenden Fundus an schiffbaulichen Spezialkenntnissen und hoher handwerklich-technischer Expertise bewahrt, der mittlerweile weltweit nachgefragt ist. Und daher ist man an der oldenburgischen Unterweser, in ihren Häfen, den Reedereien und auf den Werften, auch nach der großen Zeit der Segelschiffe immer noch ein ‚Global Player' geblieben.

Literaturauswahl:

Eckhardt, A. (Hrsg.), Gründung und Aufstieg der Stadt Brake (1848-1910). In: Eckhardt, A./ Günther, W./ Schaer, F.-W./ Schmidt, H./ Winter, F. H., Brake. Geschichte der Seehafenstadt an der Unterweser. Oldenburg 1981.

Keitsch, C., Die Bedeutung der Unterweserhäfen am Beispiel der Braker Hafenentwicklung. In: Jahrbuch der Deutschen Gesellschaft für Schiffahrts- und Marinegeschichte 2010, S. 9-15.

Meißner, O.-E., 120 Jahre Schiffahrtsgeschichte an der Unterweser. Oldenburg 1988.

Ostersehlte, C., 150 Jahre Nautischer Verein Niedersachsen. Wiefelstede 2015.

Schürmann, H.-N., Chronik des Walfangs von der Unterweser 1653-1872. Lemwerder 2014.

Sello, G., Oldenburgs Seeschiffahrt in alter und neuer Zeit. Leipzig 1906.

Bei Brommy zu Hause: Das Schiffahrtsmuseum der oldenburgischen Unterweser

Brommys ‚Wohnzimmer' im Schiffahrtsmuseum Unterweser, Brake

In Brake hatte man schon Anfang der Fünfziger Jahre, vor allem auch mit Blick auf das 100jährige Jubiläum der Stadtgründung 1956, mit Überlegungen zur Gründung eines Heimatmuseums begonnen. In Elsfleth, wo man ebenfalls derartigen Ideen nachhing, verzichtete man schließlich zugunsten eines zentralen Museums der Region auf die eigenen musealen Ambitionen, so dass man schließlich, wesentlich durch die Initiative des Braker Zahnarztes Dr. Fritz Carstens und des dort gegründeten Museumsvereins, begann, nach ausstellungswerten Gegenständen für ein derartiges Heimatmuseum Ausschau zu halten. Als dann aber alle Dinge aus den Haushalten und Kapitänshäusern der Stadt und ihrer Umgegend dafür zusammengetragen waren, stellte man fest, so der ehemalige Oldenburger Archivdirektor Albrecht Eckhardt in seiner Chronik des Museums, dass es sich fast ausschließlich um Gegenstände handelte, die mit der Seefahrt der Region und ihrer Menschen zusammenhingen. Und so wurde aus dem Plan eines Heimatmuseums unversehens ein Schifffahrtsmuseum, das am 24.

April 1960 im traditionsreichen Braker ‚Telegraphen' eröffnet wurde – mit Fritz Carstens, der seine eigene Sammlung maritimer ‚Reliquien' als Grundstock des Museums in diese Gründung einbrachte, als dessen erstem Leiter.

Mittlerweile sind es drei Häuser in zwei Städten, in Brake im stattlichen alten Handels- und Packhaus ‚Borgstede und Becker' aus dem Jahre 1808 sowie jenem 1846 als Teil der optischen Telegraphielinie zwischen Bremen und Bremerhaven errichteten ‚Telegraphen', dem Baudenkmal und Wahrzeichen Brakes und Stammsitz des Museums. Im Jahre 2010 ist in Elsfleth mit der Villa Steenken, mittlerweile aufwendig restauriert, ein dritter Standort des Museums hinzugekommen. Hier widmet man sich mit viel bürgerlichem Engagement, Mäzenatentum des Landes wie der örtlichen Reeder-, Kapitäns- und Kaufmannschaft und unter wissenschaftlicher Leitung vor allem der reichen maritimen Geschichte und Tradition der oldenburgischen Unterweser, ihren Schiffen, Städten und Werften, im ältesten Spezialmuseum Niedersachsens, das sich ausschließlich der Seefahrt verschrieben hat.

Schwerpunkt der Ausstellungen der Häuser des Museums und auch der leitende Gedanke hinter seiner Gründung als Bürgerstiftung ist dabei der maritime Fernhandel unter der oldenburgischen Flagge mit ihrem roten Kreuz auf blauem Grund, die auch die Häuser des Museums ziert. Beim Gang durch die Ausstellungsräume öffnet sich ein illustres und weitgefächertes Panorama deutscher Seefahrtgeschichte, vom Handwerk des Segelmachers und Schiffszimmermanns, den Anfängen der Dampfschifffahrt, der Entwicklung von navigatorischer Technik und Instrumenten bis zu raren Dokumentationen und Materialien zum Deutschen Schulschiff-Verein und seinen Großseglern und zu den Anfängen der Reedereien und Werften der Wesermarsch. Dabei werden vor allem auch die seemännischen Lebens- und Arbeitswelten und die Darstellung der Seehafenstadt Brake in den Blick genommen und mit illustren Exponaten unterlegt. Zu den Kleinodien des Museums zählt dabei vor allem auch die spektakuläre Sammlung von Kapitänsbildern – Schiffsporträts zur Erinnerung und zu Ehren des jeweiligen Kapitäns an ‚sein' Schiff, die dem Museum großenteils als Leihgaben oder Schenkungen aus dem Vermächtnis alter Seefahrerfamilien von der Unterweser überlassen wurden.

In besonderer Weise hat sich das Museum zudem, mit einem eigenen Kabinett im ‚Telegraphen', dem tragischen Untergang der PAMIR am 21. September 1957 im Hurrikan ‚Carrie' im südlichen Nordatlantik angenommen – ein Unglück, das nicht nur die junge Bundesrepublik Deutschland erschütterte, sondern auch das tragische Ende der deutschen Frachtschifffahrt unter Segeln bedeutete. Das Schiffahrtsmuseum Unterweser hat der PAMIR einen eigenen, stillen und abgedunkelten Raum gewidmet mit Originalartefakten des Schiffes: einer hölzernen Deckshaustür, drei Korkschwimmwesten und einem Rettungsring, Archivunterlagen wie einem Schriftsatz des Reedereianwaltes zur Seeamtsverhandlung, persönlichen Unterlagen eines Überlebenden, eine Zusammenstellung von Zeitungsmeldungen und vor allem ein 3,40 x 1,45 m großes Teil der Bordwand von Rettungsboot 5, in dem sich fünf der insgesamt sechs Überlebenden des Unglücks retten konnten.

Mit der großen und raren Sammlung historischer seemännischer Bekleidung und Handwerkszeug, den nautischen Instrumenten wie Chronometer, Sextanten, Kompassen, Nautischen Tafeln und zahlreichen kostbaren Schiffsmodellen ist das Schiffahrtsmuseum Unterweser zweifellos ein exquisiter Platz für Schiffsliebhaber. Doch nicht nur das. Es ist mit seinen Sammlungs- und Forschungsschwerpunkten zur ersten deutschen Marine und zur oldenburgischen Segelschifffahrtsgeschichte auch deutlich mehr als ein Museum regionaler Schifffahrtshistorie. Es bildet vielmehr in großer Breite, mit Segel-, Dampf-, Fracht- und Kriegsschifffahrt, Herings- und Walfang und Spezialthemen wie ‚Frauen an Bord' oder ‚Seefahrt in der bildenden Kunst', letzteres vor allem auch in Keramikexponaten wie dem prächtigen Fliesenzimmer des Museums, in großer Anschaulichkeit wie Detailtiefe den wirtschafts- und kulturgeschichtlich prägenden maritimen Anteil gesamtgesellschaftlicher Entwicklung, namentlich den Boots- und Schiffbau wie den entbehrungsreichen und schweren Alltag an Bord seegehender Schiffe, ab.

Gleichsam hinter den Kulissen der Ausstellung beherbergt das Haus ein reichhaltiges Archiv von 2000 historischen Dokumenten zur Schifffahrtsgeschichte, vornehmlich aus der Region der oldenburgischen Unterweser. Der Bestand beinhaltet Schiffstagebücher, das älteste aus dem Jahr 1786, und persönliche Tagebücher, wie das des

Franz Kimme, zwischen 1843 und 1845 auf dem Walfänger BRE-MEN verfasst, dazu Kontor- und Rechnungsbücher aus dem 19. Jahrhundert, Reiseberichte Braker und Elsflether Kapitäne, Urkunden, Seefahrtsbücher und nicht zuletzt das Archiv zu Contre-Admiral Carl Rudolph Brommy mit Dokumenten aus seinem Nachlass sowie Aktenbeständen aus seiner Zeit in der griechischen Marine und der ersten deutschen Flotte. Die Bibliothek des Hauses mit ihren über 6000 Titeln verfügt über Bücher und Atlanten zur oldenburgischen und deutschen Schifffahrts- und Handelsgeschichte, darunter als wertvolle Rarität die deutsche Ausgabe des 1589 in Amsterdam gedruckten Seeatlasses ,Spieghel der Zeefahrt' von Lucas Janzoon Waghenaer, dazu maritime Schriftenreihen und Fachzeitschriften. Eine Sammlung von Urteilen des Seeamtes Brake vervollständigt den Bestand, der, wie der des Archives, Interessenten und Forschenden gleichermaßen zur Verfügung steht.

Derart leistet das Museum mit seinen umfangreichen wie erlesenen Exponaten und deren sorgsamer, ebenso wissenschaftlich fundierter wie anschaulich dargebotener Präsentation einen ganz essentiellen, imposanten wie lehrreichen Beitrag zur Abbildung maritimer Arbeits- und Kulturwelten als integralem und wesentlichen Bestandteil deutscher Geschichte.

Angesichts dieser reichen Schifffahrtstradition der Region und dem entsprechenden Augenmerk, das der Oldenburger Großherzog Paul Friedrich August ,seinem' Hafen Brake und dessen Werften zukommen ließ, wurde, als es im Revolutionsjahr 1848 zur Aufstellung von Marinestreitkräften gegen die dänische Blockade kam, just hier, gemeinsam mit Bremerhaven am gegenüberliegenden Ufer der Weser und auf Geheiß des ersten deutschen Parlamentes und der ,provisorischen Centralgewalt' in Frankfurt am Main, die erste deutsche Flotte unter Carl Rudolph Brommy aufgestellt. Und so hat sich das Schiffahrtsmuseum Unterweser, das bereits zwei Mal durch den niedersächsischen Minister für Wissenschaft und Kultur mit dem Museumsgütesiegel des Landes ausgezeichnet wurde, vor allem auch der Pflege des Erbes Brommys und seiner Flotte in besonderem Maße angenommen und sich im Verlaufe der Zeit zu einem Zentralort der Brommy-Forschung entwickelt.

Hier in Brake hatte Brommy, der einst Caroline Gross, die Tochter eines Braker Kaufmanns und Hotelbesitzers, heiratete, ja nicht nur gewirkt, hier wurde er nach seinem frühen Tod im Jahre 1860 auch zu Grabe getragen. Einrichtungsgegenstände seiner Wohnung, Schreibutensilien und Schriftstücke Brommys, namentlich auch seine Gedichte und Notenblätter, die im Familienbesitz die Jahrzehnte überdauert haben und dem Museum übergeben wurden, werden hier aufbewahrt und ausgestellt. So ist ein Bereich des Museums ganz dieser ersten deutschen Flottengründung, der Keimzelle der heutigen Deutschen Marine, und ihrem Oberbefehlshaber Carl Rudolph Brommy gewidmet. Die Bibliothek sowie das Archiv des Hauses verfügen zudem über eine umfangreiche Sammlung an Literatur und Schriftstücken von und über Brommy, die das Museum in besonderem Maße nicht nur als Ausstellungsort, sondern auch als wissenschaftliche Forschungsstelle und als Quelle von Publikationen zur ersten deutschen Marine und ihres Chefs ausweisen.

Daher lag es auch auf der Hand, dass genau hier im Jahre 2018, zum 170. Jahrestag der Gründung einer ersten deutschen Marine, auch die erste Ausstellung, die dem Oberbefehlshaber dieser Marine, Contre-Admiral Brommy, gewidmet wurde, ihren Ort fand und über die hiesigerseits wie folgt berichtet wurde:

„,Full House' im altehrwürdigen Schiffshändlerhaus Borgstede und Becker in Brake, einem der drei Häuser des Schiffahrtsmuseums Unterweser. Eröffnung der Sonderausstellung ,Carl Rudolph Brommy – Admiral der Revolution?' am 4. November, dem Tag der Berufung des in der griechischen Marine tätigen Fregattenkapitäns Brommy in die Dienste der ,provisorischen Centralgewalt' in Frankfurt am Main - zum Aufbau eben jener „deutschen Marine", die die Nationalversammlung am 14. Juni 1848 ins Leben gerufen hatte. Und wenn die Stühle Mangelware werden, so Vizeadmiral a. D. Hendrik Born, letzter Chef der Volksmarine der DDR und Vorsitzender der ,Stiftung zur Förderung der Schifffahrts- und Marinegeschichte' in seinem Grußwort, sei das ein untrügliches Zeichen für die Attraktivität einer Veranstaltung.

Die Leiterin des Museums, die Schifffahrtshistorikerin Dr. Christine Keitsch, begrüßte die zahlreichen Gäste und Ehrengäste und führte in die Sonderausstellung unter dem Motto ,Brommy, Brake und die erste deutsche Flotte' ein, die keineswegs ein Lokalereignis gewesen sei, sondern zeitweilig Teil der deutschen und europäischen Geschichte. Thomas Kossendey, Präsident der Oldenburgischen Landschaft und ehemaliger Parlamentarischer Staatssekretär im Bundesministerium der Verteidigung, verwies in seinem Grußwort vor allem darauf, dass mit der Stationierung der ersten deutschen Flotte in Brake und Bremerhaven eine außergewöhnlich lebhafte Phase vor allem der Braker Stadtgeschichte begann, maßgeblich gefördert und unterstützt vom Oldenburger Großherzog Paul Friedrich August, der sich selbst des öfteren in Brake einstellte, um die Schiffe zu inspizieren. Brommy, Chef der aufzustellenden Flotte und Marine, war vor diesem Hintergrund, und dies stellte sodann der Landrat des Landkreises Wesermarsch, Thomas Brückmann, fest, eine bedeutsame Erinnerungs- und Identifikationsfigur für Brake und das Oldenburger Land. Der Bürgermeister der Stadt Brake, Michael Kurz, griff diesen Faden auf, lobte die Präsenz Brommys in der Stadt, sah aber auch die Notwendigkeit, die deutsche Flottengründung und die demokratische Revolution von 1848 noch mehr im Bewusstsein gerade der jüngeren Generation zu verankern - eine Aufgabe und ein Angebot, da waren sich alle Redner einig, die das Schiffahrtsmuseum Unterweser mit dieser neuen Sonderausstellung eindrücklich eingelöst habe. Rechtsanwalt Detlev G. Gross aus Bremen, Nachfahre der Familie von Brommys Ehefrau Caroline Gross, stellte seine Großtante, Brommys Frau, Caroline Bromme, geb. Gross, ausführlicher vor, während schließlich Vizeadmiral a. D. Hendrik Born als Person der Zeitgeschichte, aus eigener Anschauung und gerade in seiner Autobiografie ‚Es kommt alles ganz anders' aus erster Hand beschrieben, das Schicksal Brommys und seiner untergegangenen Flotte mit seinem eigenen Erleben, der Auflösung der NVA-Volksmarine unter seiner Führung und dem Verkauf vieler Einheiten in alle Welt, eindringlich verband.

Der anschließende Festvortrag durch den Militärhistoriker und Fregattenkapitän a. D. Dr. Heinrich Walle riss gleichsam Brommy, einen ‚Pionier' der deutschen Marinegeschichte, so Walle, aus einer Nische der historischen Forschung und befreite ihn im gleichen Atemzug auch von jenem ‚Ludergeruch' der Revolution, den der preußische König Friedrich Wilhelm IV. den Ereignissen und Institutionen einer nur kurzlebigen deutschen Reichsregierung mitsamt Parlament und

Marine attestiert hatte. Walle, der Schüler Walther Hubatschs und Michael Salewskis, verwies vor allem darauf, dass die „deutsche Marine" der Paulskirche tatsächlich eine legale Reichsinstitution, Brommy als Chef dieser ersten Marine also mitnichten ein Revolutionär gewesen sei, und daher sein, Walles, wissenschaftlicher Beitrag zu dieser Ausstellung eben in dem Fragezeichen hinter ihrem Titel, dem ‚Admiral der Revolution', bestehe. Eine ‚Bundesflotte', als organische Einrichtung des Deutschen Bundes, sei diese Marine auch nie gewesen. Gleichwohl war, so Walle, der Dienst in dieser ersten deutschen Flotte, einer Flotte der Reichsregierung, mithin einer ‚Reichsflotte' oder ‚Reichsmarine', regulärer und im Falle Brommys auch pensionswirksamer deutscher Marinedienst – abgeleistet in der ersten institutionellen Schöpfung des ersten deutschen Parlamentes, der „deutschen Marine" der Paulskirche als veritabler Vorgängerin unserer heutigen Deutschen Marine.

Die Ausstellung zeigt, aus eigenen Museumsbeständen und als Leihgaben des Brommy-Nachfahren Detlev G. Gross, in drei Räumen Exponate aus dem Umfeld der ersten deutschen Flotte wie Handwaffen und Uniformen, Schiffsmodelle sowie vor allem Originalteile aus Brommys Besitz, die zum Teil hier erstmalig ausgestellt werden. Darunter sein Offiziersäbel samt Epauletten und die Originalausgabe seines 1848 erschienenen Buches ‚Die Marine' zu Organisation, Betrieb und Führung von Seestreitkräften, das nichts weniger ist als das erste Handbuch zum ‚Handling' einer „KriegsMarine" in deutscher Sprache. Daneben werden weitere persönliche Gegenstände Brommys wie Möbel aus seiner Wohnung, dienstliche wie persönliche Dokumente und Schriftstücke, darunter seine Schreibmappe mit eigenhändig von Brommy verfassten Gedichten und Noten, gezeigt.

Eine Videoinstallation zeigt den Ablauf des ersten und einzigen Gefechtes von Teilen der deutschen Flotte unter Brommy vor Helgoland am 4. Juni 1849 sowie filmische Statements von Museumsleitern, Ausstellungskuratoren, Historikern, Braker Bürgern und Amtsträgern, platziert auf Brommys Sofa und von dort per Bildschirm in die drei Ausstellungsräume gesendet. Und über allem wacht, als Leihgabe des Landesmuseums Oldenburg, die Originalflagge Schwarz-Rot-Gold, die im März 1848 am Oldenburger Rathaus wehte.

Flankiert werden die Exponate durch erläuternde Texte, die aus verschiedenen Blickwinkeln das ereignis- und aspektenreiche Leben des ersten Oberbefehlshabers einer deutschen Marine beleuchten. Die Darstellung seiner organisatorischen Leistung, die Orte seines Handelns und der Aufbau seiner Flotte werden ebenso veranschaulicht wie die Entwicklung seiner späteren Rezeption vom Seehelden über die tragische Figur bis hin zum touristischen Markenzeichen. Dabei werden die Lebensumstände der bürgerlich-maritimen Kultur des aufstrebenden Hafen- und Werftstandortes Brake in Beziehung gesetzt zum Verlauf der Revolution von 1848/ 49, ihrem Aufblühen, Scheitern und späteren ‚Revival‘ 1919, als der in der Paulskirche erarbeitete Grundrechtekatalog zum wesentlichen Fundament der Verfassung der Weimarer Republik und später auch des Grundgesetzes der Bundesrepublik Deutschland wurde.

Die Ausstellung würdigt dergestalt die konzeptionelle, organisatorische und truppenführerische Leistung Brommys, holt ihn gleichsam aus dem Schatten hervor und stellt sein Wirken in den Zusammenhang der Ereignisse der Revolution von 1848 und ihrer demokratischen Ideale wie Institutionen, deren erste tatsächlich die durch die Nationalversammlung als ihre „erste That“ gefeierte ‚Kiellegung‘ einer ersten deutschen Flotte und Marine war – nicht nur parlamentarische Geburt der „deutschen Marine“, sondern auch die des ersten ‚Geschöpfes‘ jenes ersten deutschen Parlamentes überhaupt, und zwar noch vor dessen Befassung mit Grundrechten und Reichsverfassung: Auftakt mithin zur deutschen Parlamentsgeschichte wie zugleich Initialzündung deutscher Marinegeschichte – und beides unter demokratischen Vorzeichen.

Der Chef dieser ersten deutschen Marine aber war vor allem professioneller Marineoffizier, ein ‚homme de lettres‘ und versierter Organisator, ein ‚Macher‘. Und so stellt die Ausstellung in Exponaten, Dokumenten und erläuternden Texten vor allem auch die staunenswerte Führungs- und Energieleistung Brommys dar und dessen Ehrgeiz, der im Werden begriffenen deutschen Nation dazu zu verhelfen, und wie er dies in seinem Buch ‚Die Marine‘ als Ziel formuliert hatte, „einzutreten in die Reihe der Seestaaten.‘

So war Brommys Flotte mitsamt ihren landseitigen Marinebehörden inklusive des Reichsministeriums der Marine in Frankfurt am Main gleichermaßen Zeichen deutscher staatlicher Einheit wie ihrer ‚freiheitlichen' Grundlagen, denen von Paulskirche und Reichsverfassung. Und damit war die Flottengründung 1848 auch alles andere als ein eher peripheres Ereignis, sondern wesentlicher Teil der bürgerlich-demokratischen Bewegungen des 19. Jahrhunderts, die dergestalt in ihren Traditionen bis in unsere heutige Zeit, und auch und nicht zuletzt bis hin zur Deutschen Marine reichen."

Literaturauswahl:

Carstens, F., Romantische Seefahrt. Brake o. J.

Eckhardt, A., Das Schiffahrtsmuseum der oldenburgischen Unterweser 1960-2010. Oldenburg 2010.

Jöhnk, C., Ein Sachse erobert die Weltmeere. Admiral Brommy zum 200. Geburtstag. Begleitbroschüre zur gleichnamigen Sonderausstellung im Schiffahrtsmuseum Brake. Brake 2004.

Ganseuer, F., Brommy - Admiral der Revolution? Ausstellungseröffnung im Schiffahrtsmuseum Unterweser in Brake. In: Marineforum/ MOV/ MOH/ DMI Nachrichten 1/ 2-2019.

Bildteil II: Die Schiffe der „deutschen Marine" 1848/49

Radfregatte BARBAROSSA

Radfregatte HANSA

Das deutsche Kriegsdampfschiff **Erzherzog Johann** im Dry-Dock bei Brake. *1851*

Radfregatte ERZHERZOG JOHANN

Radkorvette GROßHERZOG VON OLDENBURG

Radkorvette DER KÖNIGLICHE ERNST AUGUST
Gemälde von Lüder Arenhold, ca. 1905

Radkorvette BREMEN (2. von links)

Radkorvette FRANKFURT
Gemälde von Lüder Arenhold, ca. 1905

Radkorvette HAMBURG

Radkorvette LÜBECK

Bark FRANKLIN (2. von rechts)

Segelfregatte DEUTSCHLAND

Segelfregatte ECKERNFÖRDE

Fazit: Von der „deutschen Marine" zur „Deutschen Marine" – Geschichte und Tradition

Heinrich Walle

Die ‚Reichsflotte' und ihr Ort in der Geschichte

**Einzug des Vorparlaments in die Frankfurter Paulskirche
am 31. März 1848. Aquarell von Jean Nicolas Ventadour, 1848**

Zwei Dinge hatte die Revolution von 1848 hervorgebracht, die zähle-
biger und nachhaltiger wirkten, als man hätte vermuten können. Es
wurde einmal eine Reichsverfassung beschlossen. Sie wurde zwar in
Kraft gesetzt, aber dann durch das fürstliche ‚roll back' schnell wieder
aufgehoben. Erst nach dem Sturz der Hohenzollernherrschaft lebte
sie in wesentlichen Teilen in der Verfassung der Weimarer Republik
wieder auf. Zum anderen war die erste deutsche Marine die erste und
einzige institutionelle Schöpfung der Nationalversammlung in der
Frankfurter Paulskirche. Diese wird am 14. Juni 1848 als deren „erste
That" von den Abgeordneten selbst euphorisch gefeiert und war ein
Beschluss noch vor der Regelung von Grundrechten und Verfassung,
der eigentlichen Aufgabe des Parlamentes. Als Reaktion auf die unmittelbare militärische Bedrohung durch die dänische Blockade als

Folge der schleswig-holsteinischen Krise erhielt dieser Flottenbeschluss eine politisch-historische Bedeutung als Ausweis parlamentarischer Legitimität und Handlungsfähigkeit. Er kann außerdem als ein Zeichen der Selbst-Referenz des Parlamentes und damit geradezu als zentraler Akt der Konstitution und Legitimierung eines ersten – unter den damals vorherrschenden Bedingungen – demokratisch gewählten deutschen Parlamentes gesehen werden. So war die Bewilligung von sechs Millionen Talern für den „Anfang einer deutschen Marine" am 14. Juni 1848, als erster Beschluss der Nationalversammlung überhaupt, ein nationales wie auch Einheits-Statement. Er hatte auch die deklaratorische Funktion, Ausdruck der Souveränität des durch die Nationalversammlung repräsentierten deutschen Volkes zu sein. Er war darüber hinaus ein Zeichen parlamentarischer Handlungsfähigkeit und war die politisch-militärische ‚rapid reaction' bei akuter militärischer Bedrohung. Diese Marine, die Flotte und die landseitigen Marinebehörden einschließlich des Marineministeriums der ‚provisorischen Centralgewalt' und späteren Reichsregierung, ist deshalb gleichermaßen Instrument und Symbol des durch die Nationalversammlung zu konstituierenden deutschen Nationalstaates. So sind daher die Flotte und Marine unter ihrem späteren Befehlshaber Carl Rudolph Brommy ein Instrument der revolutionär-nationalen Strömungen dieser Zeit. Sie sind vor allem demokratisches Ergebnis wie auch Symbol. Beides bindet sie an die spätere demokratische Entwicklung Deutschlands, Schwarz-Rot-Gold, die Farben von Freiheitskriegen und Vormärz, bilden ihre Flagge.

Das ist die geschichtliche Bedeutung dieser ersten Gründung von Seestreitkräften eines aus allen deutschen Teilstaaten geeinten Deutschlands, die bisher eher von ihrem wenig ruhmreichen Ende, dem Verkauf und der Versteigerung ihrer schwimmenden Einheiten und der Entlassung ihres Personals gesehen wurde. Es gilt, diese Sicht der Dinge umzukehren und dieses nur vermeintliche maritime Regionalereignis in dessen eigentlichen politischen Dimensionen als Teil bürgerlich-demokratischen Aufbruchs in Europa zu erkennen und anzuerkennen.

Nach dem Beschluss vom 14. Juni ist von der Flotte im Parlament jedoch nicht mehr viel zu hören. So war der Akt, auf den es ankam, ihre Aufstellung und nicht ihre Verwendung. Das sind die bleibend dunklen Wolken, die über der deutschen ‚Seemacht' bis zu ihrem Ende unter dem Auktionshammer des ehemaligen oldenburgischen Geheimen Staatsrates Hannibal Fischer 1852/ 53 hängen werden.

Dennoch wird die Marine, vor allem ihr Schiffsbestand, aufgebaut. Das geschah langsamer, als von den Abgeordneten der Paulskirche gewünscht. Diese mussten in maritimen nationalen Flottenrüstungen, die es zuvor in deutschen Territorien nicht gegeben hatte, gleichsam ‚mare incognito' betreten. Marinen, dies wusste das ‚Professorenparlament' in Frankfurt nicht so genau, bedürfen zu ihrer Aufstellung länger als die Aushebung von Heeren.

Immerhin gibt es Profis in Frankfurt, hier ist es vor allem der Bremer Senator Arnold Duckwitz als Handels- und später auch als Marineminister. Er beruft eine ‚Technische Marinekommission' unter dem Vorsitz des Prinzen Adalbert von Preußen ein, der 1848 eine Denkschrift über die Kriegsflotte, eigentlich für preußische Zwecke geeignet, vorgelegt hatte. Er war an Bord einer sardischen Fregatte als ‚Badegast' mitgefahren und galt nun am preußischen Hof als Experte in Marinesachen. Ihm wird Carl Rudolph Bromme zunächst in der ‚Technischen Marinekommission' beigestellt. Bromme, gebürtiger Sachse, war ein gestandener Seemann, zunächst Handelsschiffer, dann in griechischen Diensten kriegserfahrener Kommandant einer Fregatte und später stellvertretender Kommandeur der Marineschule in Piräus. Auf der Basis seiner erworbenen Fähigkeiten hatte Bromme, der sich seit seiner Fahrenszeit in den USA anglisierend „Brommy" schrieb, 1848 in Berlin das erste marinekonzeptionelle Fachbuch in deutscher Sprache, ‚Die Marine', veröffentlicht. Mit Brommy war nun ein weiterer und in der Tat wirklicher Fachmann gewonnen worden, der sich auch rasch als solcher offenbart und zu einer Zentralfigur der deutschen Flottengründung und -führung wird.

Carl Rudolph Brommy ist nicht nur eine bemerkenswerte und facettenreiche Persönlichkeit, sondern der eigentliche Macher dieser ersten deutschen Marine. Er hat sie nicht nur praktisch im Alleingang aus den von Duckwitz beschafften Schiffen funktionsfähig aufgebaut, sondern auch weit über das Ende der Revolution und das ‚roll back' des in den Territorialstaaten wiederhergestellten Deutschen Bundes in Dienst gehalten. Weder die Geschichtsbücher noch die Zeitgenossen haben ihm das gedankt. Dies verstellt in der Tat den Blick auf den

Sachgehalt, dass seine Pioniertat durchaus in der deutschen Marine- und Politikgeschichte fortlebt:

Zunächst in der Preußischen Marine, deren Aufstellung Prinz Adalbert sozusagen im Kielwasser Brommys betreibt, ohne diesen jedoch mitsamt seinem Nordseegeschwader aufzunehmen, obwohl Brommy darum gebeten hatte. Die Preußische Marine wird über die Marine des Norddeutschen Bundes schließlich als Kaiserliche Marine zur zweitgrößten Kriegsflotte der Welt anwachsen. Dabei haben die von Brommy in der ersten Flotte eingeführten Reglements und Dienstanweisungen für den Dienst an Bord und im Hafen, über die Kaiserliche und die Kriegsmarine hinaus, auch heute im Kern überlebt.

Als die Flotte aufgestellt ist und schwimmt, ist die Revolution bereits vorbei. Es kommt noch zu einem einzigen, glimpflich verlaufenen Gefecht vor Helgoland. Dank seines überragenden seemännischen und militärischen Know-hows rettet Brommy durch klugen Rückzug vor der herannahenden Übermacht der dänischen Schiffe und einem Warnschuss von der damals britischen Insel Helgoland seine Schiffe und Besatzungen.

Danach finden keine weiteren Einsätze der Flotte mehr statt. Die Wiederkehr der Fürstenherrschaft und des Deutschen Bundes ist in vollem Gange. Die Flotte ‚schläft‘ und in Brake ‚tanzt‘ sie, und sie ist nach dem Friedensschluss mit Dänemark militärisch nicht mehr notwendig. Die kontinentalen Territorialstaaten stellen die Zahlungen, sofern sie die Beiträge zur Flotte überhaupt gezahlt hatten, vollständig ein. Schließlich zieht Preußen auch seine Abgeordneten aus der Nationalversammlung ab und diese wird dann in Stuttgart als ‚Rumpfparlament‘ auseinandergejagt. Die Flotte mit ihren Behörden und Landeinrichtungen in Brake und Bremerhaven ist nun eine Marine ohne Staat. Als Entschädigung für geleistete Matrikularzahlungen an Preußen werden die beiden besten Schiffe der ‚Reichsflotte‘ Preußen übergeben. Der Rest des Flottenbestandes wird 1852 bis 1853 versteigert und das Personal einschließlich Brommy entlassen. Seine Weiterverwendung in der preußischen Marine wird vordergründig aus formalen Gründen abgelehnt. Brommy, der kurz vor seiner Entlassung die Kaufmannstochter Caroline Gross aus Brake geheiratet hatte, erkämpft sich schließlich eine kleine Pension an Stelle der ursprünglichen Abfindung. Die Pension wird auch der Witwe nach Brommys frühem Tod im Jahre 1860 in St. Magnus bei Bremen bis zu ihrem Lebensende 1910 weitergezahlt. Damit hatte das Deutsche Reich den Dienst Brommys in der revolutionsgeborenen ‚Reichsflotte' von 1848 als regulären deutschen Marinedienst anerkannt.

Brommy gerät nach seinem Tod zunächst in Vergessenheit. Erst mit dem Tirpitzschen Flottenprogramm und dem Griff des deutschen Kaiserreiches nach dem Dreizack gerät er wieder ins Visier der Traditionsfahnder historischer deutscher Seegeltung und machtstaatlich-nationaler Ambitionen der Paulskirche und ihrer Flotte. Dazu gehörten auch die damals gescheiterten ‚Kaiserträume', als der preußische König Friedrich Wilhelm IV. die ihm vom Parlament angetragene Kaiserkrone ablehnte.

Im Nationalsozialismus wird Brommy schließlich als nationale Führergestalt auf- und ausgebaut. Mit einem heroisch-tragischen Vorbild Brommy, der für die nationale Einheit und Kraft Deutschlands, der Bildung der ‚Reiches' kämpft und dabei tragisch scheitert, soll auf eine kommende Generation und ‚Bewegung' verwiesen werden.

In der Marinetradition hat Brommy an verschiedenen Stellen seinen Platz gefunden: Die Kriegsmarine benannte den zum Räumbootbegleitschiff umgebauten, 1916 in Dienst gestellten Minensucher M 50 im Jahre 1937 BROMMY. Das Schiff wurde 1944 versenkt. Die Bundesmarine stellte am 14. Mai 1959 die 1942 als britischer Zerstörer der HUNT-Klasse vom Stapel gelaufene EGGESFORD als Schulfregatte BROMMY in Dienst. Die Taufrede hielt ein Nachkomme des Bremer Senators Arnold Duckwitz. Das Schiff wurde 1965 außer Dienst gestellt und 1981 verschrottet. Damit verschwand der Name BROMMY aus der Schiffsliste der deutschen Marine. Einige Straßennamen, wie in Berlin und Wilhelmshaven, sind auch bis heute langlebiger als die ‚Admiral – Brommy – Kaserne' in Brake. Diese wurde am 1. April 1937 von der Kriegsmarine übernommen, war seit 1956 Ort der Grundausbildung für die Bundesmarine, wurde 1997 geschlossen und inzwischen abgerissen.

Ende der 1970er Jahre entdeckte die Bundesmarine den 14. Juni 1848 wieder und genau 160 Jahre später, am 14. Juni 2008, wurde schließlich in der Paulskirche zu Frankfurt am Main der Gründungstag dieser ersten deutschen Marine, der 14. Juni 1848, in einer feierlichen Festveranstaltung in Anwesenheit des damaligen Inspekteurs der Marine,

Vizeadmiral Wolfgang Nolting, zahlreicher Marinesoldatinnen und -soldaten aller Dienstgrade, die als Teilnehmerinnen und Teilnehmer in Uniform die Deutsche Marine in dieser traditionsreichen Geburtsstätte unserer Demokratie repräsentierten, als Geburtstag der deutschen Marine vorgestellt. In dieser Feier, die als Repräsentation der Marine ein besonderes Echo in der Öffentlichkeit zur Folge hatte, hielt Fregattenkapitän d. R. Professor Dr. Michael Salewski die Festansprache. In diesem geschichtlichen Essay zog Michael Salewski, Historiker und Marinesoldat, eine geschichtlich-politische Bilanz, die auch heute nichts von ihrer Aktualität verloren hat. Deshalb wird sein Beitrag ‚160 Jahre Marine. Zwischen Volk und Staat' in diesem Band noch einmal veröffentlicht.

Der Tag des Flottenbeschlusses der Paulskirche wurde damit Gründungstag einer ersten deutschen Marine und ‚Geburtsstunde der Marine'. Hierbei war beiläufig und eher im Schatten von Prinz Adalbert sowie der Paulskirche auch die Rede von Brommy. Spätestens seit den auf den grundlegenden Arbeiten von Walther Hubatsch und Paul Heinsius fußenden Forschungen Michael Salewskis unter den Stichworten ‚Reichsflotte' sowie ‚Machtpolitik und Demokratie' wurde der Traditionsbogen von der 1848er Flotte zur heutigen Deutschen Marine gespannt. Im Selbstverständnis der Seestreitkräfte der Bundesrepublik Deutschland war jetzt der zentrale Traditionsplatz der „deutschen Marine" der Paulskirche endgültig erschlossen und hergerichtet. Im Deutschen Schifffahrtsmuseum zu Bremerhaven fand 1979 mit der Sonderausstellung ‚Die erste deutsche Flotte' die Initialzündung für diese Erschließung eines gleichsam parlamentarisch-maritimen Traditionsterrains statt. Hier wurde das Bild der 1848er Flotte gezeigt, das mit dem der Marine der Bundesrepublik Deutschland in ihren Grundlagen auffällig übereinstimmte: Analogon wie Referenzpunkt einer parlamentsgestützten Marine und gleichsam Symbol wie Instrument staatlicher Einheit unter der Flagge Schwarz-Rot-Gold zu sein.

Die deutsche Marine der Paulskirche war keine ‚Parlamentsmarine' im heutigen Sinn mit Parlamentsvorbehalt und Mandatierung von Einsätzen. Aber sie war, und dies ganz analog dem parlamentarischen Ringen im Deutschen Bundestag um die Wehrverfassung der jungen Bundesrepublik Deutschland, nichts anderes als eine parlamentarischdemokratische Geburt.

„Die Flotte sollte zum Symbol für die Einheit in Freiheit unter der Souveränität des Volkes werden", hatte dies 1998 der damalige Inspekteur der Marine, Vizeadmiral Hans-Rudolf Boehmer, auf den Punkt gebracht. Der Marinehistoriker Dr. Jörg Duppler beschrieb den Zusammenhang zwischen 1848 und der heutigen Marine wie folgt: „Am 14. Juni begeht die Marine ihren Navy Day in Erinnerung jener Parlamentsbeschlüsse der Frankfurter Paulskirche, die zu einer gesamtdeutschen und durch das Parlament legitimierten Marine führen sollten. Die Legitimierung von Streitkräften durch die Paulskirche damals und den Deutschen Bundestag heute ist einer der großen Kontinuitätsbögen, die die Marinen von 1848 und heute verbindet."

Damit, und das sei von mir mit einem gewissen Marinestolz gesagt, entpuppt sich die Deutsche Marine nach 175 Jahren als zwar kleinste, aber als älteste Teilstreitkraft deutscher Streitkräfte, sozusagen als ‚senior service‘. Denn ein deutsches Heer gab es erstmalig mit Gründung der Vorläufigen Reichswehr am 1. April 1920.

Aber auch Brommy fand nun im Rahmen dieser ‚demokratischen Wiederentdeckung‘ der „deutschen Marine" der Paulskirche Erwähnung in allerlei Festreden und Schriftsätzen. Am Ende hatte er sich aber doch deutlich hinter den Prinzen Adalbert einzureihen, der als Vorsitzender der ‚Technischen Marinekommission‘ immerhin mit seiner Denkschrift die erste Konzeption einer deutschen Marine vorgelegt hatte. So konnte dann beim Oberbefehlshaber dieser Marine, dem Admiral ihres „Oberkommandos", Brommy eben, auch schnell übersehen werden, dass dieser mit dem Band ‚Die Marine‘ von 1848 – das Vorwort datierte 1847 in Athen – das erste grundlegende darstellende Werk zu Organisation und ‚Handling‘ einer Marine in Deutschland vorgelegt hatte. Es war Ergebnis seiner Erfahrungen in der griechischen Marine, der amerikanischen Handelsmarine und seiner Auswertung der Glanztaten der Briten unter Horatio Nelson. Das Buch hatte ihm immerhin auch den Eintritt in die ‚technische Marinekommission‘ geebnet. Es hat schließlich dieser Kommission auch zu wesentlichen und bleibenden Ergebnissen verholfen, vor allem in der Übersetzung und deutschen Anpassung des Dienstreglements, das Brommy vorher für die griechische Marine entwickelt hatte.

Zum 170. Gründungstag der ersten deutschen Marine fand im Schiffahrtsmuseum der oldenburgischen Unterweser in Brake eine Sonderausstellung unter dem Titel ,Carl Rudolph Brommy – Admiral der Revolution?' statt. Um der Gefahr einer absoluten Fehldeutung zu entgehen, dass dieser erste deutsche Flaggoffizier ein Revolutionär gewesen sei, soll hier noch erwähnt werden, wie man durch das Einfügen eines Fragezeichens im Ausstellungstitel diese Gefahr gebannt hatte.

In der Tat, ,Admiral der Revolution' ist Brommy nicht gewesen und er hat dies auch entschieden bestritten. Das „Institut", dem er schließlich vorstand, und so weisen es seine späteren Pensionsbezüge wie deren Weiterzahlung als Witwenpension auch aus, war zumindest zeitweise eine Reichseinrichtung gewesen. Der Deutsche Bund hatte seine Tätigkeit zugunsten der ,provisorischen Centralgewalt' eingestellt und der Dienst in dieser Reichseinrichtung, der „deutschen Marine", welche die Nationalversammlung in Frankfurt am 14. Juni 1848 aus der Taufe gehoben hatte, war nichts anderes als regulärer, gleichsam anrechungsfähiger und wenigstens für ihren Oberbefehlshaber Brommy, pensionswirksamer deutscher Marinedienst.

Literaturauswahl:

Heinsius, P., Anfänge der deutschen Marine. In: Deutsches Schiffahrtsmuseum (Hrsg.), Deutsche Marine. Die erste deutsche Flotte. Bremerhaven 1979.

Heinsius, P., Die deutsche Marine, eine Schöpfung des Jahres 1848. In: Deutsches Marine Institut (Hrsg.), Die deutsche Marine. Herford Bonn 1983.

Hubatsch, W., Die deutsche Flotte von 1848 bis 1852 in verfassungsmäßiger Beziehung. In: Deutsches Schiffahrtsmuseum (Hrsg.), Deutsche Marine. Die erste deutsche Flotte. Bremerhaven 1979.

Hubatsch, W., Die deutsche Reichsflotte 1848 und der Deutsche Bund. In: Ders. (Hrsg.), Die erste deutsche Flotte 1848-1853. Herford Bonn 1981.

Salewski, M., Die ,Reichsflotte' von 1848: Ihr Ort in der Geschichte. In: Blätter für deutsche Landesgeschichte 126/ 1990.

Salewski, M., 160 Jahre Marine. In: Ders., Marine und Geschichte – eine persönliche Auseinandersetzung. Bonn 2011; hier zit. n. Sonderdruck zu Marineforum 7/ 8-2008.

Walle, H., Ein Rundgang durch die Ausstellung. In: Ders. (Hrsg.), Seefahrt und Geschichte. Katalog zur Kunstausstellung des Deutschen Marine Instituts. Herford Bonn 1986.

Walle, H., Carl Rudolph Brommy, Admiral der Revolution? Überlegungen zur maritimen Tradition der Reichsflotte von 1849. In: Jahrbuch 2018 der Deutschen Gesellschaft für Schiffahrts- und Marinegeschichte. Bonn 2019.

Michael Salewski
160 Jahre Marine. Zwischen Volk und Staat. Festansprache in der Paulskirche zu Frankfurt am Main, 14. Juni 2008

Professor Dr. Michael Salewski in der Paulskirche, 2008

Haben die sieben, neun oder wie viele Marinen, die Marinehistoriker gerne aufzuzählen pflegen – von der Reichsflotte bis zur Deutschen Marine – irgendetwas Gemeinsames, das es rechtfertigen könnte, sie gemeinsam zu feiern? Lassen sich die 160 Jahre Marine über einen Kamm scheren? Wie müsste der aussehen? Auf den ersten Blick passt nichts zusammen, will man nicht auf die Banalität hinaus, dass man es immer mit Schiffen und dem Meer zu tun hat. So betrachtet, könnte man auch sämtliche deutschen Heere gemeinsam feiern. Niemand kommt auf diese Idee, und umso weniger, als im Selbstverständnis der deutschen Armeen es noch viel weniger Gemeinsamkeiten gibt als bei den Marinen. Deutsche Landstreitkräfte bildeten erst seit 1919 eine demokratisch legitimierte »Reichswehr«. Damit war es schon 1935 wieder vorbei. Die »Wehrmacht« Adolf Hitlers und die »NVA« Walter Ulbrichts gelten als Instrumente des Terrors und der Diktatur, man feiert sie nicht.

Nun wird man sofort einwenden, dass es doch auch eine Marine Hitlers und sogar Ulbrichts gegeben hat, und der Oberbefehlshaber der Kriegsmarine Erich Raeder war stolz darauf, die Marine reibungslos, wie er sich ausdrückte, dem »Führer zugeführt« zu haben. Und sein Nachfolger wurde es dann sogar selbst: Führer des deutschen Volkes. Zweifellos zählt Karl Dönitz auch zur Marine.

Nun schimmert bereits die Problematik auf, um die es heute gehen soll. Der 14. Juni als Geburtstag »der« Marine ist reine Willkür, denkt man an alle die Marinen und Schiffe, die es vor dem 14. Juni 1848 gegeben hat. Unter ihnen waren Einheiten, gegen die die der Brommy-Flotte kläglich wirkten. Eine erste Behauptung könnte also lauten: Das mit der deutschen Marine hat irgendwann angefangen, aber mit Bestimmtheit nicht am 14. Juni 1848. Ob Wikinger, Hanse, Großer Kurfürst, Preußische Seehandlung: Auch an Kriegsschiffen mangelte es den Deutschen selten. Der 14. Juni 1848 bezeichnet keinen Anfang, sondern einen Neuanfang. Neu kann man nur anfangen, wenn man irgendwann schon einmal angefangen hat. Die Frage lautet: Was macht den 14. Juni zu einem besonderen und zum Feiertag der Marine? Wo steckt das Geheimnis des 14. Juni? Oder spiegelt sich darin nur eine Konvention, ist dieser Feier-Tag dem dringenden menschlichen Bedürfnis geschuldet, sich an irgendwelchen runden Daten und besonderen Kalenderblättern zu orientieren? Wem fiele in diesem Zusammenhang nicht der 9. November ein, vor allem der von 1918, und es hat den Vorschlag gegeben, diesen Tag und nicht den im Juni, wie für die Republik insgesamt, so auch für die Marine als Geburtstag zu nehmen. Begründen ließe sich das, entstanden Republik und republikanische Marine doch aus einer revolutionären Wurzel.

Eigentlich hatte das Paulskirchenparlament am 14. Juni 1848 nichts zu sagen, und wenn es dennoch 6 Mio. Taler für den Flottenbau bereitstellen konnte, so verdankte es dies allein den Bundesfürsten, die vier Tage zuvor das Budgetrecht des Bundestages auf das Paulskirchenparlament übertragen hatten. Dieses handelte gleichsam im Auftrag und mit Billigung der Bundesfürsten. Obwohl der Bundestag vorübergehend ohnmächtig schien, behielten die Bundesstaaten selbst das Heft in der Hand; in den kritischen Monaten des Jahres 1848 entstand eine Art dual state System; alles geriet in Fluss. Dass eine Flotte hermüsse, war keineswegs allein die Überzeugung der Parlamentarier. Viel eher waren es die alten erfahrenen Eliten in Gestalt der Bundesfürsten und ihrer Berater, die wussten, was Sicherheit und Staatsräson forderten, nachdem England, Holland, Dänemark, die in der Konstruktion des Wiener Kongresses von 1815 die deutsche Verteidigung zur See hatten sicherstellen sollen, das nicht nur nicht taten, sondern, wie im Fall Dänemark, ins feindliche Lager übergingen. Hätten die Fürsten den Flottenbau nicht gebilligt und dem Parlament zu den nötigen Mitteln verholfen: Die Parlamentarier in der Kirche hätten beschließen können, was sie wollten: nichts wäre geschehen! Also bedarf es der Erklärung, warum der erste Beschluss dieses frisch zusammengetretenen Parlaments als Geburtsstunde der Marine gilt.

Wie unsicher sich alle fühlten, enthüllt die Semantik: Die Parlamentarier wussten nicht, wie sie das, was sie schaffen wollten, überhaupt nennen sollten: Bundesflotte, Reichsmarine, Reichsflotte, Kriegsmarine, Bundesmarine, Deutsche Marine. Alles findet sich in zeitgenössischen Quellen. Den Nachgeborenen kommt es hingegen so vor, als spiegele sich in dieser sprachlichen Bandbreite bereits die ganze zukünftige Geschichte der Marine in Deutschland.

Das kam nicht von Ungefähr, denn jede Bezeichnung für diese geplante Ansammlung von Kriegsschiffen stand für ein bestimmtes Problem, eine bestimmte Konstellation, und die Geschichte hat alle Varianten durchprobiert – heute sprechen wir, vielleicht vorübergehend, wieder einmal von der »Deutschen Marine«. Maritim groß geworden sind wir aber in der »Bundesmarine«, und der erste Inspekteur dieser Bundesmarine, Friedrich Ruge, berichtete in seinen Memoiren über »vier Marinen«.

Die meisten gewöhnten sich daran, das Brommygeschwader als Reichsflotte zu bezeichnen, auch das hatte seinen wohlerwogenen Grund.

Die Reichsflotte war Sache eines Parlaments, das ein Reich gründen wollte und im Juni 1848 fast am Ziel zu sein glaubte. Dieses Reich sollte nach den Entwürfen der Reichsverfassung ein Volksreich mit einer Flotte und einem Volkskaiser an der Spitze sein. Man muss sich klarmachen, dass die erste Entscheidung eines vom Volk gewählten Parlaments seinem Schicksal zur See galt – mag das in Abwehr der akuten dänischen Gefahr oder schon im Hinblick auf eine ferne Zukunft der Fall gewesen sein. Diese Zukunft war den Abgeordneten nicht gleichgültig; die Denkschrift des Oberbefehlshabers der preußischen Marine, des Prinzen Adalbert, lässt daran keinen Zweifel, und sie ist als die Magna Charta in der Marine in die Geschichtsbücher eingegangen. Zu Recht, denkt man daran, dass die englische Magna Charta von 1215 als erstes Dokument einer langsam entstehenden Demokratie gilt. Wie immer eine zukünftige Reichsflotte aussehen sollte: Sie wäre das Produkt einer parlamentarischen, demokratischen Monarchie geworden. Auch wenn diese Zukunftsvision zuschanden werden sollte: Am 14. Juni 1848 vermählten sich Machtpolitik und Demokratie zum ersten Mal in der deutschen Geschichte gleichsam auf See. Der Katalysator war die Flotte. Zuerst nur virtuell, dann real, denn die Brommy-Flotte war das überhaupt Realistischste, was die Revolution von 1848 hervorgebracht hat. Nicht gegen die hergebrachten Obrigkeiten, wie einst in Frankreich, sondern mit ihnen. Der Entschluss zum Flottenbau wurde von den alten Gewalten und der jungen demokratischen Kraft gemeinsam getragen. Von daher wird es verständlich, dass allen Marinen der Zukunft nicht nur der Geruch des Kaiserlichen und Kriegerischen, sondern auch des Liberalen und Demokratischen anhaftete. Damit hat man die anfangs gesuchte Klammer um alle deutschen Marinen seit 1848, und wir feiern 160 Jahre Marine als parlamentarische Demokratie und wehrhafte Republik zugleich.

Freilich: Das war keine geradlinige Entwicklung, es gab schlimme Rückschläge, den schlimmsten im »Dritten Reich«, das deswegen eine besondere Rolle spielt. Aber man darf nicht vergessen, dass 12 Jahre von 160 nur 7,5 Prozent ausmachen, und auch wenn der Einwand berechtigt ist, dass hier weder mechanisch noch quantitativ verfahren werden darf, bleibt es doch unbestritten: die allermeisten Frauen und Männer der Marine haben Hitlers Marine eben nicht gedient. Diese dürfen den gleichen Anspruch auf historische Würdigung erheben wie jene, die die Idee der Marine im Nationalsozialismus pervertierten.

Von Perversion kann man mit Fug und Recht sprechen.

Zum Ersten verriet die Kriegsmarine ab 1935 ihre eigenen Traditionen, indem sie sich willig einer Diktatur öffnete, von der zu diesem Zeitpunkt die hohe Führung wissen konnte, dass sie nicht nur Demokratie und Parlamentarismus, sondern auch den Frieden zu torpedieren und Menschen physisch auszurotten suchte – die Marineleitung machte mit, allem späteren Leugnen zum Trotz. Zum Zweiten inszenierte sie mit Partei und Staat ein betrügerisches politisches Spiel, gemeint ist der deutsch-englische Flottenvertrag vom 18. Juni 1935. Für die Briten die anscheinende Einhegung des deutschen maritimen Ehrgeizes, war er für die Deutschen das trojanische Pferd, in dem die kläglich-kleine Kriegsmarine sich solange verstecken sollte, bis sie die englische Machtstellung herausfordern konnte: ab 1940. So findet man es in den entsprechenden Dokumenten. Zum Dritten war die Marine bereit, das nationalsozialistische kontinentale Vernichtungskonzept im Osten Europas zu tolerieren, denn Hitler korrumpierte die Marine, indem er ihr versprach, nach Abschluss der kontinentalen Expansion binnen weniger Jahre, (Raeder meinte spätestens ab 1949), die Weltherrschaft anzustreben. Träger dieses Anspruchs aber sollten nicht Heer und Luftwaffe, sondern eine aufgeblasene Marine sein. Auch diese Pläne liegen vor, vom sogenannten »Z-Plan« bis zu den hypertrophen Zukunftsszenarien aus den Jahren 1940 und 1941. Perversion kann man viertens auch darin sehen, dass die Kriegsmarineführung alle alten Traditionen, nach denen sich die deutschen Marinen »nach England« zu richten hatten, weil dieses über die reichhaltigste maritime Erfahrung verfügte, zugunsten eines maßlosen Konzepts über Bord gab. Das widersprach allen Lehren der Geschichte. Und schließlich, trauriger Höhepunkt: die Verschmelzung des absolut Bösen mit der personell höchsten Spitze der Marine: Nicht Hitler, Dönitz war der letzte »Führer« des »Dritten Reiches«. Die Marine war 1945 so entsetzlich diskreditiert, wie noch nie in ihrer Geschichte.

Man kann 160 Jahre deutsche Marine nur von diesem Tiefpunkt aus begreifen. Schließlich konnte es dazu nur kommen, weil das Gelände der Marinegeschichte eher einer Hochebene glich, in der die Prinzipien von Demokratie und Liberalismus die Geländestrukturen bestimmten, und zwar in jener Form, die sich als die allein überlebensfähige herausgestellt hat – wieder ließe sich England als Beispiel nehmen: Trotz der tödlichen Bedrohung der Insel seit der Niederlage Frankreichs im Juni 1940 hielt sie an ihren demokratisch-liberalen Idealen fest, wusste diese aber mit dem Prinzip von Macht und Führung durch die Obrigkeit zu verbinden, dafür steht die Gestalt von Winston Churchill, der bereits im Ersten Weltkrieg bewiesen hatte, wessen ein demokratisch-liberales maritimes Großreich fähig war.

Die grauenvollen Erfahrungen des »Tausendjährigen Reiches«, das es auf klägliche 12 Jahre brachte, lassen die deutsche Marinegeschichte insgesamt neu deuten, und hier muss man zunächst wieder ins 19. Jahrhundert zurück, genauer: in die Jahre 1850 bis 1852. Tiefer, so die patriotischen Zeitgenossen der Kaiserzeit, habe die Idee Marine gar nicht mehr sinken können. Die Reste der Bundesflotte wurden weit unter Preis versteigert. Als Symbol dafür galt immer jener Sarg, der als letztes Inventarstück der Flotte von Hannibal Fischer aufgerufen wurde. Nun schien der Traum von der Reichsmarine ausgeträumt, nun ging es wieder um Klein-Klein, die preußische Matrosenstation und die GAZELLE des preußischen Königs auf dem Wannsee wirkten wie lachhafte Symbole.

Aber nichts war so, wie es schien, und als der Schoner FRAUENLOB im Taifun am 2. September 1860 vor Yokohama mit Mann und Maus unterging, war das während eines der ehrgeizigsten maritimen Unternehmungen der preußischen Marine, die sich selbst als die legitime Nachfolgerin der Bundesflotte empfand. Die preußische Ostasienexpedition von 1859 bis 1862 eröffnete ein neues maritimes Zeitalter, in dem nicht zum ersten Mal in der preußisch-deutschen Geschichte – man denke an die Afrikaunternehmen des Großen Kurfürsten von Brandenburg – aber noch nie so konsequent eine preußische Flotte als globales und globalisierendes Machtmittel der deutschen Staaten begriffen und eingesetzt wurde. Indem zahlreiche Bundesstaaten sich an diesem maritimen Experiment unter preußischer Führung beteiligten, entwarfen sie bereits eine flüchtige Skizze der kommenden staatlichen Einigung Deutschlands. Als das Reich tatsächlich gegründet – oder wiedergegründet – wurde, verwandelte sich die preußische Marine zum Kern einer kaiserlichen, zur Reichssache.

Aber es gab eine schwerwiegende Einschränkung: Die preußische Flotte war reichsweit gesehen zu klein, die Preußen hatten nur wenige Schiffe, und der preußische König nicht genug Geld gehabt, um weitere Schiffe kaufen oder bauen zu können. Das Muster von 1848 stellte sich 30 Jahre später wieder her: Eine Flotte konnte nur aus Mitteln des Volksvermögens gebaut werden, die Spendenbereitschaft patriotischer Bürger und Bürgerinnen allein – die FRAUENLOB war aus Spenden deutscher Frauen mitgebaut worden – genügte nicht. Das alles bedurfte der Organisation und Administration. Diese aber konnten nur eine Institution leisten, der das Volk vertraute: Das deutsche Parlament, und damit begann, wenige Jahre nach der Reichsgründung von 1871, der zweite Akt im Mit- und Gegeneinander von Flotte und Parlament. Die Marine wurde zur eigentlichen Klammer um Reich, Obrigkeit und Demokratie. Der Reichstag, der die Gelder für den Flottenbau bewilligen musste, war aus dem demokratisch fortschrittlichsten Wahlsystem seiner Zeit hervorgegangen. Der Reichsparlamentarismus war der modernste in ganz Europa. Wieder war die Idee Flotte, zumeist mit dem Namen Tirpitz verbunden, der entscheidende Katalysator. Die Abneigung, die innere Verachtung, mit der Tirpitz dem Reichstag begegnete, war doch immer mit dem Bewusstsein gepaart, dass letztlich allein die Abgeordneten zu entscheiden hatten, ob und wie die Flotte gebaut wurde. Gewiss versuchte er durch raffinierte Manöver den Einfluss des Parlaments zu verringern, aber das gelang ihm am Ende nicht, und als die Stunde der Wahrheit schlug, nämlich im Jahr 1912, stoppte dieser verachtete Reichstag konsequent den Ausbau der Flotte zugunsten einer Vergrößerung des Heeres, und Tirpitz' Vision von einer mächtigen deutschen Flotte als Abschreckungsinstrument gegen England lag in Trümmern. Im Machtkampf gesiegt hatte das Parlament, und so ist es zutreffend, wenn die Historiker von der Parlamentarisierung des Deutschen Reiches schon vor dem Ersten Weltkrieg reden. Das wichtigste Instrument in diesem Prozess aber war die Kaiserliche Marine. Die mochte sich unter Tirpitz so antidemokratisch geben wie sie wollte: Noch immer waren ihre Angehörigen dem bürgerlich-liberalen Geist verpflichtet, nur wenige Adelige empfanden sie als geistige Heimat, noch immer spiegelte sich in der landsmannschaftlichen Zusammensetzung der Flotte der alte Geist der deutschen Einheit, wie er 1848 in der Paulskirche geweht hatte.

Das Wort »kaiserlich« wies unmittelbar auf 1848 zurück.

Hätte Friedrich Wilhelm IV. von Preußen seinerzeit die ihm vom Paulskirchenparlament angetragene Kaiserkrone angenommen, wäre die Marine schon damals »kaiserlich« geworden. Sie war nun, nach 1871, das einzige Machtinstrument des Reiches als Klammer um die 25 Staaten des ehemaligen Deutschen Bundes. Nur die Marine konnte nach außen hin Idee und Wirklichkeit des Reichsganzen vertreten. Und damit auch jenes Prinzip, dem sie ihre Existenz verdankte: das des Reichstages als der demokratischen Vertretung des Volkes. Jeder Matrose und jeder Offizier, die sich im Auslandeinsatz befanden, waren automatisch »Botschafter in Blau«, und zwar nicht von Preußen, Bayern oder von welchem Ländchen auch immer, sondern vom Deutschen Reich. In den düsteren Jahren nach 1919 wurden die Besuche der jungen Reichsmarine im Ausland von den dort lebenden Deutschen als sichtbares Zeichen des weiter bestehenden Reiches – und nicht etwa der Weimarer Republik – betrachtet. Mit all den positiven und negativen politischen Folgen, um die es hier nicht gehen kann.

Nun könnte der Eindruck entstehen, als feiere sich unsere Marine fröhlich selbst als Musterbeispiel einer lebendigen Demokratie. Ja, das tut sie auch, und niemand sollte es ihr verdenken. Aber sie ist inzwischen alt und weise genug geworden um zu wissen, dass dieser glänzenden Fassade eine düstere Rückseite entspricht, die man nicht nur mit den Schlagwörtern Marine und Nationalsozialismus umschreibt. Das Problem geht tiefer.

Jede Flotte ist nicht nur ein Machtinstrument, sondern eine Ansammlung von Gewalt, potenzieller und realer Gewalt. Da der Austrag dieser Gewalt zumeist fern vom Land erfolgt, bekommen die Bürger meist nicht richtig mit, wann, wo und wie auf See gestorben wird. Jede Marine wird für den Krieg gebaut. Allein ihre Existenz ist der Beweis dafür, dass die Staaten dem Frieden nicht trauen. Friedensflotten gibt es nicht, nur Kriegsmarinen, mögen sie sich nennen, wie sie wollen, das Wort Krieg ist heute tabuisiert, man spricht lieber von Friedensmissionen, dennoch schwingt es bei allen maritimen Einsätzen und Unternehmungen mit, und zwar im wiedervereinigten Deutschland deutlicher und drastischer als vor 1990.

In der Geschichtsschreibung der vorvergangenen Jahrhundertwende wurde der Zusammenhang zwischen Macht und Marine ganz offen angesprochen. Was Clausewitz für das Heer, war Alfred Thayer Mahan für die Marine gewesen. Kaiser Wilhelm II. ließ das amerikanische Buch ins Deutsche übersetzen, und jeder Seeoffizier war gehalten, es zu lesen und zu beherzigen. Nicht dass Mahan ein Kriegstreiber gewesen wäre, aber indem er den untrüglichen Beweis dafür führen zu können glaubte, dass alle Weltmächte in Vergangenheit, Gegenwart und Zukunft nur jene wären, die über eine mächtige Flotte verfügten, ihre Macht mit mächtigen Kriegsschiffen in andere Kontinente projizieren könnten, stiftete er gerade die Newcomer, zu denen in erster Linie Deutschland zählte, dazu an, ein maritimes Machtinstrument zu schaffen, das über bloße Küstenverteidigungs- oder Handelschutzaufgaben weit hinausging und weltweit wirken sollte. Sei es in China, Südamerika, Afrika, in der Südsee. Auf diese Weise wurde die Marine zu jenem Ferment, das zur Kriegsreife von 1914 beitrug. Der deutsch-britische Gegensatz auf dem Feld des Flottenbaues war nur die Spitze eines Eisbergs. Wir wissen heute, dass eine der Hauptursachen des Ersten Weltkriegs im Unvermögen der Staatsmänner lag, den maritimen Ungeist wieder in seine Flasche zurückzubeordern. Auf diese Weise wurde die Marine zur Kriegstreiberin, gewiss ungewollt und subjektiv unschuldig, aber unvermeidlich tragisch.

Das war keineswegs eine rein theoretische Konstruktion, sondern sie entband die Revolution von 1918. Diese war eine Lehrstunde im Prozess des Mit- und Gegeneinander von Demokratie und staatlicher Macht. Um sie zu verstehen, muss man wieder ins 19. Jahrhundert zurück und zu dem Phänomen, dass bis zum Ersten Weltkrieg die deutschen Kriegsmarinen alles Mögliche leisteten – bis hin zu wichtigen wissenschaftlichen Expeditionen – eines aber nicht: den Krieg. Da aber nach dem zeitgenössischen Selbstverständnis der Marine der Krieg die eigentliche Rechfertigung der eigenen Existenz war, wurden vor 1914 auch die kleinsten kriegerischen Ereignisse zur See grotesk überhöht, sei es 1848 Admiral Brommys Geplänkel in der Deutschen Bucht, der »Tag von Eckernförde« am 5. April 1849, Eduard von

Jachmanns Angriff auf ein dänisches Blockadegeschwader 1864 vor Jasmund, aber eine »richtige« große Schlacht ä la Aboukir oder Trafalgar gab es nie, und als die sparsame preußische Verwaltung sogar den Seekrieg von 1871 nicht als Kriegsdienst anerkennen wollte, erbitterte das alle, die öde Monate hindurch mit den wenigen Schiffen vor Wilhelmshaven erfolglos herumgedümpelt waren, Tirpitz zählte zu ihnen. Das mag mit ein Grund dafür gewesen sein, dass die Sehnsucht nach »dem Tag«, d. h. nach der prächtigen großen Schlacht viele Gemüter in der Hochseeflotte durchzog, und man kann sich vorstellen, was in diesem Zusammenhang Skagerrak 1916 bedeutete: Die Erfüllung jahrzehntelangen Sehnens!

Skagerrak war so »schön«, so »erhaben« und »erhebend«, dass nach geraumer Frist der Wunsch überwältigend wurde, es gleichsam noch einmal zu inszenieren. Das war der eigentliche Grund für die von den Matrosen des 3. Geschwaders so genannte »Todesfahrt« der Flotte vom Oktober 1918, die durch Meuterei verhindert wurde und die deutsche Novemberrevolution auslöste. Man erkennt den Zusammenhang: Dem Prinzip Krieg und Gewalt stand das des Friedens und der Gewaltlosigkeit entgegen; dem kriegerischen Ehrgeiz der Seekriegsleitung die Friedenssehnsucht der Matrosen, und der Gerechtigkeit halber muss hinzugefügt werden, dass auch nicht alle Seeoffiziere den »ehrenvollen Untergang« wollten.

Die Vernunft siegte und mit ihr die Matrosen der Hochseeflotte. Die Revolution war ganz anders, als sich das die Führung je gedacht hatte, zur Sache der Marine geworden, jener Marine, wie sie 1848 in der Paulskirche konzipiert worden war. Das Duell zwischen Gewalt und Demokratie wurde 1918 zugunsten der Demokratie entschieden. Genau das sollte Hitler später der Marineführung vorwerfen – und diese schämte sich, anstatt stolz darauf zu sein, dem Volk einen unschätzbaren Dienst erwiesen zu haben. Weimar hat die deutsche Marine erst möglich gemacht.

Das gilt auch im umgekehrten Sinn, hätte es ohne das energische Eintreten von Persönlichkeiten wie Ebert, Noske, Geßler doch überhaupt keine Marine mehr gegeben. Das Reichsheer – nun endlich gab es eines – hätte auf sie ganz gerne verzichtet, und nur widerwillig erkannte der Chef der Heeresleitung, der Generaloberst Hans von

Seeckt, die ausschlaggebende Bedeutung der kleinen Reichsmarine für Bestand und Erhalt des Reiches und seiner notabene demokratischen Institutionen an. Vor allem die Verbindung zum territorial abgeschnittenen Ostpreußen war eine genuine Marineaufgabe, wieder wurde die Marine zur Klammer um das Reich. Das schlechte Image der Marine in der bürgerlichen Gesellschaft, Folge der Revolution, wie sie die Nationalisten und dann die Nationalsozialisten deuteten, änderte nichts daran, dass diese Marine Sache des Staats und des Volks zugleich war. Im Tuch der Flagge dominierte Schwarz-Rot-Gold, aber im linken Obereck hielt sich Schwarz-Weiß-Rot. Dieser »Kompromiss«, um den erbittert gerungen wurde, symbolisierte, was damals Wirklichkeit war: Das spannungsvolle Miteinander von Tradition und Demokratie in einem Gemeinwesen, das zugleich Reich und parlamentarische Republik war. Es verwundert nicht, dass die Nationalsozialisten nach ihrer »Machtergreifung« nichts Eiligeres zu tun hatten, als die »unmögliche« Flagge durch die mit dem Hakenkreuz zu ersetzen.

Dem Flaggenstreit folgte der parlamentarische Kampf um den »Panzerkreuzer A«, das war der zweite Akt im Drama zwischen Staat und Parlament, die erst lernen mussten, sich als untrennbare Einheit zu verstehen. Am Ende misslang das, und der Weg zur Diktatur wurde frei. 1928 spaltete der Streit um den Neubau die SPD in jene Parteimitglieder, die das Panzerschiff »Deutschland«, und jene, die an seiner Stelle die »Schulspeisung« deutscher Kinder wollten, will man es mit den Plakaten der Zeit ausdrücken. Am Ende wurde das Schiff gebaut, aus der Schulspeisung für alle Kinder wurde nichts. Das Deutsche Reich hatte Prioritäten gesetzt – oder war es die Weimarer Republik?

Zum maritimen Dritten Reich wurde das Entscheidende schon gesagt, wir gehen über diese 12 Jahre jetzt bewusst hinweg. Das hat nichts mit Respektlosigkeit jenen gegenüber zu tun, die guten Glaubens Leib und Leben in dieser Marine geopfert haben.

Dass das, was man im Westen dann Bundesmarine nannte, von Menschen aufgebaut wurde, die fast alle in der Kriegsmarine gedient hatten, war unvermeidlich, wissen wir doch, dass die Völksmarine in der sogenannten DDR, die sich anheischig gemacht hatte, nur ausgewiesene gute Kommunisten mit dem Neuaufbau einer Marine zu betrauen, professionell wesentlich gescheitert ist, und ohne die tatkräftige

Mithilfe der Sowjetunion wäre es wahrscheinlich zu dieser Marine überhaupt nicht gekommen. Auch in der Marinegeschichte gab es so etwas wie eine natürliche Generationenfolge, die in manchen Familiennamen immer wieder aufschien. Wir haben keinen Grund, auf die Leistungen des Anfangs deswegen skeptisch zu sehen, weil sie von Menschen erbracht worden sind, die in der Hitlerschen Marine gedient hatten. Der Personalgutachterausschuss des Parlaments hat versucht, die demokratische Gesinnung als conditio sine qua non bei den hohen Offizieren des Anfangs zu prüfen. Selbst wenn ihm dies nicht immer gelang, waren Botschaft und Anspruch klar: Bundestag und Marine bekannten sich energisch und unbedingt zu ihrer demokratisch-parlamentarischen Tradition. Wer sie in Frage stellte oder leugnete, hatte keinen Platz in der jungen Bundesmarine; mancher an sich befähigte Offizier wurde abgewiesen. Es ehrt die Bundesmarine, dass sie in diesen Fällen keine Kompromisse einging und dem Votum des Bundestages folgte. Das hatte nichts mit Duckmäusertum oder alliierter Oberaufsicht zu tun, obwohl gerade die junge Marine mit den Westalliierten unmittelbar zu tun hatte. Die ersten Einheiten kamen aus England, Frankreich, Amerika.

Mithilfe großer ausländischer Staaten beim Aufbau deutscher Marinen gehörte zu den ältesten Traditionen. Die Reichsflotte von 1848 hatte zwei Seemächten ihre Existenz mitverdankt: der amerikanischen, vor allem aber der englischen, die in fast jeder Beziehung der Reichsflotte zum Vorbild wurde. Diese Flotte, so hat es ein Marinehistoriker ausgedrückt, ist als »Juniorpartner« der englischen entstanden, und auch die US-Amerikaner haben damals ihr Scherflein in Form von Schiffen beigetragen. Es war also nichts Neues, wenn eine deutsche Marine sich auf einen größeren Partner stützte; dass das im Osten ein Staatswesen war, das weder über eine ungebrochene maritime Tradition, noch über die damit verbundenen demokratischen Prinzipien verfügte, gehörte zur Tragik der NVA VM, der »Volksmarine«. Sie wurde erst mit dem 3. Oktober 1990 überwunden, als diese Marine, fast im Hegelschen Sinn des Wortes, aufgehoben wurde – in die Bundesmarine, die auch deswegen im Begriff war, sich selbst umzubenennen.

Diese 1955 gegründete Bundesmarine stand ganz in der Tradition der Brommyflotte; eine ihrer ersten Ausbildungseinheiten war nach dem Admiral von 1848 benannt. Die kläglichen Geleitboote des Anfangs erhielten bombastische Namen: SCHARNHORST und GNEISEN-AU. Die Namen der preußischen Reformer sollten nicht auf die Schlachtkreuzer der Kriegsmarine verweisen, sondern auf den Geist der Erhebungszeit – und hier blitzt wieder der dialektische Zusammenhang zwischen Macht und Liberalismus, Staat und Demokratie auf. Die Bundesmarine verstand sich von Anfang an als Nachfolgerin der Reichsflotte von 1848. Zu jedem runden Geburtstag gab es eine Feier, die letzte fand vor genau 10 Jahren in Stralsund statt, und man kann prophezeien, dass es im Jahr 2018 wieder eine Feier geben wird – vielleicht im Nationaltheater von Weimar?

Bonn war nicht Weimar, hatte Weimar dennoch viel zu verdanken – im Guten wie im Bösen, und so war die Bundesmarine von Anbeginn immer auch ein Machtinstrument des Staates, das mit dafür zu sorgen hatte, dass die demokratischen Grundsätze der Bundesrepublik gegen jedermann verteidigt wurden. Nach Lage der Dinge waren das jene Mächte, die sich zum Warschauer Pakt zusammengeschlossen und kein Hehl daraus gemacht hatten, dass sie der Bundesrepublik samt ihrer Marine am liebsten den Garaus gemacht hätten.

Die Jahre von 1955 bis 1990 wurden trotz aller weltpolitischen Krisen durch eine große Kontinuität bestimmt. Die Marine konnte sich auf der einen Seite voll und ganz im Volk und in dessen Demokratie geborgen fühlen, auf der anderen sich als Machtinstrument dieses Volkes auf einen Fall sorgfältig vorbereiten, der eben deswegen nie eintrat. Die Geschichte des Kalten Krieges ist die perfekte Illustration des dialektischen Prinzips. Zum Glück beherrschte es die Sowjetunion auch, und das garantierte den Frieden. Der Frieden war der Ernstfall: kein Spruch eines Bundespräsidenten war intelligenter als dieser von Gustav Heinemann. Nie waren Macht und Demokratie enger miteinander verflochten als in diesen Jahrzehnten, und man wird es als Krönung eines hundert Jahre lang währenden Sehnens ansehen können, dass zum ersten Mal seit 1848 eine deutsche Marine mit den großen Seemächten des Westens in der Konstruktion der NATO dauerhaft verbunden und damit selbst zu einer echten Seemacht geworden war. Ähnlich wie schon 1848, aber doch ganz anders, denn nun bildeten die verschiedenen westlichen Marinen eine unauflösbare Schicksalsgemeinschaft. »Northern Wedding« hießen große NATO-Manöver aus dieser Zeit.

Auch in der NATO begann es nach 1990 wie in vielen Ehen zu kriseln, und es gehörte zu den großen Leistungen dieses Bündnisses, dass es nicht nur bestehen blieb, als ihm der Gegner gleichsam abhanden gekommen war, sondern sich auf seine Grundsätze des Anfangs zurückbesann. Die NATO war von Anfang an mehr als ein ordinäres Verteidigungsbündnis zwischen souveränen Staaten gewesen; die NATO hatte auch einen politischen Auftrag, und der ließ sich einfach formulieren: Freiheit und Demokratie. Dass der Auftrag in Zeiten des Kalten Krieges nicht lautete: Freiheit und Demokratie auch da wieder herzustellen, wo sie außerhalb des Vertragsgebiets verloren gegangen waren, hatte dieses Bündnis als ein rein defensives ausgewiesen, und es ist manchem Seemann und Offizier schwergefallen, nichts zu tun, wenn im Osten Deutschlands schreiendes Unrecht geschah, Menschen an der Grenze verbluteten, desperate Fluchtversuche über die Ostsee scheiterten.

Aber nach dem Ende der West-Ost-Auseinandersetzung stellte sich die Frage immer dringender und zwingender: Was war, wenn diese beiden Prinzipien auch außerhalb des Bündnisgebietes verletzt wurden? Gab es eine Verantwortung jenseits aller Verträge, wenn es um Menschenrechte, Freiheit und Moral ging? Gab es ein unverletzliches Grundrecht auf Menschenwürde, wo immer in der Welt? Musste Verantwortung übernommen werden, auch wenn sie den eigenen Völkern anscheinend nicht unmittelbar einleuchtete? Mussten Freiheit und Demokratie nicht in die ganze Welt getragen werden – wie es einst das christliche Missionsgebot gefordert hatte? War der internationale Terrorismus nun nicht jener perfide »asymmetrische« Feind, den es weltweit zu bekämpfen galt? Als der deutsche Zerstörer LÜTJENS am 14. September 2001 die USS WINSTON S. CHURCHILL passierte, ließ der Kommandant, Fregattenkapitän Michael Meding, Front pfeifen, die amerikanische Flagge auf Halbmast setzen und ein Transparent entrollen: »We stand by You«. Jenseits solcher Gesten musste sich die westliche Gesellschaft mit diesen neuen Herausforderungen auseinandersetzen, und sie ist längst noch nicht damit fertig.

Dabei kam die Marine besonders ins Spiel, und zwar in einer Art, die auf der einen Seite als ebenso alt wie problematisch, auf der anderen als vollkommen neu erschien.

Um die vorvergangene Jahrhundertwende, um es zu erläutern, hatten Staaten mit dem, was man »Kanonenbootdiplomatie« nannte versucht, ihren imperialistischen Ehrgeiz über die See in die Welt zu projizieren, und es gibt bis heute Menschen, die auch die Einsätze unserer Marine am Horn vor Afrika, vor dem Libanon, in Afghanistan oder wo auch immer genau damit vergleichen. Dabei übersehen sie, dass es sich bei allen diesen Einsätzen um das handelt, was mit dem Begriff »gewinnfreie Werbung« umschrieben wird: Werbung für Freiheit und Demokratie. Wenn es zutrifft, dass der Westen eine moralische Verpflichtung hat – wie einst das Christentum für den Glauben - die Grundsätze von Freiheit und Menschenwürde nicht nur zu Hause, sondern in der ganzen Welt zu verteidigen, notfalls wiederherzustellen, sind seine Marinen ein bedeutender Träger dieser Absicht, und das Wort »Träger« kann man wörtlich nehmen, auch wenn die Deutsche Marine – noch – über keinen verfügt.

So sind in der Räson der Deutschen Marine heute jene beiden Grundprinzipien eindrucksvoll bestätigt, die von Anfang an, also seit dem 14. Juni 1848 Gültigkeit beanspruchten: Freiheit und Macht. Die Marine ist ein Machtinstrument und gleichzeitig eines, das die Ideen von Demokratie und Freiheit verkörpert. In ihr dienen keine Landsbesser: Seeknechte, aber auch keine imperial denkenden »Flottenprofessoren« bestimmen ihren Geist, wie es zu Zeiten der Kaiserlichen Marine oft der Fall war, wenn es das manchmal großspurige Gehabe des Reiches in der Welt zu erklären und zu verbrämen galt. Die Deutsche Marine des Jahres 2008 hat alles Recht, am heutigen Tag fröhlich und selbstbewusst zu feiern, und das ganze Volk ist in der Paulskirche, dem Geburtsort der deutschen Demokratie, stellvertretend dazu eingeladen, mit ihr zu feiern – und genau das tun wir jetzt und heute!

Heinrich Walle
Die Grundlagen von Tradition in den Streitkräften als Weg der Weitergabe von Kontinuität

Schulfregatte Brommy, 1961

Wer die Werbung der Genussmittelbranche studiert, trifft auch heute noch allenthalben auf den Begriff ,Tradition'. So firmiert beispielsweise unter dem Namen ,Tradition' eine Zigarrenmarke und Brauereien berufen sich oft darauf, ihr Bier ,nach alter Tradition' gebraut zu haben. Diese Genussmittelproduzenten wollen damit keinesfalls zum Ausdruck bringen, dass ihre Produkte mit veralteten Geräten hergestellt werden, sondern darauf hinweisen, dass hier nach alten bewährten Rezepturen die Kontinuität eines unverändert hohen Qualitätsstandards beibehalten wird.

Im militärischen Bereich spielt der Begriff ,Tradition', wenngleich heftig umstritten, auch gegenwärtig eine große Rolle. So hatte beispielsweise der 1997 verstorbene Inspekteur der Marine, Vizeadmiral Günther Luther, in einem Grußwort zur Ausstellung ,Die erste deutsche Flotte', die anlässlich des 130. Gründungstages der ,Reichsflotte' 1979 eröffnet wurde, eine Tradition beschworen, die diese Flotte als Ausdruck der Reichseinheit auf liberal-demokratischer Grundlage verkörpert habe. Dabei ist allerdings zu beachten, dass die Gründung dieser Reichsflotte im Frühjahr 1848 vom Deutschen Bundestag in Frankfurt beschlossen wurde, d. h. der Vertretung der im Deutschen Bund zusammengeschlossenen deutschen Staaten und mithin einer Einrichtung, welche durch die Revolution erst beseitigt werden sollte. Diese Entscheidung machte sich dann aber das Paulskirchenparlament zu eigen. Der Oberbefehlshaber der Reichsflotte, Konteradmiral Carl Rudolph Brommy, hatte bei ihrer Auflösung 1853 mit Entschiedenheit betont, dass weder er selbst, noch seine Offiziere Anhänger der demokratischen Bewegung gewesen seien. Das Missverständnis, Brommy als ‚Admiral der Revolution' zum Revolutionär abzustempeln, wie es in der ursprünglichen Fassung des Ausstellungstitels der Sonderausstellung des Schiffahrtsmuseums der oldenburgischen Unterweser in Brake von 2018 drohte, konnte nur durch Anfügen eines Fragezeichens verhindert werden. Damit kann aus Sicht des Historikers nur dem zweiten Teil von Admiral Luthers Statement zugestimmt werden. In der Tat, der Topos, dass eine deutsche Marine die Gesamtheit der nationalen Existenz unseres Landes repräsentiert, ist eine der wenigen, aber wichtigsten Kontinuitäten. Das hat sich dann zu einer wertvollen und legitimen Tradition entwickelt.

Diese Rede des Inspekteurs der Marine von 1979 entsprach in jeder Hinsicht den Richtlinien des damals gültigen Traditionserlasses des Bundesministers der Verteidigung, d. h. der politischen Führung der Bundeswehr. Für jede Traditionspflege und den Umgang mit Traditionen in der Bundeswehr gelten immer noch die so genannten ‚Traditionserlasse' des Bundesministers der Verteidigung. Alle Traditionserlasse und -richtlinien stimmen dahingehend überein, dass jede in der Bundeswehr gepflegte Tradition mit den im Grundgesetz verankerten Wertvorstellungen und der dort festgeschriebenen freiheitlich-demokratischen Grundordnung übereinzustimmen hat. Dem ist uneingeschränkt zuzustimmen. Das Problem liegt jedoch darin, in welchem Maße sich soldatische Vorbilder, Symbole und militärische Gebräuche, die sich als Traditionen entwickelt und bewährt haben, die aber unter ganz anderen politischen Verhältnissen entstanden sind, mit den im Grundgesetz enthaltenen Wertvorstellungen vereinbaren lassen.

Die Abgrenzung des Begriffes ‚Tradition‘

„Es gibt zwei Umstände, deren wir uns immer gleichzeitig erinnern sollen: Erstens, hätten nicht die neuen Generationen unaufhörlich gegen die ererbte Tradition revoltiert, würden wir noch heute in Höhlen leben; zweitens, wenn die Revolte gegen die ererbte Tradition einmal universell würde, werden wir uns wieder in Höhlen befinden." Mit diesen Worten umreißt der polnische Philosoph Leszek Kolakowski das Spannungsfeld des Begriffes Tradition von unfruchtbarer Erstarrung bis hin zur extremen Gegenwartsbezogenheit, die sich dann als ebenso fatale Beziehungslosigkeit erweist.

Dem reinen Wortsinn nach ist Tradition „die Überlieferung geistiger Bestände von Generation zu Generation; auf Tradition beruht das kulturelle Leben. – Tradition heißt aber auch der Inhalt der Überlieferung, während alles, was auf Tradition beruht, traditionell heißt." Diese knappe Definition aus dem Kröner'schen Philosophischen Wörterbuch wird im Herder-Lexikon etwas näher erläutert: „Bezeichnung für alle Vorgänge, durch die von Geschlecht zu Geschlecht die erworbenen Einsichten, Fähigkeiten und Einrichtungen übermittelt werden. Die Tradition sichert die Fortsetzung dessen, was einmal begonnen wurde und ermöglicht aus dem Wissen und der Welterfahrung der Vorfahren einen Standpunkt, von dem aus das Neue seine Einordnung und Wertung erfahren kann. Andererseits jedoch steht die Tradition immer in der Gefahr, die Offenheit für das Kommende zu verlieren und zur Erstarrung im Gewesenen zu führen." Tradition ist somit nach diesen Definitionen eine Übernahme und Verbindlichmachung von Wertvorstellungen aus der Vergangenheit. Dieser Vorgang vollzieht sich unreflektiert und emotional, wenngleich die übernommenen Wertvorstellungen einer späteren reflektorischen Überprüfung standhalten können müssen.

Mit Geschichte oder gar Geschichtswissenschaften, die sich um die Aufhellung historischer Sachverhalte und Zusammenhänge bemühen, hat Tradition im Gegensatz zu einer verbreiteten Meinung kaum etwas zu tun. Der Historiker kann allenfalls untersuchen und beschreiben, welche Wertvorstellungen es in der Vergangenheit gegeben hat, wie sie entstanden sind, in welcher Form und mit welchen Auswirkungen sie weitergegeben worden sind.

Tradition hat Funktionen

Das Verbindlichmachen von Handlungsnormen

Bei der Weitergabe von historischen Erkenntnissen oder Erfahrungen, die der Weitergebende selbst erarbeitet oder gemacht hat und die der Empfangende registriert, muss der Weitergebende keineswegs die Absicht haben, diese von ihm gemachten Erfahrungen und Erkenntnisse zur Richtschnur und Verbindlichmachung des Handelns vieler anderer zu erheben. Ganz anders verhält es sich bei Tradition: Hier gibt der Tradierende, d. h. der Weitergebende, nicht etwas Eigenes, Selbsterworbenes, sondern etwas von anderswo Empfangenes weiter. Dieses soll außerdem noch für den Empfangenden Richtschnur seines Handelns sein. Nach Augustinus wird im Traditionsvorgang das von den Vätern her Empfangene den Söhnen weitergegeben.

Der katholische Theologe Josef Pieper sieht als entscheidenden Punkt des Traditionsvorganges somit das Empfangen des Weiterzugebenden von Seiten des „Letzten der Reihe", von Seiten der jungen Generation. „Wenn der ‚Letzte in der Reihe' das ihm dargebotene Überlieferungsgut nicht empfängt, nicht wirklich annimmt (um es wiederum weitergeben zu können), dann kommt Tradition gar nicht zustande; dann findet sie überhaupt nicht statt."

Hieraus wird unschwer die Bedeutung des Gefühlsmäßigen bei der Aufnahme und Weitergabe von Traditionsinhalten deutlich. Den als Tradition bezeichneten Rückgriff auf die Vergangenheit beschreibt der Verhaltensforscher Konrad Lorenz als Hilfsmittel zur Lösung von Problemen der Gegenwart und erkannte ihn als ein der menschlichen Natur eigentümliches Phänomen. In seiner Definition des Traditionsbegriffes durchaus mit Pieper übereinstimmend zeigt Lorenz, wie sowohl mit Hilfe tradierter Werte Problemlösungen bei der Verarbeitung eigener oder fremder Erfahrungen zu erreichen sind, als auch, dass hierdurch eine Rechtfertigung des eigenen Handelns durch Berufung auf erfolgreiche Vorgänge zur Legitimation und zur Motivation erfolgen kann. Er weist fernerhin auf, wie Traditionen zur Rechtfertigung des eigenen Handelns durch Fortführung von Bewährtem im Sinne einer Kontinuität genutzt werden können. Aus diesen drei Anwendungsbereichen von Tradition – Erfahrung, Legitimation/Motivation und Kontinuität – wird dann in unterschiedlicher Gewichtung die Verbindlichkeit des eigenen Handelns in Gestalt von Handlungsnormen für andere abgeleitet.

Die Weitergabe von Werten

Die Inhalte der Tradition erstrecken sich über die ganze Breite der geschichtlichen Wirklichkeit und können jedem Bereich der menschlichen Existenz zugehörig sein.

Sie manifestieren sich in Symbolen, Verhaltensformen, d. h. Zeremonien, und in Vorbildern. Dazu wiederum Josef Pieper: „Tradiert wird sowohl eine Institution wie ein Lied, ein Rechtssatz, ein Hochzeits- oder Begräbnisbrauch, aber auch eine Lehre, eine Aussage über Wirklichkeit und Dasein. Es gibt traditionelle Mahlzeiten und traditionelle Speisen; Feste, Trachten, Redensarten, Gebärden. Alles das kann den Charakter des Überlieferten haben. Der Radius des Tradierbaren reicht von der äußersten Peripherie des Gehabes, von der Art und Weise, den Bissen zum Munde zu führen, einen Gruß zu entbieten und zu erwidern, Tiere zu halten – bis in den Kern der religiösen Überzeugung und der kultischen Handlung." An diesen Beispielen wird deutlich, dass es sich bei den hier genannten Inhalten um Wertvorstellungen von sehr verschiedenem Gewicht und damit um Traditionen von höchst unterschiedlicher Verbindlichkeit handelt. Daraus folgt mit zwingender Notwendigkeit, dass solche äußerlich wahrnehmbaren Manifestationen von Tradition oder solche Traditionsformen kein Selbstzweck sind. Sobald die mit Traditionsformen vermittelten Wertvorstellungen verloren gehen, werden diese zu sinnentleerten Handlungen und Bildern, d. h. zu inhaltslosen Floskeln, wie dies beispielsweise deutlich wird, wenn Anstandsformen nicht mehr als Zeichen der Hochachtung vor dem Mitmenschen, sondern nur noch als gesellschaftlicher Formalismus gedankenlos angewandt werden. So müssen Traditionsformen, wie beispielsweise Handlungsnormen, die Sitte, Brauch, Etikette oder Mode vorschreiben, die gemeinhin auch als ‚Brauchtum' bezeichnet werden, fortwährend auf ihre innere Wahrhaftigkeit überprüft werden. Es ist zu fragen, ob damit noch eine sittliche Wertvorstellung weitergetragen wird oder ob die Form hier zur Floskel geworden ist und nicht die Forderung besteht, in ihrer Anpassung an die Erfordernisse von Gegenwart und Zukunft neue Wege zu alten Werten zu beschreiten.

Konrad Lorenz stellt fest, dass – wie bei allen festen Strukturen – auch bei kulturellen Überlieferungen die bezweckte, unentbehrliche Stützfunktion durch den Verlust von Freiheitsgraden erkauft werden muss. Dieser Verlust von Freiheitsgraden ist ein bewusster Verzicht, eigene Lösungsmöglichkeiten zu entwickeln, indem man sich der Autorität des Bewährten anvertraut.

Positiv gesehen besteht diese Stützfunktion in einer Entlastung des Menschen von Alltagsproblemen, um seine Kraft auf die Lösung ‚echter' Probleme zu konzentrieren.

Um solche Strukturen an die Notwendigkeiten der Gegenwart anzupassen, ist deren Veränderung oder auch deren Abbau notwendig. Dies bringt gewisse Gefahren mit sich, da zwischen Abbau und Neuaufbau notwendigerweise eine Periode der Halt- und Schutzlosigkeit liegt. Lorenz bezeichnet diesen Vorgang als ein System „physiologischer Neophilie", als „späten Gehorsam" (Alexander Mitscherlich), „dessen systemerhaltende Leistung darin liegt, ausgesprochen veraltete und neuer Entwicklung hinderliche Elemente der überlieferten Kultur auszumerzen, ihre wesentliche und unentbehrliche Struktur indessen weiter zu bewahren. Da die Funktion dieses Systems notwendigerweise vom Zusammenspiel sehr vieler äußerer und innerer Faktoren abhängig ist, ist sie begreiflicherweise leicht störbar". Kolakowski bemerkt hierzu, dass der Kult der Tradition und der Widerstand gleichermaßen für das gesellschaftliche Leben unentbehrlich seien. „Eine Gesellschaft, in der der Kult der Tradition allmächtig wird, ist zur Stagnation verurteilt; eine Gesellschaft, in der die Revolte gegen die Tradition universell wird, ist zur Vernichtung verurteilt. Die Gesellschaften produzieren immer sowohl den Geist des Konservatismus wie den Geist der Revolte; beide sind nötig, können aber immer nur im Konflikt, nie in einer Synthese koexistieren".

Die Voraussetzung von Tradition ist der Konsens über die tradierten Werte

An dieser Stelle erhebt sich die Frage nach dem Konsens über die Werte. Hier wird der Begriff Werte als Ausdruck für sittliche Wertvorstellungen gebraucht, wie sie in den ersten 19 Artikeln des Grundgesetzes niedergelegt sind, z. B. Unantastbarkeit der Menschenwürde (GG Art. 1). Diese Werte äußern sich in Normen, wie beispielsweise traditionell überkommene Umgangsformen, mit denen man seine Achtung vor dem Mitmenschen ausdrückt, oder auch in Gesetzen, wie etwa dem jedermann bekannten Paragraphen 1 der Straßenverkehrsordnung.

In den Sozialwissenschaften wird der Begriff Werte nicht so streng vom Begriff Normen unterschieden und häufig synonym gebraucht. Wenn bisweilen vom Wandel der Wertvorstellungen über Gehorsam, Treue und Disziplin gesprochen wird, handelt es sich nach der hier benutzten Definition lediglich um einen Wandel von Normen.

Die durch Tradition weitergegebenen Wertvorstellungen, welche sich in religiösen Glaubensinhalten, sittlichen Normen oder auch nur in Umgangsformen, wie Anstandsregeln oder militärischem Brauchtum, manifestieren, sind sowohl für den Weitergebenden als auch für den Empfangenden zunächst ohne Reflexion verbindlich, ja sie werden allein schon dadurch, dass es sich hier um Tradition handelt, legitimiert. Voraussetzung für diesen Prozess ist somit, dass es hinsichtlich der damit zu übernehmenden Wertvorstellungen einen Konsens der Gesellschaft gibt. Darauf, dass solche Wertvorstellungen, nur weil sie Tradition sind, Verbindlichkeit haben, beruhen in erster Linie die Vorbehalte, die viele gegen Tradition haben. Dass sich diese Werte bei einer späteren Reflexion als sinnvoll und berechtigt erweisen, verringert solche Vorbehalte wenig. Eine Bindung an Tradition empfinden viele als große Einschränkung der individuellen Freiheit, worauf auch Konrad Lorenz hingewiesen hat. Gerade im Zeitalter der Mündigkeit sind viele nicht bereit, ihr Handeln vorbehaltlos nach überkommenen Wertvorstellungen auszurichten, obwohl das eine große Hilfe für den einzelnen sein kann. Nicht von ungefähr hat Leszek Kolakowski seinen Beitrag mit dem Titel ‚Der Anspruch auf die selbstverschuldete Unmündigkeit‘ versehen. Der Widerstand gegen eine Bevormundung durch die Tradition ist heute weit verbreitet und nicht nur bei der Bundeswehr anzutreffen. Auch in der katholischen Kirche mit ihren fest umrissenen Traditionen kennt man dieses Problem, wenn beispielsweise ein katholischer Theologe wie Bruno Schüller S. J. derartige Probleme in einem Artikel mit der provozierenden Überschrift behandelt: ‚Ist das Ideal des mündigen Christen eine Utopie?‘. Bei Tradition und ihrer Bedeutung für den einzelnen wird jeder ganz persönlich für sich entscheiden müssen, ob überhaupt und in welchem Umfang er bereit sein will, traditionelle Werte zu übernehmen und danach sein Handeln auszurichten. Mit anderen Worten: bei ihm, dem Empfänger, wird deshalb „etwas vorausgesetzt, das ziemlich genau dem entspricht, was die Menschen ‚Glauben‘ nennen".

Was Josef Pieper hier mit Glauben bezeichnet, ist ganz allgemein gesehen der Konsens über die durch Tradition übermittelten Wertvorstellungen, welche sowohl der Weitergebende als auch der Empfangende gemeinsam haben müssen. Ohne diesen Wertekonsens auf beiden Seiten ist Tradition nicht denkbar.

Daraus folgt, dass Traditionen oder traditionell begründete Normen nicht willkürlich gesetzt werden können! Aufgezwungene Normen, deren zugrunde liegende Werte von denen, die sie auszuführen haben, nicht akzeptiert werden, sind, wenn überhaupt, nur solange durchzusetzen, wie äußere Kontrollen und Sanktionen reichen.

So bestand beispielsweise die große geschichtliche Leistung Scharnhorsts und der anderen preußischen Reformer weniger in der Einführung einer verbesserten Taktik oder überlegener Organisationsformen in der Armee als vielmehr in einer Regeneration von Wertvorstellungen über das legitime Recht eines Staates auf seine militärische Verteidigung. Unter der Devise, jeder Bürger eines Staates sei der geborene Verteidiger desselben, erreichten sie, dass sich weite Kreise der damaligen Bevölkerung mit ihrem Staate identifizierten und dessen militärische Verteidigung zu ihrer eigenen Sache machten. Das Recht eines Staates auf seine militärische Selbstverteidigung war keineswegs eine Erkenntnis der preußischen Reformer, sondern eine in Jahrtausenden menschlicher Kulturgeschichte gewachsene Wertvorstellung, die sich in Normen niedergeschlagen hatte, welche sich im Laufe der geschichtlichen Entwicklung zu Beginn des 19. Jahrhunderts als nicht mehr sinnvoll und praktikabel erwiesen, z. B. Offizierdienst als Privileg des Adels und Mannschaftsdienst für Söldner aus den sozialen Unterschichten des In- und Auslandes.

Wenn die Akzeptanz von gleichen Werten bei Weitergebendem und Empfänger die Voraussetzung für jegliche Art von Tradition ist, so stellt sich die Frage, um welche Wertvorstellungen es sich handeln könnte und ob ein solcher Wertekonsens heute in der Gesellschaft der Bundesrepublik Deutschland überhaupt vorhanden ist. An sich kann jede Art von Wertvorstellung traditionsbildend sein. Das gilt auch für Wertvorstellungen, die sittlich fragwürdig sind.

Für die katholischen Theologen sind es Glaubenswahrheiten, die in den Dogmen der katholischen Kirche eindeutig definiert sind. Für die pluralistische Gesellschaft der heutigen Bundesrepublik ist diese Frage, wie die jüngste Diskussion um Werte zeigt, jedoch umstritten. Hierzu muss im Rahmen dieser Überlegungen der Hinweis auf die Unsicherheit genügen.

Um noch einmal auf die Bundeswehr zurückzukommen, so ist diese Institution, wie es in zahlreichen Verlautbarungen, Dienstvorschriften und nicht zuletzt in den Traditionserlassen immer wieder klar zum Ausdruck kommt, eindeutig auf die im Grundgesetz enthaltene naturrechtlich sittliche Werteordnung und die ebenfalls dort verankerte freiheitlich demokratische Rechtsordnung festgelegt. Inwieweit diese Wertvorstellungen auch von der Mehrheit aller Soldaten innerlich voll akzeptiert werden, wäre Gegenstand einer eigenen Untersuchung. Hier wird jedoch von ihrer Akzeptanz ausgegangen.

Die im Grundgesetz verankerte sittliche Werteordnung als Grundlage aller für die Bundeswehr gültigen Traditionsinhalte

Die Kontinuität der im Grundgesetz tradierten Werteordnung

Wenn alle für die Bundeswehr gültigen Traditionen mit dem erst 1949 kodifizierten Grundgesetz der Bundesrepublik Deutschland in Einklang stehen müssen, erhebt sich die Frage nach der Kontinuität der dort aufgeführten Werte, d. h. nach der Brücke in die Vergangenheit. Das Grundgesetz besteht eigentlich aus zwei Teilen, einmal der naturrechtlich sittlichen Werteordnung, wie sie vornehmlich in den Artikeln 1 bis 19 niedergelegt ist, und aus den von diesen Werten abgeleiteten Normen. Die Väter des Grundgesetzes wussten sich in einer geradezu einzigartigen Weise durch die Übernahme dieser im Naturrecht enthaltenen Werte der in Jahrtausenden gewachsenen abendländischen Kultur verpflichtet. Von daher ist die Brücke in die Vergangenheit und damit eine Kontinuität gegeben. Auch viele Artikel positiven Rechtes, d. h. Normen, die nicht unmittelbar das Naturrecht widerspiegeln, beruhen im Grundgesetz auf Wertvorstellungen jahrtausendealter Tradition. So geht das Grundgesetz beispielsweise in allen seinen Artikeln, die die Streitkräfte betreffen, von dem selbstverständlichen und legitimen Recht eines Staates auf Verteidigung mit militärischen Mitteln aus; ein Wert, der als historisches Kontinuum für deutsche Soldaten seit Jahrhunderten traditionsbildend ist. Auch das Verbot des Angriffskrieges in Artikel 26 ist keine Neuschöpfung des Jahres 1949, sondern ist vor dem Hintergrund der jahrhundertealten Rechtfertigung des Krieges als Verteidigungskrieg zu sehen, den man als ‚gerechten Krieg' legitimiert sah. Unter den Begriff Verteidigungskrieg fallen damit auch militärische Maßnahmen, wie sie bei der Durchsetzung von UNO-Sanktionen mit militärischen Mitteln erfolgen.

Die hierüber geführte politische Auseinandersetzung zeigt aber, dass es sich hierbei im Grunde genommen nicht um eine Änderung von im Grundgesetz festgeschriebenen sittlichen Wertvorstellungen, sondern vielmehr um eine Anpassung von Normen handelt. Noch vor der Lehre vom ‚gerechten Krieg' aus dem Mittelalter galt der Verteidigungskrieg als die allein erlaubte kriegerische Auseinandersetzung. Selbst die Römer haben alle ihre Eroberungen rechtlich als Verteidigungskriege, die ihrer Republik oder ihren Bundesgenossen aufgezwungen worden seien, deklariert.

Unter der Voraussetzung, dass ein Wertekonsens auf der Basis des Grundgesetzes besteht, kann es bei einer Auseinandersetzung über Sinn und Aufgabe von Tradition in der Bundeswehr nur um die Frage gehen, ob die für die Streitkräfte gültigen Traditionen, die sich in Vorbildern, Symbolen und Zeremonien äußern, sowohl die im Grundgesetz enthaltene Werteordnung weitertragen als auch für die Durchführung des vom Gesetzgeber gestellten Auftrages notwendig und geeignet sind. Diese Auseinandersetzung muss unter dem Leitsatz geführt werden: Anpassung von Bewährtem an die Forderungen der Gegenwart und Vermeidung von Erstarrung im Vergangenen. Damit ist Tradition ein äußerst dynamischer und kreativer Vorgang.

Besondere Werte für Streitkräfte

Um bei der Bundeswehr als Beispiel einer Organisation von Streitkräften zu bleiben, erhebt sich nunmehr die Frage, ob in der Armee andere, von der zivilen Gesellschaft abweichende Wertvorstellungen benötigt werden.

Ein Vergleich von Aufbau und Strukturen der Bundeswehr mit denen anderer Streitkräfte zeigt eine frappierende Gleichartigkeit militärischer Symbole und Zeremonien, d. h. Sinnbilder und Zeichen, sowie von Handlungsabläufen und militärischen Umgangsformen. Die Unterschiede sind, so augenfällig sie auch zunächst erscheinen mögen, doch nur äußerlicher Art, wie beispielsweise Formen des militärischen Grußes oder die Farbe der Uniform, und sind im Wesentlichen nur gering. Was die äußeren Formen und den inneren Aufbau anbelangt, unterscheidet sich die Bundeswehr kaum von den Volksarmeen der früheren Ostblockstaaten, den Armeen des neutralen Auslandes oder den Streitkräften unserer Bündnispartner. Diese Ähnlichkeit ist sogar ohne weiteres auf die Streitkräfte vergangener Zeiten ausdehnbar, da sich diese Strukturen bereits bei den Heeren in der Antike ausgeprägt haben.

Dieses hier angesprochene Phänomen beruht auf der Tatsache, dass Streitkräfte hierarchisch gegliederte Gemeinschaften sind, welche unter dem Prinzip von Befehl und Gehorsam stehen, einem Ordnungsprinzip, das dem einer demokratischen Ordnung diametral entgegengesetzt ist. Wenn man davon ausgeht, dass nur in solcher Weise strukturierte Armeen ihren Auftrag zu erfüllen in der Lage sind, stellt sich die Frage, ob es für Streitkräfte und damit auch für die Bundeswehr besondere Wertvorstellungen geben muss, d. h. Wertvorstellungen, die nicht im Grundgesetz enthalten sind oder sogar mit der darin enthaltenen Werteordnung nicht übereinstimmen. Für die Bundeswehr ist diese Frage durch ihre Verpflichtung auf das Grundgesetz und die Rechtsordnung der Bundesrepublik Deutschland eindeutig geregelt. Eine Betrachtung der entsprechenden Artikel des Grundgesetzes macht aber auch deutlich, dass darin alle Werte, auf welche sich jeder Soldat für die Erfüllung seines Auftrages beziehen muss, enthalten sind. Wie bereits erwähnt, enthalten die Artikel 1 bis 19 alle wichtigen, aus dem Naturrecht stammenden sittlichen Grundwerte, aus denen die Rechtsnormen für das Zusammenleben der Menschen abgeleitet sind. Die hier festgeschriebene, naturrechtlich-sittliche Werteordnung liegt auch allen Gesetzen zugrunde, welche den Dienst in der Truppe regeln. Auf die Tatsache, dass es sich hierbei um in Jahrtausenden europäischer Geschichte gewachsenes Kulturgut handelt, wurde bereits hingewiesen.

Von der Friedenssicherung zur Friedensgestaltung

Für das Besondere, das die Bundeswehr von anderen Armeen und vor allem von deutschen Streitkräften der Vergangenheit unterscheidet, ist Artikel 26 des Grundgesetzes von großer Bedeutung. Darin werden nicht nur die Vorbereitung und Führung eines Angriffskrieges, sondern bereits Handlungen, die das friedliche Zusammenleben der Völker zu stören geeignet sind, für verfassungswidrig und damit strafwürdig erklärt. Der Artikel 26, dessen geistige Wurzeln offensichtlich in der mittelalterlichen Lehre vom ‚bellum justum‘, der Lehre vom gerechten Krieg, liegen, hat für die Traditionspflege und Normenbildung in der Bundeswehr eine ganz entscheidende Funktion: Zunächst einmal leitet sich daraus unmittelbar der rein defensiv gefasste Verteidigungsauftrag der Bundeswehr ab. Ein solcher Auftrag entspricht auch voll und ganz der in den ersten 19 Artikeln verankerten Werteordnung aus dem Naturrecht. Dass die Bundeswehr ihren Verteidigungsauftrag im Rahmen einer Allianz und in Abstimmung mit der Völkergemeinschaft der Vereinten Nationen ausführt, ist eine geschichtlich gewachsene Tatsache und für die Traditionsbildung ebenfalls von großer Bedeutung.

Artikel 26 enthält mit seiner Forderung, keine Handlungen vorzunehmen, die „das friedliche Zusammenleben der Völker zu stören" geeignet sind, und mit dem klaren Verbot der Vorbereitung eines Angriffskrieges eine eindeutige Absage an den Einsatz des Krieges als legitimes Mittel der Politik. Vor allem in der deutschen Marine ist dies besonders ausgeprägt. Deutsche Streitkräfte dienen damit erstmalig in der Geschichte nicht mehr der Durchsetzung eines politischen Zieles auf dem Wege einer kriegerischen Auseinandersetzung. Hierin liegt der entscheidende Unterschied der Bundeswehr zu allen deutschen Armeen der Vergangenheit. Hierin unterscheidet sie sich auch von vielen ausländischen Armeen der Gegenwart.

In konsequenter Befolgung dieses Prinzips hat die Bundeswehrführung auf Vorschlag von Soldaten der Vereinigung ‚Gemeinschaft Katholischer Soldaten (GKS)‘ in der Zentralen Dienstvorschrift (ZDv) 12/2 ‚Politische Bildung in der Bundeswehr‘ vom 29. Januar 1973 allen Soldaten zur Pflicht gemacht, sich über die Erfüllung des Auftrages der Sicherung des Friedens mit militärischen Mitteln hinausgehend für eine aktive Friedensgestaltung einzusetzen. Diese Forderung wurde dann 1990 in dem damaligen Entwurf der ZDv 10/1 ‚Innere Führung' noch einmal ausdrücklich niedergelegt. Man hatte damit klar zum Ausdruck gebracht, dass vor einer militärischen Verteidigung des Friedens die Schaffung einer gerechten Friedensordnung unter den Völkern stehen muss, zu deren Mitgestaltung auch die Soldaten aufgerufen sind. Damit wurde ein Wandel von der traditionell überkommenen Aufgabe der Friedenssicherung zur Friedensgestaltung eingeleitet.

Dies geschah im Grunde genommen nur dadurch, dass die Bundeswehrführung auf Initiative der ‚Gemeinschaft Katholischer Soldaten (GKS)' die in der ‚Pastoralen Konstitution über die Kirche in der Welt von heute (Gaudium et Spes)' des II. Vatikanischen Konzils enthaltene ethische Legitimierung für den Militärdienst übernommen hatte. Dies haben dann seit dem Somalia-Einsatz der Bundeswehr vom Mai 1993 bis März 1994 alle Bundesminister der Verteidigung immer wieder zum Ausdruck gebracht.

Für Traditionsbildung und -pflege ergeben sich hieraus eindeutige Konsequenzen: Einmal dürfen in Symbolen und Zeremonien, d. h. beispielsweise in militärischem Brauchtum und Liedern, in keiner Weise die Gefühle von Bürgern anderer Nationen verletzt werden; ebenso sind Soldaten früherer deutscher Armeen, die sich bei ihren Waffentaten offenkundig Verbrechen gegen die Menschlichkeit zuschulden kommen ließen, als Vorbilder für die Bundeswehr ungeeignet.

Streitkräfte als Ausdruck der staatlichen Souveränität

Im Vorangegangenen wurde aufgezeigt, dass Tradition nichts anderes als die Weitergabe von Wertvorstellungen aus der Vergangenheit ist, die sich gefühlsmäßig vollzieht. Sie ist damit ein Mittel zur Weitergabe von Kontinuität. Es wurde aber auch dargelegt, dass die Legitimität der durch Traditionen weitergegebenen Werte allein in ihrer Begründung auf der naturrechtlich ethischen Werteordnung beruht. Diese ist selbst in Jahrtausenden abendländischer Geschichte gewachsen. Für die hier als Beispiel genannte soziale Gruppierung der Bundeswehr ist diese Werteordnung im Grundgesetz der Bundesrepublik Deutschland verankert. Als weiteres Beispiel für eine in allen Armeen anzutreffende Tradition sei hier kurz an die Tradition erinnert, dass Streitkräfte seit je her auch Ausdruck staatlicher Souveränität sind.

Für jeden Staat sind Streitkräfte ein Ausdruck seiner Souveränität und seines legitimen Rechtes zur Selbstbehauptung. Dieses Faktum ist ein entscheidendes Kontinuum der Tradition deutscher Soldaten seit Beginn der Aufstellung stehender Heere im 17. Jahrhundert. Für den Gesetzgeber war dies etwas völlig Selbstverständliches und fand seinen sichtbaren Ausdruck in allen Vorschriften, in denen die hoheitlichen Aufgaben der Bundeswehr geregelt werden.

Um einem oft gehörten Missverständnis sofort zu widersprechen, sei hier in aller Eindeutigkeit festgehalten, dass sich die Funktion von Streitkräften als Ausdruck staatlicher Souveränität keineswegs allein auf die Durchführung hoheitlicher Aufgaben in repräsentativer Form beschränkt. Für die Bundeswehr bedeutet Ausdruck der staatlichen Souveränität zu sein, dass hier gemäß der im Grundgesetz verankerten naturrechtlich sittlichen Werteordnung ein Gewaltpotential zu eindeutig defensiven Zwecken aufrechterhalten wird, das jeglichen Angreifer davon abschrecken soll, die Bundesrepublik Deutschland anzugreifen oder das Recht und die Freiheit des deutschen Volkes mit Gewalt zu beeinträchtigen. Diesem allgemein gefassten Verteidigungsauftrag kommt eine besondere Bedeutung zu. Die Bundeswehr als Instrument des Ausdrucks der Souveränität der Bundesrepublik Deutschland kann daher auch im Rahmen der Vereinten Nationen an der Erhaltung des Weltfriedens mitwirken. Dabei kommt der Forderung, dass die Bundeswehr auch zur Friedensgestaltung aufgerufen ist, eine besondere Bedeutung zu und wirkt sich vor allem auch auf die Aufträge unserer Marine aus.

Die Entstehungsgeschichte der Bundeswehr macht deutlich, in welch hohem Maße gerade die Schaffung neuer deutscher Streitkräfte für Bundeskanzler Konrad Adenauer ein Mittel zur Erreichung der Souveränität war. Als im September 1950 auf der New Yorker Konferenz der Außenminister der Westmächte die prinzipielle Zustimmung zu einer Beteiligung der damals noch nicht souveränen Bundesrepublik Deutschland an der militärischen Verteidigung des Westens gegeben wurde, ist damit eine Entwicklung eingeleitet worden, welche folgerichtig zur Wiedererlangung der Souveränität im Jahre 1955 und damit zur gleichberechtigten Partnerschaft in der NATO führen sollte.

Der Demokrat Konrad Adenauer hat wie kaum ein anderer deutscher Staatsmann dieses Kontinuum militärischer Tradition für die Erreichung eines friedlichen Zieles zu nutzen verstanden. Für Tradition und Selbstwertgefühl der Bundeswehr ist gerade die Rolle, welche die neuen deutschen Streitkräfte für die Wiedererlangung der vollen Gleichberechtigung der Bundesrepublik gespielt haben, ein historisches Ereignis, dessen Bedeutung für den friedenserhaltenden Auftrag dieser neuen Armee mehr als bisher ins Bewusstsein gestellt werden sollte.

In der Verwendung von Streitkräften als Ausdruck der Souveränität und der eigenstaatlichen Selbstbehauptung zur Erreichung politischer Ziele im Frieden haben sich in den Marinen der europäischen Staaten besondere Traditionen herausgebildet, die heute von den Seestreitkräften aller Staaten gepflegt werden. Infolge ihrer Flexibilität hinsichtlich Beweglichkeit, variabler Zusammensetzung der Verbände und der Art und Weise ihres Auftretens in Auslandshäfen und auf der hohen See eignen sich Seestreitkräfte in besonderem Maße als Instrumente der Außenpolitik. Seit dem 17. Jahrhundert hat sich eine breite Palette des friedlichen Einsatzes von Seestreitkräften entwickelt, die von allen seefahrenden Nationen anerkannt und genutzt wird. Dieser Tradition fühlt man sich in der Marine der Bundesrepublik Deutschland in besonderem Maße verpflichtet und pflegt sie bei den zahlreichen Besuchen im Ausland. Jedes Besatzungsmitglied fühlt sich beim Besuch eines fremden Hafens als ‚Botschafter in Blau' und trägt damit zur Völkerverständigung bei. Durch alle Brüche in der deutschen Geschichte ist dies eine der wenigen durchgängig positiven Traditionen, auf die die Marine mit Recht stolz sein kann. Kriegsschiffe aller deutschen Marinen haben diese friedliche Mission seit dem 19. Jahrhundert erfolgreich ausgeübt, vor allem nach 1918 und seit 1956.

Wie aus den vorangegangenen Überlegungen deutlich wird, leitet sich der Auftrag der Bundeswehr, wie er in der Eides- und Gelöbnisformel in aller Kürze und Deutlichkeit zum Ausdruck kommt, „der Bundesrepublik Deutschland treu zu dienen und das Recht und die Freiheit des deutschen Volkes tapfer zu verteidigen", eindeutig aus der im Grundgesetz verankerten Werteordnung ab. Allein aufgrund dieses

Auftrages der Friedenssicherung ist die Existenz von Streitkräften in der Bundesrepublik Deutschland ethisch zu rechtfertigen.

Darüber hinaus ist die im Grundgesetz enthaltene naturrechtlich sittliche Werteordnung so umfassend, dass alle für die auftragsgemäße Durchführung des Truppendienstes notwendigen Gesetze und Normen keiner anderen wertemäßigen Begründung bedürfen als der, die sich mit dem Grundgesetz vereinbaren lässt.

Tradition manifestiert sich in Symbolen, Zeremonien und Vorbildern als Träger von sittlichen Wertvorstellungen

Auch dies sei wieder am Beispiel der Bundeswehr als Sonderform der Gesellschaft dargestellt. Zunächst soll aber die Integration der hierarchisch aufgebauten Bundeswehr in die Gesellschaft als Exekutive dargestellt werden.

Streitkräfte müssen, wollen sie ihren Auftrag erfüllen, nach dem Prinzip von Befehl und Gehorsam aufgebaut sein, d. h. sie sind hierarchisch strukturiert.

Hierarchisch strukturierte Gemeinschaften, vor allem aber Armeen, bedienen sich in Jahrhunderten gewachsener Normen, die sich in traditionell überkommenen Vorbildern, Symbolen und Zeremonien ausdrücken, um ihren Auftrag effizient auszuführen. Damit ist jede Armee, und dies gilt auch für die Bundeswehr, etwas Eigenständiges und von einer demokratisch organisierten Gesellschaft Verschiedenes. Die sittlich-rechtliche Legitimation für die Bundeswehr, sowohl für ihren Auftrag, als auch für die Art und Weise, wie sie diesen erfüllt, beruht auf dem Grundgesetz und den mit ihm in Einklang stehenden Gesetzen. Angesichts der oben beschriebenen Einbindung der Bundeswehr in die Rechtsordnung der Bundesrepublik bedingen die vom Gesetzgeber anerkannten „Eigentümlichkeiten soldatischen Dienstes", wie sie der Bundesminister der Verteidigung im Weißbuch 1970 als „funktionsbedingt und deshalb nicht aufhebbar" erklärt hatte, keine privilegierte Sonderstellung der Bundeswehrsoldaten in der Gesellschaft. Im Gegensatz zu früheren deutschen Armeen, die sich nicht als Teil der Exekutive verstanden, sondern sich im Kaiserreich, in der Weimarer Republik und in der nationalsozialistischen Diktatur in erster Linie als Verkörperung der Staatsidee betrachteten, ist die

Bundeswehr nunmehr ein Teil der Exekutive. Auch dies war eine grundlegende Tradition deutschen Soldatentums, welche aufgrund der unseligen Erfahrungen in der Vergangenheit aufgegeben wurde. Mit der neuen Regelung wurde der Grundstein zu einer neuen Tradition soldatischen Selbstverständnisses gelegt, die sich in den nun vergangenen Jahrzehnten durchaus bewährt hat und allgemein akzeptiert wird.

Nur durch Anerkennung und Bejahung der gleichen Rechtsordnung kann die Bundeswehr in die Gesellschaft der Bundesrepublik integriert werden. Das hat zur Folge, dass alle auch in der Bundeswehr üblichen, traditionell gewachsenen militärischen Normen, die sie mit jeder anderen Armee gemeinsam hat, mit dem Grundgesetz übereinstimmen müssen. Bei einer Betrachtung dieser Normen ist also zweierlei zu überprüfen: einmal, inwieweit diese Normen Werte vermitteln, welche mit dem Grundgesetz in Einklang stehen, und zum anderen, in welcher Weise solche Normen im jeweiligen Fall überhaupt notwendig sind. In einem solchen Diskurs über die Normen militärischer Vorbilder, Zeichen und Brauchtums kann der für das Lebendighalten von Tradition notwendige Konsens gefunden werden, der eingangs als Anpassung von Bewährtem an die Forderungen der Zukunft bezeichnet wurde und eine Erstarrung im Vergangenen vermeiden soll.

Symbole, Zeremonien und Vorbilder als Träger von sittlichen Wertüberlieferungen

Der Ursprung von Symbolen als Mittel der Kommunikation

Die bewusste oder auch unbewusste Anwendung von Symbolen, d. h. Sinnbildern und Zeremonien, worunter alle Umgangsformen der zwischenmenschlichen Kommunikation zu verstehen sind, ist eine Eigenart der menschlichen Natur. Der Verhaltensforscher Konrad Lorenz hat diesen Vorgang im Vorwort zu dem Band ‚Kultur und Verhaltensforschung' seines Schülers Otto Koenig wie folgt skizziert, indem er hierfür erstaunliche Beobachtungen des Verhaltens von Tieren als parallele Erscheinungen heranziehen konnte: Symbole dienen als Signale der Verständigung zwischen Artgenossen. Ein solcher Verständigungsvorgang verläuft als „Ritualisation", wobei es zu einem allmählichen Funktionswechsel des dabei benutzten Signals aus seinem „unritualisierten", d. h. ursprünglich praktischen Vorbild kommt. Lorenz nennt hierfür ein Beispiel aus dem Tierreich, den Haubentaucher, der dem Weibchen den Beginn des Nestbaus durch Heraufholen von Nistmaterial vom Grunde des Sees signalisiert, aber keineswegs selbst das Nest baut. Als Beispiel aus der Militärgeschichte nennt er den metallenen Umhängekragen der Feldgendarmen der ehemaligen Wehrmacht, der nur noch eine Funktionsbezeichnung war und dessen Ursprung in der Halsberge der ritterlichen Rüstung lag, was jedoch nur durch „geduldige historisch-vergleichende Forschung" nachweisbar ist.

So bilden zahlreiche Verhaltensweisen, deren Signalwirkung von stammesgeschichtlicher Ritualisierung ableitbar ist, wie auch eine ebenso große Zahl von Aufnahmemechanismen, ein höchst kompliziertes Wirkungsgefüge, welches der Kommunikation von Artgenossen dient und als erbliche Grundstruktur eine Art von Skelett geworden ist, worauf sich das Zusammenwirken vieler Einzelwesen in einer sozialen Gemeinschaft aufbaut. Das gilt sowohl für das Tierreich als auch für die Menschen. In der menschlichen Gesellschaft erhebt sich jedoch über dieser erblichen Grundstruktur der gewaltige Überbau von Verständigungsmitteln und Normen sozialen Verhaltens. Diese verdanken ihre Existenz nicht der biologischen Stammesgeschichte, sondern der Kulturgeschichte.

Die kulturgeschichtliche Entwicklung von Symbolen und Zeremonien

Durch seine Fähigkeit zu begrifflichem Denken vermochte der Mensch sein Wissen von Sitten und Gebräuchen anzuhäufen. Diese Anhäufung liegt aller Kultur zugrunde. Durch sein Vermögen, in Begriffen zu denken, besitzt er die Möglichkeit zur Schaffung einer Wortsprache, wodurch dieses Wissen und andere Kulturgüter von Mensch zu Mensch und von Generation zu Generation weitergegeben werden können. „Dadurch entsteht", so Konrad Lorenz, „jene Anhäufung von überindividuellem, der ganzen Gemeinschaft eigenem Wissen, die einer Vererbung von erworbenen Eigenschaften gleichkommt. Die Quellen des tradierten Wissens sind mannigfaltiger Art, von Ergebnissen primitivster zufälliger Selbstdressur bis zu denen gezielter wissenschaftlicher Forschung." Dabei besteht eine Einhelligkeit in den Mechanismen, die nicht dem Erwerben, sondern dem

Festhalten des Wissens dienen. Die Bildung fester Gewohnheiten spielt unter ihnen eine besondere Rolle. Im Gegensatz zu Tieren, die an einmal gebildeten Gewohnheiten viel zäher festhalten als der Mensch, ist dieser aufgrund seiner Fähigkeit, Einsicht in die ursächlichen Zusammenhänge seiner Gewohnheiten nehmen zu können, eher geneigt, seine Gewohnheiten zu ändern und neuen Gegebenheiten anzupassen. Die Neigung, an Gewohnheiten festzuhalten, ist jedoch darin begründet, dass es sich hierbei um Verfahrensweisen handelt, die sich als gefahrlos zum Ziele hinführend erwiesen haben. Eine Abweichung von bewährten Gewohnheiten verursacht Angst, während ihre Beibehaltung ein Gefühl der Sicherheit vermittelt.

Die Weitergabe von Symbolen und Zeremonien durch Tradition

„Bei Gewohnheiten des Menschen, die nicht vom Einzelwesen erfunden und erworben, sondern durch Tradition von Vorfahren und älteren Vertretern der betreffenden Kultur übernommen wurden, gesellen sich zu den erwähnten gewohnheitsfestigenden Faktoren noch sehr mächtige weitere. (...) Die wirkliche oder auch nur imaginäre Zustimmung oder Missbilligung dieser höheren Instanz trägt entscheidend dazu bei, den Einzelmenschen auf dem Pfade der traditionellen Gewohnheiten zu halten, die Angstgefühle bei jeder Abweichung werden außerdem durch höchst reale Repressalien der anderen, in derselben Tradition groß gewordenen Sozietätsmitglieder verstärkt. Etwas, das ‚man' nicht tut, ist mit schweren Strafen belegt. In höherer Ritualisation werden derartige Mechanismen zu zwingenden Tabus und sonstigen religiösen Geboten und Verboten", so Konrad Lorenz weiter.

Ein solcher Prozess der Entstehung von Sitten und Gebräuchen vollzieht sich in jeder Kulturentwicklung fortwährend und hat offensichtlich erstaunlich wenig mit Einsicht und rationaler Erfindung zu tun. Selbst wo dies dennoch der Fall ist, gerät das ursprüngliche Wissen um den praktischen Zweck der Übung bald in Vergessenheit und wird kaum anders als jede völlig zwecklose, auf purem Aberglauben beruhende Zauberei (z. B. das dreimalige Klopfen auf Holz) als Ritus weiter beibehalten. Die Psychologen nennen ein solches Verhalten ‚magisches Denken', welches eine entscheidende Rolle bei der Speicherung und Konservierung aller einmal entstandenen Normen sozialen Verhaltens spielt. Mit den Worten von Konrad Lorenz: „Es kann gar nicht genügend betont werden, dass das Festhalten des einmal Erreichten für jede Weiterentwicklung, sei es nun eine stammesgeschichtliche (d. h. biologische, Anm. d. Verf.) oder eine kulturelle, fast noch wichtiger ist, als das Hinzuerwerben von Neuem."

Die Art und Weise des traditionellen Festhaltens, die sich in Mechanismen vollzieht, welche mit Einsicht und höherer Intelligenz gar nichts zu tun haben, übt eine eigentümliche, nivellierende Wirkung auf das Festgehaltene aus, so dass schließlich die Herkunft des traditionellen Wissens nicht mehr erkennbar ist. „Aus ursprünglich verstandesmäßigen, einsichtigen und erlernten Erkenntnissen entstehen geheiligte Traditionen von grundsätzlich gleicher Wesensart und Leistung wie aus zufällig entstandenem Aberglauben und magischem Denken verankerten Sitten und Gebräuchen. Was die meisten modernen, wissenschaftlich aufgeklärten Menschen nicht verstehen oder nicht verstehen wollen, ist, dass in beiden Fällen die althergebrachte Überlieferung tiefste Weisheiten enthalten kann. Es gehört zu den gefährlichsten, aus der Überheblichkeit des Zivilisationsmenschen entstehenden Irrtümern, zu glauben, dass Wissen und Weisheit nur dem Verstande entstammen könnten und dass nur das Wägbare, mathematisch Quantifizierbare Wahrheit sei. Nur ein unglaublich geringer Anteil alles Wissenswerten lässt sich berechnen."

Traditionell überkommene Symbole und Zeremonien als Lebenshilfen und die Notwendigkeit ihrer Anpassung an die Veränderungen der Umwelt

Im stammesgeschichtlichen und im kulturgeschichtlichen Bereich ist der Vorgang, welcher aus der Unzahl der einströmenden Informationen ‚Wissen‘ macht, der gleiche: eine durch Erprobung getroffene Auswahl entscheidet über die Aufnahme von dem Erworbenen in den Bestand des Festzuhaltenden. Die Analogien, die sich in weitgehender Übereinstimmung aus dem Tierreich für die kulturgeschichtliche Entwicklung ziehen lassen, beruhen auf dieser entscheidenden Rolle der Selektion, d. h. dem Durchsetzen des Bewährten.

„Ein anderer, wichtiger Grund", so führt es Konrad Lorenz weiter aus, „liegt darin, dass die Mechanismen des Festhaltens, die Vererbung sowohl wie die Tradition, von sich aus offensichtlich nicht ‚bemerken‘, wenn eine seinerzeit als zweckmäßig erprobte und als solche

298

festgehaltene Einzelheit ihren Anpassungswert und damit ihre ‚Wahrheit' verliert. Wenn sie nicht direkt der Erhaltung der Art oder der Kultur schädlich wird, so dass eine Gegenselektion in Gang gesetzt wird, kann sie nahezu ad infinitum weiter mitgeschleppt werden, bis allmähliche, zufällige Ausfallmutationen sie langsam verschwinden lassen oder der Schleier historischen Vergessenwerdens sie bedeckt." Es gibt in der Natur, so pflegte Oskar Heinroth zu sagen, „nicht nur das Zweckmäßige, sondern auch alles, was nicht so unzweckmäßig ist, daß es der betreffenden Art zum Verderben wird."

Als Beispiel für eine solche Gegenselektion nennt Koenig den Höhepunkt der Uniformvielfalt in den Napoleonischen Kriegen, die damals aufgrund taktischer und waffentechnischer Bedingungen noch sinnvoll war, dann aber schon bald infolge der Fortschritte auf dem Gebiet der Waffentechnik aufgegeben werden musste, was eine Vereinfachung der Uniformen bis hin zum Übergang zu Tarnfarben zu Beginn des 20. Jahrhunderts zur Folge hatte. Als Beispiel für die letalen, d. h. tödlichen Folgen der Beibehaltung traditioneller Elemente in der Uniformgestaltung erinnert er u. a. an die roten Hosen der französischen Soldaten, die ihre Träger in den ersten Wochen des Ersten Weltkrieges von weitem sichtbar machten, was zu hohen Verlusten führte.

Die hier bewusst ausführlich wiedergegebenen Gedankengänge von Konrad Lorenz enthalten einmal die unmittelbare Übersetzung des eingangs dargestellten Begriffes von Tradition auf Erkenntnisse aus der Verhaltensforschung; zum anderen wird deutlich, dass die tradierten Überlieferungen einerseits als entscheidende Hilfe zur Lösung gegenwärtiger Probleme dienen können, sofern diese Überlieferungen den zeitgemäßen Bedingungen entsprechen. Andererseits zeigt sich aber auch, dass diese Überlieferungen hinsichtlich ihrer Gültigkeit durchaus einem Wandel unterworfen sind, dass also bei sich ändernden Voraussetzungen andere an ihre Stelle treten müssen. Dieser Wandel muss behutsam vollzogen werden, will man nicht in Beziehungslosigkeit verfallen.

Traditionell überkommene Symbole und Zeremonien als Eigentümlichkeiten der Natur des Menschen

Die wichtigste Aussage ist jedoch, dass sich diese Weitergabe nach irrationalen Mechanismen vollzieht, die der Natur des Menschen eigentümlich sind und dass der rationale Sinngehalt solch irrationaler, traditioneller Überlieferungen sich dennoch durch verstandesmäßige Analyse erkennen lässt, da sie ihren Ursprung in praktischen Vorbildern haben. Elemente von Traditionen sind Symbole, d. h. Zeichen, Wahrzeichen oder Sinnbilder. Im modernen Sprachgebrauch sind Symbole vieldeutige Zeichen, deren Bedeutungsinhalte von den Menschen des jeweiligen Kulturkreises sofort in einem bestimmten Sinn, dieser kann mitunter auch durchaus diffus sein, verstanden werden. So gilt beispielsweise in deutschen Streitkräften das Eiserne Kreuz als Symbol deutschen Soldatentums als ‚Sinnbild sittlich gebundener Tapferkeit'. Alle Lebensäußerungen des Menschen sind durch Symbole gekennzeichnet, sie können offensichtlich nur aus der Natur des Menschen und den dazugehörigen Umweltvoraussetzungen erklärt werden. Die Verhaltensforschung scheint zu der Erkenntnis gekommen zu sein, dass die Fähigkeit des Menschen, Symbole verwenden zu können und zu verstehen, die Voraussetzung für das abstrakte Denken überhaupt ist. „Was den Menschen so hoch über die übrigen Tiere erhebt, daß er sie als Bürger einer anderen Welt ansehen kann, ist nicht seine größere Eindrucksfähigkeit, sein längeres Gedächtnis, auch nicht die Gabe rascher Assoziation, zum Herren dieser Erde macht ihn vielmehr die Fähigkeit, Symbole zu gebrauchen, das Vermögen der Sprache", so Susanne K. Langer. Sprache ist danach nichts anderes als ein System von Symbolen, und daraus erklärt sich die Fähigkeit des Menschen zu begrifflichem Denken (Konrad Lorenz).

In den verschiedenen Kulturkreisen der Menschheit haben sich unabhängig voneinander bestimmte Zeichen von auffallender Gleichartigkeit entwickelt, die ‚Ursymbole' genannt werden. Das können einfachste Zeichen, wie eine senkrechte Linie oder der stehende Strahl, die liegende Linie, das Kreuz oder das Dreieck sein. Zu den ältesten Symbolen gehören beispielsweise die vier Elemente: Feuer, Wasser, Erde und Luft. Solche und andere Symbole wie Sonne, Mond und Sternbilder spielen in der Kulturgeschichte eine herausragende Rolle, wobei die verwendeten Sinnbilder auch bei sehr unterschiedlichen

Völkern überraschend ähnlich sind. Ihnen allen liegen Urbilder oder Urformen zugrunde, die dem Menschen von Anbeginn seiner Existenz zugeordnet werden müssen. Diese Urbilder finden sich auch in den archaischen Denkschemata der Menschheit, die der Schweizer Psychologe C. G. Jung ‚Archetypen' genannt hat; sie sind nach seiner Auffassung Bestandteil eines kollektiven Bewusstseins.

Symbole sind nicht allein sichtbare Zeichen. Sie umfassen auch die unendliche Vielzahl akustischer Signale, die sich in einer besonderen Hochform in Sprache und Musik manifestieren. So lösen bereits bestimmte Melodien, ohne dass dabei ein Liedtext gesungen wird, ganz bestimmte Vorstellungen aus, wenn man beispielsweise an eine Nationalhymne, ein politisches Kampflied oder auch nur an einen für eine Zeitströmung charakteristischen Schlager denkt. Melodien sind Erkennungszeichen von Gemeinschaften und können als Nationalhymnen Ausdruck des Gemeinschaftsgefühls eines ganzen Volkes sein.

Für bestimmte Gemeinschaften hat sich im Verlauf der Geschichte eine Vielzahl spezifischer Symbole entwickelt, die dort ganz bestimmten gleichartigen Zwecken dienen. Solche Symbole enthalten durchaus Anlehnungen an Ursymbole und weisen ebenfalls gewisse Gleichförmigkeiten auf. Hierfür sind beispielsweise alle militärischen Symbole zu nennen, wie es sie bei nahezu jeder Armee der Welt gibt. Ihre Gleichförmigkeit und funktionale Gleichartigkeit sind auffallend. Als Beispiel sei nur auf Fahnen, Feldzeichen, Hoheitszeichen und Uniformen verwiesen. Auch der Adler, der in vielen Staatswappen, wie auch in dem der Bundesrepublik Deutschland vorhanden ist, ist ein solches Ursymbol.

Ein weiteres Kennzeichen aller Symbole ist, dass sie eine Wertvorstellung vermitteln, die von denen, die diese Symbole anwenden, akzeptiert werden muss. Dabei gibt es eine breite Skala verschiedener Gewichtigkeit solcher Werte. Das kann von ganz banalen Wertvorstellungen wie simpler Demonstration wirtschaftlichen Wohlstandes durch den Besitz eines bestimmten Autotyps, unterschiedlichen Inhalten und Bedeutungen des gesprochenen Wortes, sichtbaren Zeichen des täglichen Lebens bis hin zu Wahrzeichen von Gemeinschaften und Staaten und Sinnbildern der Gottesverehrung gehen.

Verhalten und Handlungen von Menschen können Symbolcharakter annehmen. Komplexe von symbolischen Handlungen sind Zeremonien. Das tritt zutage, wenn Menschen bestimmte Formen einhalten oder aus Gründen der Feierlichkeit der Form ein bestimmtes Pathos verleihen und schließlich bei außergewöhnlichen Anlässen feierliche Formen nach vorher festgelegten Regeln zu Zeremonien ausbauen. So bestehen die meisten Handlungen, vor allem in der Beziehung zu den Mitmenschen, der sozialen Umwelt, aus Formen, d. h. aus Handlungen, die sich als eingeübte Gewohnheiten und Formen regelmäßig wiederholen, womit ganz bestimmte Ziele erreicht werden sollen. Hierzu gehört auch die Sprache.

Im täglichen Leben regeln Sprache und Gestik die weit gefächerte Palette der Umgangsformen, die der Heranwachsende im Verlauf des Erziehungsprozesses erlernt und sich so aneignet, daß er im Einzelnen keinen Gedanken mehr darüber verliert, warum er so handelt. Man denke hier beispielsweise nur an die europäischen Essgewohnheiten, wie etwa den Gebrauch von Messer und Gabel.

Bestimmte Umgangsformen sind eine Voraussetzung dafür, ob man sich einer bestimmten Gruppe von Menschen zugehörig fühlt und von dieser akzeptiert wird oder nicht. Wer sich beispielsweise in einer Diskothek nicht mit den dort üblichen Gepflogenheiten auskennt, wird sich dort ebenso deplaziert fühlen wie ein Disco-Fan auf dem Wiener Opernball.

Nach den Erkenntnissen der anthropologischen Wissenschaft erweisen sich Formen, d. h. der Gebrauch von Symbolen und Zeremonien, als vorstrukturierte Handlungsbedingungen, die den Menschen entlasten und ihm Hilfestellung geben, den vielfältigen Ansprüchen des täglichen Lebens gewachsen zu sein.

Nach Max Weber gibt es vier Formen sozialen Handelns: zweckrationales Handeln, wertneutrales Handeln, affektuelles bzw. emotionales Handeln und das traditionale Handeln. Das traditionale Handeln hat für ihn im täglichen Leben einen besonderen Stellenwert: „Das traditionale Verhalten steht ganz und gar an der Grenze und oft jenseits dessen, was man ein ‚sinnhaft‘ orientiertes Handeln überhaupt nennen kann. Denn es ist oft nur ein dumpfes, in der Richtung der einmal eingelebten Einstellung ablaufendes Reagieren auf gewohnte Reize". Der Soziologe Max Weber ist damit zu ähnlichen Ergebnissen gekommen wie der Verhaltensforscher Konrad Lorenz.

Auch die katholische Kirche bejaht Symbole und Formen als ein grundsätzliches Ausdrucksmittel der menschlichen Natur. Bei allen Kulthandlungen bedient sie sich einer Vielzahl von Symbolen und Formen. Bei der Spendung der Sakramente ist das „sichtbare Zeichen", d. h. die Form, das Symbol und die Zeremonie, ein unverzichtbarer Bestandteil. Dass hierbei auch Symbole und Formen heidnischen Ursprungs angewandt werden, verträgt sich durchaus mit der christlichen Zielsetzung.

Die Ableitung von Symbolen und Zeremonien aus dem Spiel

Die Verwendung von Symbolen und Zeremonien entzieht sich somit weitgehend dem rationalen Zugriff. In fremden Kulturen erscheinen uns die dort gebräuchlichen Symbole und Zeremonien oft unverständlich. Der große niederländische Kulturgeschichtler Johan Huizinga erkannte ebenfalls das irrationale Moment als grundlegende Eigenschaft von Zeremonien und anderen Kulturerscheinungen. Er leitete diese Phänomene in seinem Buch ‚Homo ludens‘ (Der spielende Mensch) aus dem Spiel her. Sein Werk hat den Untertitel ‚Vom Ursprung der Kultur im Spiel‘. Wie Huizinga ausdrücklich feststellt, geht es ihm nicht um das Spielelement in der Kultur, sondern, in welchem Umfang die Kultur selbst Spielcharakter hat. Er stellt die These auf und begründet sie anhand seiner kulturgeschichtlichen Forschungen, dass der religiöse Kult seine Wurzel im Spiel hat, weil die Menschen in vorgeschichtlicher Zeit ihnen unfassbare Erscheinungen des Kosmos spielerisch personifizierten und im Mythos verdichteten, die ursprünglich in einem Rollenspiel dargestellt wurden. Einem solchen Spiel sei dann im Verlauf der geschichtlichen Entwicklung etwas „Heiliges" zugeordnet worden. Diese Erklärung erscheint zwar auf den ersten Blick etwas abenteuerlich; bedenkt man aber, dass beispielsweise die klassischen Olympischen Spiele heilige Spiele waren, bei denen in spielerischen Zweikämpfen der Tod des Gegners zwar nicht beabsichtigt, wohl aber in Kauf genommen wurde, dann erscheint Huizingas Erklärung durchaus zutreffend. Das Beispiel zeigt, daß Spiele erklärtermaßen heilig sein, aber dennoch unvermittelt in tödlichen Ernst umschlagen können. Wenn man davon ausgeht, dass selbst der Kult seinen Ursprung im Spiel hat, so gilt dies für weltliche Zeremonien allemal.

Militärische Zeremonielle, wie beispielsweise der Große Zapfenstreich, das wohl aufwendigste Zeremoniell, welches die Bundeswehr kennt, das Bordzeremoniell beim Besuch eines Kriegsschiffes in einem Auslandshafen oder auch nur ein einfacher Appell einer Kompanie, sind ihrem Wesen nach Darbietungen oder Aufführungen, die wie ein Theaterstück einstudiert werden müssen. Finden solche Zeremonielle in der Öffentlichkeit statt – beim Großen Zapfenstreich und beim Einlaufen eines Kriegsschiffes in einen fremden Hafen ist dies immer der Fall – so nehmen Zuschauer daran teil, von denen ein ruhiges Verhalten erwartet wird. Treten diese als Störer in Erscheinung, wie dies im Jahre 1980 bei militärischen Zeremoniellen in Bremen und in Bonn der Fall war, so verletzen sie die Spielregeln und werden zu ‚Spielverderbern'. Dazu Hans-Martin Ottmer: „Einem anderen das Spiel zu verderben, kann formal wiederum als Spiel verstanden werden". Wenn man davon ausgeht, dass das Spiel älter als die Kultur ist – die Kultur hat sich erst in der menschlichen Gesellschaft gebildet – so lässt sich daraus folgern, dass einmal die Spielhaltung zu den Primäreigenschaften des Menschen gehört und zum anderen das Phänomen des Spiels mit dem Verstand nicht zu erklären und damit an sich irrational ist.

So ist die persönliche Einstellung, welche jemand zu Symbolen und Zeremoniellen hat, stark im Gefühlsmäßigen verhaftet. Eine Diskussion über deren Beibehaltung oder Abwandlung kann somit eigentlich nur noch über die Frage gehen, inwieweit die mit diesen Symbolen und Zeremonien ursprünglich verbundenen Wertvorstellungen überhaupt noch vorhanden sind. Es ist eine bekannte Tatsache, dass sich gerade Zeremonielle leicht ironisieren lassen. Erhabenes und Lächerliches liegen nahe beieinander. So werden Gemeinschaften am empfindlichsten getroffen, wenn man ihre Gebräuche und Zeremonielle verächtlich macht oder unterdrückt. Eindrucksvolle Beispiele dieser Art zeigen Handlungen der alliierten Sieger am Ende des Zweiten Weltkrieges, die deutsche Fahnen oder Symbole der NS-Herrschaft zerstörten.

Als im Rheinland nach dem Einmarsch der französischen Revolutionstruppen in den dortigen Städten die Bürgerwehren aufgelöst wurden, entstanden zu Beginn des 19. Jahrhunderts die Karnevals- bzw. Fastnachtsgarden, deren Mitglieder in den alten Uniformen Militär und militärisches Brauchtum ironisierten. Was damals spontaner Ausdruck des Volksempfindens, aber auch ein durchaus ernstzunehmender Protest gegen die als ungerecht empfundenen Belastungen durch die Besatzungsmacht mit den Mitteln ironischen Witzes war, wird heute mit solcher Perfektion und solchem Ernst betrieben, dass man hier schon stellenweise neo-militaristische Züge erkennen kann. Mit einer humorvoll-witzigen Ironisierung oder gar dem Ausdruck des ungebrochenen Freiheitswillens hat dies oft kaum noch etwas gemein.

Vorbilder als Sonderformen von Symbolen

Als Sonderform von Symbolen können Vorbilder gedeutet werden. Jede menschliche Gemeinschaft kennt Vorbilder, d. h. Menschen, die sich durch besondere Eigenschaften und beispielhaftes Verhalten im Sinne der Ziele ihrer Gemeinschaft hervorgetan haben und mit welchen sich die Mitglieder einer solchen Gemeinschaft identifizieren können und sollen. Eine derartige Wertschätzung und Verehrung kann bis zur Idolbildung gehen, indem die Eigenschaften eines solchen Vorbildes so stark idealisiert und glorifiziert werden, dass diese Idole nicht mehr lebenden Menschen gleichen. Idole sind in unserer Zeit Personen aus dem Sport oder dem Showgeschäft, in totalitären Systemen sind es politische Führer, Parteifunktionäre oder auch Soldaten, die zu unfehlbaren Kriegshelden hochstilisiert werden. In archaischen Kulturen sind das die Gestalten aus der Mythologie.

Alle Vorbilder, seien es Menschen von beispielhafter Lebensführung oder besonderen Leistungen, seien es Idole oder Gestalten aus der Mythologie, symbolisieren für ihre Verehrer eine ganz bestimmte Wertvorstellung und dienen der Erreichung ganz bestimmter Ziele durch Nachahmung. Ihre Verehrung dient aber auch der Legitimation und Motivation des eigenen Handelns. Die Akzeptanz solcher Vorbilder, die auch hier – wie bei den Symbolen und Zeremonien – eine Grundvoraussetzung ist, wird dadurch erreicht, dass man sich mit dem jeweiligen Vorbild identifizieren kann. Das wird dadurch erreicht, dass sich der zum Vorbild Auserwählte in einer ähnlichen Lebenssituation befand wie der, der diesem Vorbild nachzueifern bestrebt ist und sich darin beispielhaft verhielt. So ist die Gleichartigkeit der Lebensumstände und -situationen ein wesentliches Charakteristikum dafür, dass man sich nur mit ganz bestimmten Vorbildern zu identifizieren vermag. Für Soldaten, die ihren Auftrag unter Lebensgefahr auszuführen haben, sind daher Menschen, die sich als erfolgreiche und tapfere Soldaten bewährt haben, in besonderem Maße als Vorbilder geeignet. Daher haben alle Berufsgruppen ihre spezifischen Vorbilder.

Entscheidend für die Auswahl von Vorbildern sind die Wertvorstellungen, nach denen die als vorbildlich empfundenen Personen ihr Handeln ausgerichtet haben. Hinsichtlich dieser Fragestellung ist wiederum auf die jahrhundertelange Erfahrung der katholischen Kirche im Umgang mit der Tradition als vorbildlich empfundener Menschen hinzuweisen. Als Seliger oder Heiliger wird von der katholischen Kirche ein Mensch verehrt, der durch Gottes Gnade in seiner Lebensführung nach den ethischen Richtlinien dieser Religion, d. h. in der Nachfolge Christi, einen so hohen Grad der Vollkommenheit erreicht hat, dass er nach seinem Tode mit Gott im Himmelreich vereint ist. Dies kann einmal durch Hingabe des eigenen Lebens für den Glauben als Märtyrer, aber auch durch eine „vorzügliche Ausübung christlicher Tugenden" geschehen. Die Heiligen dienen einmal als Fürsprecher der Gläubigen bei Gott, vor allem aber als nachahmungswürdige Vorbilder und damit als Beispiele, wie sich der gläubige Christ in den verschiedensten Lebenssituationen verhalten soll. So hat die Kirche zu allen Zeiten Menschen heiliggesprochen, die für besondere Berufsgruppen oder unter ganz bestimmten Lebensumständen Vorbilder sein können. Auch hier ist ein zeitbedingter Wandel der Heiligenkulte zu beobachten, indem Heilige aus vergangenen Jahrhunderten, mit denen sich die Gläubigen der Gegenwart nicht mehr identifizieren können, in Vergessenheit geraten, während andere Heilige über Jahrhunderte hinweg unvermindert verehrt werden. Die Kirche hat fernerhin den Kult von solchen Heiligen aufgegeben, deren historische Existenz nicht sicher nachweisbar ist und deren Gestalt zum Teil stark mythische Züge aufweist, wie z. B. der als Drachentöter verehrte Sankt Georg, der ein über Jahrhunderte hinweg verehrtes Symbol christlichen Rittertums war, während der 1987 selig gesprochene Jesuitenpater Rupert Mayer, der im Ersten Weltkrieg für seinen tapferen Einsatz bei der Bergung von Verwundeten als Feldpropst der Bayerischen Armee mit dem Eisernen Kreuz I. Klasse ausgezeichnet worden war und sich in seinen Predigten mannhaft gegen das Unrecht der Nationalsozialisten zur Wehr gesetzt hat, auch für nicht-katholische Soldaten der Bundeswehr ein Vorbild sein kann. Mit dem Heiligenkult, der unbestreitbar stark anthropomorphe Züge trägt, bejaht die katholische Kirche die für die menschliche Natur eigentümliche, im Irrationalen ruhende Eigenschaft, sich mit Vorbildern zu identifizieren. Sie versteht den Heiligenkult als Hilfe für die Lebensführung der Gläubigen und ist sich der Gefahren des Missbrauchs durch Idolbildung oder Verabsolutierung des Kultes einzelner Heiliger, wie dies am Beispiel der Marienverehrung gelegentlich vorkommen kann, durchaus bewusst, indem sie gerade an Wallfahrtsorten, den Zentren bestimmter Heiligenkulte, mit aller Entschiedenheit darauf hinweist, dass der Heilige nur Mittler zu Gott ist.

Damit diese zu Vorbildern erklärten Personen auch rationaler Betrachtung standhalten können, geht der Heiligsprechung durch den Papst bereits seit dem 17. Jahrhundert eine nach den Kriterien der Geschichtswissenschaft durchgeführte Erforschung des Lebenslaufes voraus, um festzustellen, ob die betreffende Person tatsächlich ein heiligmäßiges Leben geführt hat. Der französische Jesuitenpater Johannes Bolland (1596-1665), der sich seit 1630 die wissenschaftliche Erforschung von Heiligenviten zum Lebensziel gemacht hatte, gilt deshalb zu Recht als einer der Pioniere der auf Fakten und rationalen Erwägungen beruhenden modernen Geschichtswissenschaften.

Um noch einmal auf die Bundeswehr zurückzukommen, bedeutet dies, dass bezogen auf ihre Belange nach dem o. g. Exkurs und den vorangegangenen Erörterungen für ihre Soldaten nur solche Personen als Vorbilder verbindlich sein können, die sich in ihrer Lebensführung und in ihrem soldatischen Handeln nach den überzeitlich gültigen Werten des Grundgesetzes verhalten haben. Die Aufgabe des Historikers wird dabei sein, das Leben solcher Persönlichkeiten zu erforschen, um ihre Vorbildlichkeit einwandfrei festzustellen. Hierbei wird man mit Sicherheit nicht die extrem strengen ethischen Maßstäbe der katholischen Kirche anzulegen haben. Dennoch scheiden Soldaten, die sich Verbrechen schuldig gemacht oder sich allzu unkritisch gegenüber den Machthabern des Nationalsozialismus verhalten haben, obwohl sie von ihrer Dienststellung und ihrem Dienstgrad mit Sicherheit Einblicke in deren verbrecherische Machenschaften gehabt haben müssen, als Vorbilder für eine Armee, deren Aufgabe die Verteidigung einer freiheitlich-demokratischen Rechtsordnung ist, von vornherein aus.

Aus dem Vorangegangenen ergibt sich auch, dass als Vorbilder nur Personen geeignet sind. Idole, seien sie mythischen Ursprunges oder Produkte einer Propaganda, sind ungeeignet, weil sie keine menschlichen Züge tragen. Ebenso sind militärische Verbände oder sonstige Gruppierungen als Vorbilder ungeeignet, da sie auch nichts anderes als Begriffe für die Zusammenfassung der in ihnen organisierten Menschen sind, die als Verband niemals eine sittlich zu wertende Handlung begehen. So kann beispielsweise eine erfolgreiche Division der beiden Weltkriege als solche kein Vorbild sein, denn ein solcher Verband war nur so gut wie die ihm angehörigen Soldaten, und die ihm zugesprochenen Waffentaten waren die Handlungen seiner Soldaten, ganz zu schweigen davon, dass gerade im Zweiten Weltkrieg militärische Einheiten zu Verbrechen missbraucht wurden, wenngleich nicht jeder Angehörige einer solchen Einheit damit befasst sein musste. Erheblich glücklicher hat sich die Benennung von Kasernen und Schiffen nach deutschen Städten und Landschaften erwiesen, die durch ihre Namensgebung die Verbundenheit mit der Heimat der Soldaten vertiefen.

Die vorangegangenen Überlegungen sollten den Nachweis erbringen, dass der Gebrauch von Symbolen und Zeremonien und das Bestreben, sich an Vorbildern zu orientieren, etwas dem Menschen Eigentümliches ist. Symbole, Zeremonien und Vorbilder sind Mittel der traditionellen Vermittlung von Wertvorstellungen in jeder menschlichen Gemeinschaft. Ihre Ursprünge lassen sich teilweise auf praktische Erfahrungen, auf Archetypen, d. h. Bestandteile eines kollektiven Urbewusstseins, oder auch auf das Spiel zurückführen. Ihre Inhalte werden primär gefühlsmäßig erfasst und haben sich zumeist gegenüber ihrer ursprünglich praktischen Bedeutung gewandelt. Sie können jedoch rational begründet und abgeleitet werden, ihre Weitergabe geschieht jedoch rein gewohnheitsmäßig ohne Reflexion. Symbole, Zeremonien und Vorbilder werden von Menschen gefühlsmäßig als Hilfen zur Lösung spezifischer Probleme, d. h. zur Legitimation und Motivation ihres Handelns, benötigt. Entscheidendes Kriterium für ihre Beibehaltung ist einmal das Problem, inwieweit die hierdurch vermittelte Wertvorstellung überhaupt noch gegeben und erkennbar ist und zum anderen, ob sie als Hilfen zur Lösung gegenwärtiger Probleme noch geeignet sind.

Die in der Bundeswehr noch praktizierten Formen traditionell überkommener militärischer Symbole und Zeremonielle dienen einmal der Disziplinierung der Truppe, sie sind aber auch Ausdruck des Selbstwertgefühls der Soldaten. Im Einzelnen ist dabei zu beobachten, dass sich bei allen ein Bedeutungswandel von einer ursprünglich durchaus praktischen Funktion vollzogen hat. Ihre Berechtigung besteht nur noch darin, in welcher Weise sie der Vermittlung von Wertvorstellungen dienen, auf die die Bundeswehr verpflichtet ist und in welcher Form sie den praktischen Bedürfnissen des gegenwärtigen militärischen Alltages entsprechen. Auf die vielen Details hier eingehen zu wollen, würde den Rahmen dieses Kapitels jedoch weit übersteigen.

Tradition: Neue Wege zu alten Werten

Im Vorangegangenen sollte deutlich gemacht werden, dass Tradition ein Weg zur Weitergabe von Kontinuität ist. Das geschieht als Schritt in die Vergangenheit durch die gefühlsmäßige Übernahme von Werten. Wie in den eingangs genannten Beispielen dargestellt, kann dies auf ganz banale Weise schon durch den Hinweis geschehen, dass bestimmte Getränke oder Genussmittel nach althergebrachten und altbewährten Rezepturen produziert werden. Die Kontinuität manifestiert sich hier darin, dass Tradition eben nichts anderes als eine Methode der gefühlsmäßigen Weitergabe von Werten ist.

Die Legitimation von Tradition beruht ausschließlich auf der Eigenschaft der von ihr tradierten Werte. In den vorangegangenen Überlegungen wurde davon ausgegangen, dass das Kontinuum einer naturrechtlich-sittlichen Werteordnung, wie es im Grundgesetz der Bundesrepublik Deutschland enthalten ist, legitimer Bestandteil von Traditionen sein kann. Dies wurde am Beispiel der Bundeswehr als sozialer Gemeinschaft verdeutlicht, deren Traditionen alle mit dieser naturrechtlich-sittlichen Werteordnung im Einklang stehen müssen. Das Gleiche gilt aber für die Legitimation aller Traditionen schlechthin und muss Maßstab zur Bewertung von Traditionen sein.

Tradition manifestiert sich in Symbolen, Zeremonien und Vorbildern, die von den Menschen als Hilfen zur Lösung spezifischer Probleme, d. h. zur Legitimation und Motivation ihres Handelns benötigt werden. Entscheidendes Kriterium für ihre Beibehaltung ist daher einmal das Problem, inwieweit die hierdurch vermittelte Wertvorstellung überhaupt noch gegeben und erkennbar ist, zum anderen, ob sie als Hilfe zur Lösung gegenwärtiger Probleme überhaupt noch geeignet ist. So stellt sich nunmehr die Frage nach der Bedeutung von Symbolen, Zeremonien und Vorbildern als Vermittler von Wertvorstellungen. Dies gilt, wie an den o. g. Beispielen aufgezeigt werden sollte, für die Bundeswehr, aber auch für die gesamte übrige Gesellschaft.

Weil Symbole und Zeremonien ursächlich in der Natur des Menschen begründete Kommunikationsmittel sind, kann keine menschliche Gesellschaft auf sie verzichten.

Weil ihre Übernahme auf gefühlsmäßigem Wege geschieht, können Traditionen in Gestalt solcher Symbole, Zeremonien oder Vorbilder nicht willkürlich oder auf dem Erlasswege angeordnet werden. Ihre Akzeptanz erfolgt im Bereich des Emotionalen. Daher können Traditionen, da wo sie noch akzeptiert werden, nur unterdrückt oder gepflegt werden. Ihre sinnvolle Anwendung ist deshalb für die Bundeswehr, um dieses Beispiel wieder anzuführen, ein unverzichtbares Mittel soldatischer Erziehung und muss als legitime Methode der Inneren Führung betrachtet werden. So stimmt der Verfasser mit den Zielsetzungen der oben erwähnten Traditionserlasse für die Bundeswehr in jeder Beziehung voll überein. Es war allerdings ein Irrtum, dass man glaubte, damit neue Traditionen setzen zu können.

Bei Ausübung und Anwendung von Traditionen muss man sich allerdings stets bewusst und darum bemüht sein, dass mit solchen Äußerlichkeiten immer etwas von der hier oft genannten Werteordnung zum Ausdruck gebracht wird. Ist dies nicht mehr der Fall, dann erweist sich die Form sehr schnell als inhaltslose Floskel.

Wie aus den vereinzelt aufgeführten Beispielen deutlich wurde, unterliegen Formen und damit selbstverständlich auch alle militärischen Formen einem steten Wandel. Als unverändert und als Kontinuum muss dagegen die dahinterstehende sittliche Werteordnung gesehen werden. So bedeutet Tradition als dynamischer Vorgang durchaus das Beschreiten neuer Wege zu alten Werten. Ein starres Festhalten an überkommenen Formen wäre hier genauso von Übel wie eine allzu leichtfertige und ersatzlose Aufgabe des noch Vorhandenen.

Die Rolle der Tradition der ersten deutschen Marine

Als Ergebnis dieser Betrachtungen ist festzustellen, dass Tradition für den Menschen und vor allem für menschliche Gemeinschaften, wie Streitkräfte und hier die Marine, eine Notwendigkeit ist, die in der Natur des Menschen begründet ist.

Durch Tradition erfolgt eine gefühlsmäßige Weitergabe von Werten durch Symbole, Verhaltensweisen (Zeremonien) und Vorbilder. Damit soll eine Verbindlichmachung von Handlungsweisen erreicht werden.

Mit der am 14. Juni 1848 durch den Beschluss des Parlamentes in der Frankfurter Paulskirche begründeten Flotte wurde die erste deutsche Marine ins Leben gerufen. Damit wurde vor 175 Jahren eine für die heutige Deutsche Marine immer noch gültige Tradition gesetzt.

Diese erste deutsche Marine war ein Symbol für die Souveränität des durch die Nationalversammlung repräsentierten deutschen Volkes. Dadurch, dass diese Marine von einem demokratisch gewählten Parlament begründet wurde, kann man sie auch in gewisser Hinsicht als Parlamentsmarine bezeichnen. So steht die heutige Deutsche Marine als Parlamentsmarine mit dieser Tradition in einer Wertekontinuität seit 175 Jahren.

Die hinter dieser Symbolik stehenden Werte wurden von der damaligen Bevölkerung freiwillig mitgetragen, wie beispielsweise die zahlreichen Gedichte aus dieser Zeit bezeugen. Auch bei der Erinnerungsfeier zum 160. Jahrestag 2008 in der Frankfurter Paulskirche hat die Bevölkerung die etwa 750 freiwillig zur Feier nach Frankfurt angereisten Marinesoldatinnen und -soldaten aller Dienstgrade ausgesprochen herzlich als ‚Vertreter unserer Marine' begrüßt. Die Polizei hatte sich auf größere Gegendemonstrationen eingerichtet, musste dann aber erstaunt und freudig zur Kenntnis nehmen, dass genau das Gegenteil passierte.

Der Oberbefehlshaber dieser ersten deutschen Marine, der ‚Reichsflotte', Konteradmiral Carl Rudolph Brommy, kann, wie auch seine Mitstreiter bzw. Vorgesetzten, Prinz Adalbert von Preußen als Leiter der ‚Technischen Marinekommission' und Arnold Duckwitz als Handels- und Marineminister der provisorischen Reichsregierung, auch heute noch für unsere Deutsche Marine Vorbild sein. Namentlich bei Brommy ist dies besonders deutlich: Dieser erste deutsche Flaggoffizier war ein hervorragender Fachmann. Mit beispielhaftem Pflichteifer diente er bis zur Abwicklung ‚seiner' Flotte in absoluter Loyalität gegenüber der damaligen politischen Führung, der ‚Centralgewalt' wie dem demokratisch gewählten Parlament und übte sein Amt mit Klugheit und Augenmaß aus. Voller Verantwortungsbewusstsein ging er mit seinen Schiffen kein unnötiges Risiko ein und behandelte seine Untergebenen nachsichtig und gerecht. So entsprach das Handeln dieses Mannes durchaus dem in den Artikeln 1 bis 19 unseres Grundgesetzes verankerten moralischen Wertekanon. Aufgrund dieser Wertekontinuität ist Konteradmiral Carl Rudolph Brommy auch für die Angehörigen der Deutschen Marine des 21. Jahrhunderts in besonderem Maße Vorbild und Identifikationsfigur.

Literaturauswahl:

Huizinga, J., Homo ludens. Vom Ursprung der Kultur im Spiel. Reinbek 1965.

Koenig, O., Kultur und Verhaltensforschung. Einführung in die Kulturethologie. München 1970.

Kolakowski, L., Der Anspruch auf selbstverschuldete Unmündigkeit. In: Reinisch, L., Vom Sinn der Tradition. Zehn Beiträge von B. d' Astorg, E. Bloch, W. v. Cube, S. lchii, L. Kolakowski, R. Panikkar, I. Silone, E. Simon, A. Toynbee, H. U. v. Balthasar. München 1970.

Lorenz, K., Die acht Todsünden der zivilisierten Menschheit. München 1978.

Ottmer, H.-M., Allgemeine Überlegungen über Symbole, Formen, feierliche Formen und Zeremonielle. In: Militärgeschichtliches Forschungsamt (Hrsg.), H. P. Stein, Symbole und Zeremoniell in deutschen Streitkräften vom 18. bis zum 20. Jahrhundert. Entwicklung deutscher militärischer Tradition, Bd. 3. Herford Bonn 1984.

Pieper, J., Tradition in der sich wandelnden Welt. In: Ders., Tradition als Herausforderung. Aufsätze und Reden. München 1963.

Walle, H., Gemeinschaft Katholischer Soldaten (GKS); eine Lobby für den Frieden. In: Katholisches Militärbischofsamt (Hrsg.), Katholische Christen in der Bundeswehr. Köln 1987.

Walle, H., Tradition - Floskel oder Form? Neue Wege zu alten Werten. In: Von der Friedenssicherung zur Friedensgestaltung. Deutsche Streitkräfte im Wandel. Im Auftrage des Militärgeschichtlichen Forschungsamtes hrsg. von Heinrich Walle. Herford Bonn 1991.

Abbildungen

Alle Abbildungen: wikimedia commons

bis auf:

Paulskirche 2011:
wikimedia commons/ Andreas Praefke

Carl Rudolph Brommy; Brommys Wohnzimmer; Werft Strenge:
Schiffahrtsmuseum Unterweser, Brake

Prof. Dr. Michael Salewski:
Sonderdruck zu Marineforum 7/ 8-2008

Brommy/ Wellershoff:
Frank Ganseuer

(Bei Abbildungen ohne Autorenangabe ist dieser/ diese unbekannt.)

Literatur

Allmers, H., Briefwechsel mit bremischen Freunden. Bd. 1. Im Auftrag der Hermann-Allmers-Gesellschaft hrsg. v. Steimer, H. G., Bremen 2010.

Andresen-Siemens, J./ Janßen, C. A./ Starklof, L., Die deutsche Kriegs-Marine. Eine Ansprache an die deutschen Volksvertreter in Frankfurt a. M. Oldenburg 1848.

Angelow, J., Wien, Berlin und die Militärgewalt in der 48er Revolution. In: Hillmann, J./ Opitz, E. (Hrsg.), 1789-1989. 200 Jahre Revolution in Europa. Bochum 2003.

Anonymus, Deutschland eine Seemacht. Von einem deutschen Offizier (Aus Heer und Volk, II. Band). Leipzig 1848.

Arenhold, L., Vor 50 Jahren! Die Deutsche Reichsflotte 1848-1852 in zwölf Bildern. Neu hrsg. von Uwe Greve mit zwei Farbbildern aus Neuruppiner Bilderbögen. Berlin 1995.

Bär, M., Die deutsche Flotte von 1848-1852. Nach den Akten der Staatsarchive zu Berlin und Hannover dargestellt von Dr. Max Bär. Leipzig 1898.

Barth, W./ Kehrig-Korn, M. Die Philhellenenzeit. München 1960.

Batsch, K.-F., Admiral Prinz Adalbert von Preußen. Ein Lebensbild mit besonderer Rücksicht auf seine Jugendzeit und den Anfang der Flotte von Viceadmiral Batsch. Berlin 1890.

Batsch, K.-F., Deutsch' See-Gras. Ein Stück Reichsgeschichte von Vice-Admiral Batsch. Berlin 1892.

Bauer, W. u. a., Lexikon der Symbole. Wiesbaden 1980.

Beck, H., Jacob Grimm und die Frankfurter Nationalversammlung. In: Euphorion 61/1967.

Berghahn, V. R., Der Tirpitz-Plan. Düsseldorf 1971.

Best, H., Interessenpolitik und nationale Integration 1848/ 49: handelspolitische Konflikte im frühindustriellen Deutschland. Göttingen 1986.

Blasius, D., Friedrich Wilhelm IV. 1795-1861. Göttingen 1992.

Blickle, P., Die Revolution von 1525. 4. Aufl. München 2004 (Erstausgabe 1975).

Blickle, P., Der Bauernkrieg. 5., durchgesehene Auflage. München 2018 (Erstausgabe 1998).

Bong, J., Die Flamme der Freiheit. Die deutsche Revolution 1848/ 49. Bd. 1. Köln 2022.

Brandt, H., Der lange Weg in die demokratische Moderne. Darmstadt 1998.

Brandt, H. J., Selig seid ihr - denn so haben sie auch schon vor euch die Propheten verfolgt (Mt. 5,11f.). Zur Seligsprechung der Karmelitin Edith Stein in Köln und des Jesuitenpaters Rupert Mayer in München. Sonderheft 1987 (29. Jahrgang) der Zeitschrift Militärseelsorge, hrsg. vom Katholischen Militärbischofsamt. Bonn 1987.

Brommy, R., Die Marine vom Fregatten-Capitain R. Brommy. Mit zwölf Abbildungen, einer Flaggenkarte und neun Tabellen. Berlin. Verlag von Alexander Duncker, Königlichem Hofbuchhändler. 1848.

Bubelach, K.-W., Die Organisation der Seezeugmeisterei in Bremerhaven. In: Deutsches Schiffahrtsmuseum (Hrsg.), Deutsche Marine. Die erste deutsche Flotte. Bremerhaven 1979.

Bundesministerium der Verteidigung, Zentrale Dienstvorschrift (ZDv) 12/ 1: Politische Bildung für die Bundeswehr vom 29. 1.1973, Kap. 3, Ziff. 303f.

Bundesministerium der Verteidigung, Zentrale Dienstvorschrift (ZDv) 10/ 1: Innere Führung, 1. Prüfentwurf der Neufassung von 1990. BMVg Fü S l 4-Az 35-01-00 vom 1. 10. 1990.

Bundeswehr und Tradition. Traditionserlass des Bundesministers der Verteidigung Kai Uwe von Hassel vom 1. Juli 1965, BMVg Fü B I 4–Az 35-08-07: Bundesarchiv-Militärarchiv BM 2/ 4238.

Busch, F. O./ Ramlow, G., Deutsche Seekriegsgeschichte. 3. Aufl. Gütersloh 1942.

Bußmann, W., Treitschke. Göttingen 1952.

Carstens, F., Romantische Seefahrt. Brake o. J.

Colquhoun, P., Entwurf zur Bildung einer deutschen Kriegsflotte nebst Kostenanschlag derselben. Leipzig 1849.

Conrad, J., Spiegel der See. Hamburg o. J.

Die Entwicklung der deutschen Sicherheitspolitik und die Geschichte der Bundeswehr. 2. überarbeitete und erweiterte Auflage. Im Auftrage des Bundesministeriums der Verteidigung hrsg. von Ottmer, H.-M. und Diefenbach, K., ergänzt von Walle, H. Berlin Bonn Hamburg 1995.

Der Große Herder; Nachschlagewerk für Wissen und Leben, Bd.9. Freiburg 1956, S. 200. Stichwort ‚Tradition'.

Deutsches Schiffahrtsmuseum (Hrsg.), Deutsche Marine. Die erste deutsche Flotte. Bremerhaven 1979.

Der Lübecker Bürgerfreund, Jg. 1847.

Dickens, C., Aufzeichnungen aus Amerika. Berlin 2017 (Erstausgabe engl. 1842).

Duckwitz, A., Ueber die Gründung der deutschen Kriegsmarine. Bremen 1849.

Duckwitz, A., Denkwürdigkeiten aus meinem öffentlichen Leben von 1841-1866. Bremen 1877.

Duppler, J., Der Juniorpartner. England und die Entwicklung der Deutschen Marine 1848-1890. Herford Bonn 1986.

Duppler, J., Prinz Adalbert von Preußen. Gründer der deutschen Marine. Herford Bonn 1986.

Duppler, J., Germania auf dem Meere. Ausstellungskatalog zur gleichnamigen Ausstellung des Militärgeschichtlichen Forschungsamtes. Herford Bonn 1998.

Duppler, J., Unter schwarz-rot-goldener Flagge. In: Bundeswehr aktuell v. 10. 06. 2013.

Eckhardt, A. (Hrsg.), Gründung und Aufstieg der Stadt Brake (1848-1910). In: Eckhardt, A./ Günther, W./ Schaer, F.-W./ Schmidt, H./ Winter, F. H., Brake. Geschichte der Seehafenstadt an der Unterweser. Oldenburg 1981.

Eckhardt, A., Brake, Brommy und die Bundesflotte. In Eckhardt, A./ Gross, D. G., Brommy und Brake. Oldenburg 1998.

Eckhardt, A., Das Schiffahrtsmuseum der oldenburgischen Unterweser 1960-2010. Oldenburg 2010.

Eichner, K., Ich liebe das Meer wie meine Seele. Hamburg 2015.

Eilers, E., Rudolf Brommy. Der Admiral der ersten deutschen Flotte 1848. Dresden 1939.

Eke, N. O., Einführung in die Literatur des Vormärz. Darmstadt 2005.

Engels, F., Der deutsche Bauernkrieg. Berlin 1973 (Erstausgabe 1850).

Erk, K./ Ohlrogge, G./ Roß, W. (Hrsg.), Das Tagebuch des Seejunkers Diedrich Adolph Karl Groß 1851-1855. Oldenburg 1960.

Farese, G., Georg Herwegh und Ferdinand Freiligrath. Zwischen Vormärz und Revolution. In: Mattenklott, G./ Scherpe, K. R. (Hrsg.), Demokratisch-revolutionäre Literatur in Deutschland: Vormärz. Kronberg/ Ts. 1973.

Fehrenbach, E., Wandlungen des deutschen Kaisergedankens 1871-1918. München Wien 1969.

Freiligrath, F., Flotten-Träume. In: Freiligraths Werke. Erster Teil. Hrsg. v. Schwering, J., Berlin Leipzig Wien Stuttgart 1909.

Freiligrath, F., Vor der Fahrt. In: Freiligraths Werke. Zweiter Teil. Hrsg. von Schwering, J., Berlin Leipzig Wien Stuttgart 1909.

Freiligrath, F., Gedichte. Hrsg. v. Mendheim, M., Leipzig o. J.

Freiligrath, F., Ein Glaubensbekenntnis. Zeitgedichte. Reprint Hamburg o. J.

Freitag, E., Johann Gottfried Herder. Warendorf 2014.

Friedland, K., Die Schleswig-Holsteinische Flottille im Kieler Hafen 1850. In: Deutsches Schiffahrtsmuseum (Hrsg.), Deutsche Marine. Die erste deutsche Flotte. Bremerhaven 1979.

Friedland, K., Die Schleswig-Holsteinische Flottille 1848 bis 1851. In: Hubatsch, W., Die erste deutsche Flotte 1848-1853. Herford 1981.

Friedl, H./ Günther, W./ Günther-Arndt, H./ Schmidt, H., Biographisches Handbuch zur Geschichte des Landes Oldenburg. Oldenburg 1992.

Fries, W., Pronosticatio. Etliche seltzame Prophezeiung/ geweissaget von dem Alten M. Wilhelmo Friesen/ von Mastrich. O. O. u. J. (vermutl. Nürnberg 1558).

Fürbeth, F./ Krügel, P., Die Germanisten der ‚Ersten Germanistenversammlung 1846' als ‚Vorboten' der Paulskirchenversammlung. In: Seidel, R./ Zegowitz, B. (Hrsg.), Literatur im Umfeld der Frankfurter Paulskirche 1848/ 49. Bielefeld 2013.

Gall, L., Aufbruch zur Freiheit. In: Gall, L. (Hrsg.), 1848. Aufbruch zur Freiheit. Eine Ausstellung des Deutschen Historischen Museums und der Schirn Kunsthalle Frankfurt a. M. zum 150jährigen Jubiläum der Revolution von 1848/ 49. 18. 5.-18. 9.1998 in der Schirn Kunsthalle Frankfurt a. M. Berlin Frankfurt a. M. 1998.

Ganseuer, F., Teutscher Held und teutsche Nation. In: Simpliciana X/ 1988.

Ganseuer, F., „Dann wär' ich Fähnrich, ha! – Die poetische Flotte. In: Schiff Classic 3/ 2016.

Ganseuer, F., ‚Begeisterte Matrosen' – Die Deutschen in Vormärz und Revolution. In: Locher, E. (Hrsg.), Zwischen Sprachen und Kulturen. Das kritische Wort. Festschrift für Italo Michele Battafarano. Würzburg 2016.

Ganseuer, F./ Wagner, E., Carl Rudolph Brommy – Admiral der Revolution? Hamburg 2018.

Ganseuer, F., Brommy - Admiral der Revolution? Ausstellungseröffnung im Schiffahrtsmuseum Unterweser in Brake. In: Marineforum/ MOV/ MOH/ DMI Nachrichten 1/ 2-2019.

Ganseuer, F., Carl Rudolph Brommy, ein Lebensbild des ersten deutschen Admirals. In: Jahrbuch 2019 der Deutschen Gesellschaft für Schiffahrts- und Marinegeschichte. Bonn 2020.

Ganseuer, F., „Ich liebe das Meer wie meine Seele" – Heinrich Heine, ‚Hofdichter der Nordsee'. In: Köhlers Flottenkalender 2021. Hamburg 2020.

Ganseuer, F., Heinrich Heine, Entdecker der Nordsee. In: Schiff und Zeit-Panorama maritim 119-2020.

Ganseuer, F., Der Mann im Schatten. Arnold Duckwitz, Baumeister der ersten deutschen Marine. In: Leinen los! 5/ 2021.

Ganseuer, F., Der Oberkahnführer. Zum 210. Geburtstag des Prinzen Adalbert von Preußen. In: Leinen los! 10/ 2021.

Görich, K., Die Staufer. München 2011.

Graichen, G./ Hammel-Kiesow, R., Die deutsche Hanse. Eine heimliche Supermacht. Unter Mitarbeit von Alexander Hesse. Reinbek 2013.

Grimmelshausen, J. J. C. von, Der Abentheurliche Simplicissimus Teutsch und Continuatio des abentheurlichen Simplicissimi. Hrsg. v. Tarot, R., Tübingen 1967.

Graul, J., Stadt- und Marinegeschichte Wilhelmshavens. In: Standort Wilhelmshaven. Wilhelmshaven 2014.

Gross, D. G. (Hrsg.), Gedichte von Admiral Brommy. Bremen 1994.

Gross, D. G., In der Dichtung schönem Lande. Anmerkungen zu Admiral Brommy und seinen Gedichten. In: Eckhardt, A./ Gross, D. G., Brommy und Brake. Oldenburg 1998.

Habermas, J., Legitimationsprobleme im Spätkapitalismus. Frankfurt/M. 1979.

Häfner, M./ Bauer, T., Auf die Barrikaden! Paulskirchenparlament und Revolution 1848/ 49 in Frankfurt. Frankfurt/M. 2022.

Haffner, S., Von Bismarck zu Hitler. München 2015 (Erstausgabe 1987).

Hahn, H.-J., Freiligraths Dichtung von 1848. In: Vogt, M. (Hrsg.), Karriere(n) eines Lyrikers. Ferdinand Freiligrath. Bielefeld 2012.

Hansen, H. E., Hannibal Fischer und das Ende der ersten deutschen Kriegsflotte. In: Deutsches Schiffahrtsmuseum (Hrsg.), Deutsche Marine. Die erste deutsche Flotte. Bremerhaven 1979.

Harder, H. B./ Kaufmann, E., Die Brüder Grimm in ihrer amtlichen und politischen Tätigkeit. Teil A. Kassel 1985.

Haß, H., Chronik der Admiral-Brommy-Kaserne Brake 1935-1997. Oldenburg 2005.

Hein, D., Die Revolution von 1848/ 49. 4. Aufl. München 2007 (Erstausgabe. 1998).

Heine, H., Buch der Lieder. Hrsg. v. Kortländer, B., Stuttgart 1990.

Heine, H., Reisebilder. Hrsg. v. Kortländer, B., Stuttgart 2010.

Heine, H., Unsere Marine. In: Heinrich Heine. Historisch-kritische Gesamtausgabe der Werke. Bd. 2, Neue Gedichte. Hrsg. v. Windfuhr, M., Hamburg 1983.

Heine, H., Atta Troll. Ein Sommernachtstraum. Hrsg. v. Woesler, W. Stuttgart 1995.

Heine, H., Neue Gedichte. Hrsg. v. Kortländer, B., Nachwort v. Höhn, G., Stuttgart 1996.

Heine, H., Die Tendenz. In: Vaßen, F. (Hrsg.), Die deutsche Literatur. Ein Abriß in Text und Darstellung. Bd. 10. Vormärz. Stuttgart 1997.

Heine, H., Deutschland. Ein Wintermärchen. Hrsg. v. Bellmann, W., Stuttgart 2001.

Heine, H., Romanzero. Hrsg. v. Kortländer B., Nachwort v. Lefebvre, J.-P., Stuttgart 1997.

Heinsius, P., Anfänge der deutschen Marine. In: Deutsches Schiffahrtsmuseum (Hrsg.), Deutsche Marine. Die erste deutsche Flotte. Bremerhaven 1979.

Heinsius, P., Die deutsche Marine, eine Schöpfung des Jahres 1848. In: Deutsches Marine Institut (Hrsg.), Die deutsche Marine. Herford Bonn 1983.

Herder, J. G., Journal meiner Reise im Jahr 1769. Hrsg. v. Mommsen, K. unter Mitarbeit v. Mommsen, M. und Wackerl, G. Stuttgart 1976.

Herwegh, G., Die deutsche Flotte. Teil der Sammlung ‚Gedichte eines Lebendigen'. In: Herweghs Werke. Erster Teil. Hrsg. v. Tardel, H., Berlin 1909.

Herwegh, G., Gedichte eines Lebendigen. Reprint Berlin 2019.

Hildebrand, H. H./ Röhr, A./ Steinmetz, H.-O., Die deutschen Kriegsschiffe Bd. 1. Herford Bonn 1979.

Hinrichs, E., Friedrich Wilhelm IV. – ein schwieriger König in Preußens schwierigster Zeit. In: Norddeutsche Universitätsgesellschaft e. V. (Hrsg.), 150 Jahre Jadevertrag. Wilhelmshaven 2004.

Hooton, R. G., Heinrich Heine und der Vormärz. Meisenheim am Glau 1978.

Hubatsch, W., Die deutsche Flotte von 1848 bis 1852 in verfassungsmäßiger Beziehung. In: Deutsches Schiffahrtsmuseum (Hrsg.), Deutsche Marine. Die erste deutsche Flotte. Bremerhaven 1979.

Hubatsch, W., Die deutsche Reichsflotte 1848 und der Deutsche Bund. In: Ders. (Hrsg.), Die erste deutsche Flotte 1848-1853. Herford Bonn 1981.

Hubatsch, W., Forschungsstand und Ergebnis. In: Ders. (Hrsg.), Die erste deutsche Flotte 1848-1853. Herford Bonn 1981.

Huizinga, J., Homo ludens. Vom Ursprung der Kultur im Spiel. Reinbek 1965.

Jöhnk, C., Ein Sachse erobert die Weltmeere. Admiral Brommy zum 200. Geburtstag. Begleitbroschüre zur gleichnamigen Sonderausstellung im Schiffahrtsmuseum Brake. Brake 2004.

Jorberg, F., Rudolf Brommy. In: Deutsches Schiffahrtsmuseum (Hrsg.), Deutsche Marine. Die erste deutsche Flotte. Bremerhaven 1979.

Kampers, F., Die deutsche Kaiseridee in Prophetie und Sage. München 1896.

Kaul, C. G., Friedrich Barbarossa im Kyffhäuser. 2. Bde., Textband. Köln Weimar Wien 2007.

Keitsch, C., Die Bedeutung der Unterweserhäfen am Beispiel der Braker Hafenentwicklung. In: Jahrbuch der Deutschen Gesellschaft für Schiffahrts- und Marinegeschichte 2010. Oldenburg 2011.

Kittler, R./ Appel, J. B., Die Deutsche Marine-Verwaltung unter Herrn Duckwitz aus Bremen. Hamburg 1849.

Klampen, E. z., Brommy. Der ersten deutschen Flotte Admiral. München 1938.

Klampen, E. z., Brommy. Weihespiel für deutsche Einheit, deutsche Freiheit, deutsche Flagge. Brake 1954.

Kliem, E., ...gedenkt des Wackeren...'. Erinnerung an Admiral Rudolf Brommy. In: Jahrbuch 2014 der Deutschen Gesellschaft für Schiffahrts- und Marinegeschichte. Oldenburg 2015.

Kludas, A., Die Schiffe der deutschen Bundesflotte 1848-1853. In: Deutsches Schiffahrtsmuseum (Hrsg.), Deutsche Marine. Die erste deutsche Flotte. Führer des Deutschen Schiffahrtsmuseums Nr. 10. Bremerhaven 1979.

Koenig, O., Kultur und Verhaltensforschung. Einführung in die Kulturethologie. München 1970.

Kolakowski, L., Der Anspruch auf selbstverschuldete Unmündigkeit. In: Reinisch, L., Vom Sinn der Tradition. Zehn Beiträge von B. d' Astorg, E. Bloch, W. v. Cube, S. lchii, L. Kolakowski, R. Panikkar, I. Silone, E. Simon, A. Toynbee, H. U. v. Balthasar. München 1970.

Koop, G./ Mulitze, E., Wilhelmshaven und die Marine. 2. Aufl. Bonn 1999 (Erstausgabe Koblenz 1987).

Krause, A., Scapa Flow. München 2001 (Erstausgabe Berlin 1999).

Krausnick, M., Die eiserne Lerche. Georg Herwegh - Dichter und Rebell. Stuttgart 1992.

Kröger, K., Grundrechtsentwicklung in Deutschland – von ihren Anfängen bis zur Gegenwart. Tübingen 1998.

Kroener, B. R., Die deutsche Flotte 1848/ 49 – „das Schmerzenskind der deutschen Revolution?". In: Rahn, W. (Hrsg.), Deutsche Marinen im Wandel. München 2005.

Krohn, L. von, Vierzig Jahre in einem deutschen Kriegshafen. Wilhelmshaven 1981.

Kronenfels, F. von, Weiland Rudolf Brommy Kontre-Admiral und Heinrich von Littrow K. K. Fregattenkapitän a. D. und K. Ungar. See-Inspektor. Die Marine. Eine gemeinfassliche Darstellung des gesammten Seewesens für die Gebildeten aller Stände. Dritte unter Berücksichtigung der Fortschritte der Gegenwart neu bearbeitete und vermehrte Auflage von Ferdinand Reichsritter von Kronenfels K. K. Hauptmann d. R. Mit 12 Schiffsporträts von H. Penner, einer Flaggenkarte in Farbendruck 4 lithographirten Takelungstafeln und 156 in den Text gedruckten technischen Abbildungen. Wien. Pest. Leipzig A. Hartleben's Verlag 1878. Reprint Leipzig o. J.

Kurbjuweit, D., „Ihr habt unsere Geschichte verpfuscht". In: Der Spiegel Nr. 40 v. 01. 10. 2022.

Lampe, K., Oldenburg und Preußen 1815-1871. Hildesheim 1972.

Langer, S. K., Philosophie auf neuem Wege. Das Symbol im Denken. In: Ritus in der Kunst. Berlin 1965.

Lichtenberger, J., Die Weissagunge Johannis Lichtenbergers deudsch zugericht mit Fleiß. Wittenberg 1527.

Liedtke, C., Heinrich Heine. Reinbek 2006.

Lindemann, A., Deutschlands erster Admiral. Köln 1939.

Littrow, H. von., Brommy Die Marine. Unter Berücksichtigung der Fortschritte der Gegenwart und unter Hinzufügung der in Oesterreich gebräuchlichen italienischen Terminologie neu bearbeitet von Heinrich von Littrow, K. K. Oesterr. Fregatten-Capitän, Commandeur und Ritter hoher Orden. Berlin 1865.

L. L., Die deutsche Flotte und die deutschen Frauen. Beilage der Allgemeinen Zeitung Nr. 165 v. 13. Juni 1848.

Lorenz, K., Die acht Todsünden der zivilisierten Menschheit. München 1978.

Luther, G., Grußwort zu Deutsches Schiffahrtsmuseum (Hrsg.), Deutsche Marine. Die erste deutsche Flotte. Bremerhaven 1979.

Luther, G., Standortbestimmung – Erfahrungen und Verpflichtungen aus der historischen Entwicklung der deutschen Marine ab 1848. In: Deutsches Marineinstitut (Hrsg.), Die deutsche Marine. Historisches Selbstverständnis und Standortbestimmung. Herford Bonn 1983.

Luther, M., Wider die räuberischen und mörderischen Rotten der Bauern. 1525. In: Streller, S. (Hrsg.), Hutten. Müntzer. Luther. Werke in zwei Bänden. Zweiter Band, Luther. Berlin Weimar 1978.

Martus, S., Die Brüder Grimm. Reinbek 2013.

Mattenklott, G./ Scherpe, K. R. (Hrsg.), Demokratisch-revolutionäre Literatur in Deutschland: Vormärz. Kronberg/Ts. 1973.

Meißner, O.-E., 120 Jahre Schiffahrtsgeschichte an der Unterweser. Oldenburg 1988.

Moltmann, G., Die deutsche Flotte von 1848/ 49 im historisch-politischen Kontext. In: Rahn, W. (Hrsg.), Deutsche Marinen im Wandel. München 2005. Auch in: Deutsches Marineinstitut und Militärgeschichtliches Forschungsamt (Hrsg.), Die deutsche Flotte im Spannungsfeld der Politik 1848-1985. Vorträge und Diskussionen der 25. Historisch-Taktischen Tagung der Flotte. Herford Bonn 1985.

Müller, J., Der Deutsche Bund 1815-1866. München 2006.

Müller (Berns), J. J., Germanistik – eine Form bürgerlicher Opposition. In: Ders. (Hrsg.), Germanistik und deutsche Nation 1806-1848. Stuttgart 1974.

Müller (Berns), J. J., Die ersten Germanistentage. In: Ders. (Hrsg.), Germanistik und deutsche Nation 1806-1848. Stuttgart 1974.

Müller, R.-D., Militärgeschichte. Stuttgart 2009.

Münkler, H., Die Deutschen und ihre Mythen. Reinbek 2009.

Netzer, K., Wissenschaft aus nationaler Sehnsucht. Verhandlungen der Germanisten 1846 und 1847. Heidelberg 2006.

Neue Deutsche Biographie. Hrsg. v. d. Bayerischen Akademie der Wissenschaften Historische Kommission. Berlin 1953 ff.

Neumann, H./ Janßen, A., Die Geburtsstunde von Wilhelmshaven. In: Bundeswehr aktuell v. 15. 07. 2013.

Niebuhr, M., Die deutsche Seemacht und ein deutsch-skandinavischer Bund. Von Marcus Niebuhr. Zum Besten der deutschen Flotte. Berlin 1848.

Obst, M. (Hrsg.), Die politischen Reden Kaiser Wilhelms II. Eine Auswahl. Paderborn 2011.

Ostersehlte, C., 150 Jahre Nautischer Verein Niedersachsen. Wiefelstede 2015.

Ottmer, H.-M., Allgemeine Überlegungen über Symbole, Formen, feierliche Formen und Zeremonielle. In: Militärgeschichtliches Forschungsamt (Hrsg.), H. P. Stein, Symbole und Zeremoniell in deutschen Streitkräften vom 18. bis zum 20. Jahrhundert. Entwicklung deutscher militärischer Tradition, Bd. 3. Herford Bonn 1984.

Pastorale Konstitution über die Kirche in der Welt von heute (Gaudium et Spes). In: Rahner, K. und Vorgrimmler, H., Kleines Konzilskompendium. Freiburg 1994.

Paul, M., Die Technische Marinekommission und der Bau der deutschen Flotte 1848/ 49. Diss. München Technische Hochschule 1923.

Petter, W., Deutsche Flottenrüstung von Wallenstein bis Tirpitz. In: Militärgeschichtliches Forschungsamt (Hrsg.), Handbuch zur deutschen Militärgeschichte 1648-1939, Abs. VIII, Deutsche Marinegeschichte der Neuzeit. Bonn 1979.

Petter, W., Admiral Brommy in der Literatur. In: Schiff und Zeit 12/ 1980.

Petter, W., Programmierter Untergang. In: Messerschmidt, M./ Mayer, K. A./ Rahn, W./ Thoß, B. (Hrsg.), Militärgeschichte. Probleme-Thesen-Wege. Stuttgart 1982.

Philosophisches Wörterbuch, begründet von Heinrich Schmidt, neu bearbeitet von Georgi Schischkoff. Stuttgart 1978, Kröners Taschenbuchausgabe, Bd. 13, S. 702. Stichwort ‚Tradition‘.

Pieper, J., Tradition in der sich wandelnden Welt. In: Ders., Tradition als Herausforderung. Aufsätze und Reden. München 1963.

Pleitner, E., Oldenburg im 19. Jahrhundert. Bd. 2. Oldenburg 1900.

Plessner, H., Die verspätete Nation. Über die Verführbarkeit bürgerlichen Geistes (1935/1959 = 2. Erw. Aufl. v. ‚Das Schicksal deutschen Geistes im Ausgang seiner bürgerlichen Epoche‘. Zürich 1935). In: Ders., Gesammelte Schriften, Bd. VI. Frankfurt/ M. 1982 u. Plessner, H., Die verspätete Nation. 5. unveränd. Aufl. Stuttgart Berlin Köln Mainz 1969.

Rahn, W., Seestrategisches Denken in deutschen Marinen von 1848 bis 1990. In: Duppler, J. (Hrsg.), Seemacht und Seestrategie im 19. und 20. Jahrhundert. Hamburg u. a. 1999.

Rahn, W., (Hrsg.), Deutsche Marinen im Wandel. München 2005.

Reinhardt, S., Georg Herwegh. Eine Biographie. Göttingen 2020.

Richtlinien zum Traditionsverständnis in der Bundeswehr. Traditionserlass des Bundesministers der Verteidigung Hans Apel vom 20. September 1982, BMVg Fü S I 3-Az 35-08-07.

Rüder, A., Theodor Erdmann, Großherzogl. Oldenburgischer Geheimer Rath, Excellenz. Ein biographischer Versuch. Oldenburg 1895.

Saage-Maaß, M., Die Göttinger Sieben – demokratische Vorkämpfer oder nationale Helden? Göttingen 2007.

Salewski, M., Die ‚Reichsflotte‘ von 1848: Ihr Ort in der Geschichte. In: Blätter für deutsche Landesgeschichte 126/ 1990.

Salewski, M., 160 Jahre Marine. Zwischen Volk und Staat. In: Ders., Marine und Geschichte – eine persönliche Auseinandersetzung. Bonn 2011; hier zit. n. Sonderdruck zu Marineforum 7/ 8-2008.

Sax, I. Brommy - Die Freiheit der Meere. Brake 1998.

Schiers, U., Schwarz Rot Gold und die deutsche Flottengründung 1848. Hamburg 2019.

Schneidmüller, B., Die Kaiser des Mittelalters. München 2012.

Schlechtriem, G., Zur Sonderausstellung. In: Deutsches Schiffahrtsmuseum (Hrsg.), Deutsche Marine. Die erste deutsche Flotte. Bremerhaven 1979.

Schlechtriem, G., Bildliche Darstellungen der Brommy-Flotte. In: Deutsches Schiffahrtsmuseum (Hrsg.), Deutsche Marine. Die erste deutsche Flotte. Bremerhaven 1979.

Schmidt, W., Der Barbarossamythos in der Revolution von 1848/ 49. In: Sitzungsberichte der Leibniz-Sozietät 11 (1996).

Schock, F., Flottenbegeisterung, Flottendiskussion, Flottenpolitik im Vormärz und in der Revolution 1848/49. www.grin.com/document/29641. 2004.

Schoepp, M., Blockade. Berlin 1915. Neuauflage Düsseldorf 1944.

Scholl, L. U., Die Bundesflotte in der Satire. In: Deutsches Schiffahrtsmuseum (Hrsg.), Deutsche Marine. Die erste deutsche Flotte. Bremerhaven 1979.

Schüller S. J., B., Ist das Ideal des mündigen Christen eine Utopie? In: Der Männerseelsorger 1968.

Schürmann, H.-N., Chronik des Walfangs von der Unterweser 1653-1872. Lemwerder 2014.

Schultz, H., Ein Kranz der Erinnerung um das Bild des Großonkels Brommy. Aus vergilbten Familienbriefen und -erzählungen aus der Kinderzeit zusammengefügt. Rittergut Schmöken bei Wurzen o. J. (ca. 1905).

Schulze-Wegener, G., Deutschland zur See. 2. überarb. Aufl. Hamburg 2008.

Schwanhäuser, C., Aus der Chronik Wilhelmshavens. Wilhelmshaven 2005 (Erstdruck 1926).

Sello, G., Oldenburgs Seeschiffahrt in alter und neuer Zeit. Leipzig 1906.

Seybold, S., Freiheit statt Knechtschaft. Jacob Grimms Antrag zur Paulskirchenverfassung. In: Der Staat 2/ 2012, Vol. 51(2).

Souchon, L., Seestreitkräfte und maritime Machtpolitik; eine Untersuchung zur Wechselwirkung von Seemacht und Außenpolitik. In: Deutsches Marineinstitut (Hrsg.), Der Einsatz von Seestreitkräften im Dienst der auswärtigen Politik; Vorträge auf der Historisch-Taktischen Tagung der Flotte 1981. Redaktion Walle, H., Schriftenreihe des Deutschen Marine Instituts, Bd. 3. Herford Bonn 1983.

Steimer, H. G. (Hrsg.), Hermann Allmers. Briefwechsel mit bremischen Freunden. Bd. 1. Bremen 2010.

Stoll, C. (Hrsg.), Wigard, F., Reden für die deutsche Nation. Stenographischer Bericht über die Verhandlungen der deutschen constituirenden Nationalversammlung zu Frankfurt am Main. Bd. 1, München 1979.

Stollberg-Rilinger, B., Das Heilige Römische Reich Deutscher Nation. München 2018.

Termo, R. (i. e. Brommy, C. R.), Skizzen aus dem Leben eines Seemannes. Meißen 1832.

Tirpitz, A. von, Erinnerungen. 6. Aufl. Leipzig 1942. (Erstausgabe 1919).

Thyselius, T., Brommy, Deutsches Schicksal. In: Dies., Kleine Herrlichkeit. Jever 1966.

Trende, F., Literarische Reisen zwischen Nord- und Ostsee. Heide 2009.

Uffmann, H., (Red.), Ingo Sax, Brommy - Die Freiheit der Meere. Programmheft der Niederdeutschen Bühne. Brake 1998.

Uhlrich, C., Carl Rudolph Brommy. Der Admiral der ersten deutschen Flotte. Berlin 2000.

Underberg, E., Die Dichtung der ersten deutschen Revolution 1848-1849. Leipzig 1930.

Vahl, H./ Fellrath, I., ,Freiheit überall, um jeden Preis'. Georg Herwegh 1817-1875. Stuttgart 1992.

Vaßen, F., ,Hurrah, du Schwarz, du Roth, du Gold!' In: Vogt, M. (Hrsg.), Karriere(n) eines Lyrikers. Ferdinand Freiligrath. Bielefeld 2012.

Verhandlungen der Germanisten zu Lübeck den 27., 28. und 30. September 1847. Lübeck 1848.

Von der Oelsnitz, H., Die Nothwendigkeit großer deutscher Colonien und Kriegsflotten. O. O. 1845.

Von der Oelsnitz, H., Ideen zur Errichtung einer Königlich Preußischen Kriegs-Marine. Neisse, Frankenstein 1847.

Von der Oelsnitz, H., Denkschrift über die Erhebung Preußens zu einer See-, Kolonial- und Weltmacht ersten Ranges. Berlin 1847.

Wagner, E., Carl Rudolph Brommy (1804-1860) als Marineoffizier in Griechenland (1827-1849). Oldenburg 2009.

Walle, H., Ein Rundgang durch die Ausstellung. In: Ders. (Hrsg.), Seefahrt und Geschichte. Katalog zur Kunstausstellung des Deutschen Marine Instituts. Herford Bonn 1986.

Walle, H., Gemeinschaft Katholischer Soldaten (GKS); eine Lobby für den Frieden. In: Katholisches Militärbischofsamt (Hrsg.), Katholische Christen in der Bundeswehr. Köln 1987.

Walle, H., Tradition - Floskel oder Form? Neue Wege zu alten Werten. In: Von der Friedenssicherung zur Friedensgestaltung. Deutsche Streitkräfte im Wandel. Im Auftrage des Militärgeschichtlichen Forschungsamtes hrsg. von Heinrich Walle. Herford Bonn 1991.

Walle, H., Rotes Schloss am Meer. In: Schiff Classic 2/ 2017.

Walle, H., Carl Rudolph Brommy, Admiral der Revolution? Überlegungen zur maritimen Tradition der Reichsflotte von 1849. In: Jahrbuch 2018 der Deutschen Gesellschaft für Schiffahrts- und Marinegeschichte. Bonn 2019.

Wallmann, E., Helgoland: eine deutsche Kulturgeschichte. Hamburg 2017.

Wein, M., Wilhelmshaven im Spiegel der Zeit. Wilhelmshaven 2015.

Weißbuch 1970. Zur Sicherheit der Bundesrepublik Deutschland und zur Entwicklung der Bundeswehr. Im Auftrag der Bundesregierung hrsg. vom Bundesminister der Verteidigung. Bonn 1970.

Wiechmann, G., Karl Rudolf Brommy (1804-1860) in deutschen Erinnerungsorten. In: Jahrbuch der Deutschen Gesellschaft für Schiffahrts- und Marinegeschichte 2010. Oldenburg 2011.

Wilcken, J. P., Bilder aus dem deutschen Flotten-Leben 1849. Hannover 1861.

Wilderotter, H., ,Unsere Zukunft liegt auf dem Wasser'. In: Der letzte Kaiser. Wilhelm II. im Exil. Ausstellungskatalog des Deutschen Historischen Museums, hrsg. v. Andler, S., Wilderotter, H. und Pohl, K.-D. Gütersloh München 1991.

Witt, J. M., Deutsche Marinegeschichte 1848 bis heute. Berlin 2015.

Witt, J. M., Thomas Cochrane. Ein geborener Freibeuter. In: Ders., Eroberer der Meere. Darmstadt 2014.

Wollstein, G., Das ,Großdeutschland' der Paulskirche. Düsseldorf 1977.

Wollstein, G., Deutsche Geschichte 1848/ 49. Gescheiterte Revolution in Mitteleuropa. Stuttgart u. a. 1986.

www.deutsche-biografie.de/sfz39153.html (Arnold Duckwitz)

www.deutsche-biografie.de/sfz17038.html (Ferdinand Freiligrath)

www.deutsche-biografie.de/sfz31807.html (Johann Gottfried Herder)

www.de.wikipedia.org/wiki/Arnold_Duckwitz

www.de.wikipedia.org/wiki/Ferdinand_Freiligrath

Zebrowski, B., Brommy. Admiral ohne Flotte. Roman. Berlin 1937.

Zerkaulen, H., Narren von gestern – Helden von heute! Ein Roman um die erste Deutsche Kriegsmarine. Berlin 1940.

Zerkaulen, H., Brommy. In: Ders., Die Dramen. Leipzig 1940.

Die Autoren

Frank Ganseuer

Geboren am 10. März 1954 in Gummersbach. 1972 bis 1974 Zeitsoldat bei der Marine in der Crew VII/ 72. Studium Deutsch und Sport an der Philipps-Universität Marburg. 1980 Erstes Staatsexamen. 1984 dort Promotion bei Prof. Dr. Jörg Jochen Berns, Fachbereich Neuere Deutsche Literatur, mit der Dissertation ‚Der Staat des gemeinen Mannes' zur Flugschriftenliteratur von Reformation und Bauernkrieg. Anschließend Studienreferendariat in Frankfurt am Main und von 1985 bis 1986 Lektor an der Universität Trient/ Italien. 1986 Wiedereinstieg in die Marine. Seefahrtszeit auf Fregatten und Versorgern sowie Landverwendungen in Logistik, Presse-/ Informationsarbeit und Militärattachédienst. 2014 Pensionierung. Mitglied im Deutschen Marinebund und Mitarbeiter bei dessen Magazin ‚Leinen los!' sowie Mitglied in der Marine-Offizier-Vereinigung, der Deutschen Gesellschaft für Schiffahrts- und Marinegeschichte und derem Wissenschaftlichen Beirat.

Heinrich Walle

Geboren am 21. September 1941 in Limburg/ Lahn. 1963 Eintritt in die Marine als Offiziersanwärter. Seefahrtszeit mit Erwerb des Kommandantenzeugnisses für ‚Seemännisches Schulboot' Typ Kriegsfischkutter (NORDWIND) und Segeloffizier GORCH FOCK. 1973 bis 1979 freigestellt vom Dienst zum Studium der Geschichtswissenschaften in den Fächern Mittelalterliche- und Neue Wirtschaftsgeschichte und Kunstgeschichte an der Rheinischen Friedrich-Wilhelms-Universität Bonn. 1979 Promotion mit der Dissertation ‚Rahsegler in Deutschland. Von der Seewarte zur GORCH FOCK'. 1980 bis 1994 Historiker und Stabsoffizier am Militärgeschichtlichen Forschungsamt zu Freiburg, u. a. als Leitender Offizier für überregionale Ausstellungen wie ‚Seefahrt und Geschichte' (zur maritimen Kunstgeschichte), ‚Deutsche jüdische Soldaten' (dafür Verleihung der Ben Gurion-Medaille des Staates Israel), ‚Aufstand des Gewissens' (zum deutschen militärischen und zivilen Widerstand gegen den Nationalsozialismus). 1995 Pensionierung. 1995 bis 2001 Studium der Katholischen Theologie an der Universität Bonn. 2003 bis 2017 Lehrbeauftragter am Historischen Institut der Philosophischen Fakultät an der Universität zu Köln. Anschließend Beratender Historiker beim Forschungsprojekt ‚Nachbau eines römischen Handelsschiffes in Originalgröße' an der Universität Trier. Sprecher des Wissenschaftlichen Beirates der Deutschen Gesellschaft für Schiffahrts- und Marinegeschichte, Redakteur Geschichte der Zeitschrift ‚Marineforum' und langjähriger Historischer Berater des Deutschen Maritimen Instituts. Autor zahlreicher Werke zur Marine- und maritimen Technikgeschichte und Träger des Bundesverdienstkreuzes I. und II. Klasse sowie des Ehrenkreuzes der Bundeswehr in Gold für Politisch-historische Bildung und Öffentlichkeitsarbeit der Bundeswehr.

Personenregister

Adalbert von Preußen — 5, 24, 79, 150-152, 162-184, 187f., 190, 196, 215, 220, 226f., 230, 257f., 260f., 267, 311, 315, 317, 319

Adenauer, Konrad — 292f.

Albrecht, Wilhelm Eduard — 116

Allmers, Hermann — 228, 315, 328

Anton Günther — 233

Arndt, Ernst Moritz — 51, 68f., 76, 89, 95, 117, 212f., 318

Arnim-Boitzenburg, Adolf Heinrich — 60

Auerswald, Hans von — 19

Augustinus — 36, 41, 282

Ballin, Albert — 109, 232

Bannwarth, Jakob — 64

Barbarossa (Friedrich I./ Schiff) — 6, 63, 151, 167, 178, 183, 198, 201-217, 222f., 225, 227, 248, 322, 327

Becker, Nikolaus — 50

Behaim, Martin — 115

Behrmann, Carl Heinrich Sophus — 236

Berens, Gustav — 28

Berg, Friedrich von — 168, 179

Biedermann, Friedrich Karl — 129, 156

Bismarck, Otto von — 26, 68, 177f., 320

Blum, Robert — 19

Boehmer, Hans-Rudolf — 230, 261

Börnstein, Heinrich — 87f.

Bolland, Johannes — 307

Bourguignon von Baumberg, Anton — 226

Bromme, Carl Traugott Gerhard — 228

Bromme (Gross), Caroline — 227, 243f., 258

Brommy, Carl Rudolph — 6, 22, 72, 108, 150f., 165, 167, 174, 178, 184, 188, 194-199, 201, 203, 213-215, 218-232, 234, 239, 242-247, 256-263, 265-267, 272, 275, 279f., 311f., 314, 316-320, 322-324, 326-330, 339

Bruck, Karl Ludwig von — 127, 134

Burns, Robert — 82

Campe, Julius — 38f., 86f.

Carové, Friedrich Wilhelm — 120

Carstens, Fritz — 239f., 247, 316

Christian VIII. — 18, 100, 125

Churchill, Winston 269, 277

Clausewitz, Carl von 272

Cochrane, Thomas 219, 330

Conrad, Joseph 233, 316

Cunard, Samuel 192, 203, 222

Dahlmann, Friedrich Christoph 14, 59, 97, 111, 116

Delbrück, Hans 70f.,

Dickens, Charles 203f., 216, 317

Dingelstedt, Franz 87

Dom Pedro II. 164

Dönitz, Karl 265, 268

Donner, Johann Otto 165, 188

Droysen, Johann Gustav 98

Duckwitz, Arnold 6, 48, 125, 131, 150f., 165, 174, 184-200, 220, 222, 230, 257, 259, 312, 317, 319, 322, 330

Dürer, Albrecht 115

Duncker, Alexander 221, 316

Ebert, Friedrich 273

Eisenmann, Gottfried 138, 143, 155

Eisenstuck, Bernhard 136f., 141, 143, 158

Freifrau von Barnim (Elßler), Therese 170

Engels, Friedrich 21, 23f., 150, 318

Ernst August 96, 198, 202, 223, 250

Fallersleben, Heinrich Hoffmann von 23, 42, 63, 79, 85f., 88f., 101, 210

Fischer, Laurenz Hannibal 22, 150, 198, 227, 257, 269, 320

Fontane, Theodor 52

Francke, Karl Philipp 138, 159

Franz II. 97

Freiligrath, Ferdinand 5, 34, 58, 62, 66f., 71-84, 86, 88, 91, 94, 108, 201, 205, 230, 318, 320, 328f., 330

Friedrich II. (Staufer) 99, 209

Friedrich III. 215f.

Friedrich Wilhelm III. 167

Friedrich Wilhelm IV. 14, 20, 58, 69, 74 96, 116, 135, 165, 167f., 179, 196, 212f., 244, 259, 271, 315, 321

Follen, August 49, 68

Freeden, Wilhelm von 235f.

Fries, Wilhelm 69, 208, 318

Fröbel, Julius 49, 68

Gagern, Heinrich von — 20, 117, 123, 129, 136f., 142f., 145, 148, 157, 197, 224

Geibel, Emanuel — 99

Georg V. — 44

Gervinus, Georg Gottfried — 116, 119

Geßler, Otto — 273

Gevekoht, Karl Theodor — 185

Goeker, Heinrich Wilhelm — 169, 177, 179

Goethe, Johann Wolfgang von — 28, 33, 36, 62, 76, 78

Grabbe, Christian Dietrich — 210

Graevell, Maximilian — 197

Grimm, Auguste — 122

Grimm, Jacob — 5, 15, 25, 68, 93-123, 202, 315, 327

Grimm, Herman — 118

Grimm, Rudolf — 122

Grimm, Wilhelm — 58, 98, 104, 122, 208

Grimmelshausen, Hans Jakob Christoffel von — 57, 320

Grubert, Hermann — 136f.

Hadrian IV. — 207

Hagen, Gotthilf — 169, 179

Hecker, Friedrich — 64f., 81

Heckscher, Johann Gustav — 11, 24, 126f., 157

Hegner, Ulrich Reinhardt — 49

Hein, Johann Christian — 235

Heine, Betty — 36

Heine, Heinrich — 5, 16f., 34-46, 51, 54, 56f., 60-63, 67, 70, 72-74, 80, 83, 85-91, 113, 148, 183, 210, 214, 319-321, 324

Heine, Samson — 36

Heine, Salomon — 36f.

Heinemann, Gustav — 276

Heinrich von Preußen — 108

Heinroth, Oskar — 299

Henlein, Peter — 115

Herder, Johann Gottfried — 5, 28-34, 38, 43, 56, 318, 321, 330

Hergot, Hans — 208

Herwegh (Siegmund), Emma — 59, 64-66, 82

Herwegh, Georg — 5, 34, 38, 48-72, 74-83, 85, 88, 103, 108, 205, 211, 230, 318, 321, 323, 326, 328

Hesiod — 42

Hess, Johann Friedrich Christian — 15

Homer — 33, 41

Hugo, Victor — 73, 82

Huizinga, Johan 303, 312, 322

Humboldt, Alexander von 74, 76

Hutten, Ulrich von 52, 78, 324

Jachmann, Eduard von 172f, 273

Jahn, Friedrich Ludwig 89, 212

Jaup, Heinrich Karl 106, 112

Jochmus, August Giacomo 197

Johann von Österreich 18, 20f., 65, 118, 145, 163, 165, 188, 197f., 202f., 205, 211, 222f., 225, 249

Jordan, Wilhelm 130, 133, 139-142, 160, 186

Jung, Carl Gustav 301

Karl der Große 78, 97

Kautsky, Karl 70

Keller, Gottfried 63

Kelm, Adalbert 109

Kerst, Samuel Gottfried 130, 134, 146, 148, 186

Kimme, Franz 242

King, Thomas 205

Klampen, Erich zu 229, 322

Koch, Robert 180

Koenig, Otto 295, 299, 312, 323

Kolakowski, Leszek 281, 284f., 312, 323

Langer, Susanne K. 300

Lassalle, Ferdinand 65

Laube, Arnold 118

Lichnowsky, Felix von 19

Lichtenberger, Johann 208, 323

Lindemann, Adolf 229, 324

Lindenau, Jan 93

List, Friedrich 17, 48, 185

Liszt, Franz 50

Lorenz, Konrad 282, 284f., 295-300, 302, 312, 324

Louis Philippe 13

Ludwig I. 115

Luther, Günther 230, 279f., 324

Luther, Martin 11, 76, 78, 324

Luise Sophie von Preußen 216

Macpherson, James 32

Mayer, Rupert 306, 316

Mahan, Alfred Thayer 272

Mann, Thomas 100

Manteuffel, Otto Theodor von 171

Martiny, Friedrich 139

Marx, Karl 21, 23, 82, 87, 150

Meding, Michael 277

Mehring, Franz 70f., 80

Metternich, Clemens von 13

Miaulis, Andreas Vokos 219

Mitscherlich, Alexander 284

Möring, Karl 129, 134, 159

Moltke, Helmuth von 177

Morgan, William 191, 193

Moser, Moses 37, 41

Naumann, Friedrich 70

Nelson, Horatio 261

Nikolaus Friedrich Peter 168

Nolting, Wolfgang 260

Noske, Gustav 273

Osterrath, Heinrich Philipp 134, 136

Ottmer, Hans-Martin 304, 312, 317, 325

Otto, Waldemar 174

Parker, William H. 193f.

Paul Friedrich August 242, 244

Pauli, Carl Wilhelm 110f.

Peucker, Eduard von 195

Pieper, Josef 282f., 286, 312, 326

Prechtler, Johann Otto 211

Pückler-Muskau, Hermann von 49

Queen Victoria 70

Radowitz, Joseph von 68, 127-129, 132-134, 141-143, 153, 158, 188

Raeder, Erich 181, 265, 268

Ranke, Leopold 95

Reyscher, August Ludwig 95

Roon, Albrecht von 171-173, 177

Roß, Edgar Daniel 132, 136, 139

Rückert, Friedrich 210

Ruge, Friedrich 176, 266

Savigny, Friedrich Carl von 95

Scharnhorst, Gerhard von 276, 286

Scherer, Wilhelm 114, 118

Schiller, Friedrich von 28, 62, 76, 78, 82

Schlöffel, Friedrich Wilhelm 123, 132, 150

Schoder, Adolph Gottlieb 145, 155

Schoepps, Meta 228

Schröder, Jan 165, 171, 188

Schubert, Franz 40

Schüller, Bruno 285, 327

Schuler, Karl 173

Seeckt, Hans von 273

Shakespeare, William 33, 65

Smidt, Johann 185, 199

Stosch, Albrecht von 173

Struve, Gustav 64

Suhr, Johann Hinrich 235

Tellkampf, Johann Ludwig 131, 149

Tieck, Ludwig 115

Tirpitz, Alfred von 67, 70, 77, 108f., 150, 166, 175, 180f., 215f., 232, 259, 270, 273, 315, 325, 328

Uhland, Ludwig 14, 50, 95, 97, 116f.

Varnhagen, Karl August 43

Veit, Philipp 97, 115, 216

Wackenroder, Wilhelm 115

Waghenaer, Lucas Janzoon 242

Waitz, Georg 98, 121

Waldemar IV. 108

Wartensleben-Swirssen, Alexander von 139, 150

Weber, Max 302

Wedekind, Eduard 135f.

Wellershoff, Dieter 314, 339

Weizsäcker, Richard von 8

Wieland, Christoph Martin 28

Wiesner, Adolph 131, 135

Wilcken, Paul 200, 329

Wilhelm I. 169, 177, 183

Wilhelm II. 67, 108, 163, 215, 272, 330

Windischgrätz, August von 19

Wurm, Christian Friedrich 101-103, 105, 109, 112, 117

Zebrowski, Bernhard 229f.

Zerkaulen, Heinrich 229f.

Zimmermann, Eduard 144, 156

Schlussbild

Die Grabstätten von Admiral Dieter Wellershoff (1933-2005), Inspekteur der Marine und Generalinspekteur der Bundeswehr (vorn links) und Contre-Admiral Carl Rudolph Brommy (1804-1860), Oberbefehlshaber der ersten deutschen Marine (hinten Mitte) auf dem Friedhof zu Brake-Kirchhammelwarden

Carola Hartmann Miles-Verlag

Beiträge zur Schifffahrts- und Marinegeschichte der DGSM

Heinrich Walle (Hrsg.), *Wir. Reflexionen zum Selbstverständnis unserer Marine diesseits der Weltkriege,* Berlin 2023.

Frank Ganseuer, Heinrich Walle, *Die Parlamentsmarine. Geschichte(n) und Porträts zur ersten deutschen Flotte von 1848,* Berlin 2023.

Militärgeschichte

Eberhard Kliem, Kathrin Orth, *"Wir wurden wie blödsinnig vom Feind beschossen". Menschen und Schiffe in der Skagerrakschlacht 1916,* Berlin 2016.

Hans Frank, Norbert Rath, *Kommodore Rudolf Petersen. Führer der Schnellboote 1942–1945. Ein Leben in Licht und Schatten unteilbarer Verantwortung,* Berlin 2016.

Eckhard Lisec, *Der Völkermord an den Armeniern im 1. Weltkrieg – Deutsche Offiziere beteiligt?,* Berlin 2017.

Joachim Welz, *Erfolgsstory oder Trauma – die Übernahme von Armeen. Lehren aus der Übernahme des österreichischen Bundesheeres in die Wehrmacht 1938 und der Reste der NVA in die Bundeswehr 1990,* Berlin 2018.

Georg Neuhaus, *Am Anfang war ein Speer. Eine Chronographie der Kriegs- und Militärtechnologien,* Berlin 2018.

Hans-Werner Ahrens, *Die Transportflieger der Luftwaffe 1956 bis 1971. Konzeption – Aufbau – Einsatz, (Reihe Schriften zur Geschichte der Deutschen Luftwaffe, Band 8),* Berlin 2019.

Jobst Reller, *Die Anfänge der evangelischen Militärseelsorge,* Berlin ²2020.

Eberhard Frhr. v. Senden, Friedrich Frhr. v. Senden, *Der Erste Weltkrieg 1914–1918. Erlebnisse eines jungen Leutnants,* Berlin 2020.

Hans-Günter Behrendt, *Flugabwehr in Deutschland. Stationierungsorte und Systeme 1956-2012,* Berlin 2021.

Gerd Bolik, *NATO-Planungen für die Verteidigung der Bundesrepublik Deutschland im Kalten Krieg,* Berlin 2021.

Martin Kutz, *Die Schlacht als Männerballett oder Mythos und Militär,* Berlin 2022.

Olaf Rönnau, *Eine totale Institution als Zwischenspiel. Die Kadettenschule der NVA von ihrer Gründung 1956 bis zu ihrer Auflösung 1961,* Berlin 2022.

Stephan Maninger, *Für einige Morgen aus Eis und SchneeGroßbritanniens Kampf um Nordamerika 1754-1763,* Berlin 2022

Schriften zur Tradition

Eberhard Birk, Winfried Heinemann, Sven Lange (Hrsg.), *Tradition für die Bundeswehr. Neue Aspekte einer alten Debatte,* Berlin 2012.

Donald Abenheim, Uwe Hartmann (Hrsg.), *Tradition in der Bundeswehr. Zum Erbe des deutschen Soldaten und zur Umsetzung des neuen Traditionserlasses,* Berlin 2018.

Donald Abenheim, Uwe Hartmann, *Einführung in die Tradition der Bundeswehr. Das soldatische Erbe in dem besten Deutschland, das es je gab,* Berlin 2019.

Eberhard Birk, Heiner Möllers (Hrsg.), *Die Luftwaffe und ihre Traditionen (aus der Reihe Schriften zur Geschichte der Deutschen Luftwaffe, Band 10),* Berlin 2019.

Hans-Günter Behrendt (Hrsg.): *Erinnerungsorte der Bundeswehr – Personen, Ereignisse und Institutionen der soldatischen Traditionspflege,* Berlin 2020.

Dirk Drews, Stefan Gruhl (Hrsg.): *Oberst Reinhard Hauschild 1921–2005. Traditionsstifter für die Bundeswehr? Gedenkschrift zum 100. Geburtstag,* Berlin 2021.

Dieter Krüger, *Verständigung mit Frankreich. Das vergebliche Plädoyer des Oberst Dr. Hans Speidel. Paris 1940–1942,* Berlin 2021.

Martin Kutz, *Besuch im Soldatenhimmel. Ein wissenschaftlicher Reisebericht aus einer anderen Welt,* Berlin 2022.

Erinnerungen

Blue Braun, *Erinnerungen an die Marine 1956–1996,* Berlin 2012.

Adolf Brüggemann, *Als Offizier der Bundeswehr im Auswärtigen Dienst. Meine Erinnerungen als Militärattaché in Seoul (Republik Korea) 1978–83 und in Prag (Tschechoslowakei/Tschechien) 1988–1993,* Berlin 2015.

Heinz Laube, *Duell am Himmel,* Berlin 2016.

Viktor Toyka, *Dienst in Zeiten des Wandels. Erinnerungen aus 40 Jahren Dienst als Marineoffizier 1966-2006,* Berlin 2017.

Hans-Eckhard Tribess (Hrsg.), *Im Leben unterwegs – für den Frieden. Festschrift für Wolfgang Altenburg zum 90. Geburtstag am 22. Juni 2018,* Berlin 2019.

Kurt Graf v. Schweinitz, *Notizen im Transit von Krieg und Frieden,* Berlin 2020.

Karl-Otto Behrendt, *Der kurze Bericht über eine lange Zeit. Kriegsgefangenschaft 1945–1953, herausgegeben und kommentiert von Hans-Günter Behrendt,* Berlin 2021.

Hans Peter von Kirchbach, *Herz an der Angel,* Berlin 2021.

Sicherheitspolitik

Wolf Graf v. Baudissin, *Grundwert: Frieden in Politik – Strategie – Führung von Streitkräften, herausgegeben von Claus von Rosen,* Berlin 2014.

Oliver Schmidt, *Deutsche Außenpolitik und die Zukunft der nuklearen Teilhabe in der NATO,* Berlin 2017.

Dirk Freudenberg, *Theorie des Irregulären – Erscheinungen und Abgrenzungen von Partisanen, Guerillas und Terroristen im Modernen Kleinkrieg sowie Entwicklungstendenzen der Reaktion, (3 Bände),* Berlin 2017.

Markus Reisner, *Robotic Wars – Legitimatorische Grundlagen und Grenzen des Einsatzes von Military Unmanned Systems in modernen Konfliktszenarien,* Berlin 2018.

Pascal Riemer, *Von der russischen Kriegskunst. Eine Untersuchung der dialektischen Zusammenhänge von Staatsidee und Militärwesen am Beispiel der Sowjetunion und der Russischen Föderation,* Berlin 2021.

Georg Kunovjanek, *Cyber – Die Domäne der vernetzten Unsicherheit. Eine kritische interdisziplinäre Analyse des Krieges der Zukunft und seiner normativen Grundlagen,* Berlin 2021.

Joachim Weber (Hrsg.), *Konfliktraum Arktis. Die Großmächte und der Hohe Norden,* Berlin 2021.

Thomas Jäger, Ralph Thiele (Hrsg.), *Der Politische Islamismus als hybrider Akteur globaler Reichweite. Die liberale demokratische Ordnung muss ihre Resilienz stärken,* Berlin 2021.

Uwe Hartmann, *Die Nato. Mächte und Menschen in der transatlantischen Allianz,* Berlin 2021.

Carsten Rechtien, *Trumps Amerika. Eine geopolitische Revolution,* Berlin 2022.

Militär und Gesellschaft

Marcel Bohnert, Lukas J. Reitstetter (Hrsg.), *Armee im Aufbruch. Zur Gedankenwelt junger Offiziere in den Kampftruppen der Bundeswehr,* Berlin 2014.

Phil C. Langer, Gerhard Kümmel (Hrsg.), *„Wir sind Bundeswehr." Wie viel Vielfalt benötigen/vertragen die Streitkräfte?,* Berlin 2015.

Alois Bach, Walter Sauer (Hrsg.), *Schützen.Retten.Kämpfen. Dienen für Deutschland,* Berlin 2016.

Marcel Bohnert, Björn Schreiber (Hrsg.), *Die unsichtbaren Veteranen. Kriegsheimkehrer in der deutschen Gesellschaft,* Berlin 2016.

Angelika Dörfler-Dierken (Hrsg.), *Hinschauen! Geschlecht, Rechtspopulismus, Rituale: Systemische Probleme oder individuelles Fehlverhalten?,* Berlin 2019.

Klaus Beckmann, Dienstweg – kein Durchgang? Als Pfarrer und Staatsbürger in der Bundeswehr, Berlin 2022.

Hans-Peter Weinheimer, *Bevölkerungsschutz 2030 – Anleitung zur Überwindung eines 'bewährten' Systems,* Berlin 2023

Standpunkte und Orientierungen

Uwe Hartmann, *Hybrider Krieg als neue Bedrohung von Freiheit und Frieden. Zur Relevanz der Inneren Führung in Politik, Gesellschaft und Streitkräften,* Berlin 2015.

Martin Sebaldt, *Nicht abwehrbereit. Die Kardinalprobleme der deutschen Streitkräfte, der Offenbarungseid des Weißbuchs und die Wege aus der Gefahr,* Berlin 2017.

Uwe Hartmann, *Der gute Soldat. Politische Kultur und soldatisches Selbstverständnis heute,* Berlin 2018.

Helmut Jermer, *Innere Führung kompakt. Eine Zusammenschau als Lehr- und Lernhilfe,* Berlin 2019.

Martin Sebaldt, *Das Elend der Strategen. Warum die deutsche Militärpolitik versagt,* Berlin 2020.

Hannes Wendroth, *Gute Führung – (k)ein Selbstgänger. Kleine Führungshilfe mit praktischen Hinweisen und persönlichen Anmerkungen,* Berlin 2022.

Hans-Christian Witthauer, Thomas Saller, *Führung und das 3 Alpha Prinzip Militärisches Handwerkszeug für den zivilen Führungsalltag,* Berlin 2023

Offiziersbibliothek

Uwe Hartmann, *Offiziersbibliothek I. Deutschland,* Berlin 2020.

Franz H.U. Borkenhagen, Uwe Hartmann, *Offiziersbibliothek II. Internationale Beziehungen und Sicherheitspolitik,* Berlin 2021.

Einsatzerfahrungen

Sascha Brinkmann, Joachim Hoppe (Hg.), *Generation Einsatz. Fallschirmjäger berichten ihre Erfahrungen aus Afghanistan,* Berlin 2010.

Rainer Buske, *KUNDUZ. Ein Erlebnisbericht über einen militärischen Einsatz der Bundeswehr in Afghanistan im Jahre 2008,* Berlin 2015.

Alois Bach, Carola Hartmann (Hrsg.), *Unbekannte Helden des Alltags. Soldaten und Ehefrauen berichten über Verantwortung, Humanität und Belastung im Auslandseinsatz,* Berlin 2020.

Stefan Brux, *Anaram – Endloses Licht,* Berlin 2022.

Kurt Helmut Schiebold, *99 Tage in Afghanistan – Wie der deutsche Einsatz 2003 im Nordosten Afghanistans begann. Aus meinem Tagebuch,* Berlin 2022.

Jahrbuch Innere Führung (seit 2009)

Uwe Hartmann, Claus von Rosen (Hrsg.), *Jahrbuch Innere Führung 2019. Bundeswehr im Aufbruch. Hindernisse von den verteidigungspolitischen Vorstellungen der AFD bis zu den sicherheitspolitischen Meinungen in der Zivilgesellschaft,* Berlin 2019.

Uwe Hartmann, Reinhold Janke, Claus von Rosen (Hrsg.), *Jahrbuch Innere Führung 2020. Zur Weiterentwicklung der Inneren Führung: Themen und Inhalte,* Berlin 2020.

Uwe Hartmann, Reinhold Janke, Claus von Rosen (Hrsg.), *Jahrbuch Innere Führung 2021/22. Ein neues Mindset Landes- und Bündnisverteidigung?,* Berlin 2022.

Uwe Hartmann, Reinhold Janke, Claus von Rosen (Hrsg.), *Jahrbuch Innere Führung 2022/23. Zeitenwende und Kriegsbilder,* Berlin 2023.

Miles-Verlag.jimdo.com